Deutschbuch 8

Sprach- und Lesebuch

Berlin, Brandenburg, Mecklenburg-Vorpommern,
Sachsen, Sachsen-Anhalt, Thüringen

Herausgegeben von
Andrea Wagener

Erarbeitet von
Petra Bowien, Susanne Holthuis-Huff, Birgit Ihlo,
Matthias Jackisch, Ulrike Keune, Birgit Patzelt,
Gerhild Schenk, Luzia Scheuringer-Hillus,
Wolfgang Schmitz, Swetlana Staat, Christiane Stein,
Kerstin Ulbrich

Unter Beratung von
Eike Benzin, Martin Dorr, Hannelore Flämig,
Karin Klett, Silvia Teutloff, Heidrun Totzauer,
Angela Schwarz, Renate Zeuner

Cornelsen

Die Grundlage für dieses Werk wurde erarbeitet von Gerd Brenner, Ute Fenske, Heinz Gierlich, Cordula Grunow, Alexander Joist, Markus Langner, Angela Mielke, Deborah Mohr, Christoph Oldeweme, Norbert Pabelick, Christoph Schappert, Frank Schneider, Bernd Schurf, Marlene Stahl-Busch, Klaus Tetling und Andrea Wagener.

Zu diesem Buch gibt es ein passendes **Arbeitsheft**
ISBN 978-3-06-061997-9

Redaktion Susanne Schulze
Bildrecherche Eireen Junge, Angelika Wagener
Gesamtgestaltung und technische Umsetzung Studio SYBERG, Berlin
Umschlagillustration Peter Hils, Berlin

www.cornelsen.de

Dieses Werk berücksichtigt die Regeln der reformierten Rechtschreibung und Zeichensetzung. Bei den mit [R] gekennzeichneten Texten haben die Rechteinhaber einer Anpassung widersprochen.

1. Auflage, 3. Druck 2016

Alle Drucke dieser Auflage sind inhaltlich unverändert und können im Unterricht nebeneinander verwendet werden.

Druck: Firmengruppe APPL, aprinta Druck, Wemding

ISBN 978-3-06-061991-7

PEFC
PEFC/04-32-0928

PEFC zertifiziert
Dieses Produkt stammt aus nachhaltig bewirtschafteten Wäldern und kontrollierten Quellen.

www.pefc.de

Inhaltsverzeichnis

Kompetenzschwerpunkte

Sprechen und zuhören
nach eigenen Notizen referieren und den Vortrag durch Mittel der Moderationstechnik unterstützen;
über Sachverhalte zuhörergerecht informieren

Schreiben
in einem funktionalen Zusammenhang informieren und berichten (Informationstext, Protokoll, Referat);
Informationen aus Vorlagen (Texte, Grafiken) entnehmen, kritisch beurteilen und ordnen (Darstellung logischer Verhältnisse);
Texte adressatengerecht und strukturiert gestalten und überarbeiten (Stoffsammlung, stilistische Formulierungsentscheidungen erproben, Textüberarbeitung)

Lesen – Umgang mit Texten und Medien
Informationsmöglichkeiten aus unterschiedlichen Medien nutzen und ihre Quellen beurteilen

Kompetenzschwerpunkte

Sprechen und zuhören
sich auf die Gesprächsbeiträge anderer beziehen;
zu strittigen Fragen eine begründete Stellungnahme formulieren;
Redebeiträge anderer für die eigene Argumentation berücksichtigen;
Argumente gewichten, ordnen und durch Beispiele erläutern;
in Kontroversen begründet Stellung beziehen;
Gespräche selbst moderieren (Pro-und-Kontra-Diskussion)

Schreiben
Fragen mit lebensweltlichen Bezügen erörtern (Pro- und Kontra-Argumente sammeln, ordnen, formulieren, durch Beispiele stützen, Gegenargumente begründet zurückweisen und zu einem Fazit gelangen);
die eigene Meinung zu einem Text formulieren und begründet Stellung nehmen

Lesen – Umgang mit Texten und Medien
sich mit Inhalten und Problemen in Vorlagen (Texten, Grafiken) auseinandersetzen und begründet eine eigene Position entwickeln

Sprechen, zuhören und schreiben

Kompetenzschwerpunkte

Sprechen und zuhören
verständlich, differenziert und adressatenbezogen beschreiben

Schreiben
in einem funktionalen Zusammenhang informieren und beschreiben (Personen, Orte, Arbeitsabläufe);
Ergebnisse in medial geeigneter Form präsentieren (Radio-Feature);
formalisierte Texte verfassen (Bewerbungsanschreiben, Lebenslauf, Praktikumsmappe);
Texte ihrem Zweck entsprechend, adressatengerecht und strukturiert gestalten und überarbeiten (Stoffsammlung, stilistische Formulierungsentscheidungen erproben, Textüberarbeitung)

Kompetenzschwerpunkte

Schreiben
gestalterische Mittel des Erzählens planvoll und differenziert einsetzen (alltägliche Szenen schildern, Atmosphäre einfangen); Texte ihrem Zweck entsprechend gestalten und überarbeiten (Stoffsammlung, stilistische Formulierungsentscheidungen erproben, Textüberarbeitung); Formen des kreativen, produktionsorientierten und teilgebundenen Schreibens anwenden; literarische Muster imitieren und danach erzählen (literarische Texte schildernd ausgestalten)

Lesen – Umgang mit Texten und Medien
schildernde Texte erschließen und untersuchen (Zeitgestaltung)

Kompetenzschwerpunkte

Lesen – Umgang mit Texten und Medien
altersgemäße epische Texte der literarischen Tradition (Novelle) kennen und ihre wesentlichen Merkmale benennen;
über Grundbegriffe der Textbeschreibung und -erschließung verfügen (Handlung, Figuren, Konflikte, Erzähler);
handlungs-und produktionsorientierte Verfahren der Texterschließung und -interpretation anwenden, selbstständig über die in den Texten gestalteten Inhalte und Probleme diskutieren

Schreiben
Figuren und Situationen charakterisieren, Formen des kreativen, produktionsorientierten und teilgebundenen Schreibens anwenden (Umgestalten von Vorlagen, Ausgestalten von Leerstellen)

Lesen – Umgang mit Texten und Medien
altersgemäße epische Texte der Gegenwart (Kurzgeschichten) kennen und ihre wesentlichen Merkmalen benennen;
über Grundbegriffe der Textbeschreibung und -erschließung verfügen (Handlung, Figuren, Konflikte, Erzähler, Zeitdarstellung, Leitmotiv);
eine eigene Deutung des Textes entwickeln und sich dabei auf den Text beziehen (Belege korrekt zitieren);
über die in den Texten gestalteten Inhalte und Probleme diskutieren

Schreiben
literarische Texte strukturiert zusammenfassen und den Inhalt mit eigenen Worten wiedergeben (Inhaltsangabe);
eine eigene Deutung des Textes begründen (Belege korrekt zitieren)

Lesen – Umgang mit Texten und Medien
Kompetenzschwerpunkte

Lesen – Umgang mit Texten und Medien
altersgemäße lyrische Texte der literarischen Tradition und der Gegenwart kennen und ihre wesentlichen Merkmale benennen;
über Grundbegriffe der Textbeschreibung und -erschließung verfügen (Strophe, Vers, Reimform, Metrum, lyrisches Ich, sprachliche Gestaltungsmittel);
motivgleiche Gedichte vergleichen

Sprechen und zuhören
Gedichte sinngestaltend vortragen;
verbale Gestaltungsmöglichkeiten einsetzen

Schreiben
produktiv-gestaltende Verfahren anwenden;
Gedichte schriftlich interpretieren

Lesen – Umgang mit Texten und Medien

Kompetenzschwerpunkte

Lesen – Umgang mit Texten und Medien
dramatische Texte kennen und ihre wesentlichen Merkmale (Szene, Akt, Exposition, Konflikt) benennen;
dramatische Texte erschließen und eine eigene Deutung des Textes entwickeln;
handlungs- und produktionsorientierte Verfahren der Texterschließung und -interpretation anwenden (Szenen umgestalten und weiterschreiben);
den Zusammenhang zwischen Text, Entstehungszeit und Leben des Autors reflektieren

Sprechen und zuhören
Texte szenisch interpretieren;
verbale und nonverbale Gestaltungsmöglichkeiten einsetzen, reflektieren und ihre Wirkung beschreiben;
Situationen im Rollenspiel umsetzen;
gestaltende Zugänge zu Figuren und Inhalten nutzen und ihre Wirkung beschreiben

Schreiben
literarische Figuren schriftlich charakterisieren;
Dramenszenen schriftlich interpretieren

Lesen – Umgang mit Texten und Medien
sich in Zeitungen orientieren, Merkmale von Zeitungen (Print und online) kennen; journalistische Textsorten und ihre Funktionen unterscheiden; Zeitungstexte im Hinblick auf ihre Intention, Gestaltung und Wirkung untersuchen; zwischen Information und Wertung unterscheiden; einfache Argumentationsstrukturen in Sachtexten erfassen; Lesestrategien zum Erschließen von Texten anwenden; Informationen aus nicht-linearen Texten (z. B.: Diagramme, Karten) entnehmen und verknüpfen; Informationsmöglichkeiten aus unterschiedlichen Medien (Internet, Radio, Fernsehen) nutzen und beurteilen

Schreiben
Sachtexte erschließen und strukturiert zusammenfassen; eine Klassenzeitung erstellen

Lesen – Umgang mit Texten und Medien
altersgemäße epische Texte der Gegenwart kennen und ihre wesentlichen Merkmale benennen; über Grundbegriffe der Textbeschreibung und -erschließung verfügen (Handlung, Figuren, Konflikte, Erzähler); selbstständig über die in den Texten gestalteten Inhalte und Probleme diskutieren; grundlegende filmische Gestaltungsmittel kennen (z. B.: Kameraeinstellung und -perspektive, Schnitt- und Montagetechnik, Mise en Scène) und diese erproben (Filmszene drehen)

Nachdenken über Sprache

Kompetenzschwerpunkte

Sprachgebrauch und Grammatik untersuchen
grundlegende Fachtermini und Stilmittel sprachlichen Phänomen zuordnen (z. B.: Begriffe definieren, Konnotation und Denotation unterscheiden, euphemistischen und metaphorischen Sprachgebrauch kennen);
Unterschiede zwischen Ausdrucksweisen (Standard-, Umgangssprache, Jugendsprache, Dialekte) reflektieren und nutzen;
Unterschiedlichkeit zwischen Schriftlichkeit und Mündlichkeit diskutieren;
private und öffentliche Kommunikationssituationen unterscheiden;
Merkmale der Sprachentwicklung (z. B. Bedeutungswandel) kennen

12 Grammatiktraining

Sprachgebrauch und Grammatik untersuchen
Formen der Verbflexion kennen und korrekt bilden, Modi (Konjunktiv I und Konjunktiv II, Passiv) und Modalverben unterscheiden, den funktionalen Wert erkennen und deuten; stilistische Varianten unterscheiden und ausprobieren; Methoden der Textüberarbeitung anwenden

Nachdenken über Sprache

Kompetenzschwerpunkte

13 Grammatiktraining

Sprachgebrauch und Grammatik untersuchen
Syntax funktional anwenden; Satzarten (Subjektsatz, Objektsatz, Adverbialsatz, Attributsatz, Infinitiv- und Partizipgruppen) kennen; differenzierte Satzstrukturen konstruieren und situationsgerecht und adressatenbezogen anwenden; Kommasetzung in Satzreihen/Satzverbindungen und Satzgefügen beherrschen; Methoden der Textüberarbeitung anwenden

Nachdenken über Sprache

Kompetenzschwerpunkte

Rechtschreibung und Zeichensetzung
vertiefte Kenntnisse der Orthografie (Groß- und Kleinschreibung, Getrennt- und Zusammenschreibung, Schreibung von Fremdwörtern) sowie von Abkürzungen und Kurzwörtern und der Zeichensetzung (Satzreihe/Satzverbindung, Satzgefüge, Apposition, nachgestellte Erläuterung, Anrede, Ausrufe) sicher anwenden;
eigene Texte selbstständig überarbeiten (Schreibungen mithilfe der Fehleranalyse kontrollieren und sie nach individuellen Fehlerschwerpunkten berichtigen)

15 Glücklich sein

Lesen – Umgang mit Texten und Medien
differenzierte Lesestrategien (überfliegendes Lesen, Fünf-Schritt-Lesemethode) zum Erschließen von Texten anwenden;
Informationen aus nicht-linearen Texten (z. B. Diagrammen) entnehmen und verknüpfen;
Texte im Hinblick auf ihre Intention, Gestaltung und Wirkung untersuchen;
Texte hinsichtlich ihres Informationsgehalts vergleichen und bewerten

Schreiben
Sachtexte und literarische Texte erschließen und strukturiert zusammenfassen

Sprechen und zuhören
Stichwörter anfertigen, um das Verständnis von längeren gesprochenen Texten zu sichern und den Inhalt wiedergeben

Wie du mit dem **Deutschbuch** arbeiten kannst

Lernbereiche	**Sprechen, zuhören und schreiben** **Lesen – Umgang mit Texten und Medien** **Nachdenken über Sprache** **Arbeitstechniken und Methoden**
Lernen in drei Schritten Beispiel: **4 Mit allen Sinnen** Schildern	**1. Basisteil** Erarbeiten des Hauptkompetenzbereichs mit Überprüfung des Lernerfolgs **4.1 Mittendrin** Eindrücke anschaulich schildern **2. Integration und Differenzierung** Integration eines weiteren Kompetenzbereichs Differenzieren mit Aufgaben auf zwei Niveaustufen **4.2 Schilderungen in literarischen Texten** **3. Vorbereiten auf eine mögliche Klassenarbeit oder ein Projekt** **4.3 Fit in …** Schildern
Orientierungswissen	**Merkwissen** Wichtige Inhalte und Begriffe sind in den Kapiteln deutlich hervorgehoben. **Methode** Hier findest du Arbeitstechniken und Methoden, die für Lernschritte im Kapitel gebraucht werden. **Checkliste** Mithilfe der Checkliste kannst du überprüfen, ob du beim Schreiben eines Textes an alles gedacht hast, und deinen Text ggf. überarbeiten. **Tipp** Die Tipps geben dir Hilfestellung, wie du an bestimmte Aufgaben herangehen kannst.
Piktogramme	Partnerarbeit Gruppenarbeit Arbeiten mit dem Computer 1 Aufgabe 1 Zusatzaufgabe ●○○ Niedriger Schwierigkeitsgrad ●●○ Mittlerer Schwierigkeitsgrad ●●● Höherer Schwierigkeitsgrad

1 Helden und Vorbilder
Informieren und referieren

Ein New Yorker Feuerwehrmann steht in den Trümmern des World Trade Centers, das nach einem Terroranschlag am 11. September 2001 einstürzte. Die Feuerwehrleute versuchten, so viele Menschen wie möglich zu retten.

1 a Lies die Bildunterschrift und lass das Foto auf dich wirken. Äußere dann deine Eindrücke.
b Stelle Vermutungen an, warum die Feuerwehrleute von New York noch heute als Helden verehrt werden.

2 Kennst du noch andere Helden? Erkläre, warum diese Menschen für dich Helden sind.

3 In diesem Kapitel informierst du andere über Helden, z. B. in einem Referat. Überlege, was die Zuhörer bzw. Leser von einem Referat erwarten.

In diesem Kapitel …

- recherchierst du über einen Helden und bereitest deine Informationen für ein Referat auf,
- fasst du wichtige Ergebnisse in einem Protokoll zusammen,
- verfasst du eigene Informationstexte zum Thema „Helden und Vorbilder“,
- lernst du einen Roman kennen, der von einem Helden erzählt.

1.1 Heldenhaft?
In Referaten, Protokollen und Texten informieren

Pippi Langstrumpf der Meere
von Andrea Ege

Vor einiger Zeit machte sich die 15-jährige Niederländerin Laura Dekker auf den Weg, die Welt zu entdecken. Ein Segelschiff war ihr Zuhause.

Laut Wettervorhersage war der 21. August 2011 ein schöner Tag in Holland. Es war warm, 25 Grad, und die Sonne schien. An solchen Tagen verabreden sich Teenager in den Niederlanden gewöhnlich mit ihren Freunden, vielleicht gehen sie an den Strand oder sehen sich abends einen Kinofilm an.
Die 15-jährige Niederländerin Laura Dekker tat all das nicht. Sie stand früh auf, kämpfte mit tropischen Temperaturen, checkte Wind und Wetter, schrubbte, reparierte und schmiss fliegende Fische vom Deck. Ob ihr bei all dieser Arbeit noch etwas Schönes einfällt, um den Tag zu feiern, an dem sie vor genau einem Jahr völlig allein loszog, um mit ihrem exakt 11,5824 Meter langen Zweimaster-Segelboot „Guppy“ die Welt zu umrunden, weiß niemand. Auch ihren aktuellen Aufenthaltsort kann man nur erraten: irgendwo im Korallenmeer zwischen Papua-Neuguinea und Australien.

Laura Dekkers Törn um die Welt

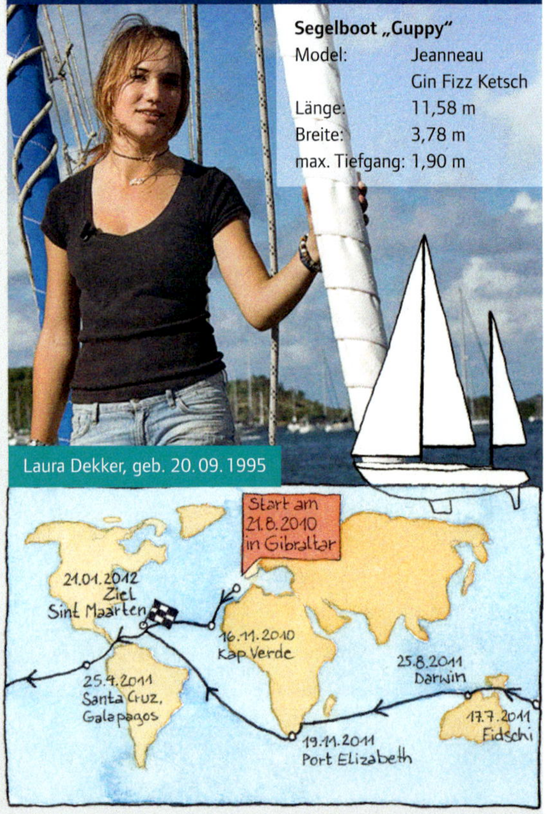

Laura Dekker, geb. 20.09.1995

Der „Fall“ Laura erzeugt hitzige Debatten
Als Lauras Vater, Dick Dekker, vor einem Jahr in Gibraltar die Leinen löste, ließ seine von klein auf segelsüchtige Tochter eine Zeit hitziger Debatten in Holland hinter sich. Nach ihrer Ankündigung im Jahr 2009, die Welt umsegeln zu wollen, legte ihr der Staat viele Hindernisse in den Weg: Das Familiengericht in Utrecht beschränkte das Sorgerecht der Eltern, das niederländische Bildungsministerium lehnte es zudem ab, die Jugendliche zwei Jahre lang vom Schulbesuch freizustellen. Sie war unglücklich. Als dann das Familiengericht in Middelburg Lauras Eltern das volle Sorgerecht zurückgab, ging ihr Traum in Erfüllung. Am 4. August segelte sie gemeinsam mit ihrem Vater bis nach Gibraltar – die vorbereitende Einführungsfahrt. Siebzehn Tage später legte die Pippi Langstrumpf der Meere dann alleine ab.
Doch ganz alleine ist sie nicht. Virtuell verfolgt eine Fangemeinde Lauras Fahrt Seemeile für Seemeile via Facebook, Twitter und Hyves, der holländischen Version von Facebook. Außerdem führt sie ein Online-Tagebuch.

Am schwierigsten: Immer wieder Abschied nehmen

Laura Dekker erzählt alles. Zum Beispiel, wie sie die Langeweile tagelanger Windstille übersteht – „Das ist eigentlich schlimmer als ein Sturm" – und mit ihren Essens- und Trinkvorräten haushält, wie sie Freunde findet, neue Orte und neue Sitten kennen lernt und immer wieder Abschied nehmen muss. „Eine der schwierigsten Aufgaben meiner Weltreise", schreibt sie. Nachts weckt sie sich regelmäßig selbst, um Boot, Wetter und Navigation zu überprüfen.

Traum: alleine die Welt zu umsegeln

Dass sie anders ist als ihre Altersgenossen, weiß Laura schon seit Langem. In ihrem Tagebuch zitiert sie gern: „Ieder mens heft een eigen Ik" – Jeder Mensch hat ein eigenes Ich. Und schon auf der ersten, 4074 Kilometer langen Streckenetappe erzielte Laura einen Rekord: Nie zuvor hatte ein so junger Solo-Segler den Atlantik überquert. Sollte ihr Wille weiterhin den Wellen trotzen und sie vor ihrem 17. Geburtstag auf der Karibikinsel Sint Maarten anlegen, wäre sie zudem die jüngste Solo-Weltumseglerin der Welt. Anerkennen wird das aber niemand. Weder das Guinness-Buch der Rekorde noch der Internationale Rat für Segelrekorde registriert die Kategorie „Jüngster Weltumsegler". Aus Sicherheitsgründen.

Doch darum geht es Laura auch nicht. Sie will ihren Traum, alleine die Welt zu umsegeln, realisieren, neue Dinge erleben, Herausforderungen bestehen.

1 Lies den Zeitungsartikel und erkläre,
- warum Laura alleine die Welt umsegeln wollte,
- welche Schwierigkeiten es im Vorfeld gab und
- was Laura während dieser Zeit erlebte bzw. auf dem Boot tat.

2 Besprecht, welche Funktion die Grafik (Landkarte) im Text hat. Welche Informationen könnt ihr dieser entnehmen?

3
a Laura Dekker schreibt in ihrem Tagebuch: „Ieder mens heft een eigen Ik" (→ Z. 63–64) – Jeder Mensch hat ein eigenes Ich. Erkläre möglichst genau, was damit gemeint sein könnte.
b Kannst du verstehen, dass Lauras Wunsch, alleine die Welt zu umsegeln, hitzige Debatten auslöste und ihre Abreise erst einmal verhindert wurde? Begründe deine Meinung.

4 Diskutiert, ob oder inwieweit ihr Laura Dekker als eine moderne Heldin oder als ein Vorbild bezeichnen würdet.

5 Stellt euch vor, ihr sollt andere auf Grundlage des Zeitungsartikels in drei bis fünf Minuten über die Weltumsegelung von Laura Dekker informieren. Arbeitet zu zweit und geht so vor:
a Überlegt, was eure Zuhörerinnen/Zuhörer vielleicht über das Thema wissen wollen. Notiert W-Fragen.
b Beantwortet die W-Fragen mithilfe des Textes bzw. der Landkarte.
c Bringt eure Informationen in eine sinnvolle Reihenfolge.
d Tragt eure Informationen vor. Gebt euch ein Feedback darüber, ob euer Vortrag informativ und verständlich war und ob Informationen gefehlt haben oder überflüssig waren.

Wer ist ein „Held"? Ein Referat vorbereiten und halten

Ein **Held** oder eine **Heldin** ist eine Person mit besonderen Fähigkeiten oder Eigenschaften. Diese Fähigkeiten können von körperlicher Art (z. B. Kraft, Schnelligkeit, Ausdauer) oder von geistiger Natur sein (Mut, Intelligenz, Einsatzbereitschaft für andere Menschen, für Ideale, Ziele oder Ideen). Die Taten eines Helden oder einer Heldin können ihm oder ihr Ruhm, Anerkennung oder Auszeichnungen bescheren, müssen es aber nicht.

Ein Held oder eine Heldin kann eine reale Person oder eine erfundene Figur sein.

1) Reale Personen: Menschen, die tatsächlich gelebt haben oder gegenwärtig leben, können als Helden oder als Vorbilder angesehen werden. Dabei gibt es berühmte Helden und Vorbilder, wie zum Beispiel die Widerstandskämpfer Hans und Sophie Scholl, den Bürgerrechtler Martin Luther King oder berühmte Sportler/-innen, Erfinder/-innen und Denker/-innen. Und es gibt namentlich eher unbekannte Personen, sogenannte „Alltagshelden", die sich zum Beispiel in Vereinen und Organisationen engagieren (etwa als Freiwillige in einem Tierheim arbeiten oder ehrenamtlich in einem Jugendzentrum tätig sind), Hilfsprojekte (z. B. Tafelrunden für Bedürftige) ins Leben rufen oder auf anderem Wege einen besonderen Einsatz zeigen.

2) Erfundene Figuren: Helden können aber auch erfundene Figuren sein, zum Beispiel aus Sagen und Legenden (König Artus, Herkules) oder aus Comics und Filmen (z. B. Superman). Es handelt sich hierbei meist um Figuren mit Fähigkeiten, die weit über die normalen menschlichen Fähigkeiten hinausgehen (Superhelden).

1 a Lies den Lexikonartikel: Was wusstest du bereits über den Begriff „Heldin/Held"? Was ist neu für dich?

b Erkläre:
- Welche Merkmale besitzt ein Held?
- Welche Gruppen von Helden gibt es und wodurch unterscheiden sie sich?

2 a Begründe, wer für dich eine Heldin/ein Held oder ein Vorbild ist.
b Überlege: Sind deine Helden oder Vorbilder eher berühmte Menschen, die sich durch besondere Fähigkeiten oder Leistungen auszeichnen, eher unbekannte „Alltagshelden" oder erfundene Figuren (Superhelden)? Ordne deine Helden der jeweiligen Heldengruppe zu.

3 Bereitet in Partnerarbeit ein Referat über einen Helden vor.
Geht so vor:
a Entscheidet euch für eine Person, die ihr als „Helden" bezeichnen würdet.
b Macht euch klar, was eure Zuhörer/-innen über eure Heldin/euren Helden wissen wollen. Notiert W-Fragen oder Stichwörter, über die ihr in eurem Referat Auskunft geben wollt, z. B.:

- *Warum ist ... für uns eine Heldin/ein Held?*
- *Welche ...?*

4 Recherchiert nun nach geeigneten Informationen (auch Fotos, Grafiken etc.) zu eurer Heldin / eurem Helden, z. B.: im Internet, in der Bibliothek (Lexika, Bücher, Zeitschriften, Zeitungen), oder führt ein Interview mit der Person durch. Wie ihr bei eurer Recherche schnell beurteilen könnt, ob das Informationsmaterial brauchbar ist, erfahrt ihr im Kasten unten.
Tipp: Weitere Tipps zur Informationsrecherche findet ihr auf S. 369–370.

5 Wertet nach der Recherche euer Informationsmaterial aus und fasst dann die wichtigsten Informationen zusammen. Geht so vor wie im Methodenkasten unter „Rechercheergebnisse auswerten" beschrieben.

Methode Rechercheergebnisse beurteilen und auswerten

Rechercheergebnisse beurteilen

1 Verschaffe dir einen Überblick über die Ergebnisse deiner Recherche:
- Stammt das Material aus dem **öffentlichen Bereich** (z. B. Zeitung, Werbung), dem **fachlichen** (z. B. Lehrbuchtexte, Grafiken) oder aus dem **privaten** (z. B. Brief)?
- Um welche **Textsorte** handelt es sich (z. B. Lexikoneintrag, Nachricht, Interview etc.)?

2 **Überfliege** den **Inhalt** des Materials (das **Inhaltsverzeichnis** oder das **Sachregister**, wenn es sich um ein ganzes Buch handelt) und entscheide, ob dir der Beitrag tatsächlich brauchbare Informationen zum Thema oder zu deinen Fragen liefert.

Rechercheergebnisse auswerten

1 **Markiere** auf einer Kopie / einem Textausdruck die wichtigsten Informationen.
Notiere am Textrand, zu welchen Fragen, Oberbegriffen oder Teilthemen die markierten Informationen gehören, z. B.: *Biografie, Auszeichnungen, Engagement für ...*

2 **Überlege**, welche Informationen du nutzen willst und welche eher überflüssig sind.

3 **Fasse** die wichtigsten Informationen – geordnet nach Oberbegriffen – **zusammen**.

6 a Entwickelt eine Gliederung für den Hauptteil eures Referats, indem ihr eure Informationen nach sachlichen Gesichtspunkten ordnet. Überlegt hierbei: Was sind Oberbegriffe, was Unterpunkte?

Gliederung Hauptteil: Martin Luther King

1. Biografische Daten und Einflüsse (= Oberbegriff)
   - * 15. 1. 1929 in Atlanta, Georgia; † 4. 4. 1968 in Memphis, Tennessee (= Unterpunkt)
   - ...
2. Rassentrennung und Bürgerrechtsbewegung (Civil Rights Movements)
   - Diskriminierung (Benachteiligung) der schwarzen Bevölkerung, z.B. ...
   - Ziele der Bürgerrechtsbewegung: ...
   - ...
3. Busboykott in Montgomery (gewaltloser Widerstand)
   - ...

b Notiert Ideen für die Einleitung eures Referats: Wählt z. B. ein Foto/Bild, ein treffendes Zitat oder eine persönliche Bemerkung über das Thema. Ihr könnt auch einen Überblick über das Referat geben.

c Formuliert einen Schluss, indem ihr z. B. wichtige Informationen zusammenfasst, eine persönliche Einschätzung oder einen Ausblick auf weitere Entwicklungen gebt.

7 a Bereitet den mündlichen Vortrag eures Referats vor, indem ihr zu jedem Gliederungspunkt wichtige Stichwörter als Gedächtnisstütze notiert, z. B. auf Karteikarten. Nummeriert die Karten in der entsprechenden Reihenfolge.
Tipp: Notiert nur Stichwörter und haltet fest, an welchen Stellen ihr euer Anschauungsmaterial zeigen wollt.

b Übt den Vortrag eures Referats mithilfe der Karteikarten. Überlegt auch, welche technischen Geräte ihr für euren Vortrag benötigt, und probt den Einsatz.

8 Tragt eure Referate vor. Klärt nach jedem Vortrag Fragen, die noch offengeblieben sind, und gebt euch gegenseitig ein Feedback: Was hat euch gut gefallen, was könnt ihr verbessern?

Methode Ein Referat gliedern („roter Faden“)

Gliedere die Informationen. Diese Struktur ist der „rote Faden“ deines Referats.
Einleitung: Wecke das Interesse deiner Zuhörerinnen und Zuhörer und führe in das Thema ein, z. B. durch Bilder/Fotos, treffende Zitate oder persönliche Bemerkungen zum Thema. Gib einen Überblick über die Gliederung deines Referats.
Hauptteil: Den Hauptteil solltest du besonders sorgfältig planen. Ordne deine Informationen nach sachlichen Gesichtspunkten. Lege Oberbegriffe und Unterpunkte fest. Streiche überflüssige Informationen, die vom Thema wegführen.
Schluss: Der Schluss rundet das Referat ab. Du kannst wichtige Informationen zusammenfassen, deine persönliche Meinung zum Thema formulieren oder einen Ausblick auf weitere Entwicklungen geben.

Brauchen wir Helden? Eine Unterrichtsstunde protokollieren

Protokollkopf

Protokoll über eine Deutschstunde der Klasse 8 a

Datum:	13. 1. 20XX
Zeit:	10.20–11.50 Uhr
Ort:	R. 208
Anwesende:	26 Schülerinnen und Schüler der Klasse 8 a, Deutschlehrer Herr König
Abwesend:	Lukas Albert, Ardin Azevedo (Klassensprecherversammlung)
Protokollantin:	Marlene Tischer
Thema:	Helden und Vorbilder

Hauptteil

1. Einstieg in das Thema „Helden"

Zu Beginn der Stunde werden per Folie 4 Bilder von verschiedenen Personen gezeigt, die als Helden bezeichnet werden können, und zwar: ein Feuerwehrmann in den Trümmern des World Trade Centers, Martin Luther King (Bürgerrechtler), Sophie Scholl (Widerstandskämpferin gegen die Diktatur des Nationalsozialismus) und ein Bild von Superman (Superheld im Comic und Film).

Im anschließenden Unterrichtsgespräch werden Merkmale von Helden benannt, z. B.:

- Einsatzbereitschaft für andere
- …

2. Unterscheidung von verschiedenen Heldentypen

Anhand eines Lexikonartikels werden verschiedene Gruppen von Helden unterschieden. Es gibt …

3. Diskussion über aktuelle Helden und Vorbilder

Im Anschluss daran diskutieren die Schülerinnen und Schüler, wer für sie ein Held oder ein Vorbild ist. Dabei werden …

Das Fazit der Diskussion: Es gibt unterschiedliche Vorstellungen darüber, wer ein Held oder ein Vorbild ist. Als Vorbilder oder Helden wurden zum einen berühmte Persönlichkeiten wie … genannt, zum anderen aber auch unbekannte Personen, sogenannte „Helden des Alltags", die …

4. Hausaufgabe

…

Schluss

Chemnitz, 14. 1. 20XX

Marlene Tischer

1 a Lies das Protokoll (→ S. 21) genau. Beurteile dann, ob du die wichtigsten Inhalte und den Verlauf der Unterrichtsstunde anhand des Protokolls nachvollziehen kannst. Begründe deine Meinung anhand von Textbeispielen.
b Erkläre, welche Funktion ein solches Protokoll hat: Wozu dient es? An wen ist es gerichtet?

2 Protokolle werden zu unterschiedlichen Gelegenheiten geschrieben. Nenne verschiedene Anlässe, bei denen Protokolle angefertigt werden, und stelle dar, was sie deiner Meinung nach jeweils leisten.

3 a Beschreibe den Aufbau des Protokolls (→ S. 21). Erkläre dabei auch, welche Angaben der Protokollkopf und der Schluss enthalten und warum diese Informationen wichtig sind.
b Beschreibe den Sprachstil des Protokolls mithilfe von Adjektiven, z. B. *prägnant, …*

4 Für ein Protokoll muss man das Gehörte zunächst mitschreiben.
a Stelle dar, auf welche Weise du wichtige Unterrichtsinhalte oder andere Informationen festhalten kannst. Was hat sich bewährt, welche Probleme sind beim Mitschreiben aufgetreten?
b Vergleiche und bewerte die beiden Mitschriften.

Zuerst zeigte uns Herr König vier Bilder von verschiedenen Helden. Es gab ein Bild von einem Feuerwehrmann in Trümmern des World Trade Centers, eins von Martin Luther King (Bürgerrechtler) …
Wir sollten die Bilder beschreiben und die Merkmale von Helden sammeln. Julian war der Meinung, dass Einsatzbereitschaft …

1) Einstieg
OHP: 4 Bilder von Helden
- Feuerwehrmann in Trümmern des WTC
- Martin Luther King (Bürgerrechtler)
- …
- → Merkmale v. Helden (Unterrichtsgespräch)
- 1. Einsatzbereitschaft …

c Sammle Tipps für das Mitschreiben von Unterrichtsinhalten.

Methode Tipps zum Mitschreiben

- Schreibe nur das Wesentliche mit (häufig genügen Stichwörter).
  Aber: Lieber zu viel als zu wenig mitschreiben.
- Halte wichtige Gesprächsbeiträge mit Angabe des Namens der Sprecherin/des Sprechers fest.
- Verwende Abkürzungen und Zeichen.
- Lege deine Notizen übersichtlich an:
  - Beginne für jeden Gedanken eine neue Zeile (Absätze).
  - Verwende für Aufzählungen Spiegelstriche oder Nummerierungen.
  - Hebe Wichtiges durch Unterstreichungen hervor.
  - Mache logische Zusammenhänge durch Pfeile deutlich.

Abkürzungen, z. B.:
Bsp.: Beispiel
Def.: Definition
Erg.: Ergebnis
Ggs.: Gegensatz
s.: siehe
u.: und
v.: von
vgl.: vergleiche
wg.: wegen

Zeichen, z. B.:
→ daraus folgt
↔ Gegensatz
! wichtig

5 Brauchen wir Helden oder Vorbilder, an denen wir uns orientieren können?
Führt zu dieser Frage eine Pro-und-Kontra-Diskussion durch und verfasst anschließend ein Protokoll über eure Diskussion. Geht so vor:

a Bildet Pro- und Kontra-Gruppen und legt euch für die Diskussion eine Stoffsammlung an:
- Notiert Argumente, die eure Position (Meinung) stützen, und sucht glaubwürdige Beispiele.
- Bestimmt in eurer Gruppe eine Sprecherin oder einen Sprecher, die/der in das Thema „Helden/Vorbilder" einführt und eure Position in einem kurzen Statement zusammenfasst, z. B.:

Einleitung ins Thema „Helden/Vorbilder":
- *Anders als z. B. der Comic-Held „Superman" müssen Helden/Vorbilder keine übermenschlichen Fähigkeiten besitzen. Als Helden und Vorbilder ...*

Statement (Position/Meinung zum Thema):
Wir sind der Meinung, dass ...

b Führt die Diskussion durch und haltet wichtige Inhalte und Ergebnisse in einer Mitschrift fest. Teilt die Aufgaben so auf: Eine Pro- und eine Kontra-Gruppe führen die Diskussion durch, die anderen Schülerinnen und Schüler fertigen eine Mitschrift an.

c Verfasst mithilfe eurer Mitschriften ein Protokoll über die Diskussion. Folgende Wörter und Wendungen können euch bei der Ausarbeitung helfen:

zu Beginn | zunächst | als Erstes | zuerst | anfangs | anschließend | im Anschluss daran | später | danach | als Nächstes | abschließend | als Letztes | zuletzt | zum Schluss | besprechen | fortfahren | wiederholen | erwidern | anfügen | ergänzen | entgegnen | zusammenfassen | mitteilen | äußern | darstellen | erklären | hervorheben | verdeutlichen | feststellen | behandeln | thematisieren | eingehen auf | aufgreifen | diskutieren | auf etwas verweisen

Methode Ein Protokoll anfertigen

Das Protokoll ist eine Sonderform des Berichts. Es gibt **knapp und sachlich** das Wichtigste einer Unterrichtsstunde, einer Diskussion, einer Sitzung oder eines Versuchs wieder.
Protokolle haben eine **feste äußere Form**:

1 **Protokollkopf:** Der Protokollkopf enthält folgende Angaben: Anlass (Titel der Veranstaltung), Datum/Zeit, Ort, Anwesende/Abwesende, Name der Protokollantin/des Protokollanten, Thema (z. B. der Unterrichtsstunde) oder Auflistung der Tagesordnungspunkte (TOPs).
2 **Hauptteil:** Im Hauptteil werden die wichtigsten Informationen sachlich, knapp und übersichtlich wiedergegeben.
3 **Schluss:** Der Schluss des Protokolls enthält Ort und Datum der Abfassung sowie die Unterschrift der Protokollantin/des Protokollanten.

Das **Tempus** des Protokolls ist in der Regel das **Präsens**. Wichtige Gesprächsbeiträge einzelner Teilnehmer/-innen werden in der **indirekten Rede** (→ S. 250–251) mit Angabe des Namens der Sprecherin oder des Sprechers wiedergegeben.

Zivilcourage Einen Informationstext verfassen

1. Schritt: Sich über das Thema informieren

Stelle dir vor, du willst für die Schülerzeitung einen Informationstext zum Thema „Zivilcourage" verfassen. Als Informationsquellen stehen dir folgende Materialien (→S. 24–26) zur Verfügung:

Die Stimme erheben
von Beate Lakotta

Die Psychologin Veronika Brandstätter erforscht, was Menschen zu Alltagshelden macht, und entwickelte ein Zivilcourage-Training.

SPIEGEL: Frau Brandstätter, mal angenommen, Sie hören auf dem Weg zur Arbeit hinter einer fremden Wohnungstür das Geräusch von Schlägen und Schreie einer Frau. Was machen Sie?
Brandstätter: Ich würde spontan an der Tür läuten, um dem Opfer deutlich zu machen: Hier ist jemand, der das gehört hat. Man kann ruhig nachfragen, ob es Schwierigkeiten gibt, ob man Hilfe holen soll, vielleicht die Polizei.
SPIEGEL: Das klingt vernünftig. Aber warum handelt nicht jeder so beherzt?
Brandstätter: In so einer Situation kämpfen in Ihnen zwei Werte gegeneinander an: einerseits Ihre Überzeugung, dass Sie jemandem zu Hilfe kommen wollen. Andererseits der Wert, dass Sie die Privatsphäre anderer Menschen zu respektieren haben. Dazu kommt die Ungewissheit: Mache ich möglicherweise für das Opfer alles viel schlimmer, wenn ich klingle? Mache ich mich vielleicht lächerlich, wenn da drin nur eine lustige Rauferei stattfindet? Also sagen Sie sich vielleicht: Das wird schon nicht so schlimm sein. Und gehen weiter.
SPIEGEL: Was bringt einen dazu, doch den Klingelknopf zu drücken?
Brandstätter: Zivilcourage ist auch eine Frage der Wertorientierung: Wie verbindlich sind für Sie humane[1] Grundwerte: Toleranz, Hilfsbereitschaft, Solidarität[2] mit Schwächeren? Spüren Sie, wenn diese Werte verletzt werden? Daran erkenne ich schon mal, ob jemand zum Alltagshelden taugt.
SPIEGEL: Haben Helfer in der Not sonst noch etwas gemeinsam?
Brandstätter: Sie eint die Bereitschaft, soziale Verantwortung zu übernehmen; die Fähigkeit zur Empathie, also das Gespür für die Not einer fremden Person; ein gesundes Selbstvertrauen.
SPIEGEL: Was unterscheidet Hilfeleistung von Zivilcourage?
Brandstätter: Wenn Sie ein Kind retten, das auf einem See ins Eis eingebrochen ist, handeln Sie mutig, weil Sie Ihr Leben in Gefahr bringen. Aber es gibt keinen Gegner. Wenn es um Zivilcourage geht, schon. Da setzen Sie sich für jemanden ein, den Dritte bedrohen. Sie zeigen Mut, indem Sie Ihre eigenen Überzeugungen und Werte vertreten, auf die Gefahr hin, selbst sozial geächtet oder verletzt zu werden.
SPIEGEL: Viele möchten auch gern ein mutiger Alltagsheld sein. Aber wenn sie in eine kritische Situation kommen, schaffen sie es nicht.
Brandstätter: Es geht ja nicht immer gleich um die große Heldentat. Zivilcourage kann auch im Kleinen notwendig sein: häusliche Gewalt in der Nachbarschaft, rassistische Bemerkungen im Freundeskreis, ein Mobbing-Fall in der Schule oder am Arbeitsplatz. Schon Kinder können ein großes Gespür für ungerechtes, diskriminierendes[3] Verhalten haben. In der vierten Grundschulklasse meines Sohns hat ein Lehrer einmal den Aufsatz eines Jungen vorgelesen und sich

1 human: menschenwürdig, die Würde des Menschen achtend
2 die Solidarität: Verbundenheit, Zusammengehörigkeitsgefühl, Zusammenhalt
3 diskriminierend: beleidigend, herabsetzend, erniedrigend

abschätzig darüber geäußert. Er hat den Jungen vor allen bloßgestellt. Ein Schulkamerad ist zu dem Lehrer gegangen und hat ihm gesagt, dass er das nicht in Ordnung fand. Diesen Mut fand ich bemerkenswert und mein Sohn auch. Man kann schon Kindern beibringen, dass es ein wichtiges Zeichen ist, seine Stimme zu erheben, zu zeigen, dass man anderer Meinung ist als die schweigende Mehrheit.

1 a Lies den Text unter den folgenden Fragestellungen:
- Welche Werte und Fähigkeiten haben „Alltagshelden", die Zivilcourage zeigen?
- Was unterscheidet Zivilcourage von Hilfsbereitschaft?

b Beantworte die oben stehenden Fragen. Fasse deine Ergebnisse knapp zusammen.

2 Erläutere anhand des Textes, welche Wertekonflikte entstehen können, wenn man eine mögliche Notsituation bemerkt.

3 a Nenne Beispiele aus dem Text, in denen Mut und Zivilcourage gefragt sind.

b Kennst du selbst Beispiele für mutiges Verhalten im Alltag? Berichte davon.

Umfrage zu Erfahrungen mit Gewalt in der Öffentlichkeit (1000 Befragte)

Wurden Sie selbst schon einmal in der Öffentlichkeit körperlich angegriffen?

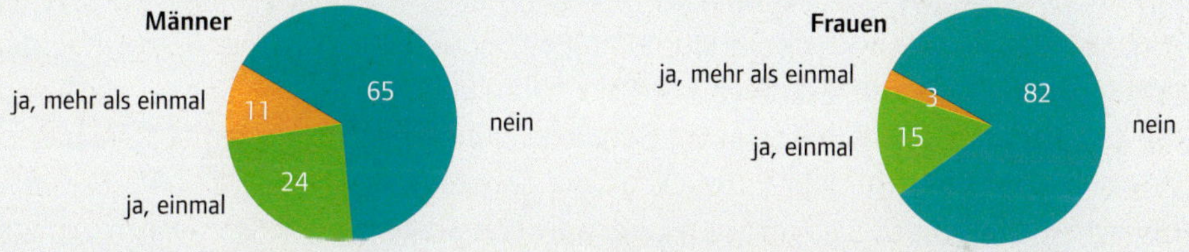

Falls ja, hat Ihnen in einer konkreten Situation jemand geholfen?
(Mehrfachnennungen möglich)

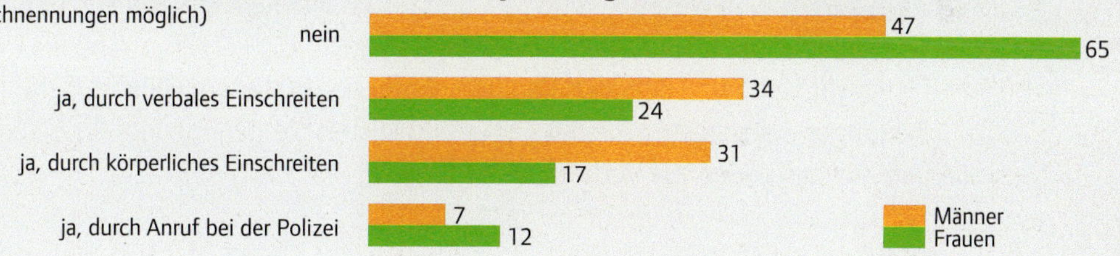

4 a Worum geht es in den Diagrammen? Benenne das gemeinsame Thema in einem Satz.

b Vergleiche die Zahlenangaben in den Diagrammen: Welche Werte sind besonders auffällig?

c Erkläre, welche Angaben du diskussionswürdig findest. Nenne Gründe.

5 Formuliere die wichtigsten Ergebnisse aus den Diagrammen:
Das erste Schaubild, zwei Kreisdiagramme, zeigt ... Aus dem Balkendiagramm geht hervor ...

6 Hast du selbst schon einmal eine Situation beobachtet oder erlebt, in der jemand körperlich angegriffen wurde? Beschreibe, wie sich die Menschen verhalten haben.

Vom guten Willen zur guten Tat: Hürden der Zivilcourage

Menschen müssen mehrere Hürden überwinden, um Zivilcourage zu zeigen. Nach einem psychologischen Modell sind es fünf an der Zahl: Erstens gilt es, ein kritisches Ereignis überhaupt zu bemerken. So bekommt etwa ein Fahrgast im Stadtbus vor lauter Verkehrslärm nicht unbedingt mit, wenn auf einer hinteren Sitzbank eine Frau belästigt wird. Das registrierte Verhalten muss zweitens als Notfall interpretiert werden. Handelt es sich um eine Auseinandersetzung zwischen Fremden oder um den Streit eines Pärchens? Auch Letzteres kann Anlass zur Zivilcourage geben, doch solange es bei einem verbalen Schlagabtausch bleibt, sind wir geneigt, uns nicht einzumischen. Drittens muss sich der Beobachter verantwortlich fühlen, statt ein Aktivwerden von anderen zu fordern und zu denken: „Der da sitzt doch viel näher dran als ich, soll er doch etwas machen!" Nun kommt viertens ein wichtiger Punkt zum Tragen: Verfügt der Beobachter über das nötige Know-how, um einzuschreiten? Soll er das Opfer ansprechen und seine Hilfe anbieten – oder besser nur die Polizei rufen? Soll er den Täter vom Opfer trennen, sich womöglich zwischen die beiden drängen? Zivilcourage-Trainings setzen vor allem bei solchem Handlungswissen an, um den fünften Schritt zu erleichtern: das Eingreifen.

Verhaltensregeln für den Notfall:

- Beobachten Sie den oder die Täter und prägen Sie sich auffällige Merkmale ein (kann eine spätere Fahndung erleichtern).
- Helfen Sie, ohne sich dabei selbst in Gefahr zu bringen. Vor allem bei Bewaffneten ist Zurückhaltung geboten.
- Sprechen oder fassen Sie nicht den Täter an, sondern konzentrieren Sie sich auf das Opfer.
- Treten Sie nicht aggressiv auf, sondern sachlich und beschwichtigend.
- Sprechen Sie weitere Anwesende direkt an und bitten Sie diese um Hilfe, z. B. indem Sie andere auffordern, per Notruf 110 die Polizei zu verständigen.
- Laufen Sie nicht weg, um Hilfe zu holen. Das Opfer hat in diesem Fall das Gefühl, Sie lassen es allein. Beruhigen oder trösten Sie das Opfer und leisten Sie gegebenenfalls Erste Hilfe.
- Stellen Sie sich als Zeuge zur Verfügung.

1 a Erläutere den im Flussdiagramm gezeigten Ablauf mit einem selbst gewählten Beispiel aus dem Alltag, z. B.:

1. **Situation wahrnehmen**, z. B.: *Zwei ältere Schüler schubsen auf dem Schulweg einen Fünftklässler vor sich her …*
2. **Als Notfall bewerten**, z. B.: *genau beobachten, was …*
3. …

b Erkläre, wie du die einzelnen Verhaltensregeln umsetzen würdest. Formuliere, wenn nötig, Beispielsätze in wörtlicher Rede, z. B.: *„Brauchst du Hilfe?"*

2. Schritt: Den Text planen und passende Informationen auswählen

Verfasse nun mithilfe der Materialien (→ S. 24–26) einen Informationstext zum Thema „Zivilcourage". Der Text soll in der Schülerzeitung abgedruckt werden, also für Schülerinnen und Schüler in deinem Alter verständlich sein.

1 a Mache dir noch einmal klar, worüber die einzelnen Materialien (→ S. 24–26) informieren.
b Überlege, was deine Leser über das Thema „Zivilcourage" wissen wollen. Was könnte sie interessieren? Notiere Stichwörter oder Fragen, z. B.:
- *Was bedeutet der Begriff „Zivilcourage"?*
- *Wie kann ich …?*

2 Dein Informationstext braucht eine klare gedankliche Struktur (Aufbau), die du vor dem Schreiben festlegen solltest. Sie dient dir und deinen Lesern als roter Faden.
a Überlege: Welche der im anschließenden Kasten dargestellten Strukturen ist für den Hauptteil deines Textes zum Thema „Zivilcourage" geeignet? Orientiere dich bei deiner Entscheidung an folgendem Beispiel:

- Ursache (z. B.: gute Ausbildung von Feuerwehrleuten in New York) ⟶ Wirkung (effektive Rettung am 11. 9. 2001) ⟶ Folgen (Feuerwehrleute gelten als Helden.)
- Frage (z. B.: Ist Laura Dekker eine Heldin?) ⟶ Antwort (Ja, weil … / Nein, weil …) ⟶ Folgerung (Ihr Mut taugt nur bedingt als Vorbild.)
- Problem (z. B.: Konflikte an Schulen nehmen zu.) ⟶ Lösung (z. B.: Streitschlichter) ⟶ Umsetzung (z. B.: Ausbildungskurse für Streitschlichter)
- Vergangenheit (z. B.: Heldenbilder früher) ⟶ Gegenwart (z. B.: Heldenbilder heute) ⟶ Zukunft (z. B.: mögliche Entwicklungen)

b Überfliege noch einmal alle Materialien und sieh dir deine Notizen zu den einzelnen Materialien an. Welche Informationen gehören zu welchen Teilen deiner Struktur?

3 Erarbeite eine Gliederung für den Hauptteil deines Textes. Nutze hierzu deine Struktur und ordne den einzelnen Gliederungspunkten im Hauptteil stichwortartig Informationen zu, z. B.:

[1. Einleitung: Thema/Problem benennen]
2. Hauptteil: Auswertung der Informationen
a) Problem aufnehmen: Gewalt in der Öffentlichkeit, z. B. …
b) Lösung darstellen: Zivilcourage; das bedeutet z. B. …
c) … erklären
[3. Schluss: Zusammenfassung, Bezug zum Thema/Problem, Ausblick …]

3. Schritt: Den Informationstext schreiben und überarbeiten

1 Verfasse nun auf Grundlage deiner Gliederung einen Informationstext zum Thema „Zivilcourage". Gehe so vor:

a Wecke in der Einleitung das Interesse deiner Leser/-innen und führe in das Thema ein, z. B.:
Wer hat nicht schon einmal erlebt, …? / Was bedeutet … und wie …? / Warum …? /
Es ist ein alltägliches Problem in unserer Gesellschaft, dass …

b Verfasse mithilfe deiner Gliederung den Hauptteil deines Textes: Beschreibe und erkläre schrittweise die wichtigsten Sachverhalte zum Thema „Zivilcourage".
- Nutze eigene Worte, formuliere knapp und sachlich.
- Schreibe vorwiegend im Präsens und verwende die indirekte Rede, wenn du Äußerungen anderer wiedergibst.
- Mache die Zusammenhänge der Informationen (Ursache, Wirkung etc.) auch sprachlich deutlich, z. B. durch Satzverknüpfungen (*weil*, *deshalb*, *sodass* etc.).

Eine Psychologin erklärt (Präsens) *in einem Interview, warum* (Satzverknüpfung) *es schwierig ist, …*
Sie sagt, Zivilcourage sei (indirekte Rede im Konjunktiv I) *…*
Im Gegensatz zur Hilfestellung … (knappe, eigene Worte)
Eine Umfrage zu … zeigt, dass Hilfeleistung … (Zusammenfassung von Daten)

c Gib am Schluss einen Ausblick. Gehe z. B. darauf ein, was man konkret tun kann:
- *Wer diese Tipps beherzigt, kann in Notsituationen …*
- *Wenn wir in Zukunft Gewalt in der Öffentlichkeit verhindern wollen, sollte jeder …*

d Formuliere zuletzt eine interessante und treffende Überschrift, die das Thema umreißt.

2 Überarbeite deinen Text mithilfe der Informationen aus dem Methodenkasten.

Methode Einen Informationstext verfassen

In einem Informationstext fasst du für bestimmte Leser **das Wichtigste über einen Sachverhalt** knapp und in gut verständlicher Weise zusammen. Du gibst dabei Informationen aus verschiedenen Materialien übersichtlich wieder und beschreibst und erklärst Zusammenhänge.
- Gib deinem Text eine **klare gedankliche Struktur** (roter Faden), in die du die Informationen einordnest, z. B.: *Ursache ⟶ Wirkung ⟶ Folgen; Vergangenheit ⟶ Gegenwart ⟶ Zukunft; Problem ⟶ Lösung ⟶ Umsetzung; Frage ⟶ Antwort ⟶ Folgerung.*
- **Gliedere** deinen Text in **Überschrift**, **Einleitung** (Thema, W-Fragen), **Hauptteil** (Beschreibung und Erklärung der Sachverhalte in einer klaren gedanklichen Struktur) und **Schluss** (Zusammenfassung, Ausblick).
- Mache durch Absätze die Gliederung deines Textes deutlich.
- Nutze **eigene Worte** und formuliere **sachlich** ohne persönliche Wertungen.
- Schreibe vorwiegend im **Präsens** und verwende die **indirekte Rede**, wenn du Äußerungen anderer wiedergibst.
- Mache die **Zusammenhänge** der Informationen (Ursache, Wirkung etc.) auch sprachlich deutlich, z. B. durch **Satzverknüpfungen** (*weil, daher, denn, sodass* etc.).

Teste dein Wissen!
Einen informativen Text verfassen

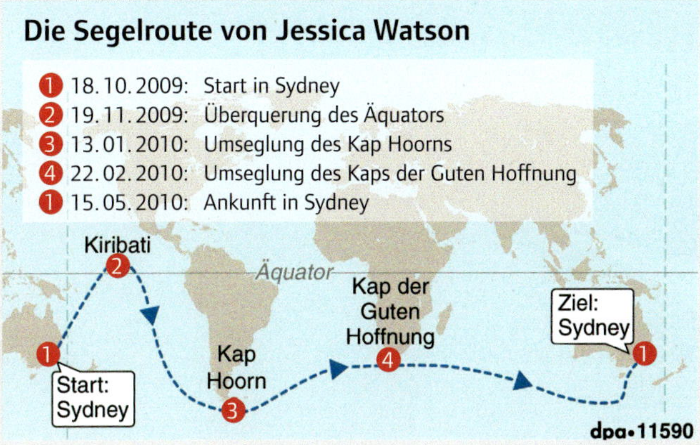

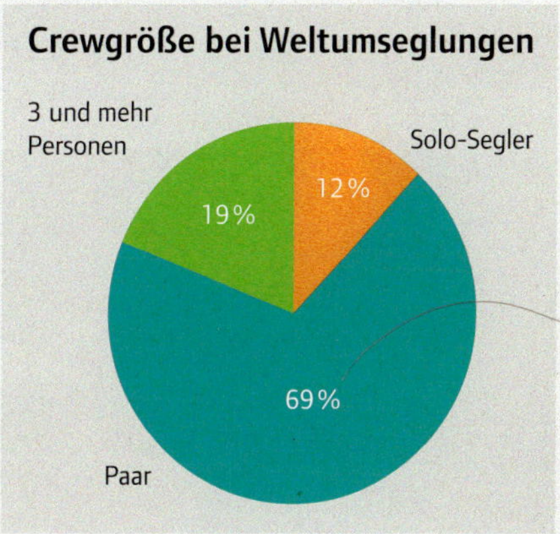

- *Niederländerin Laura Dekker (geb. 20.9.1995): jüngste Weltumseglerin der Welt*
- *Start: 21.8.2010, Karibikinsel Sint Maarten; Ziel: 21.1.2012, Sint Maarten*
- *Segelboot (Zweimaster) „Guppy"*
- *Laura Dekker schlug Rekord der Australierin Jessica Watson*
- *Australierin Jessica Watson beendete drei Tage vor ihrem 17. Geburtstag ihre Weltumseglung*
- *Watson war am 18.10.2009 in Sydney gestartet und erreichte am 15.5.2010 am Südostkap (südlichster Punkt von Tasmanien) ihren Zielhafen.*

VORSICHT, FEHLER!

Laura Dekker: jüngste Weltumseglerin

Die 16-jährige Laura Dekker lief am 21. Januar 2012 im Hafen der Karibikinsel Sint Maarten ein. Von dort aus war sie vor einer ganz schön langen Zeit, am 20. Januar 2011, mit ihrem Motorboot „Guppy" gestartet. Als jüngste Bootsfahrerin in der Geschichte schlug die Belgierin damit die bisherige Rekordhalterin. Die hatte sich am 18. Oktober 2009 in Sydney zu einer Solo-Weltumseglung davongemacht und erreichte am 15. Mai 2010, drei Tage vor ihrem Geburtstag, ihren Zielhafen. Bei den Weltumseglungen sind Solo-Segler, also Personen, die ganz alleine segeln, eine kleine Minderheit (12 Prozent). Meist besteht die Crew aus drei oder mehr Personen, die gemeinsam das große Ziel der Weltumseglung durchziehen.

1 Der Informationstext „Laura Dekker: jüngste Weltumseglerin" ist auf Grundlage der Landkarte, des Diagramms und der Notizen entstanden. Er enthält jedoch falsche und ungenaue Informationen und ist an einigen Stellen unsachlich formuliert.

a Überarbeite den Text. Gehe so vor:
- Überprüfe, ob der Verfasser die Materialien richtig ausgewertet und in den Text aufgenommen hat. Korrigiere und präzisiere gegebenenfalls die Informationen.
- Forme umgangssprachliche Textstellen in eine sachliche Sprache um.

b Vergleicht eure überarbeiteten Texte in Partnerarbeit.

1.2 Menschen im Widerstand
Einen literarischen Text erschließen

Hans Fallada
Jeder stirbt für sich allein *1*

Als der einzige Sohn des Berliner Ehepaars Anna und Otto Quangel 1940 als Soldat im Zweiten Weltkrieg (1939–1945) fällt, beschließt der Schreiner Otto Quangel, Widerstand gegen das Nationalsozialistische Regime[1] zu leisten.

Anna Quangel aber hielt die Augen während seines Sprechens fest auf sein Gesicht gewendet, und sie war ihm fast dankbar, dass er sie nicht ansah, so schwer wurde es ihr, die Enttäuschung, die sich immer stärker ihrer bemächtigte, zu verbergen. Mein Gott, was hatte sich dieser Mann da ausgedacht! Sie hatte an große Taten gedacht (und sich eigentlich auch vor ihnen gefürchtet), an ein Attentat auf den Führer, zum Mindesten aber an einen tätigen Kampf gegen die Bonzen und die Partei.

Und was wollte er tun? Gar nichts, etwas lächerlich Kleines, so etwas, das so ganz in seiner Art lag, etwas Stilles, Abseitiges, das ihm seine Ruhe bewahrte. Karten wollte er schreiben, Postkarten mit Aufrufen gegen den Führer und die Partei, gegen den Krieg, zur Aufklärung seiner Mitmenschen, das war alles. Und diese Karten wollte er nun nicht etwa an bestimmte Menschen senden oder als Plakate an die Wände kleben, nein, er wollte sie nur auf den Treppen sehr begangener Häuser niederlegen, sie dort ihrem Schicksal überlassen, ganz unbestimmt,

1 Als Zeit des Nationalsozialismus (abgekürzt NS-Zeit) wird die Regierungszeit der Nationalsozialistischen Deutschen Arbeiterpartei (NSDAP) von der Ernennung Adolf Hitlers zum Reichskanzler am 30. Januar 1933 bis zur bedingungslosen Kapitulation der Wehrmacht am 8. Mai 1945 bezeichnet. Die Nationalsozialisten errichteten in Deutschland eine Diktatur nach dem Führerprinzip und begannen 1939 einen Eroberungskrieg, der sich vom europäischen Krieg zum Weltkrieg entwickelte.
Sie unterdrückten jede freie Meinungsäußerung: Wer Kritik an der Diktatur äußerte oder zum Widerstand gegen das NS-Regime aufrief, wurde mit Gefängnis oder sogar mit dem Tod bestraft. Neben der Verfolgung und Ermordung politisch Andersdenkender verübten die Nationalsozialisten zahlreiche weitere Verbrechen gegen die Menschlichkeit gegenüber ethnischen, religiösen und anderen Minderheiten. Etwa sechs Millionen europäische Juden wurden ermordet.

wer sie aufnahm, ob sie nicht gleich zertreten wurden, zerrissen ... Alles in ihr empörte sich gegen diesen gefahrlosen Krieg aus dem Dunkeln. Sie wollte tätig sein, es musste etwas getan werden, von dem man eine Wirkung sah!

Zögernd sagte sie: „Ist das nicht ein bisschen wenig, was du da tun willst, Otto?"

„Ob wenig oder viel, Anna", sagte er, „wenn sie uns daraufkommen, wird es uns unsern Kopf kosten ..."

Es lag etwas so schrecklich Überzeugendes in diesen Worten, in dem dunklen, unergründlichen Vogelblick, mit dem der Mann sie in dieser Minute ansah, dass sie zusammenschauderte. Und einen Augenblick sah sie deutlich vor sich den grauen, steinernen Gefängnishof, das Fallbeil aufgerichtet, in dem grauen Frühlicht hatte sein Stahl nichts Glänzendes, es war wie eine stumme Drohung.

Anna Quangel spürte, dass sie zitterte. Dann sah sie rasch wieder zu Otto hinüber. Er hatte vielleicht Recht, ob wenig oder viel, niemand konnte mehr als sein Leben wagen. Jeder nach seinen Kräften und Anlagen – die Hauptsache: man widerstand.

Dann nahm er die Feder zur Hand und sagte leise, aber mit Nachdruck: „Der erste Satz unserer ersten Karte wird lauten: ‚Mutter! Der Führer hat mir meinen Sohn ermordet' ..."

Und wieder erschauerte sie. Es lag etwas so Unheilvolles, so Düsteres, so Entschlossenes in diesen Worten, die Otto eben gesprochen hatte. Sie begriff in einem Augenblick, dass er mit diesem ersten Satz für heute und ewig den Krieg angesagt hatte, und sie erfasste auch dunkel, was das hieß: Krieg zwischen ihnen beiden, den armen, kleinen, bedeutungslosen Arbeitern, die wegen eines Wortes für immer ausgelöscht werden konnten, und auf der anderen Seite der Führer, die Partei, dieser ganze ungeheure Apparat mit all seiner Macht und seinem Glanz und drei Viertel, ja vier Fünftel des ganzen deutschen Volkes dahinter. Und sie beide hier in diesem kleinen Zimmer in der Jablonskistraße allein!

1 a Lies den Textauszug aus dem Roman „Jeder stirbt für sich allein". Fasse anschließend zusammen, was du über die Situation und die Figuren, Anna und Otto Quangel, erfährst.
b Beschreibe, in welcher Form Otto Quangel Widerstand gegen das NS-Regime leisten will.

2 a Wie beurteilt Anna Quangel den Plan ihres Mannes? Sucht in Partnerarbeit mindestens drei Textstellen heraus, in denen deutlich wird, was sie zu Beginn und am Ende dieser Szene über das Vorhaben ihres Mannes denkt.
b Stellt eure Ergebnisse vor und erläutert jeweils die Gedanken Anna Quangels.

3 Welche Folgen könnte der Widerstand Otto Quangels haben? Suche hierzu die entsprechende Textstelle und erläutere diese.

4 „Er hatte vielleicht Recht, ob wenig oder viel, niemand konnte mehr als sein Leben wagen. Jeder nach seinen Kräften und Anlagen – die Hauptsache: man widerstand" (→ Z. 49–53). Erkläre, wie du diese Sätze verstehst, und begründe, ob du diese Aussage teilst oder nicht.

5 Mache dir ein genaueres Bild von Otto Quangel. Wie wirkt er in dieser Szene? Begründe deine Wahl anhand von Textstellen.

Otto Quangel ist: nervös | entschlossen | traurig | kompromisslos | enttäuscht | mutig

6 Überlege, welche Gedanken Otto Quangel beim Schreiben der Karten durch den Kopf gehen könnten. Verfasse dazu einen inneren Monolog aus seiner Sicht. Gehe so vor:

a Versetze dich in die Lage Otto Quangels und notiere, was er in dieser Situation denken und fühlen könnte. Schreibe in der Ich-Form und im Präsens. Du kannst die Formulierungshilfen im Kasten zu Hilfe nehmen.
- Wie steht Otto Quangel zu seiner geplanten Tat?
- Was denkt er über die Reaktionen seiner Frau?
- Erinnert er sich an seinen verstorbenen Sohn?
- Was empfindet er angesichts der möglichen Folgen, die diese Tat haben könnte (Gefängnis, Todesstrafe)?

Ich glaube, Anna ist gar nicht klar, dass uns diese Aktion den Kopf kosten kann. | Und wenn ich an … denke, fühle ich / habe ich … | Soll ich …? Nein, das wäre … | Wieso …? | Ich will einfach nicht wahrhaben, … | Wie werden …? | Ich kann mir vorstellen/nicht vorstellen, dass … | Ob diese Karten …?

b Formuliere nun den inneren Monolog. Schreibe in der Ich-Form.

7 Lest eure Texte vor und tauscht euch darüber aus, wie ihr die Figur Otto Quangel und die Situation durch eure inneren Monologe jeweils dargestellt habt.

Methode Einen inneren Monolog verfassen

Ein **innerer Monolog** ist ein **stummes Selbstgespräch einer Figur**, z. B. in einer angespannten Situation. In ihm formuliert die Figur ihre Gedanken, Gefühle und Wahrnehmungen. Wenn du einen inneren Monolog schreibst, versetzt du dich in die Figur hinein und überlegst, was diese Figur in der jeweiligen Situation denken, fühlen und wahrnehmen könnte.
Verwende für den inneren Monolog:
- die **Ich-Form** und das **Präsens**, z. B.: *Ich will diesen Plan einfach in die Tat umsetzen.*
- **Ausrufe**, z. B.: *Das glaube ich nicht! Wie kann sie so etwas denken?*
- **Fragen**, z. B.: *Hab ich das geträumt? Ist das wirklich geschehen?*
- **unvollständige Sätze** und **Gedankensprünge**, z. B.: *Ich könnte doch … Nein, das kann ich nicht.*

Wichtig ist, dass der Inhalt und die Sprache zur Figur und zur Handlung des Textes passen (was weiß die Figur, was weiß sie nicht?).
Beim Lesen fühlst du häufig mit einer Figur und erahnst ihre möglichen Gedanken. Schreibst du diese Gedanken und Gefühle als inneren Monolog auf, so kannst du dich besser darüber austauschen, wie du eine Figur und ihre Situation verstehst.

Hans Fallada

Jeder stirbt für sich allein *2*

Anna und Otto Quangel entscheiden, die erste Karte auf dem Alexanderplatz in Berlin auszulegen. Auf dem Weg dorthin entscheidet sich Quangel kurzfristig, seine Frau auf dem Bürgersteig stehen zu lassen und die Postkarte alleine in einem gegenüberliegenden Bürohaus auszulegen.

Unterdes war Quangel in das Bürohaus eingetreten. Es war ein helles, modernes Bürohaus, mit vielen Firmen wohl, aber auch mit einem Portier in grauer Uniform. Quangel geht, ihn gleichgültig ansehend, an ihm vorüber. Er ist darauf gefasst, nach dem Wohin gefragt zu werden, er hat sich gemerkt, dass Rechtsanwalt Toll im vierten Stock sein Büro hat. Aber der Portier fragt ihn nichts, er redet mit einem Herrn. Er streift den Vorübergehenden nur mit einem flüchtigen, gleichgültigen Blick. Quangel wendet sich nach links, schickt sich an, die Treppe hochzusteigen, da hört er einen Fahrstuhl surren. Siehe da, damit hat er auch nicht gerechnet, dass es in einem solchen modernen Haus Fahrstühle gibt, sodass die Treppen kaum benutzt werden.
Aber Quangel steigt weiter die Treppe hoch. Der Junge im Lift wird denken: Das ist ein alter Mann, er misstraut einem Fahrstuhl. Oder er wird denken, er will nur in den ersten Stock. Oder er wird überhaupt nichts denken. Jedenfalls sind diese Treppen kaum benutzt. Er ist schon auf der zweiten, und bisher ist ihm nur ein Bürojunge begegnet, der eilig, ein Paket Briefe in der Hand, die Treppen hinabstürzte. Er sah Quangel gar nicht an. Der könnte seine Karte hier überall ablegen, aber er vergisst nicht einen Augenblick, dass dieser Fahrstuhl da ist, durch dessen blinkende Scheiben er jederzeit beobachtet werden kann. Er muss noch höher, und der Fahrstuhl muss grade in die Tiefe versunken sein, dann wird er es tun.
Er bleibt an einem der hohen Fenster zwischen zwei Stockwerken stehen und starrt auf die Straße hinunter. Dabei zieht er, gut gegen Sicht gedeckt, den einen Handschuh aus der Tasche und streift ihn über seine Rechte. Er steckt diese Rechte wieder in die Tasche, vorsichtig gleitet sie an der dort bereitliegenden Karte vorbei, vorsichtig, um sie nicht zu zerknittern. Er fasst sie mit zwei Fingern …
Während Otto Quangel all das tut, hat er längst gesehen, dass Anna nicht auf ihrem Platz am Schaufenster, sondern dass sie am Rande des Fahrdamms steht und höchst auffallend mit sehr blassem Gesicht nach dem Bürohaus hinübersieht. So hoch, wie er steht, erhebt sie den Blick nicht, sie mustert wohl die Türen im Erdgeschoss. Er schüttelt unmutig den Kopf, fest entschlossen, die Frau nie wieder auf einen solchen Weg mitzunehmen. Natürlich hat sie Angst um ihn. Aber warum hat sie Angst um ihn? Sie

sollte um sich selbst Angst haben, so falsch, wie sie sich benimmt. Sie erst bringt sie beide in Gefahr!

Er steigt weiter treppauf. Als er am nächsten Fenster vorbeikommt, schaut er noch einmal auf die Straße, aber jetzt sieht Anna wieder in das Schaufenster hinein. Gut, sehr gut, sie hat ihre Angst untergekriegt. Sie ist eine mutige Frau. Er wird gar nicht mit ihr darüber sprechen. Und plötzlich nimmt Quangel die Karte, legt sie vorsichtig auf das Fensterbrett, reißt, schon im Gehen, den Handschuh von der Hand und steckt ihn in die Tasche.

Die ersten Stufen hinabsteigend, sieht er noch einmal zurück. Da liegt sie im hellen Tageslicht, von hier aus kann er noch sehen, wie eine große, deutliche Schrift seine erste Karte bedeckt! Jeder wird sie lesen können! Und verstehen auch! Quangel lächelt grimmig.

Zugleich hört er aber auch, dass eine Tür im Stockwerk über ihm geht. Der Fahrstuhl ist vor einer Minute in die Tiefe gesunken. Wenn es dem da oben, der grade ein Büro verlassen hat, zu langweilig ist, auf das Wiederheraufkommen des Fahrstuhls zu warten, wenn er die Treppe hinuntersteigt, die Karte findet: Quangel ist nur eine Treppe tiefer. Wenn der Mann läuft, kann er Quangel noch erwischen, vielleicht erst ganz unten, aber kriegen kann er ihn, denn Quangel darf nicht laufen. Ein alter Mann, der wie ein Schuljunge die Treppe hinunterläuft – nein, das fällt auf. Und er darf nicht auffallen, niemand darf sich erinnern, einen Mann von dem und dem Aussehen überhaupt in diesem Hause gesehen zu haben.

Quangel tritt in den Ausgang. Grade kommt ein großer Trupp Menschen vom Hofe her, Arbeiter aus irgendeiner Fabrik, Quangel schiebt sich unter sie. Diesmal, ist er ganz sicher, hat ihn der Portier überhaupt nicht angesehen.

1 Findest du den vorliegenden Textauszug spannend? Begründe deine Meinung.

2 Erkläre, wie Otto Quangel beim Auslegen der Karte vorgeht. Überlege dabei auch, warum er einen Handschuh über seine rechte Hand streift.

3 Erkläre, wie Otto Quangel das Verhalten seiner Frau beurteilt. Suche hierzu die entsprechenden Textstellen heraus.

4 Otto Quangel begegnet in dem Haus verschiedenen anderen Figuren. Untersuche, welche Gedanken ihm dabei durch den Kopf gehen. Wie wirken diese Textpassagen auf dich?

5 Im ersten Abschnitt wechselt das Tempus vom Präteritum ins Präsens. Erläutere die Wirkung dieses Tempuswechsels.

6 a Beurteile anhand des folgenden Zitats, was sich Otto Quangel von seiner Tat erhofft. Stelle Vermutungen an, warum er „grimmig" lächelt.

> „Da liegt sie im hellen Tageslicht, von hier aus kann er noch sehen, wie eine große, deutliche Schrift seine erste Karte bedeckt! Jeder wird sie lesen können! Und verstehen auch! Quangel lächelt grimmig." (→ Z. 75–79)

b Diskutiert, ob ihr die Tat von Otto Quangel als Heldentat bezeichnen würdet. Begründet eure Meinung.

Vertiefen und üben
Eine literarische Figur befragen

Die Hintergründe des Romans

Hans Falladas Roman „Jeder stirbt für sich allein“ hat ein wahres Vorbild: In den Jahren 1940 bis 1942 verfassten Elise und Otto Hampel Postkarten und etwa 200 Handzettel, in denen sie zum Widerstand gegen den Nationalsozialismus aufriefen. Hier ist eine Postkarte des Ehepaars Hampel abgedruckt.

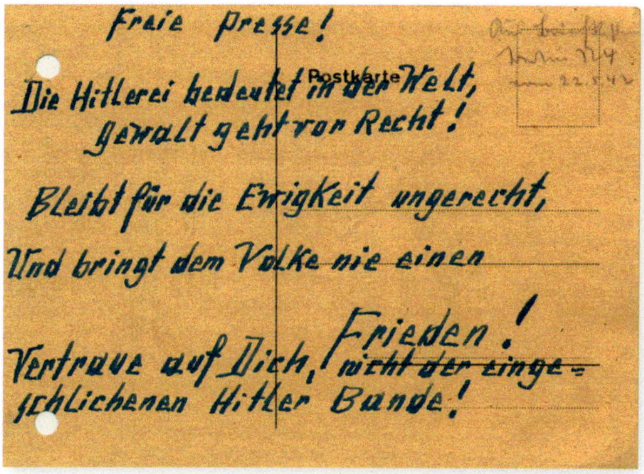
Freie Presse!
Postkarte
Die Hitlerei bedeutet in der Welt,
Gewalt geht von Recht!
Bleibt für die Ewigkeit ungerecht,
Und bringt dem Volke nie einen
Frieden!
Vertraue auf Dich, ~~nicht der einge-~~
schlichenen Hitler Bande!

Freie Presse!

Die Hitlerei bedeutet in der Welt,
Gewalt geht vor Recht!

Bleibt für die Ewigkeit ungerecht,
und bringt dem Volke nie einen
Frieden!

Vertraue auf Dich, nicht der einge-
schlichenen Hitlerbande!

Das „Heimtückegesetz“: Während der nationalsozialistischen Diktatur in Deutschland (1933–1945) wurden Menschen, die sich kritisch gegenüber den Nationalsozialisten äußerten oder zum Widerstand gegen das NS-Regime aufriefen, verfolgt und mit Gefängnis oder dem Tod bestraft.

●●● 1 Werte den Text aus und trage zusammen, was du über die Hintergründe des Romans „Jeder stirbt für sich allein“ erfährst. Gehe so vor:

a Untersuche die Postkarte genauer und notiere Antworten auf die folgenden Fragen: Was ist das Ziel des Schreibens? Was genau wird dem NS-Regime vorgeworfen? An wen richtet sich die Karte und wozu fordert der Verfasser auf?

b Überprüfe mithilfe der Informationen zur nationalsozialistischen Diktatur, welche Folgen das Schreiben solcher kritischen Postkarten haben konnte.

→ Hilfen zu dieser Aufgabe findest du auf S. 36.

●●● 2 Stelle dir vor, du bist eine Freundin oder ein Freund von Otto Quangel und triffst ihn einige Tage nach dem Verteilen der Postkarten. Führe eine Befragung mit der Figur Otto Quangel durch. Berücksichtige dabei auch die Hintergrundinformationen aus dem Text oben (Postkarte, Informationen zur NS-Diktatur).

a Formuliere mindestens vier Fragen an die Figur Otto Quangel.

b Versetze dich dann in die Lage Otto Quangels und beantworte die Fragen aus seiner Sicht.

→ Hilfen zu dieser Aufgabe findest du auf S. 36.

●● 1 mit Hilfen

Werte den Text aus und trage zusammen, was du über die Hintergründe des Romans „Jeder stirbt für sich allein" erfährst. Gehe so vor:

a Untersuche die Postkarte genauer und notiere Antworten auf die folgenden Fragen:
- Was ist das Ziel des Schreibens?
- Was genau wird dem NS-Regime vorgeworfen?
- An wen richtet sich die Karte und wozu fordert der Verfasser auf?

In der hier abgedruckten Karte sind schon die wichtigsten Begriffe, die Antworten auf die Fragen oben geben, unterstrichen. Die Erklärungen am Rand helfen dir zusätzlich.

Freie Presse!
Die Hitlerei bedeutet in der Welt, Gewalt geht vor Recht!
Bleibt für die Ewigkeit ungerecht und bringt dem Volke nie einen Frieden!
Vertraue auf Dich, nicht der eingeschlichenen Hitler-Bande!

freie Presse = freie Meinungsäußerung
Gesetze schützen den Bürger nicht mehr

Dich = jeder Bürger (soll sich nicht durch die Nationalsozialisten beeinflussen lassen, sondern sich auf … besinnen)

b Überprüfe mithilfe der Informationen zur nationalsozialistischen Diktatur, welche Folgen das Schreiben solcher kritischen Postkarten haben konnte.
Tipp: Auf diesen Postkarten – wie der obigen – wird zum Widerstand gegen das NS-Regime aufgerufen.

●● 2 mit Hilfen

Stelle dir vor, Du bist eine Freundin oder ein Freund von Otto Quangel und triffst ihn einige Tage nach dem Verteilen der Postkarten. Führe eine Befragung mit der Figur Otto Quangel durch. Berücksichtige dabei auch die Hintergrundinformationen aus dem Text auf S. 35 oben (Postkarte, Informationen zur NS-Diktatur). Gehe so vor:

a Formuliere mindestens vier Fragen an die Figur Otto Quangel. Du kannst die folgenden Formulierungen zu Hilfe nehmen:

Hatten Sie keine Angst, dass Sie …? | Was ist das Ziel …? |
Haben Sie nie daran gedacht, …? | Wie haben Sie sich gefühlt, als Sie …? |
Erklären Sie doch mal, wie Sie …

b Versetze dich dann in die Lage Otto Quangels und beantworte die Fragen aus seiner Sicht.

Natürlich hatte ich Angst und war nervös, als ich die Karte … Ich weiß, dass eine solche Tat mit … bestraft werden kann. Zum Glück hat keiner bemerkt, … |
Mit dieser Aktion möchte ich erreichen, dass sich jeder einzelne Bürger bewusst wird, dass … |
Als ich das Bürohaus sah, habe ich kurz gedacht, dass ich doch … |
Ich musste ruhig bleiben, denn … | Nachdem ich die Postkarte abgelegt hatte, …

1.3 Fit in …
Einen Informationstext verfassen

Die Aufgabenstellung richtig verstehen

Stelle dir vor, du bekommst folgende Aufgabe:

Für die Schülerzeitung sollst du zum Thema „Feuerwehr – ein Beruf für Helden?" informieren. Verfasse auf Grundlage der Materialien auf dieser Seite den Informationstext.

1 a Suche aus den Materialien die wichtigsten Informationen heraus.

b Bereite die gedankliche Struktur deines Textes in einer Gliederung vor.

2 Verfasse mithilfe deiner Vorarbeiten einen zusammenhängenden Informationstext.

Die Feuerwehr – kein Spielplatz für Abenteurer

Ein Interview mit dem Feuerwehrmann Martin Jon

Frage: Herr Jon, seit dem Einsturz des World Trade Centers in New York am 11. 9. 2001 gelten Feuerwehrleute weltweit als Helden. Hat der Beruf seitdem großen Zulauf?

Jon: Ja, tatsächlich. Die Medien haben seitdem ein Bild von Feuerwehrleuten geprägt, die sich bei großen Katastrophen als Helden bewähren. Sie kämpfen gegen eine Urgewalt und retten in lebensgefährlichen Situationen Menschen. Solch ein Image ist sicher attraktiv für junge Leute, die davon träumen, sich zu beweisen. Sachsen wirbt sogar mit dem Slogan „Helden gesucht!" für seine Jugendfeuerwehr.

Frage: Und ist die Vorstellung von heldenhaften Feuerwehrleuten realistisch?

Jon: Selbstverständlich leisten wir wichtige Rettungs- und Hilfsarbeiten. Dazu gehört natürlich die Bekämpfung von Bränden, die auch schon mal gefährlich werden kann. Sehr wichtig ist aber auch der Einsatz bei Verkehrsunfällen, wenn z. B. Menschen aus Autos befreit werden müssen.

Frage: Also ist es doch ein aufregender Job?

Jon: Vieles ist letztlich Routine wie in anderen Berufen auch. Heldenszenen wie in einem Hollywoodfilm erlebt man bei der Feuerwehr zum Glück nur selten. Es gibt Wochen, in denen wir zu vielen Fehlalarmen ausrücken und höchstens einmal eine Ölspur auf einer Straße beseitigen. Dafür wird man dann entschädigt, wenn es wirklich gelingt, ein Menschenleben zu retten. Dennoch: Wer nur das Abenteuer sucht, ist bei der Feuerwehr falsch.

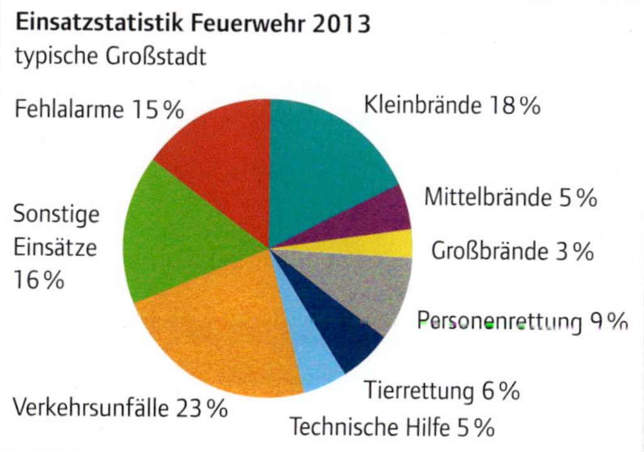

1 Lest die Aufgabenstellung aufmerksam durch. Besprecht dann in Partnerarbeit,
- welche Arbeitsschritte notwendig sind, um das Schreiben des Textes vorzubereiten,
- worauf ihr beim Schreiben des Informationstextes achten müsst.

Informationen erschließen und den Text planen (Gliederung)

2 a Lies den Text unter der folgenden Fragestellung: Ist die Feuerwehr ein Beruf für Helden?
b Sieh dir das Diagramm genau an. Lies die Überschrift und die übrigen Angaben.
c Notiere kurz, worüber der Text und das Diagramm informieren.

3 a Begründet, welche gedankliche Struktur (Aufbau) sich für den Hauptteil eures Informationstextes eignet:
A Vergangenheit ⟶ Gegenwart ⟶ Zukunft **B** Frage ⟶ Antwort ⟶ Folgerung
b Sucht aus den Materialien die Informationen heraus, welche ihr für euren Text nutzen wollt. Notiert wichtige Fakten und Aussagen in Stichwörtern.
c Erstellt eine Gliederung für euren Informationstext, indem ihr ausgewählte Informationen aus den Materialien stichwortartig zuordnet, z. B.:

1. Einleitung: Thema/Frage benennen
2. Hauptteil: Auswertung der Informationen
a) Frage aufnehmen = Ist die Arbeit bei der Feuerwehr ein Beruf für …?
b) Antwort darstellen = Einerseits … Andererseits …
c) Folgerung beschreiben = Reine Abenteurer sind bei Feuerwehr …
3. Schluss: Ausblick/Bezug zur Frage = Arbeit bei Feuerwehr ist …

Den Informationstext schreiben und überarbeiten

4 a Formuliere eine interessante Einleitung, die in das Thema einführt, z. B.:
Wer träumt nicht davon, …? … haben seit … genau dieses Image. Aber ist … tatsächlich zum Heldentum geeignet? Die Antwort auf diese Frage …
b Verfasse mithilfe deiner Gliederung den Hauptteil des Informationstextes.
Weil sich Feuerwehrleute durchaus bei lebensgefährlichen Einsätzen bewähren müssen und Menschenleben retten, glauben viele, dass die Arbeit bei der Feuerwehr ein Beruf für …
In einem Interview erklärt der Feuerwehrmann …, wie … Auch die Einsatzstatistik …
c Schreibe einen Schlusssatz, in dem du einen Ausblick gibst oder die Ausgangsfrage noch einmal aufgreifst. Nutze folgende Wortbausteine: anspruchsvoll | Jedem sollte klar sein, dass …
d Formuliere eine treffende Überschrift.

5 Überarbeitet eure Informationstexte in Partnerarbeit. Die folgende Checkliste hilft euch dabei:

Checkliste Einen Informationstext verfassen

- Hast du die **wichtigsten Informationen** verständlich dargestellt? Beschreibst und erklärst du wichtige Zusammenhänge und machst diese auch sprachlich deutlich (*weil, denn …*)?
- Ist dein Text in **Einleitung** (Thema, W-Fragen), **Hauptteil** (Beschreibung/Erklärung der Sachverhalte in einer logischen Struktur) und **Schluss** (Zusammenfassung, Ausblick) gegliedert?
- Hast du vorwiegend das **Präsens** genutzt und Äußerungen anderer in der **indirekten Rede** wiedergegeben?
- Hast du **sachlich** und in **eigenen Worten** formuliert?

2 Digitale Medien nutzen
Standpunkte vertreten

In diesem Kapitel …

- trainierst du, deine Meinung durch Argumente und Beispiele sachlich zu begründen,
- lernst du, auf die Einwände anderer einzugehen und diese geschickt zu widerlegen,
- übst du, deinen Standpunkt überzeugend zu formulieren, z. B. in einem Blogbeitrag.

1 Sieh dir das Bild genau an. Beschreibe dann die dargestellte Situation.

2 Die digitalen Medien, zum Beispiel Computer oder Smartphones, werden häufig kritisch gesehen. Hast du darüber auch schon mit anderen Jugendlichen oder Erwachsenen diskutiert? Berichte, worum es dabei genau ging.

3 Formuliere positive Aspekte der digitalen Mediennutzung, mit denen du Medienkritikern oder besorgten Eltern begegnen könntest.

2.1 Vorsicht, Computer?
Diskutieren und argumentieren

Machen digitale Medien dumm? Meinungen begründen

Hirnforscher warnt vor „digitaler Demenz[1]"
Manfred Spitzer weist auf Gefahren übertriebener Mediennutzung hin
von Janina Funk

Funk: *In Ihrem Buch „Digitale Demenz" schreiben Sie, dass die Leistung des Gehirns abnimmt, wenn wir Hirnarbeit in digitale Medien auslagern. Haben Sie selbst keine Angst vor dieser digitalen Demenz?*
Sitzer: Ich kenne die Risiken und Nebenwirkungen der Geräte und nutze sie bewusst. Ich fahre ja auch nicht nur Auto, sondern laufe, damit meine Beinmuskeln nicht verkümmern. Genauso ist es mit dem Gehirn. Benutzt man es nicht, schrumpft es.
Funk: *Und bei weniger verantwortungsvollem Umgang? Verstärkte Mediennutzung kann man doch nicht wirklich mit Alkoholsucht oder Demenz vergleichen.*
Spitzer: In Deutschland sind 250 000 junge Leute süchtig nach digitalen Medien und Computerspielen. Der Ausdruck „digitale Demenz" stammt übrigens von koreanischen Ärzten. Denn in Südkorea werden digitale Medien noch stärker genutzt als bei uns. Diese Ärzte berichten von Menschen Mitte 30, die sich nichts mehr merken können. Das zeigt, dass Computer dem Gehirn schaden. Bei der digitalen Demenz findet ein geistiger Abstieg statt, der durch digitale Medien verursacht wird.
Funk: *Was passiert da mit dem Gehirn?*
Spitzer: Wenn Sie wissen, dass Sie googeln können, merken Sie sich nichts mehr. Wenn Sie alles auslagern, benutzen Sie Ihr Hirn weniger. Das Gehirn ist wie ein Muskel, den man durch Training stärkt.
Funk: *Sie schreiben, dass Kinder besonders gefährdet sind. Was können Eltern dagegen tun?*

1 die Demenz: Oberbegriff für verschiedene geistige Erkrankungen, die immer eine Gedächtnisstörung einschließen

Spitzer: Einfach mal Nein sagen. Man füttert seine Kinder ja auch nicht pausenlos mit Süßigkeiten. Und Spielkonsolen würde ich überhaupt nicht erlauben. Die schaden eigentlich allen Menschen.

Funk: *Was ist für Erwachsene so schädlich daran, wenn sie sich vor eine Spielkonsole setzen, und warum sind etwa Filme Kunst und Computerspiele nicht?*

Spitzer: Da geht es natürlich auch um die Inhalte. Ein Horrorfilm ist genauso wenig etwas Gutes wie ein Ballerspiel. Auch Horrorbücher würde ich nicht gutheißen. Der generelle Vorteil bei einem Buch ist aber: Wenn Sie lesen, benutzen Sie Ihr Hirn. Die digitalen Medien hingegen verleiten zu Unkonzentriertheit und Oberflächlichkeit.

1 a Lies nur die Schlagzeile und die Unterzeile des Textes. Stelle Vermutungen an, worum es in dem Interview gehen könnte und welche Positionen (Meinungen) darin vertreten werden.

b Lies das gesamte Interview und überprüfe deine Erwartungen. Welche haben sich bestätigt?

2 Formuliere deine Einschätzung des Interviews. Welchen Aussagen würdest du direkt widersprechen und welchen zustimmen?

3 Klärt, was der Ausdruck „digitale Demenz" bedeutet.
Sucht hierzu aus dem Text treffende Erklärungen (mit Zeilenangaben) heraus und notiert sie in Stichwörtern. Haltet eure Ergebnisse schriftlich fest, z. B. in einer Mindmap:

Leistung des Gehirns … (Z. 2)

…

digitale Demenz

…

4 a Gib die Meinung Manfred Spitzers in dem vorliegenden Interview wieder. Du kannst hierzu den folgenden Satz weiterführen:
Manfred Spitzer vertritt die Auffassung, dass …

b Suche die Argumente und Beispiele aus dem Text heraus, mit denen Spitzer seine Meinung begründet. Notiere sie mit Zeilenangaben.

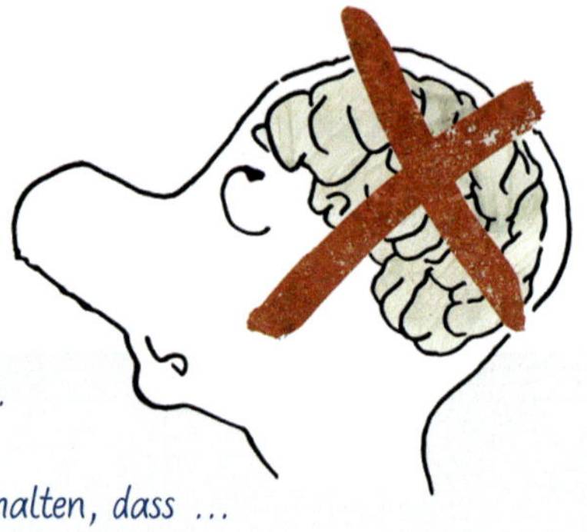

5 a Versucht in Partnerarbeit das folgende Argument von Spitzer zu entkräften. Die Satzanfänge helfen euch dabei: „Wenn Sie wissen, dass Sie googeln können, merken Sie sich nichts mehr“ (→ S. 40, Z. 28–29).

- *Natürlich besteht beim Googeln die Gefahr, dass ... Aber ...*
- *Gegen das Argument von Spitzer spricht, dass ...*
- *Es ist schon richtig, dass ... Dem lässt sich jedoch entgegenhalten, dass ...*
- *Selbst wenn man das Googeln kritisch sieht, ... folgt daraus nicht, dass ... Denn das Internet wird auch genutzt, um ...*

b Sucht weitere Argumente aus dem Interview heraus, die euch nicht überzeugen, und widerlegt diese.

c Stellt eure Ergebnisse vor. Diskutiert anschließend über die Position von Spitzer. Bedenkt dabei auch, welche Rolle digitale Medien für euch haben, z. B. in der Schule oder zu Hause.

Merkwissen Argumentieren: Meinung, Argument, Beispiel

Beim Argumentieren versucht man, seine Meinung überzeugend zu begründen. Man formuliert einen Standpunkt (Meinung, Wunsch, Forderung), den man durch Argumente und Beispiele stützt.
- **Standpunkt (Meinung):** *Ein Leben ohne digitale Medien ist heute nicht mehr denkbar.*
- **Argument:** *..., weil die moderne Welt den schnellen Zugang zu Informationen und auch die digitale Kommunikation verlangt.*
- **Beispiel:** *Bei der Vorbereitung eines Referats gehört z. B. die Internetrecherche selbstverständlich dazu.*

Überzeugende Beispiele können sein:
- ein überzeugendes **Beispiel** aus eurem eigenen **Erfahrungsbereich** oder eine **nachvollziehbare Erläuterung**, warum etwas sinnvoll oder nicht sinnvoll ist, z. B.: *In unserer Schule haben wir eine Medien-AG, in der wir einen Kurzfilm gedreht haben. Für ein solches Projekt braucht man zum Beispiel auch den Computer, mit dem man das Film- und Audiomaterial bearbeiten kann.*
- ein **Beleg aus der Zeitung** oder ein **Zitat von einer Expertin/einem Experten**, z. B.: *Der Medienpädagoge Thomas Welsch hat die Erfahrung gemacht, dass Medien Jugendliche zum Mitdenken anregen, ihre Kreativität fördern und sie sogar aufnahmefähiger machen können.*

So kannst du ein Gegenargument entkräften oder widerlegen:
Beim Argumentieren überzeugst du noch mehr, wenn du auch auf ein Argument eingehst, das gegen deinen Standpunkt spricht (Gegenargument), und dieses entkräftest. Erkläre zum Beispiel, warum dich das Argument nicht überzeugt, und nenne ein Argument, das für deinen Standpunkt spricht, z. B.:
Es ist zwar nachvollziehbar, wenn ..., aber viel entscheidender ist doch ...;
Gegen ... spricht, dass ...

Das digitale Klassenzimmer Eine Pro-und-Kontra-Diskussion führen

Tablets im Unterricht?

Ob im Unterricht oder zu Hause – ohne Tablet läuft bei den Schülerinnen und Schülern des Goethe-Gymnasiums bald nichts mehr. Geschrieben wird nicht mehr in Hefte, sondern auf den Bildschirmen, zudem werden die Tablets zur Internetrecherche, zum Präsentieren oder zum schnellen Datenaustausch eingesetzt. Vorn, wo sonst eine Tafel hängt, leuchtet der Desktop ihrer Lehrerin in Großformat. Der Unterricht ist digital.

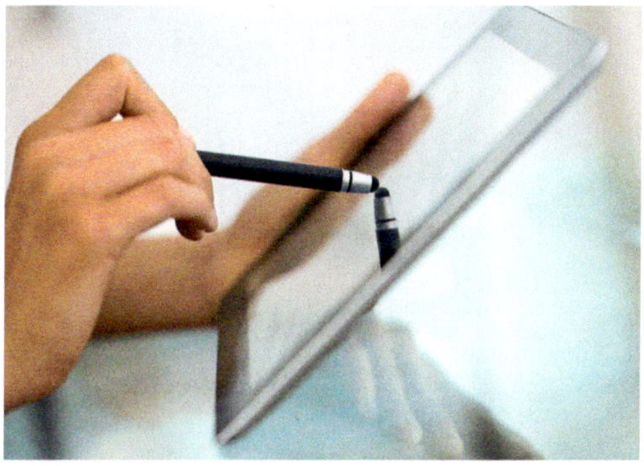

User	Kommentare
Power-teacher	Jugendliche bewegen sich heute ganz selbstverständlich in der digitalen Welt und diese Lebenswelt greifen wir im Unterricht auf. Durch den Einsatz der modernen Technik sind die Jugendlichen im Unterricht nachweislich motivierter, denn was interessiert und Spaß macht, prägt sich leichter ein.
Lena24	Ich werde das Tablet mit seinen vielen Programmen auf jeden Fall später im Beruf brauchen. Ist doch cool, dass mich die Schule darauf vorbereitet.
Fabi2000	Tablets im Unterricht? Na klar! So haben wir unser gesamtes Arbeitsmaterial auf dem Computer und müssen nicht mehr kiloweise Bücher und Hefte mit uns rumschleppen. Außerdem können wir Unterrichtsmitschriften, Notizen, Hausaufgaben etc. direkt abspeichern, sodass wir dieses Material jederzeit zur Verfügung haben.
Iphigenie	Wo wir Lehrer früher noch gemütlich ein Schaubild an die Tafel gezeichnet oder langsam den Tageslichtprojektor angeschlossen haben, wird heute einfach eine Präsentation an die Wand geworfen. Für die Schülerinnen und Schüler bedeutet das eine höhere Belastung, denn die neuen Medien geben auch im Unterricht ein schnelleres Tempo vor.
Motivierer07	Der Einsatz moderner Technik führt nun einmal häufig zu Problemen. Mal kommt hier kein Ton, mal geht da ein Programm nicht auf oder der Akku der Tablets ist nicht geladen. Der Unterricht kann so extrem leicht ausgebremst werden. Stift, Heft und Tafel funktionieren einfach immer.
XoliX	Schreiben, zeichnen oder nur Notizen sammeln macht auf der kleinen Fläche echt keinen Spaß. Ich schreibe viel lieber mit einer richtigen Tastatur oder manchmal auch mit dem Stift. Natürlich auch im Unterricht. Wer nur noch mit dem Tablet arbeitet, verlernt das Schreiben mit der Hand. Und das ist immer noch die einfachste und unkomplizierteste Methode.

Thomson	Neue Medien können durchaus sinnvoll in den Unterricht integriert werden. Sie sollten aber maßvoll eingesetzt werden. Nicht mehr als 35 Prozent des Unterrichts sollten am Computer stattfinden – das besagt eine Richtlinie des Vereins „n-21" (Schulen in Niedersachsen online). Dieser Wert wird auch von Wissenschaftlern empfohlen.

1 a Lies den Text und die Kommentare von Schülern und Lehrern zum Thema „Tablet im Unterricht". Erkläre, worum es geht.

b Tragt zusammen, was ihr über das Thema wisst: Kennt ihr Schulen oder Klassen, in denen Tablets im Unterricht genutzt werden? Erklärt, wie das Arbeiten dort aussehen könnte.

2 a Werte die Kommentare der User von S. 43–44 aus und erkläre, was für (pro) und was gegen (kontra) Tablet-PCs im Unterricht spricht bzw. welche Empfehlungen gegeben werden.

b Begründe, welche Meinung du zum Thema hast.

3 Bereitet eine Pro-und-Kontra-Diskussion zu der folgenden Frage vor:
Sollen in eurer Schule Tablets auch dann verwendet werden, wenn sie in jedem Fach in mindestens 70 Prozent der Unterrichtszeit eingesetzt werden müssen (wie dies eine Anweisung an die Lehrer vorsieht)?

a Macht euch gemeinsam klar, wie genau die Diskussionsfrage lautet. Überlegt: Um welches Thema geht es? Gibt es Bedingungen oder Einschränkungen bei dem Thema?

b Bildet Pro- und Kontra-Gruppen und legt euch für die Diskussion eine Stoffsammlung an:
- Notiert Argumente, die eure Position (Meinung) stützen, und sucht glaubwürdige Beispiele. Nutzt hierzu auch die Kommentare von S. 43–44.
- Bestimmt in eurer Gruppe eine Sprecherin oder einen Sprecher, die/der eure Position in einem kurzen Statement zusammenfasst (ca. eine Minute Vortragszeit). Haltet dieses Statement fest, z. B.:

Einleitung:
Heute werden Tablets und Internet …

Position (Meinung):
Deshalb sind wir der Meinung/Auffassung, dass es sinnvoll/nicht sinnvoll ist, …

Argument (mit Beispiel):
Ein besonders wichtiges Argument für unsere Position ist, dass …
Darunter verstehen wir zum Beispiel …

Zusammenfassender Schlusssatz:
Wir fänden es …

4 a Führt nun eine Pro-und-Kontra-Diskussion durch mit Diskussionsleitung, Pro- und Kontra-Gruppe und Beobachtern. Die Formulierungshilfen unten helfen euch dabei. Geht so vor:

1. Die Diskussionsleitung eröffnet die Diskussion und nennt die Diskussionsfrage.
2. Die Sprecher der Pro- und der Kontra-Gruppe tragen nacheinander ihr Eingangsstatement vor.
3. Danach beteiligen sich alle an der Diskussion. Die Diskussionsleitung nimmt abwechselnd Pro- und Kontra-Teilnehmer dran. Die Diskutierenden versuchen, auf das einzugehen, was die Teilnehmer der anderen Seite gesagt haben.
4. Die Diskussionsleitung beendet nach ca. zehn Minuten die Diskussion, indem sie die wichtigsten Ergebnisse zusammenfasst.
5. Die Beobachter notieren, was ihnen auffällt, und geben anschließend ein Feedback:
   - Meinung überzeugend begründet (Argumente, Beispiele)?
   - Auf andere eingegangen?
   - Bei der Sache geblieben?
   - Gegenargumente entkräftet?

b Führt mehrere Diskussionsrunden durch und wechselt die Rollen. Wertet nach jeder Runde aus, wie eure Diskussion verlaufen ist.

Formulierungshilfen für das Argumentieren

Einleitungen und Überleitungen

Ein Argument, das für/gegen … spricht, ist … | Hinzu kommt, dass … | Das entscheidende Argument für/gegen … ist für mich … | Es gibt noch ein anderes Argument für/gegen … | Besonders wichtig ist … | Außerdem sollte man bedenken, dass … | Wenn man sich vorstellt, dass … | Dies belegt/zeigt … | Damit meine ich zum Beispiel, dass … | Das heißt, dass … | Ein Beispiel für … | Darunter verstehe ich … | zudem | außerdem | darüber hinaus | daher | deshalb | weil | da | denn

Gegenargumente entkräften

Sicherlich kann man einwenden, dass … Dennoch habe ich die Erfahrung gemacht, dass … | Viele meinen zwar, dass … Aber das ist aus meiner Sicht …, weil … | Ich kann zwar verstehen, dass … Dagegen möchte ich jedoch einwenden, dass … | Gegen das Argument, dass …, möchte ich einwenden, dass … | Es ist zwar nachvollziehbar, wenn … Aber viel entscheidender ist doch, dass … | … hat Recht, wenn er sagt, dass … Aber …

Eröffnung und Beendigung der Diskussion

In unserer Diskussion geht es um die Frage … | Jeder weiß/hat die Erfahrung gemacht, dass … Deshalb stellen wir uns die Frage: …? | Ausgangspunkt unserer Diskussion war … Der wesentliche Streitpunkt bestand darin, … | Einig waren sich die Diskutanten … Zu klären ist noch, ob/wie/warum …

Hausaufgaben aus dem Internet? Schriftlich Stellung nehmen

Abschreiben 2.0[1]

von Julia Bonstein

Das Netz bietet Schülern vielfältige Schummelmethoden: Aufsätze werden zusammengegoogelt, Referate einfach kopiert. Die Lehrer setzen auf digitale Abwehr und Aufklärung.

Für Norbert Tholen kam die Ernüchterung auf einer Hochzeitsfeier. Begeistert erzählte der Oberstudienrat dort von einem exzellenten Aufsatz eines seiner Schüler, bis ein anderer Hochzeitsgast bemerkte, den Text kenne er doch.
Lehrer Tholen forschte nach und fand das Original im Internet: „Ein dreister Täuschungsversuch.“ Statt Einser und Zweier hagelte es also Sechser. „Abschreiben ist heute so leicht wie nie“, sagt Tholen. Im Internet stehen neben Wikipedia-Einträgen längst auch komplette Referate und Schularbeiten zur Verfügung. „Deine fertige Hausaufgabe gibt's doch schon“, wird etwa auf www.hausaufgabe.de gelockt: „Warum sich also selbst abmühen?“
Für viele Lehrer gehört der Check bei Google bereits zur Routine. „Kopien erkenne ich meist sofort“, sagt Volker Hofheinz, Studienrat aus Chemnitz. Wenn die Sätze beim Vortragen zu flüssig klingen, bittet er den betreffenden Schüler, das eben Gesagte genauer zu erläutern. „Dann wird schnell klar: Der Schüler hat nicht verstanden, was er abgeschrieben hat“, sagt Hofheinz. Komplexere Aufgaben ließen sich ohnehin nicht per Copy-paste-Verfahren lösen: „Man darf als Lehrer natürlich keine Standardfragen stellen.“
Sebastian Schuhbeck, Ethiklehrer im brandenburgischen Havelberg, hat trotzdem aufgerüstet: Mit einer speziellen Software überprüft er Abschlussarbeiten daraufhin, ob Passagen aus dem Internet abgekupfert sind. Schuhbeck ermutigt seine Schüler sehr, das Internet zu nutzen – nur eben nicht zum Schummeln: „Richtig angewandt, ist das Internet für Schüler ein tolles Hilfsmittel.“

Kommentar schreiben

Auf Hausaufgabenportalen können Schülerinnen und Schüler Hausaufgaben, Referate und andere Arbeiten veröffentlichen und zum Download freigeben. Was ist eure Meinung? Findet ihr es sinnvoll, solche Hausaufgabenportale zu nutzen?

Luke24 (28. 5. 16:52)

Also ich finde Hausaufgabenportale klasse! In den Diskussionsforen habe ich schon oft Schüler mit den gleichen Problemen angetroffen und wir konnten uns gegenseitig Tipps geben.
Die meisten Schüler nutzen Hausaufgabenportale nämlich eh nur als Informationsquelle, um Fragen zu klären oder Hinweise auf weiterführende Internetbeiträge zu erhalten.

1 Die Überschrift spielt auf den Begriff „Web 2.0“ an. Im Unterschied zum „Web 1.0“, in dem nur wenige Personen oder Organisationen Inhalte im Internet bereitstellten, zeichnet sich das „Web 2.0“ dadurch aus, dass die Benutzer im hohen Maße selbst Inhalte erstellen, bearbeiten und verbreiten, z. B. Texte, Bilder und Videos.

Lucie (28. 5. 17:03)

Durch Abschreiben ist noch niemand schlau geworden und auf Dauer wird sich das auch selten auszahlen. Was ich außerdem schlimm finde, ist, dass die Abschreiber natürlich die Quellen ihrer angeblich selbstständig angefertigten Hausaufgaben nicht angeben.

Splash (29. 5. 14:42)

Viele, die diese Hausaufgabenportale nutzen, übersehen eins: Genauso schnell, wie sie an die Hausaufgaben gekommen sind, können auch ihre Lehrer an diese kommen und die wahre Herkunft aufdecken. Besonders peinlich kann es werden, wenn gleich mehrere Schüler dieselbe Internetquelle benutzt haben und die Arbeiten nahezu identisch sind. :-)

1 a Lies zunächst nur die Überschrift und den Vorspann des Artikels (→ S. 46, Z. 1–4). Stelle Vermutungen an, wie das Internet im Zusammenhang mit der Schule bewertet wird.

b Lies nun den gesamten Artikel und überprüfe deine Erwartungen: Welche Standpunkte in Bezug auf die Internetnutzung bei Hausaufgaben oder anderen schulischen Arbeiten werden genannt? Belege deine Aussage mit entsprechenden Textstellen.

2 Sieh dir die Kommentare zu dem Artikel an. Gehe auf ein Argument näher ein: Begründe, warum du dich diesem Argument anschließen kannst, oder erkläre, warum dich dieses Argument nicht überzeugt. Die Formulierungen auf S. 45 helfen dir dabei.

3 Was ist deine Meinung? Findest du es sinnvoll, solche Hausaufgabenportale zu nutzen? Verfasse für die Webseite einer Tageszeitung eine eigene Argumentation, in der du auch ein Gegenargument aufgreifst und entkräftest. Gehe so vor:

a Entwickle eine eigene Position zur Diskussionsfrage und schreibe diese auf, z. B.:

- *Ich bin für/gegen die Nutzung von …*
- *Ich denke, dass die Nutzung von …*

b Bildet mit einer Schülerin oder einem Schüler, die/der eure Position vertritt, ein Schreibteam und legt euch eine Stoffsammlung für eure Argumentation an.

- Sammelt gemeinsam Argumente und Beispiele für eure Position. Nutzt hierzu den Artikel sowie die Kommentare von S. 46–47.

Hausaufgabenportale sind sinnvoll	*Hausaufgabenportale sind nicht sinnvoll*
– als Informationsquelle nutzbar	*– Täuschungsversuch, der schlechte Note …*
– …	*– …*

- Ordnet eure Argumente nach ihrer Überzeugungskraft, z. B. indem ihr Punkte verteilt. Wählt die überzeugendsten Argumente aus (zwei oder drei).
- Notiert ein wichtiges Argument, das gegen eure Position spricht (Gegenargument), und entkräftet es. Die Formulierungshilfen auf S. 45 helfen euch dabei.

4 Verfasse deine Argumentation. Entfalte mindestens zwei Argumente (mit Beispielen) und entkräfte ein Gegenargument. Gehe so vor:

a Schreibe eine Einleitung, die in das Thema (Hausaufgabenportale) einführt und zum Hauptteil überleitet. Die folgenden Formulierungsbausteine helfen dir dabei:

A – *Hausaufgaben und Referate kosten Zeit.*
– *Hausaufgabenportale werben damit, Zeit zu sparen.*
– *große Verlockung*
– *Zeitnot der Schüler*

B – *In dem Artikel „Abschreiben 2.0" wird …*

C – *bei Internetrecherche Hausaufgabenportal entdeckt; im Forum hilfreiche Tipps zur weiterführenden Internetrecherche*

Überleitungen zum Hauptteil
Deshalb stellt sich die Frage, … | Im Folgenden möchte ich zu der Frage Stellung nehmen, … | Es lohnt sich, einmal darüber nachzudenken, ob … | Weil ich selbst …, möchte ich im Folgenden meine Position …

b Formuliere nun den Hauptteil deiner Argumentation. Gestalte deine Argumente (mindestens zwei) aus, indem du sie durch Beispiele und/oder Erläuterungen anschaulich und nachvollziehbar machst. Entkräfte ein Argument, das gegen deine Position spricht (Gegenargument entkräften).
Tipp: Nutze auch die Formulierungshilfen auf S. 45.

Hauptteil:	
Meinung	*Ich bin der Meinung / Auffassung, dass …*
Argument 1 Beispiel/Erläuterung	*Ein wichtiges Argument, das für/gegen die Nutzung von …* *Wenn man zum Beispiel … Bedenkt man zum Beispiel …*
Argument 2 Beispiel/Erläuterung	*Ein weiterer wichtiger Grund ist, dass …* *…*
Argument 3 (Gegenargument entkräften)	*Sicherlich kann man einwenden, dass … Dennoch habe ich die Erfahrung gemacht, dass …*

c Verfasse einen Schlussteil, in dem du deinen Standpunkt noch einmal bekräftigst. Du kannst auch eine Bedingung nennen, die eingehalten werden müsste, oder einen Vorschlag, eine Forderung oder eine Bitte formulieren.

– *Meiner Meinung/Einschätzung/Auffassung nach …*
– *Führt man sich vor Augen, welche Nachteile/Vorteile …*
– *Ich finde es gut/wichtig, dass …*
– *Ich fände es besser, wenn …*
– *Ich komme zu dem Schluss, dass …*
– *Aus den dargelegten Gründen bin ich der Meinung, dass …*
– *Wenn …, fände ich es …*
– *Falls …, könnte ich mir vorstellen, …*

5 a Tauscht eure Texte aus und bewertet sie, indem ihr die folgenden Punkte genauer unter die Lupe nehmt. Notiert wie nebenstehend.

1 und 2 = sehr gut gelungen ☺
3 = verbesserungsfähig 😐
4 = stark verbesserungsfähig ☹
5 = …

- **1 Einleitung:** Hinführung zum Thema und Überleitung zum Hauptteil?
- **2 Meinung:** Meinung deutlich formuliert?
- **3 Argumente:** Mindestens zwei überzeugende Argumente genannt?
- **4 Beispiele:** Beispiele zu den Argumenten glaubwürdig und anschaulich?
- **5 Gegenargument:** Gegenargument genannt und überzeugend entkräftet?
- **6 Sprache:** Argumente und Beispiele sprachlich gut eingeleitet und miteinander verknüpft (→ Formulierungshilfen, S. 45)?
- **7 Schluss:** Standpunkt bekräftigt oder Vorschlag/Forderung/Wunsch formuliert?

b Macht euch gegenseitig Verbesserungsvorschläge und überarbeitet dann eure Texte.

Merkwissen Zu einer Streitfrage schriftlich Stellung nehmen (Argumentieren)

Beim Argumentieren nimmst du Stellung zu einer Streitfrage (z. B.: *Findest du es sinnvoll, Hausaufgabenportale zu nutzen?*), indem du deine Meinung überzeugend begründest.

Einleitung:
- Führe in das Thema ein: Nenne zum Beispiel den Anlass oder die Absicht deiner Argumentation oder wecke Interesse für das Thema.
- Leite dann zum Hauptteil über, indem du die Diskussionsfrage nennst *(Im Folgenden möchte ich zu der Frage Stellung nehmen, …)* oder kurz deinen Standpunkt darlegst *(Ich bin der Meinung, dass … und habe hierfür folgende Gründe: …).*

Hauptteil:
Im Hauptteil begründest du deinen Standpunkt, indem du Argumente und Beispiele anführst, die deine Meinung stützen (→ überzeugende Beispiele finden, Merkkasten S. 42).
- Mache den Zusammenhang deiner Argumentation deutlich, indem du die **Argumente** und **Beispiele sprachlich geschickt einleitest** und **miteinander verknüpfst**.
- Beim Argumentieren überzeugst du noch mehr, wenn du ein **Gegenargument** (Argument, das gegen deinen Standpunkt spricht) nennst und dieses **entkräftest** oder widerlegst, z. B.: Erkläre zum Beispiel, warum dich das Argument nicht überzeugt, und nenne ein Argument, das für deinen Standpunkt spricht, z. B.: *Es ist zwar nachvollziehbar, wenn … Aber viel entscheidender ist doch …; Gegen … spricht, dass …*
- Achte auf eine sinnvolle Anordnung der Argumente: So kann z. B. das erste oder das letzte Argument, das du nennst, besonders schlagkräftig sein.

Schluss:
Bekräftige zum Schluss noch einmal deinen Standpunkt oder formuliere einen Vorschlag, eine Forderung oder einen Wunsch für die Zukunft. Du kannst auch eine Bedingung nennen, die eingehalten werden müsste *(Wenn …, fände ich es …; Falls …, könnte ich mir vorstellen, …).*

Setze zur besseren Übersichtlichkeit zwischen Einleitung, Hauptteil und Schluss Absätze.
Tipp: Formulierungshilfen für deine Argumentation findest du auf S. 45 und 48.

Teste dein Wissen!
Argumentieren und Stellung nehmen

Gibt es bei euch zu Hause auch immer wieder Ärger wegen des Computers? Viele Experten sind der Meinung, dass es richtig ist, die tägliche Computerzeit von Jugendlichen zu begrenzen. Für Jugendliche zwischen 11 und 14 Jahren wird häufig eine tägliche Nutzungsdauer von 40 Minuten empfohlen. Was haltet ihr von dieser Empfehlung?

Raul hat im Internet diesen Blog-Beitrag gelesen und will eine Stellungnahme schreiben.

1 Auf dem folgenden Notizzettel findest du Ideen für die Einleitung der Stellungnahme. Raul hat hier auch schon kurz seine Meinung zum Thema genannt.

Auch bei uns ist der Computer ein ständiges Streitthema.
Die Empfehlung, mit den Eltern feste Nutzungszeiten zu vereinbaren, halte ich für sinnvoll.
Die empfohlene Nutzungsdauer von 40 Minuten ist zu wenig.

a Notiere, welche Meinung Raul vertritt. Du kannst hierzu die folgenden Satzanfänge fortführen: *Raul vertritt die Meinung, dass … Jedoch/Aber …*

b Schreibe mithilfe der Notizen eine Einleitung für die Stellungnahme.

2 Auf dem folgenden Notizzettel findest du zwei Argumente und zwei Beispiele.

a Ordne jedem Argument ein passendes Beispiel zu. Notiere so: *1 (Argument) + … (Beispiel).*

1 *Schüler nutzen den Computer nicht nur in ihrer Freizeit, sondern auch für die Schule.*
2 *Früher wurden Briefe geschrieben. Heute nutzt man den PC zum Mailen, Chatten oder zum Skypen. Mein bester Freund macht gerade ein Austauschjahr in Kanada. Über den Computer können wir in Kontakt bleiben. Und das sogar kostenlos.*
3 *Zur Vorbereitung eines Referats muss man im Internet recherchieren, ein Handout erstellen und häufig sogar eine Bildschirmpräsentation anfertigen. Hierfür sind 40 Minuten Computernutzung am Tag nicht ausreichend.*
4 *Der Computer ist auch wichtig, um mit seinen Freunden in Kontakt zu bleiben.*

b Gestalte die Argumentation aus, indem du die Argumente und Beispiele sprachlich gut einleitest und miteinander verknüpfst.

3 Versuche, die folgende Aussage zu entkräften:
Das Mailen am Computer ist keine echte Kommunikation, weil man nicht miteinander spricht.

4 Vergleicht und überprüft eure Ergebnisse aus den Aufgaben 1, 2 und 3 in Partnerarbeit.

2.2 Jederzeit online, jederzeit erreichbar?
Überzeugend formulieren

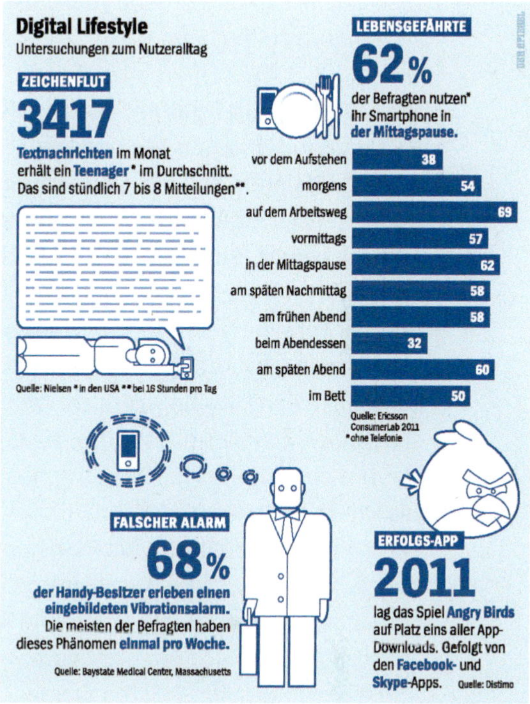

1 a Sieh dir das Titelblatt des Nachrichtenmagazins „DER SPIEGEL" an. Erkläre, worum es in dieser Ausgabe gehen könnte.

b Nenne mögliche Gründe für die Aufforderung „Sei doch mal still!".

2 a Erschließe die Angaben zum Thema „Digital Lifestyle". Fasse zusammen, worüber in der Grafik informiert wird.

b Stelle eine Beziehung zum Titelblatt des „SPIEGELS" her.

3 a Tauscht euch über euren Umgang mit dem Handy aus:
- Seid ihr jederzeit erreichbar?
- Wie viele Textnachrichten bekommt ihr am Tag?
- Wann und wozu nutzt ihr das Handy?

b Diskutiert: Könnt ihr euch vorstellen, eine „digitale Diät" zu machen, also eine gewisse Zeit auf das Handy, den Computer und das Internet zu verzichten?

Machen Smartphones einsam? Ein Interview auswerten

Wir sind zusammen allein
von Peter Haffner

In dem folgenden Interview äußert sich die amerikanische Soziologin Sherry Turkle über die Auswirkungen der Mediennutzung auf unser Verhalten. Für ihre Studien hat sie Hunderte Jugendliche und Erwachsene zu deren digitalem Nutzungsverhalten befragt.

Mrs. Turkle, Sie galten lange als große Freundin jeder neuen Technologie – mittlerweile kritisieren Sie die Vereinsamung, die permanentes Starren auf das Smartphone mit sich bringt. Sind Sie zur Konvertitin[1] geworden?

Sherry Turkle: Nein. Technologie begeistert mich immer noch. Aber ich glaube, dass sie uns zu etwas führt, wohin wir nicht wollen. Beispielsweise Geselligkeit als das zu definieren, was uns ein soziales Netzwerk machen lässt.

Als ich das Internet als einen Ort pries, an dem Leute mit ihrer Identität[2] experimentieren können, dachte ich, man sitzt an seinem Computer, verbringt ein bisschen Zeit damit und lebt dann sein Leben weiter. Ich sah nicht voraus, dass Sie und ich hier zusammensitzen würden, Ihr Telefon vibriert und Sie sagen: „Entschuldigen Sie bitte, ich habe jetzt Besseres zu tun."

Es leidet also die Wichtigkeit des Gesprächs von Mensch zu Mensch?

Wenn etwas funktioniert hat und nützlich war für Eltern, Lehrer und Kinder, sollten wir es schätzen und fördern. Smartphones, Computer und das Internet sind nicht schlecht. Es geht um den Platz, den wir ihnen in unserem Leben geben.

Aber man hat doch mehr Kontakte denn je dank Internet.

Man zeigt einander seine Fotos, gut. Das ist gesellig, aber wenn man die Geselligkeit von Leuten danach bemisst, wie fleißig sie so etwas tun, vergisst man, dass es sehr viel wichtigere und wertvollere Aspekte von Geselligkeit gibt. Etwa die Fähigkeit, ruhig dazusitzen und jemandem geduldig zuzuhören.

Warum können wir das nicht mehr?

Weil diese kleinen Dinger in unseren Taschen psychologisch so mächtig sind, dass sie nicht nur verändern, was wir tun, sondern auch, wer wir sind. Sie bestimmen, wie wir miteinander und mit uns selber umgehen. Wir gewöhnen uns daran, zusammen allein zu sein.

Was heißt das?

Man will miteinander sein, aber gleichzeitig auch woanders, an Orten, die man nach Belieben besuchen und verlassen kann.

---

1 der Konvertit / die Konvertitin: jemand, der zu einem anderen Glauben, einer anderen Religion wechselt; hier: jemand, der seine Meinung geändert hat

2 mit ihrer Identität experimentieren: ihre Persönlichkeit ausprobieren

Was ist denn falsch daran, wenn Jugendliche ihre Kontakte übers Internet pflegen?
Dass sie glauben, sie seien niemand, wenn sie es nicht tun. Die Devise lautet: „Ich teile mich mit, also bin ich."
Ist das vielleicht das Problem?
Wenn wir nicht in ständigem Kontakt miteinander stehen, spüren wir uns selbst nicht mehr.
Also weg mit dem Smartphone?
Jugendliche geraten in Panik, wenn sie es nicht dabeihaben. Sie sagen Sachen wie: „Ich habe mein iPhone verloren, es fühlt sich an, als ob jemand gestorben wäre, ich meinen Kopf verloren hätte." Oder: „Auch wenn ich es nicht bei mir habe, spüre ich es vibrieren. Ich denke daran, wenn es im Schließfach ist." Die Technik ist bereits ein Teil von ihnen selbst geworden.
Die Jugendlichen vermeiden das Telefonieren – weshalb eigentlich?
Sie bevorzugen SMS, weil es weniger riskant ist. Sie sagen: „Ich kann die Info rausschicken, bin nicht involviert[3] in den ganzen Rest." Sie brauchen dem anderen nicht gegenüberzutreten. Wer telefoniert, riskiert ein Gespräch.
Geht es um Kontrolle?
Ja. Und um den Auftritt. Einen Text kann ich nach meinem Belieben formulieren, den Facebook-Status nach meinem Gutdünken aktualisieren. SMS, E-Mails, Posts – man kann sich so zeigen, wie man sein und gesehen werden möchte. Man kann redigieren[4], retuschieren[5], nicht nur die Messages, sondern auch sein Gesicht, seinen Körper.
Das ist doch gut. Warum soll man sich mit Minderwertigkeitsgefühlen quälen?
Was Freundschaft und Intimität[6] von einem fordern, ist kompliziert. Beziehungen sind schwierig, chaotisch und verlangen einem etwas ab. Die Technologie wird genutzt, das zu umgehen, um sich mit den Problemen nicht auseinandersetzen zu müssen.
Wie gehen Jugendliche denn mit diesem Übermaß an Kommunikation um?
Ein Junge sorgte sich, dass alle denken, er habe keine Freunde, weil sein letztes Post in Facebook eine Woche her war. Manche nehmen aus solchen Gründen Ferien von Facebook. Sie halten den Druck nicht aus, ihr Profil ständig zu aktualisieren, alles konsistent[7] zu halten, darauf zu achten, dass sie auf den Fotos schlank aussehen, und sich den Kopf zu zerbrechen, ob sie diese Band nun gut oder schlecht finden sollen. Manche erkennen, wie Facebook ihre Persönlichkeit reduziert auf eine Serie von „Gefällt mir".
Sie berichten von der 14-jährigen Pattie, die ihr Handy abgestellt hat und es genießt, nicht erreichbar zu sein. Ein Einzelfall?
Nein, der Umgang ändert sich. Ein anderer Teilnehmer, der 25-jährige Hugh, sagt, dass er mehr braucht, als E-Mails und soziale Netzwerke liefern können. Er fühlt sich abgelehnt, wenn er mit einem Freund telefoniert und merkt, dass dieser gleichzeitig auf Facebook ist. Jugendliche reden über ihre Schwierigkeit, die ungeteilte Aufmerksamkeit von jemandem zu bekommen. Das wird zunehmen. Es gibt ein paar, die führen wieder ein altmodisches Tagebuch und schicken einander Briefe, um sich ihre Wertschätzung zu zeigen.

3 involviert sein: an etwas beteiligt sein, in etwas verwickelt sein
4 redigieren: korrigieren, überarbeiten
5 retuschieren: ein Foto oder ein Bild nachträglich verändern
6 die Intimität: Vertrautheit, vertrautes Verhältnis
7 konsistent: schlüssig, widerspruchsfrei

1 a Lies das Interview und gib deine ersten Eindrücke wieder: Was hat dich zum Beispiel überrascht, was fandest du interessant, was wusstest du schon?
b Überlege: Welchen Aussagen würdest du spontan zustimmen, welchen widersprechen?

2 Lies den Text noch einmal sorgfältig. Entscheide dann, welche der folgenden Sätze die Positionen von Sherry Turkle treffend wiedergeben und welche nicht. Stütze deine Entscheidung mit Textbelegen und Zeilenangaben.

A Smartphones, Computer und Internet lehnt Sherry Turkle ab.
B Wir können häufig nicht mehr konzentriert zuhören, weil wir durch unsere Smartphones und das Internet abgelenkt sind.
C Für Jugendliche ist es heute kein Problem mehr, wenn ihr Gesprächspartner gleichzeitig im Internet surft, denn sie selbst tun dies auch.
D Smartphones geben uns das Gefühl, nie allein zu sein.
E Durch den Besitz von Smartphones telefonieren Jugendliche heute viel mehr als früher.
F SMS und E-Mails werden auch genutzt, um direkten Auseinandersetzungen in Freundschaften oder Beziehungen aus dem Weg zu gehen.
G Soziale Netzwerke wie Facebook erzeugen bei Jugendlichen auch Druck und Sorge, weil sie ständig daran denken, wie sie sich dort am besten präsentieren können.

3 In dem Interview heißt es, dass die Smartphones in unseren Taschen „so mächtig sind, dass sie nicht nur verändern, was wir tun, sondern auch, wer wir sind. Sie bestimmen, wie wir miteinander und mit uns selber umgehen" (→ Z. 45–48). Erläutere, was damit gemeint ist. Hast du ähnliche Erfahrungen gemacht?

4 In dem Interview ist auch die Rede davon, dass SMS genutzt werden, um Probleme in einer Freundschaft oder Beziehung zu umgehen (→ Z. 89–94). Stelle Vermutungen an, in welchen Situationen dies geschehen könnte. Erkläre, wie du dies bewertest.

5 a Die Soziologin zeigt auf, welche Auswirkungen es hat, wenn wir Smartphones, Computern und dem Internet zu viel Platz in unserem Leben geben. Stelle diese Punkte zusammen.
b Begründe, welchen ihrer Aussagen du zustimmst und welche du nicht nachvollziehen kannst.

6 Am Ende des Interviews berichtet die Wissenschaftlerin von Jugendlichen, die sich eine Online-Pause oder „Ferien von Facebook" (→ Z. 112–123) wünschen. Kannst du die Gründe dafür nachvollziehen? Diskutiert das in der Klasse.

7 Sherry Turkle vertritt die Meinung, dass man sich bei Facebook so zeigen könne, wie man gesehen werden möchte. In einer Freundschaft von Angesicht zu Angesicht fände dagegen ein direkter Austausch statt, der uns mehr fordere (→ Z. 79–86, 89–94). Diskutiert, ob ihr euch dieser Meinung anschließen könnt.

Vertiefen und üben
Stellung nehmen

Digital-Diät: Eine gute Idee?

16 Jugendliche im Alter von 9 bis 16 Jahren sorgten Anfang des Jahres mit einem Experiment für Aufsehen: Sie verzichteten drei Wochen freiwillig auf Handy, Internet und Computer. Mehrere Fernseh- und Radiosender sowie Zeitungen berichteten über dieses spannende Experiment. Kein Facebook, kein Internet, kein Handy, keine SMS ... Drei Wochen lang konnten die Schüler nur noch übers Festnetz telefonieren und den Fernseher anschalten. Leicht ist das keinem gefallen.
„Klar habe ich mich wieder auf mein Handy gefreut. Und natürlich habe ich nach den drei Wochen sofort meine Mails gecheckt. Aber es war auch irgendwie befreiend, nicht immer erreichbar zu sein", sagt ein 16-jähriger Teilnehmer. Auch Isabel freut sich auf ihr Handy und das SMS-Schreiben. Dennoch will sie nicht an den Medienkonsum anknüpfen, den sie vor der Digital-Diät pflegte. „Ich habe mir eine Uhr gekauft", erklärt sie, „dann muss ich nicht ständig mein Handy dabeihaben."
80 Prozent der Teilnehmer erklärten nach dem Experiment, ihnen hätten Informationen für die Schule gefehlt. 75 Prozent gaben an, Kontakte im Chat verloren zu haben. Positiv empfanden alle, mehr Zeit gehabt zu haben.
Was haltet ihr von einer solchen „Digital-Diät"? Eine gute Idee?

Stelle dir vor: In eurer Schülerzeitung ist der oben stehende Artikel erschienen. Verfasse für die Schülerzeitung eine ausführliche Argumentation, in der du auch ein Gegenargument nennst und entkräftest. Gehe so vor:

●●● 1 Lies den Artikel aufmerksam und überlege, zu welcher Frage du Stellung nehmen sollst. Notiere dann deine Meinung.
→ Hilfen zu dieser Aufgabe findest du auf S. 56.

●●● 2 Lege dir für deine Argumentation eine Stoffsammlung an.
a Sammle Argumente und Beispiele für deine Position. Du kannst hierzu das Interview (→ S. 52–53) sowie den Artikel oben zu Hilfe nehmen.
b Ordne deine Argumente nach ihrer Überzeugungskraft, indem du Punkte verteilst. Entscheide dich für die beiden überzeugendsten Argumente (mit Beispielen) und überlege dir, warum du gerade diese beiden für die besten hältst.
c Notiere einen Einwand, der gegen deine Position spricht (Gegenargument), und entkräfte ihn.
→ Hilfen zu dieser Aufgabe findest du auf S. 56.

●●● 3 a Formuliere deine Stellungnahme für die Schülerzeitung:
- Schreibe eine Einleitung, die in das Thema einführt und zum Hauptteil überleitet.
- Gestalte im Hauptteil deine Argumente und Beispiele aus. Entkräfte ein Gegenargument.
- Bekräftige im Schlussteil deine Meinung oder mache einen Vorschlag.

b Überarbeite deinen Text mithilfe der Formulierungsbausteine auf S. 45.
→ Hilfen zu dieser Aufgabe findest du auf S. 56.

●● 1 mit Hilfen

a Lies den Artikel und die nachfolgende Aufgabenstellung aufmerksam durch.

b Überlege, zu welcher Frage du Stellung nehmen sollst. Ergänze hierzu den folgenden Satz.
Es geht um die Frage, ob ich eine Digital-Diät …

c Bist du für oder gegen eine Digital-Diät? Notiere deine Meinung.
- *Ich finde eine Digital-Diät …*
- *Meiner Meinung nach ist eine Digital-Diät …*

●● 2 mit Hilfen

a Sammle Argumente und Beispiele für deine Meinung. Du kannst hierzu das Interview (→ S. 52–53) sowie den Artikel (→ S. 55) zu Hilfe nehmen.

Für eine Digital-Diät spricht
- *man hat mehr Zeit und ist weniger gestresst → ständige Erreichbarkeit erzeugt Druck und lenkt ab (man muss SMS und Mails beantworten, Facebook-Profil aktualisieren etc.)*
- *durch die Digital-Diät Chance, über den eigenen Umgang mit Medien nachzudenken → Jugendliche ändern nach der Digital-Diät …*
- *man trifft sich mehr mit anderen und lernt, konzentrierter zuzuhören → …*

Gegen eine Digital-Diät spricht
- *Internet und Computer sind wichtige Arbeitsmittel für die Schule → 80 Prozent der Teilnehmer sagen, dass ihnen Informationen …*
- *Smartphone und Internet ermöglichen direkten Austausch mit Freunden → Man verliert in dieser Zeit …*
- *bei einem maßvollen Umgang mit dem Handy und … ist Digital-Diät überflüssig → …*

b Ordne deine Argumente nach ihrer Überzeugungskraft, indem du Punkte verteilst. Entscheide dich für die beiden überzeugendsten Argumente (mit Beispielen) und markiere diese.

c Notiere einen Einwand, der gegen deine Position spricht, und entkräfte ihn, z. B.:
- *Natürlich besteht die Gefahr, dass man … Aber Freundschaften hängen doch nicht …*
- *Viele meinen zwar, dass ein Smartphone … störe. Aber man kann doch selbst entscheiden, …*

●● 3 mit Hilfen

a Formuliere deine Stellungnahme für die Schülerzeitung.

Einleitung mit Überleitung zum Hauptteil	- *Ich habe mit Interesse euren Artikel über … gelesen, in dem …* - *In dem Artikel wird ein interessantes Experiment …* - *Weil ich selbst …, möchte ich meine Position …*
Meinung Argument 1 Beispiel 1 (Einwand entkräften) Argument 2 Beispiel 2	- *Ich halte die Digital-Diät für …* - *Ein wichtiges Argument für/gegen … ist, dass …* - *Wenn ich zum Beispiel …* - *Viele meinen zwar, dass … Aber …* - *…* - *…*
Schluss	- *Ich fände es … / Meiner Meinung nach … / Wenn …, … fände ich …*

b Überarbeite deinen Text mithilfe der Formulierungsbausteine auf S. 45.

2.3 Fit in …
Stellung nehmen

Die Aufgabenstellung richtig verstehen

Stelle dir vor, du bekommst folgende Aufgabe:

In der Online-Ausgabe eines Jugendmagazins ist ein Artikel über Internetschulen erschienen, den einige Leserinnen und Leser kommentiert haben.
Verfasse selbst eine ausführliche Argumentation, in der du deine Meinung mit zwei Argumenten und Beispielen begründest. Gehe in deiner Argumentation auch auf ein Gegenargument ein und entkräfte es.

Die Schule kommt nach Hause
von Ute Eberle

Für viele Schüler in den USA hat das Klassenzimmer ausgedient. Sie lernen online – wo und wann, bestimmen sie selbst.

Johnny LaLond hatte noch nie einen Computer benutzt, als er vor zwei Jahren von seiner öffentlichen Highschool in Oviedo, Florida, auf eine virtuelle Schule im Internet wechselte. „Es war merkwürdig", sagt der heute 18-Jährige. Um sich hatte er keine Klassenkameraden mehr, saß alleine vor dem Monitor. Statt sich zu melden, lernte er, Audiodateien herunterzuladen, und wollte er mit Mitschülern Kontakt aufnehmen, musste er sich erst in einen Chatroom einwählen.
LaLond gehört zu einer wachsenden Minderheit von US-Schülern, die das Klassenzimmer gegen Heimcomputer und das Internet ausgetauscht haben.
„Wir haben unter unseren Schülern auch Schüchterne, die sich nie trauten, sich zu melden, oder denen vor der Schule graute, weil sie gehänselt wurden", sagt Jayne Price von der Western Pennsylvania Cyber Charter School WPCCS.
In Deutschland ginge das nicht. „Bei uns besteht ausdrücklich Schulpflicht, und das heißt, dass die Kinder in die Schule kommen müssen", sagt Manfred Jerusalem von der Kultusministerkonferenz. „Reine Internetschulen sind deshalb nicht möglich."
Die Schüler sollen in der Internetschule so lernen können, wie es ihren Stärken entspricht. Johnny LaLond etwa musste nicht mehr ständig zwischen den Fächern hin und her springen. „Ich habe montags nur Englisch gemacht, dienstags nur Geschichte, mittwochs Physik, ungefähr fünf Stunden täglich." Über ein Passwort wählte er sich auf der Webseite seiner Kurse ein. Dort las er, was die Lehrer für ihn vorbereitet hatten, klickte sich über Links zu weiterführenden Internetseiten oder arbeitete mit von der Schule gestellten CD-ROMs. Hausaufgaben schickte er elektronisch an die Lehrer. Auf dem gleichen Weg bekam er seine Zensuren zurück. Und blieb er wirklich einmal stecken, „habe ich einfach meine Lehrerin angerufen; sie hat mich in fünf Minuten zurückgerufen und mir erklärt, was ich nicht verstanden habe", sagt er.

Kritiker allerdings fürchten, dass die Online-Schüler einen hohen Preis zahlen. „Es geht in der Schule doch nicht nur um Lehrpläne und das Einmaleins", bemerkt Denise Cardinal vom US-Bildungsverband, der es ablehnt, wenn Schüler ihren Unterricht komplett am Computer bewältigen. Am Computer, klagen die Kritiker, sitzen die Schüler völlig isoliert und lernen nichts über das soziale Miteinander.
Johnny sieht das nicht so. „Ich habe über die Chatrooms und virtuellen Klassendiskussionen mehr Freunde kennen gelernt als in der Schule früher", ergänzt er.
Schummeln sei kein Thema, sagt seine Physiklehrerin Betty Vail. Zwar versuche bisweilen ein Schüler, eine fremde Arbeit als die eigene auszugeben. „Aber das merkt man sehr schnell, es lässt sich am Stil erkennen." Die Wissenschaftler sind sich allerdings einig, dass Internetschulen nicht für jeden geeignet sind. „Die Schüler brauchen sehr viel Disziplin, Ansporn, Willenskraft und Unabhängigkeit", gibt Price von der WPCCS zu bedenken.
Online-Lehrer sind glücklich, wenn weniger als 30 Prozent ihrer Zöglinge vorzeitig abspringen. Eine reine Internetschule überfordert oft. Einer Studie zufolge gibt rund die Hälfte aller Internetlernenden wieder auf.

Kommentar schreiben
Könntet ihr euch vorstellen, eine Internetschule zu besuchen?

Alphatier (7.4. 15:11)
Ich (14) hab auf der Website einer Internetschule gelesen, dass jeder Schüler seinen eigenen Stundenplan per Mail zugeschickt bekommt. Da sind Aufgaben, die extra für diesen Schüler zusammengestellt wurden. Das können Songtexte von der eigenen Lieblingsband sein oder Matheaufgaben zu Sportthemen. Das ist doch viel interessanter als der Schulstoff, den alle machen müssen.

Bingo (8.4. 16:58)
Die Aufregung um das Internetlernen kann ich nicht verstehen. Ich treffe mich in der Schule gerne mit meinen Mitschülern. Mich motiviert das Lernen in der Klasse. Und außerdem braucht man für den Spaß im Unterricht Kameraden, die mitlachen und spontan sind. Das gibt's nicht in einer Webschule.

Skinner (8.4. 17:58)
Ich glaube, dass man wirklich sehr viel Disziplin mitbringen muss, um bei der Internetschule am Ball zu bleiben. Mich würde es frustrieren, alleine vor meinem Computer zu sitzen. Außerdem gibt es bei uns an der Schule neben dem reinen Unterricht so viele interessante Projekte: Wir machen Klassenfahrten, können als Austauschschüler nach England, Schweden oder Frankreich reisen und haben so viele tolle AGs. Das bietet einem die Internetschule auf keinen Fall.

Friendly (9.4. 14:26)
Viele Freunde von mir (15) können sich gut vorstellen, eine Internetschule zu besuchen. Lernen mit dem PC macht viel Spaß, ist anschaulich und motivierend. Da man sich die Zeit individuell einteilen kann, ist auch Zeit für die Freunde da. Und dass man seinen Lehrer persönlich anrufen und sich etwas erklären lassen kann, finde ich auch gut.

1 Lies die Aufgabenstellung, den Artikel sowie die Kommentare aufmerksam durch.

2 Überlege, was die Aufgabenstellung auf S. 57 oben von dir verlangt. Schreibe dann die Buchstaben der zutreffenden Sätze in dein Heft.
Tipp: Die richtigen Buchstaben ergeben rückwärts gelesen ein Lösungswort.

L Ich muss in meiner Argumentation meine Meinung begründen und durch Beispiele stützen.
E Mein Beitrag wird besonders gut, wenn ich möglichst viele Argumente nenne, auch wenn nicht alle so überzeugend sind.
I Die Argumente und Beispiele sollten sprachlich gut eingeleitet und miteinander verknüpft sein.
H Den Text schreibe ich so, dass vor allem meine Freunde mich verstehen, denn die kennen sich mit dem Internet bestens aus.
A Meine Argumentation wird besonders überzeugend, wenn ich ein Gegenargument nenne und dieses entkräfte.
M In meinem Beitrag kann ich die Informationen aus dem Artikel und den Kommentaren nutzen.
T Meine Argumentation wird besonders anschaulich, wenn ich nur über meine eigenen Erfahrungen mit dem Internet schreibe, denn das habe ich selbst erlebt.

Ideen sammeln (Stoffsammlung anlegen)

3 a Wäge ab und bilde dir dann eine eigene Meinung: Was spricht für die Internetschule, was dagegen?
b Kannst du dir vorstellen, eine Internetschule zu besuchen? Notiere deine Meinung.
- *Ich kann mir vorstellen/nicht vorstellen, …*
- *Ich würde …*

4 a Sammle Argumente und Beispiele für deine Meinung. Du kannst hierzu den Text sowie die Kommentare (→ S. 57–58) zu Hilfe nehmen.

Argumente + Beispiele für Internetschule
- *Man kann selbst entscheiden, wann man für welches Fach lernt.*
  → …
- *Bei Fragen/Problemen wird man persönlich von einem Lehrer betreut.*
  → …

Argumente + Beispiele gegen Internetschule
- *Man lernt alleine ohne Klassengemeinschaft.*
  → …
- *Das Angebot neben dem Unterricht entfällt.*
  → …

b Ordne deine Argumente nach ihrer Überzeugungskraft, indem du Punkte verteilst. Entscheide dich für die beiden überzeugendsten Argumente (mit Beispielen) und markiere diese.
c Notiere einen Einwand, der gegen deine Position spricht, und entkräfte ihn, z. B.:
- *Natürlich besteht die Gefahr, dass man … Aber …*
- *Es ist schon richtig, dass … Aber viel entscheidender ist doch …*

Die Argumentation ausformulieren und überarbeiten

5 Schreibe deine Argumentation für die Webseite der Zeitung. Du kannst die folgende Vorlage und die Formulierungshilfen unten verwenden:

Einleitung mit Überleitung zum Hauptteil	– *Nachdem ich den Artikel über … gelesen habe, habe ich mir die Frage gestellt, ob ich …* – *In den USA gibt es immer mehr Schüler, die … Obwohl in Deutschland …, lohnt es sich, darüber nachzudenken, ob …*
Meinung Argument 1 Beispiel 1 (Einwand entkräften) Argument 2 Beispiel 2	– *…* – *Ein wichtiges Argument für/gegen … ist, dass …* – *… wird zum Beispiel gesagt, dass …* – *Viele meinen zwar, dass … Aber …* – *…* – *…*
Schluss	– *Ich bin der Auffassung, dass …. / Wenn …, würde ich …, denn …*

Formulierungshilfen für die Argumentation

Ein Argument für/gegen … ist, dass … | Darüber hinaus … | Ein weiteres Argument … | Es gibt noch ein wichtigeres Argument für/gegen … | Besonders wichtig ist … | Außerdem spielt eine Rolle, dass … | Bedenken muss man auch, … | Wenn …, dann … | Dafür spricht … | … berichtet zum Beispiel, dass … | Wenn man zum Beispiel … | denn | weil | da | deshalb | daher | außerdem | wenn | um … zu | sodass | aber | darum

6 Überarbeitet eure Texte in Partnerarbeit.
Nutzt hierzu die folgende Checkliste.

✓ **Checkliste** Zu einer Streitfrage schriftlich Stellung nehmen (Argumentieren)

- **Einleitung:** Führst du in das Thema ein, indem du zum Beispiel den Anlass deiner Argumentation nennst oder Interesse für das Thema weckst? Leitest du dann zum Hauptteil über?
- **Meinung:** Hast du deinen Standpunkt deutlich formuliert?
- **Argumente:** Nennst du zwei überzeugende Argumente für deine Meinung?
- **Beispiele:** Führst du zu deinen Argumenten treffende Beispiele an, etwa ein Beispiel aus deinem eigenen Erfahrungsbereich, eine nachvollziehbare Erläuterung, einen Beleg aus der Zeitung oder ein Zitat von einer Expertin / einem Experten?
- **Gegenargument:** Hast du ein Gegenargument genannt und glaubhaft entkräftet?
- **Sprache:** Werden die Argumente und Beispiele sprachlich gut eingeleitet und miteinander verknüpft (→ Formulierungshilfen oben)?
- **Schluss:** Hast du deinen Standpunkt bekräftigt, einen Vorschlag oder eine Forderung formuliert oder eine Bedingung genannt *(Wenn …; Falls …)*?
- Sind **Rechtschreibung und Zeichensetzung** in Ordnung?

3 Zukunftsvisionen
Lebensentwürfe beschreiben

In diesem Kapitel …

- tauschst du dich über deine Zukunftsvisionen aus und beschreibst dabei Personen, Orte und Arbeitsabläufe,
- erstellst du ein Radio-Feature über einen interessanten Beruf,
- verfasst du Bewerbungsschreiben, Lebensläufe und Praktikumsberichte,
- übst du Bewerbungsgespräche.

1 a Beschreibe die beiden Zimmer so genau und anschaulich wie möglich.
b In welchem der Zimmer würdest du lieber wohnen? Begründe.

2 a Wie sieht dein Traumzimmer aus, in dem du in Zukunft leben möchtest? Beschreibe es deiner PartnerIn / deinem Partner so, dass sie/er es deutlich vor Augen hat.
b Gebt euch eine Rückmeldung, ob eure Beschreibungen genau genug waren: Konntet ihr euch die Zimmer vorstellen? Welche Fragen sind offengeblieben?

3 Tragt zusammen, was eine gute Beschreibung ausmacht.

3.1 Ich in zehn Jahren
Personen, Orte und Arbeitsabläufe beschreiben

Veränderungen Personen beschreiben

Die folgenden Fotos zeigen die Schauspieler Daniel Radcliffe, Emma Watson und Rupert Grint, die durch die Harry-Potter-Filme berühmt wurden, im zeitlichen Abstand von etwa zehn Jahren.

1 a Beschreibe, wie sich die drei Schauspieler im Lauf der Zeit verändert haben.
b Überlege: Welche Merkmale einer Person sollte man beschreiben, damit sich andere diese genau vorstellen können? Notiere Merkmale, z. B.: *Geschlecht, ungefähres Alter, …*

2 Hast du eine Vorstellung davon, wie du in zehn Jahren aussehen möchtest? Beschreibe.

3 Erstelle zu der jungen Emma Watson (→ Foto links) eine Personenbeschreibung.
a Lege einen Steckbrief an. Wähle passende Angaben aus den Wortschatzkästen (→ S. 63).

Gesamteindruck	Kleidung (evtl. auch Schmuck)	Haare und Gesicht	Besondere Kennzeichen
– *Geschlecht: weiblich* – *Figur: …*	– *Kleidungsstil: …* – *Kleidung: blassgelber Pullunder*	– … – …	– … – …

Figur: zierlich | schlank | vollschlank | dick

Hautfarbe: hell | leicht gebräunt | dunkel

Haarfarbe: blond | rötlich | hellbraun | dunkelbraun | schwarz

Frisur: schulterlang | halblang | kurz | lang | glatt | gelockt | Bubikopf | Pony | Scheitel

Gesichtsform: länglich | rund | oval | kantig | herzförmig

Augen: grünblau | hellblau | grün | braun | eng stehend | blinzelnd | strahlend | streng | freundlich

Augenbrauen: buschig | kräftig | geschwungen | gezupft | zusammengezogen

Nase: schmal | breit | kurz | lang | groß | klein | gerade | krumm

Mund und Lippen: breit | schmal | voll | rot | blass | verkniffen | lächelnd | lachend | verschmitzt

Kinn: spitz | markant | rund | vorgeschoben | fliehend | rund | eckig

Kleidungsstil: sportlich | lässig | elegant | glamourös | modern | altmodisch

b Verfasse nun die ausführliche Personenbeschreibung der jungen Schauspielerin. Gehe so vor:
- Beginne mit der Einleitung, indem du die folgenden Sätze in deinem Heft ergänzt:
  Emma Watson ist etwa … Jahre alt und … groß. Sie besitzt eine … Figur und ihre Haut ist …
- Beschreibe das Aussehen in einer geordneten Reihenfolge, z. B. von oben nach unten. Nutze hierzu deine Stoffsammlung und verwende treffende Verben (→ Kasten rechts).
- Beschreibe zum Schluss, wie Emma Watson auf dich wirkt, z. B.: *glücklich, aufgeregt, traurig, erwartungsvoll.*

Treffende Verben
tragen | aussehen | besitzen | aufweisen | auffallen | wirken

c Überarbeite deine Personenbeschreibung mithilfe des Merkwissens unten.

4 Wähle einen der beiden männlichen Schauspieler (Daniel Radcliffe oder Rupert Grint) auf dem linken oder rechten Foto aus und beschreibe ihn. Lege dir hierzu auch einen Steckbrief nach dem Muster oben an.

Merkwissen Eine Person beschreiben

- **Einleitung:** Mache in der Einleitung allgemeine Angaben zur Person (z. B. Geschlecht und Alter).
- **Hauptteil:** Beschreibe im Hauptteil das Aussehen der Person in einer geordneten Reihenfolge, z. B. von oben nach unten.
- **Schluss:** Hier kannst du beschreiben, wie die Person auf dich wirkt.
- Suche **aussagekräftige Adjektive**, z. B.: *fahlgrau, gertenschlank.*
- Verwende anstelle der Wörter *ist, sind, hat* und *haben* **treffende Verben**, z. B.: *tragen, aussehen, besitzen, aufweisen, wirken, umgeben.*
- **Vermeide persönliche Wertungen** wie *schön, süß, lieb* oder *hässlich.*
- Schreibe im **Präsens**.

Dort könnte ich mal arbeiten Orte beschreiben

1 a Sieh dir das Foto genau an: Um was für einen Ort handelt es sich? Welchen Berufen kann man dort nachgehen?
b Erkläre, ob du dir vorstellen kannst, dort einmal zu arbeiten.

2 Verschaffe dir einen Überblick über die Gegenstände, die sich in dem Raum befinden. Fertige hierzu eine Skizze des Raums und der Gegenstände darin an. Beschrifte dann die einzelnen Gegenstände mit treffenden Begriffen. Die Wörter im Kasten helfen dir dabei.

Begriffe
Decke | Fußboden | Leinwand (Green-Screen) | Scheinwerfer | Schienensystem | Monitor | Stehpult | Kamera, Stativ | Stehtische | Bürostuhl | Tisch | Rollwagen | Tastatur | Mikrofon | Trennwand | Stellwand | Tür | Stehlampe | Podest

treffende Verben
sonnengelb | grasgrün | beige | blaugrau | silberfarben | schneeweiß | lang | klein | schmal | gebogen | rechtwinklig | hell | dunkel

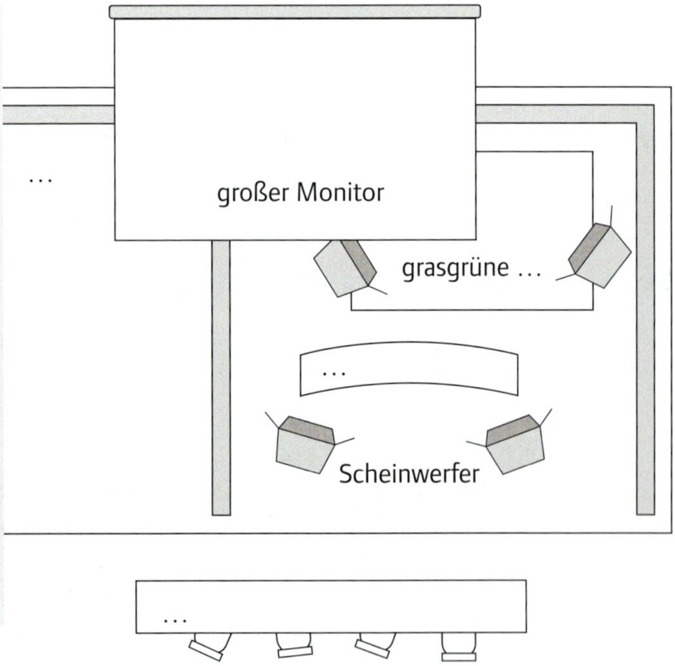

3 a Erkläre, was bei dem Anfang dieser Ortsbeschreibung nicht gelungen ist.

VORSICHT, FEHLER!

Der Raum ist ein megagroßes Nachrichtenstudio. Auf einem niedrigen Podest ist links der Gästebereich und rechts der Aufnahmebereich. Beide Bereiche sind durch wunderschöne Trennwände umgeben, die verschiedene Farben haben. Davor ist ein Tisch mit Monitoren. In dem Gästebereich sind drei schicke Stehtische mit schneeweißen Tischdecken. Links daneben ist ein stylishes Stehpult mit einer silberfarbenen Front. Davor ist eine voll moderne Kamera auf einem Stativ.

b Überarbeite den Text. Formuliere unsachliche oder ungenaue Passagen um und verwende abwechslungsreiche, treffende Verben.

Treffende Verben
sich befinden | stehen | hängen | angrenzen an | liegen

4 Übertrage die folgende Beschreibung in dein Heft und ergänze dabei Wörter, die die Position der Gegenstände bezeichnen.

? des Nachrichtenbereichs befindet sich ein längliches, gebogenes, hellgelbes Stehpult, ? dem ein kleines Mikrofon liegt. ? steht ein Stativ ? einer Kamera. ? hängt eine grasgrüne Leinwand, die man auch als Green-Screen bezeichnet. ? dem Stehpult hängen mehrere Scheinwerfer. Diese sind mit einem Schienensystem ? der Decke befestigt und ? den Platz des Nachrichtensprechers gerichtet.

Wörter für Positionsbezeichnungen
hinter | unterhalb | über | auf | zwischen | in | neben | vor | an | gegenüber | oben | unten | vorn | unter | hinten | davor | dahinter | links | rechts

5 Verfasse eine vollständige Beschreibung des Fernsehstudios. Deine Vorarbeiten aus den Aufgaben 2, 3 und 4 helfen dir dabei. Formuliere zum Schluss, wie der Ort auf dich wirkt.

6 a Stelle dir einen Ort vor, an dem du später vielleicht einmal arbeiten möchtest. Fertige dann eine Skizze des Ortes an und beschrifte sie.
b Verfasse eine Beschreibung des Ortes.
c Tauscht eure Beschreibungen aus und erstellt nur anhand des Textes eine Ortsskizze.
d Vergleiche die zweite Skizze mit der Original-Skizze. Stimmen beide überein? Mache gegebenenfalls Verbesserungsvorschläge für die Beschreibung.

! **Merkwissen** Einen Ort beschreiben

- **Einleitung:** Benenne den Ort und mache allgemeine Angaben, z. B. zur Größe, Lage.
- **Hauptteil:** Beschreibe den Ort in einer geordneten Reihenfolge, z. B. vom Wesentlichen zum weniger Wichtigen, von vorne nach hinten, von links nach rechts oder im Uhrzeigersinn. Benenne wichtige Elemente der Raumgestaltung und Einrichtungsgegenstände.
- **Schluss:** Hier kannst du beschreiben, wie der Ort insgesamt auf dich wirkt.
- Nutze möglichst **treffende Begriffe** (auch Fachbegriffe) zur Bezeichnung einzelner Gegenstände, z. B.: *Leinwand, Scheinwerfer.*
- Suche **treffende Adjektive** (z. B.: *grasgrün*) und **Verben** (z. B.: *hängen, stehen*).
- Beschreibe die genaue Lage **der einzelnen Gegenstände**, z. B.: *links, oben, davor.*
- Eine Ortsbeschreibung wird im **Präsens** und in einer **sachlichen Sprache** verfasst.

Rund ums Fliegen Arbeitsabläufe beschreiben

Der Pilot Jörn Handwerk beschreibt einen typischen Arbeitsablauf in seinem Beruf.

Zunächst werden die Flugunterlagen ausgewertet, zum Beispiel Wetterberichte, technische Daten und Besonderheiten des Flugzeugs oder der Flughäfen und so weiter. Danach entscheiden wir, wie viel Treibstoff wir tanken. Darüber hinaus kontrollieren wir das Flugzeug vor jedem Start. Stimmt etwas nicht, wird sofort ein Techniker bestellt.

Der Bordcomputer muss nun mit allen wichtigen Daten gefüttert werden. Dazu gehören zum Beispiel das Gewicht des Flugzeugs, die Flugroute und der erforderliche Startschub, also die benötigte Antriebskraft, die wir vorher berechnen. Anschließend legen wir uns die Abflug-, Strecken- und Anflugkarten bereit und stellen die Navigationsempfänger ein. Mit einer Checkliste überprüfen wir dann die Systeme des Flugzeugs.

Während des Flugs kann der Autopilot, eine automatische Flugzeugsteuerung, eingestellt werden. Die wichtigsten Funktionen des Autopiloten sind, das Flugzeug auf einer voreingestellten Höhe zu halten und die gewünschte Flugroute sowie die Geschwindigkeit beizubehalten. Die Aufgabe des Piloten ist weitaus komplexer. Er muss den Flugraum und die Systeme an Bord überwachen, die Wetterlage beobachten und entsprechend reagieren und den Funkverkehr, z.B. mit dem Tower (Kontrollturm am Flughafen), übernehmen.

Nach der Landung müssen wir diverse Dokumente fertig stellen, da viele der Flugunterlagen aufbewahrt werden. Zum Schluss schreiben wir eventuelle technische Probleme in ein Logbuch und informieren gegebenenfalls die Technik.

1 a Lies den Text. Was wusstest du bereits, was ist neu für dich?
b Kannst du dir vorstellen, später einmal als Pilot/-in zu arbeiten? Begründe deine Meinung.

2 In der Beschreibung werden verschiedene Fachbegriffe verwendet, die direkt oder indirekt (z. B. durch Beispiele) erläutert werden. Erkläre mithilfe des Textes die folgenden Begriffe: Flugunterlagen, Startschub, Autopilot, Tower, Logbuch.

3 a Untersuche, wie die Reihenfolge der einzelnen Arbeitsschritte deutlich gemacht wird. Schreibe die entsprechenden Wörter heraus, z. B.: *zunächst, …*
b Notiere weitere Wörter, mit denen man die zeitliche Reihenfolge eines Vorgangs deutlich machen kann.

4 a In dem Text wechseln Aktiv- und Passivformulierungen. Schreibe alle Passivformen heraus, z. B.: *werden … ausgewertet, …*
b Mache den Text noch abwechslungsreicher, indem du die beiden im Text markierten Sätze ins Passiv umformst.

1-Liter-Beutel

Förderband

Monitor

Metalldetektor

Handsonde

ggf. manuelle Kontrolle

5 Bist du schon einmal geflogen und hast eine Sicherheitskontrolle miterlebt? Berichte davon.

6 Beschreibe den Ablauf der Sicherheitskontrolle an einem Flughafen. Gehe so vor:

a Formuliere eine treffende Überschrift.

b Schreibe einen Einleitungssatz, in dem du den Arbeitsablauf benennst und notwendige Vorbereitungen beschreibst (Bild 1), z. B.: *Auf die Sicherheitskontrolle am Flughafen sollten Passagiere sich vorbereiten, indem sie kleine Flüssigkeitsbehälter …*

c Beschreibe im Hauptteil Schritt für Schritt, was bei der Sicherheitskontrolle geschieht.
- Verwende dabei geeignete Fachbegriffe und erkläre diese.
- Mache die Abfolge der Arbeitsschritte deutlich, z. B.: *zuerst, dann* etc.
- Wechsle zwischen Aktiv- und Passivformulierungen, z. B.: *Zuerst fordert der Sicherheitskontrolleur die Passagiere auf, … in die bereitgestellten Wannen zu legen. Diese werden durch …*

d Gib am Schluss einen weiterführenden Hinweis, z. B.: *Diese gründliche Sicherheitskontrolle ist sehr wichtig, damit …*

7 Recherchiere im Internet zu einem anderen Beruf, der dich interessiert, und beschreibe einen typischen Arbeitsablauf.

Merkwissen Einen Arbeitsablauf beschreiben

- **Einleitung:** Benenne notwendige Materialien und/oder Vorbereitungen.
- **Hauptteil:** Beschreibe den Arbeitsablauf Schritt für Schritt.
- **Schluss:** Hier kannst du einen weiterführenden Hinweis geben.
- Erkläre möglichst die **Fachbegriffe**, die du verwendest.
- Wähle passende Wörter, die die **Reihenfolge** der einzelnen Arbeitsschritte **deutlich machen**, z. B.: *zuerst, dann, danach, zum Schluss.*
- Wechsle zwischen **Aktiv- und Passivformulierungen**, dann wird deine Beschreibung abwechslungsreicher, z. B.: *Flüssigkeitsbehälter werden … verpackt. Danach legt man …*
- Schreibe im **Präsens**, um das Allgemeingültige des Vorgangs auszudrücken.

Mein Traumberuf …? Ein Radio-Feature produzieren

Das Produzieren von Radio-Features bietet dir die Möglichkeit, dich intensiv mit einem bestimmten Beruf zu beschäftigen. Vielleicht findest du auf diese Weise sogar deinen Traumberuf.

1. Schritt: Das Radio-Feature planen

Sequenz	Inhalt	Personen	Aufnahmeort
1	Baustellengeräusche, z.B. Presslufthammer, …	-	Baustelle
2	Text: Beschreibung der Baustelle	Sprecher 1	Tonstudio in der Schule
3	Text: Vorstellung des Bauingenieurs, kurze Personenbeschreibung	Sprecher 2	Tonstudio in der Schule
4	Interview mit dem Bauingenieur, im Hintergrund leise Baustellengeräusche	Interviewer, Bauingenieur	Baustelle
5	Text: weitere Informationen zum Beruf des Bauingenieurs (Arbeitsmarkt, Einkommen, …)	Sprecher 3	Tonstudio in der Schule

1 a Arbeitet in Gruppen und betrachtet den Regieplan für das Radio-Feature. Welcher Beruf wird an welchem Arbeitsplatz vorgestellt?
b Beschreibt die verschiedenen Elemente, aus denen das Feature besteht.

2 a Sammelt Berufe, die euch interessieren.
b Einigt euch auf einen Beruf, der euch für ein Feature besonders geeignet erscheint.
c Erstellt einen Regieplan für euer Radio-Feature.

Tipp Beachtet bei der Auswahl des Berufs, dass ihr den Arbeitsplatz tatsächlich besuchen solltet, um dort interessante Geräusche aufzunehmen und ein Interview zu führen, z. B. in der Musikschule, im Fitnessstudio, in der Kfz-Werkstatt.

3 Bereitet die Fragen für euer Interview vorher sorgfältig vor.
a Begründet, welche der Interviewfragen auf dem Notizzettel euch sinnvoll erscheinen und welche man weglassen sollte.
b Notiert Fragen, die ihr eurem Interviewpartner stellen möchtet. Wählt die interessantesten Fragen aus und bringt sie in eine sinnvolle Reihenfolge.

Fragen für das Interview

Welche Hobbys haben Sie?
Wie sieht Ihr Tagesablauf aus?
Was war Ihr interessantestes Projekt?
Sind Sie verheiratet, haben Sie Kinder?
Wie wird man …?

4 Legt fest, wer welche Aufgabe übernimmt: das Interview führen, aufnehmen (z. B. mit dem Handy), Notizen machen (z. B. zum Aussehen eures Interviewpartners), den Arbeitsplatz beschreiben, Geräusche aufnehmen.

2. Schritt: Das Material für das Radio-Feature zusammenstellen

5 a Nehmt Kontakt zu der Person auf, mit der ihr ein Interview führen möchtet, und vereinbart einen Termin an ihrem Arbeitsplatz.
b Nehmt an dem Arbeitsplatz möglichst unterschiedliche Geräusche auf.
c Führt das Interview und denkt daran, es aufzunehmen.
d Macht euch möglichst viele Notizen, z. B. zum Aussehen eurer Interviewpartnerin / eures Interviewpartners, zur Beschreibung des Arbeitsplatzes etc.

6 Für euer Radio-Feature müsst ihr eigene Texte entwerfen.
a Lest die Textanfänge für das Radio-Feature über den Beruf des Bauingenieurs. Überlegt, worauf ihr bei den einzelnen Texten achten solltet, damit sie für eure Zuhörer verständlich und interessant sind.

1. *__Beschreibung der Baustelle:__ Ein 100 Meter hoher Kran steht am Rande der Baustelle und ...*
2. *__Vorstellung des Bauingenieurs:__ Wir treffen auf der Baustelle den Bauingenieur Herrn Lohmann. Er ist etwa dreißig Jahre alt und ... Auf dem Kopf trägt er ..., damit ...*
3. *__Informationen zum Beruf:__ Der Beruf des Bauingenieurs umfasst eine Vielzahl von verschiedenen ... Von der Planung eines Bauvorhabens über die Bauausführung bis hin zur ...*

b Verfasst die Texte für euer Radio-Feature. Nutzt dazu eure Notizen von der Recherche vor Ort und sucht gegebenenfalls weitere Informationen im Internet, z. B. auf den Seiten der Arbeitsagentur (berufenet.arbeitsagentur.de/berufe/).
c Nehmt alle Texte mehrmals auf. Lasst sie gegebenenfalls von unterschiedlichen Personen einsprechen. Entscheidet dann, welche Version ihr für euer Feature verwenden möchtet.

3. Schritt: Das Radio-Feature schneiden

7 a Fügt die einzelnen Sequenzen mit einem Schnittprogramm zusammen. Orientiert euch dabei an eurem Regieplan.
b Hört euch das geschnittene Feature an. Prüft, ob ihr noch etwas ändern solltet, z. B. indem ihr andere Geräusche verwendet, die Reihenfolge einzelner Sequenzen ändert oder im Interview Kürzungen vornehmt.
c Überlegt, ob ihr einige Sequenzen mit Musik unterlegen möchtet.

Merkwissen Das Radio-Feature

Ein Radio-Feature (engl.: „Sonderbeitrag") ist eine **lebendig gestaltete, nicht fiktionale Hörfunk-Sendung**. Ein Feature beleuchtet ein Thema von unterschiedlichen Seiten und besteht daher aus **verschiedenen Elementen** wie eingesprochenen Texten (z. B.: Beschreibungen, Berichte), Original-Tönen (z. B.: Interviews, Umfragen, Geräusche) und Musik.

Teste dein Wissen!
Einen Ort beschreiben

VORSICHT, FEHLER!

Der Behandlungsraum der Physiotherapiepraxis ist etwa 25 Quadratmeter groß, hat zwei Fenster mit hübschen Blumen und einen Fußboden.
In dem Raum sind eine Sprossenwand, an der ein Handtuch hängt, und zwei Matten. Auf der anderen Seite sind eine Behandlungsliege mit einem Hocker und zwei coole Gymnastikbälle. In dem Raum sind auch ein Schreibtisch, der voll unordentlich aussieht, ein Bücherregal und ein stylisher Schreibtischstuhl. Außerdem ist da eine Trennwand, hinter der man sich vor der Behandlung umziehen kann.
Insgesamt wirkt der Raum freundlich und einladend.

1 Die Beschreibung ist noch nicht gelungen. Notiere die Buchstaben der vier Punkte, gegen die der Text verstößt. Richtig zusammengesetzt ergeben sie ein Lösungswort.

R Es gibt eine Einleitung.
E Die Beschreibung hat einen Schluss.
L Die Gegenstände wurden durch treffende Adjektive beschrieben.
A Es werden treffende Verben verwendet.
U Die Lage der Gegenstände wird genau beschrieben.
B Es wird durchgängig eine sachliche Sprache verwendet.
M Die Beschreibung ist im Präsens verfasst.

2 a Überarbeite die Ortsbeschreibung und schreibe eine verbesserte Fassung in dein Heft.
b Gebt euch gegenseitig ein Feedback zu euren Texten.

3.2 Was will ich werden?
Sich um einen Praktikumsplatz bewerben

„Wir bieten …“ Eine Anzeige auswerten

SPORTIVO-CLUB

SPORT-WELLNESS-FUN

Der Sportivo-Club ist ein moderner Sport- und Freizeitpark. Zu unserer Anlage gehören ein Fitness- und Wellnesscenter, Tennis-, Squash- und Badmintonhallen sowie ein integrierter gastronomischer Bereich.

Wir bieten Schülerinnen und Schülern die Beschäftigung als

PRAKTIKANT (w/m).

Wir ermöglichen einen Einblick in die Berufswelt der Fitness- und Gesundheitsbranche.

- Betreuung der Kunden im Fitnesscenter und im Servicebereich (Empfang)
- Beratung der Kunden
- Einblick in das Marketing (Werbeabteilung)

Wir erwarten:
Freude an Sport, Fitness und am Umgang mit Menschen, Teamfähigkeit, Computerkenntnisse

Interessiert? Dann schick uns deine Bewerbung mindestens sechs Monate vor dem Praktikum mit folgenden Unterlagen: ein Anschreiben, in dem du uns auch mitteilst, in welchem Zeitraum du das Praktikum machen möchtest; einen Lebenslauf, eine Kopie deines letzten Zeugnisses.

Sportivo-Club, Dessauer Platz 2, 06114 Halle
(E-Mail: praktikum@sportivoclub.de)
Ansprechpartnerin: Frau Nadja Weber

1 Beschreibe, wie du dir ein Praktikum beim Sportivo-Club vorstellst.

2 Untersuche die Anzeige: Was erfährst du über das Unternehmen? Was bietet es einem Praktikanten an? Was wird vom Bewerber erwartet? Worauf solltest du bei deiner Bewerbung achten?

3 Ein Schüler hat sich für seine Bewerbung beim Sportivo-Club Notizen zu seinen Interessen und Aktivitäten gemacht.
Mitglied im Schulchor – Lieblingsfächer Deutsch und Sport – Mitglied im Kletterverein – Lieblingsbuch: Tschick – wöchentliches Austragen von Prospekten – zwei Hasen – Konsolenspiele – Mitarbeit bei der Schülerzeitung

a Notiere, welche Fähigkeiten der Schüler hat, z. B.: *Schulchor ⟶ musikalisch.*

b Unterstreiche die Fähigkeiten, die für eine Bewerbung beim Sportivo-Club wichtig sind.

4 a Überlege, welche Fähigkeiten du besitzt.

b Wähle zwei Fähigkeiten aus und verknüpfe sie mit einer Situation, in der du sie bereits angewendet hast, z. B.: *Verantwortungsbereitschaft ⟶ Klassensprecherin.*

c Überlege, welcher Praktikumsplatz für dich infrage käme.

Fähigkeiten, z. B.:
logisches Denken | Geduld | gute Sprachkenntnisse | Kreativität | Teamfähigkeit | handwerkliches Geschick

Formal perfekt und mit persönlicher Note Eine Bewerbung schreiben

1 Jakob Schillack
Maschwitzer Straße 23
06118 Halle
Tel. 0345/234 ...
E-Mail: j.schillack@vum.de

1 Sportivo-Club
Frau Nadja Weber
Dessauer Platz 2
06114 Halle

1 Halle, 20.02.20..

2 **Bewerbung um ein Schulpraktikum vom 6.10.20.. bis 17.10.20..**

3 Sehr geehrte Frau Weber,

4 über die Plattform „Schulpraktikum" bin ich auf Sie aufmerksam geworden und möchte mich hiermit in Ihrem Unternehmen um einen Praktikumsplatz in der Zeit vom 6.10. bis zum 17.10.20.. bewerben.
Zurzeit besuche ich die 8. Klasse des Händel-Gymnasiums in Halle.

5 Weil Sport nicht nur mein Lieblingsfach in der Schule ist, sondern ich auch in meiner Freizeit gerne Sport treibe, habe ich mir schon lange gewünscht, einen Einblick in die Berufswelt der Fitness- und Gesundheitsbranche zu erhalten. Seit drei Jahren bin ich Mitglied in einem Kletterverein. Hier habe ich gesehen, wie wichtig Teamfähigkeit und verantwortungsbewusstes Handeln sind, um gemeinsam ans Ziel zu kommen. Neben dem Sportbereich interessiert mich aber auch, wie in Ihrem Unternehmen die Aufgaben im Servicebereich organisiert werden. Durch die Mitarbeit bei der Schülerzeitung sind mir organisatorische Tätigkeiten, aber auch der Umgang mit dem Computer vertraut.

6 Ich würde mich freuen, wenn ich mich bei Ihnen persönlich vorstellen dürfte.

7 Mit freundlichen Grüßen
8 *Jakob Schillack*

9 **Anlagen**
Lebenslauf
Zeugniskopie

1 a Wie wirkt das Bewerbungsschreiben auf dich? Begründe deine Meinung.
b Beurteile, ob das Bewerbungsschreiben optimal auf die Anzeige (→ S. 71) zugeschnitten ist.

2 Untersuche, wie das Bewerbungsschreiben (→ S. 72) aufgebaut ist, indem du die nummerierten Teile korrekt bezeichnest und die Funktion der einzelnen Teile erklärst.

Anrede | Unterschrift | Betreffzeile | Grußformel | Hauptteil | Briefkopf (Absender, Anschrift, Datum) | Anlagen | Einleitung | Schluss

Sehr geehrter Herr Jäckel,
ich möchte gern einen Praktikumsplatz in der Redaktion Ihrer Zeitung. Meine Zeugnisnoten in Deutsch sind ganz gut. Ich arbeite in der Schülerzeitung. Spaß macht mir das Schreiben von Texten, aber auch das Recherchieren von Informationsmaterial interessiert mich. Ich habe auch schon für unsere Zeitung Interviews durchgeführt. Außerdem kann ich mit dem Computer ziemlich gut umgehen. Mich interessiert, was so bei uns vor Ort passiert. Und darüber berichten Sie auch in Ihrer Zeitung, die ich regelmäßig lese. Zurzeit besuche ich die 8. Klasse des Goethe-Gymnasiums.
Sagen Sie mir doch, ob ich bei Ihnen ein Praktikum machen kann.
Liebe Grüße

3 a Untersuche das Bewerbungsschreiben und notiere Fehler und Mängel: Achte dabei auf Aufbau, Sprache und Inhalt (werden z. B. treffende Gründe für die Bewerbung genannt?).

b Überarbeite das Anschreiben, sodass es die Redaktion der Zeitung überzeugt. Du kannst hierzu die Formulierungshilfen nutzen.

Formulierungshilfen

Wie telefonisch mit Ihnen besprochen, … | Durch ihre Anzeige in … habe ich erfahren, … | Mit großem Interesse habe ich Ihre Anzeige im … gelesen. | Zurzeit besuche ich … | Bei/Durch … konnte ich bereits erste Erfahrungen im … | Besonderes Interesse habe ich … | Große Freude bereitet mir … | Meine Stärken liegen vor allem im Bereich … | In meiner Freizeit interessiere ich mich für … | Daher würde ich gerne mehr über … erfahren. | Ich interessiere mich für …, weil … | Zusätzlich habe ich mich ausführlich über … informiert. | Gern stelle ich mich Ihnen in einem persönlichen Gespräch vor.

4 a Verfasse selbst ein Bewerbungsschreiben für einen Praktikumsplatz deiner Wahl:

- Beantworte in der **Einleitung:** Wie hast du von der Praktikumsstelle erfahren? In welchem Zeitraum willst du das Praktikum absolvieren? Welche Klasse und Schule besuchst du zurzeit?
- Stelle im **Hauptteil** überzeugend dar, warum du dich bewirbst.
- Welche Fähigkeiten und Erfahrungen hast du, die für die Praktikumsstelle wichtig sind?
- Formuliere zum **Schluss** den Wunsch, zu einem Gespräch eingeladen zu werden.

Tipp: Achte auf eine korrekte Rechtschreibung und Zeichensetzung.

b Tauscht eure Bewerbungsanschreiben aus und überarbeitet sie.

1 Beschreibe den Aufbau und die Gestaltung des Lebenslaufs.

2 Erkläre, welche Bedeutung ein Lebenslauf für den Arbeitgeber hat.

3 Manche Lebensläufe enthalten die Angabe „Weitere Tätigkeiten". Überlege, unter welcher Überschrift dieser Punkt stehen und was man hier anführen könnte.

4 a Entwirf einen eigenen Lebenslauf.
b Kontrolliert eure Entwürfe gegenseitig und stellt besonders gelungene der Klasse vor.

Lebenslauf

Persönliche Daten

Name, Vorname:	Jakob Schillack
Adresse:	Maschwitzer Straße 23 06118 Halle
Telefon:	0345/234…
E-Mail:	j.schillack@vum.de
Geburtsdatum:	…
Geburtsort:	…

Schulbildung

seit 2010:	Händel-Gymnasium, Halle
2006–2010:	Grundschule Friedenschule, Halle

Besondere Kenntnisse und Fähigkeiten

Sprachkenntnisse:	Englisch (gute Kenntnisse in Wort und Schrift) Französisch (Grundkenntnisse)
PC-Kenntnisse:	gute Kenntnisse in Word
Hobbys:	Schwimmen, Klettern

Halle, den 20. Februar 20..
Jakob Schillack

Merkwissen Sich schriftlich bewerben (Bewerbungsschreiben, Lebenslauf)

Mit einer Bewerbung machst du Werbung für dich selbst. Deshalb sollte deine Bewerbung optisch und inhaltlich überzeugen. Gestalte deine Bewerbung mithilfe des Computers und achte auf eine korrekte Rechtschreibung und Zeichensetzung.
Das Bewerbungsschreiben (→ Muster, S. 72) ist ein sachlicher Brief mit folgenden Bausteinen: Briefkopf (Absender, Anschrift, Datum), Betreffzeile (in Stichwörtern, worum es geht), Anrede, Text (Einleitung, Hauptteil, Schluss), Grußformel, Unterschrift, Hinweis auf Anlagen (z. B. Lebenslauf, Zeugnis).
Stelle überzeugend dar, warum du dich auf die konkrete Stelle bewirbst:
– Welche Fähigkeiten und Erfahrungen hast du, die für die Praktikumsstelle wichtig sind?
– Wo konntest du diese Fähigkeiten bereits unter Beweis stellen?
Der Lebenslauf wird in tabellarischer Form verfasst und sollte übersichtlich (mit Zwischenüberschriften) gegliedert sein. Er schließt mit Ort, Datum und Unterschrift. Du kannst ein Porträtfoto hinzufügen, musst es aber nicht.
Tipp: Bei einer **Bewerbung per E-Mail** kann das Bewerbungsschreiben als E-Mail-Text gesendet oder als Anhang angehängt werden. Die Betreffzeile in der E-Mail muss eindeutig formuliert sein. Lebenslauf und gescanntes Zeugnis werden als Anhang beigefügt.

„Darf ich mich vorstellen?“ Sich in einem Gespräch präsentieren

1 a Diskutiert: Haltet ihr den Kleidungsstil auf den Fotos für ein Vorstellungsgespräch für geeignet?
b Formuliert Kriterien für einen angemessenen Kleidungsstil bei einem Vorstellungsgespräch.

2 a Beschreibe die Körpersprache auf den Fotos.
b Erkläre, was die Körpersprache jeweils zum Ausdruck bringt.

3 a Probiert unterschiedliche Körperhaltungen aus und beschreibt ihre Wirkung.
b Formuliert Tipps, worauf man bei seiner Körpersprache achten sollte.

4 Jakob hat sein erstes Vorstellungsgespräch für einen Praktikumsplatz.
a Spielt die folgende Szene mit verteilten Rollen.
Besprecht anschließend, welchen Eindruck Jakob in diesem Gespräch macht.

Frau Weber: Guten Tag, Jakob, schön, dass du gekommen bist. *(Jakob setzt sich sofort auf einen freien Stuhl.)*
Frau Weber: Hast du unser Studio gleich gefunden? *(Jetzt setzt sich auch Frau Weber.)*
Jakob: Ja, klar.
Frau Weber: Bist du mit der Straßenbahn gekommen?
Jakob: Ja.
Frau Weber: Wie bist du denn auf unser Studio gestoßen?
Jakob: Ich habe es vor einiger Zeit zufällig entdeckt; ich wohn ja auch nicht weit.
Frau Weber: Ah, das ist ja dann gut für dich. Darf ich dir etwas zu trinken anbieten?
Jakob: Ja, sehr gerne eine Cola ohne Zucker, das wäre cool.
Frau Weber: Oh, du achtest auf deine Gesundheit, was?
Jakob: Geht so.

b Spielt die Szene so, dass Jakob einen positiven Eindruck hinterlässt.
Bildet Vierergruppen: Zwei von euch spielen Jakob bzw. Frau Weber, die anderen beiden beobachten die Szene und geben eine Rückmeldung, was gelungen ist und was verbessert werden kann.

Tipp Ratschläge für ein Vorstellungsgespräch
- pünktlich sein und mögliche Verzögerungen vorher einplanen
- mit Blickkontakt und angemessenem Händedruck begrüßen
- erst hinsetzen, wenn man einen Stuhl angeboten bekommt
- Fragen nicht nur mit „Ja“ oder „Nein“ beantworten, sondern in ganzen Sätzen (ohne abzuschweifen)
- Interesse für das Unternehmen zeigen, indem man z. B. Fragen stellt
- flapsige Bemerkungen und Jugendsprache vermeiden
- Handy ausschalten oder auf „stumm“ stellen

Eine Praktikumsmappe erstellen

Praktikumsmappe

über das Praktikum in der Firma

...

vom 6.10.20.. bis 17.10.20..

Jakob Schillack
Klasse 8b

Inhaltsverzeichnis

1 Meine Bewerbung
2 Beschreibung des Unternehmens
3 Mein Praktikumsberuf und Arbeitsplatz
4 Tagesberichte
5 Rückblick und Beurteilung der Praktikumserfahrungen

- Was hat dir gefallen, was nicht?
- Welche Merkmale hat der ausgeübte Beruf (Berufsbezeichnung, Ausbildungsweg, Tätigkeiten)?
- Wie groß ist das Unternehmen, wie ist es aufgebaut (Abteilungen, Mitarbeiter)?
- Wie bist du auf die Stelle aufmerksam geworden?
- Wurden deine Erwartungen an das Praktikum erfüllt?
- Welche Tätigkeiten und Aufgaben hast du an einem Tag verrichtet?
- Könntest du dir vorstellen, später in einem ähnlichen Beruf zu arbeiten?
- Wann wurde das Unternehmen gegründet und wie hat es sich bis heute entwickelt?
- Wie hast du dich auf das Bewerbungsgespräch vorbereitet, wie verlief es?
- Welche Erwartungen hattest du an das Praktikum?
- Wie sieht dein Arbeitsplatz aus (Beschreibung, evtl. Skizze, Foto)?
- Welche Produkte oder Services bietet das Unternehmen an?

1 Erkläre, welche Angaben das Deckblatt der Praktikumsmappe (oben links) enthält.

2 Überlege: Welche Fragen solltest du bei welchen Punkten des Inhaltsverzeichnisses (oben rechts) beantworten? Schreibe das Inhaltsverzeichnis ab und ordne die Fragen den einzelnen Überschriften zu, z. B.:

1 Meine Bewerbung
- Wie bist du auf die Stelle aufmerksam geworden?
- Wie ...?

3 Besorgt euch Praktikumsmappen von älteren Schülerinnen und Schülern. Stellt euch gegenseitig überzeugende Mappen vor, indem ihr über den Inhalt und den Aufbau informiert.

Vertiefen und üben

Einen Tagesbericht schreiben

Tagesbericht: Donnerstag, den 9. Oktober 20..

An diesem Tag lernte ich die Fitnessabteilung erstmals genauer kennen und erfuhr, wie z. B. Trainingspläne erstellt und Kunden individuell betreut werden.

Wie an jedem Praktikumstag begann meine Arbeitszeit um 7:30 Uhr. Meine Kollegin, eine Diplomsportlerin, gab mir die ersten Aufgaben: Ich kontrollierte den Trainingsbereich und die Sportgeräte und überprüfte, ob der Umkleidebereich sauber war.

Um 8:00 Uhr fand das Teamgespräch mit einem weiteren Kollegen, einem staatlich geprüften Fitnesstrainer, statt: Die Sportangebote des Tages wurden besprochen und Anmeldungen gesichtet.

Ab 9:00 Uhr ...

Dieser Tag war für mich besonders interessant, weil ich ...

1 a Jakob hat ein Praktikum in einem Fitnesscenter absolviert.
Lies den Anfang seines Tagesberichts und beantworte dann die folgenden Fragen:
- Welche W-Fragen werden in dem Bericht beantwortet?
- Welche Funktion hat der Einleitungssatz?
- Welches Tempus und welche Sprache werden verwendet?

b Tagesberichte sind Bestandteile der Praktikumsmappe.
Überlege, welche Funktion diese für dich selbst und deine Leser haben.

VORSICHT, FEHLER!

Tagesbericht: Montag, den 13. Oktober 20..

Ich säuberte die Kunden- und Thekenbereiche im Gastronomiebereich. Dann habe ich die Getränkebestände in den Kühlschränken abgecheckt und Getränke, die alle waren, nachgefüllt. Dann habe ich auch noch die Speisekarte für den nächsten Tag am Computer neu gemacht und den „Snack des Tages" mit einem coolen Foto aufgepeppt. Das war echt klasse, denn ich musste überlegen, welches Foto am besten Gesundheit und Fitness ausdrückt, und dann sollte es noch zum „Snack des Tages", also dem Fitness-Salat, passen.

Der Koch sucht die Speisen schon vorher aus, sodass es jeden Tag ein wechselndes Speiseangebot gibt. Ich presste kurz vor Öffnung des Gastronomiebereichs verschiedene Obstsäfte aus und goss sie in Karaffen. Ich füllte sie im Laufe des Tages öfters frisch nach. Außerdem habe ich an diesem Tag, den ich komplett im Gastronomiebereich verbrachte, die Bestellungen der Kunden entgegengenommen und an unsere Servicekraft weitergegeben.

●●○ 2 Überarbeite den oben stehenden Tagesbericht und erstelle eine neue Version in deinem Heft.
Lass dich von nebenstehenden Begriffen anregen.
Beachte auch die Hinweise im Merkkasten auf S. 78.
→ Hilfen zu dieser Aufgabe findest du auf S. 78.

Arbeitsschwerpunkt | Reihenfolge | Tätigkeiten | Einleitung | sachlich | Präteritum | abwechslungsreich | Verknüpfungswörter

2 mit Hilfen

Überarbeite den Tagesbericht (→ S. 77) und erstelle eine neue Version in deinem Heft.
Verbessere hierbei die folgenden Punkte:

- Ergänze einen Einleitungssatz, der knapp zusammenfasst, was der Arbeitsschwerpunkt an diesem Tag war.
- Mache die Reihenfolge der Tätigkeiten deutlich (z. B.: *zuerst, danach*) und achte auf abwechslungsreiche Satzanfänge.
- Formuliere sachlich und vermeide Umgangs- oder Jugendsprache.
- Schreibe im Präteritum.
- Verbinde einzelne Sätze durch treffende Verknüpfungswörter (z. B.: *weil, nachdem, während*).

Tipp: Die Formulierungshilfen im Wortspeicher helfen dir bei der Überarbeitung.

Formulierungshilfen

Im Mittelpunkt des Arbeitstages stand die Tätigkeit im … | Heute lernte ich die Tätigkeiten/Aufgaben im … kennen. | Eine weitere Aufgabe bestand darin, … | Das … machte mir besonders viel Freude, weil … | Diese Aufgabe fand ich besonders interessant, weil … | Zunächst … | Anschließend … | Danach … | Darüber hinaus … | Als Nächstes … | Des Weiteren … | nachdem | weil | während | denn | obwohl | sodass | einerseits … andererseits … | zum einen … zum anderen … | übernehmen | gestalten | aussuchen | prüfen | kontrollieren | erledigen | berücksichtigen

Merkwissen Einen Tagesbericht verfassen

Ein Tagesbericht ist ein Bestandteil deiner Praktikumsmappe und informiert **sachlich** und in **chronologischer Reihenfolge** über die Tätigkeiten, die du an einem Praktikumstag ausgeführt hast. Er wird im **Präteritum** verfasst und beantwortet die **W-Fragen**.

- Stelle deinem Bericht einen Einleitungssatz voran, der knapp zusammenfasst, was dein Arbeitsschwerpunkt an diesem Tag war.
- Verwende Fachbegriffe und erkläre diese, wenn nötig.
- Achte auf abwechslungsreiche Satzanfänge und mache die Reihenfolge der Ereignisse deutlich (z. B.: *zuerst, anschließend …*).
- Verbinde Sätze durch treffende Verknüpfungswörter (z. B.: *nachdem, weil, obwohl*).

Tipp: Mache dir während des Praktikums, am besten jeden Tag, Notizen zu folgenden Punkten: Wochentag, Datum, Arbeitsplatz (an welchem Ort / welchen Orten des Betriebs hast du gearbeitet?), Tätigkeiten (Fachbegriffe, Uhrzeiten), Anmerkungen.

3.3 Fit in …
Einen Arbeitsablauf beschreiben

Die Aufgabenstellung richtig verstehen

Stelle dir vor, du bekommst folgende Aufgabe:

Du hast dich im Internet über den Beruf des Modedesigners informiert. Dabei bist du auf die folgenden Fotos gestoßen, die zeigen, wie ein Herrenmantel designt und hergestellt wird. Beschreibe den Arbeitsablauf in einem zusammenhängenden Text.

Modetrends erspüren

Entwurf zeichnen

Stoff auswählen

Schnittmuster am Computer erstellen und ausdrucken

Schnittmuster ausschneiden

Schnittmuster mit Nadeln auf dem Stoff befestigen, Umrisse mit der Schneiderkreide nachzeichnen, Stoffteile mit der Stoffschere ausschneiden

Stoffteile mit Nähmaschine zusammennähen

Prototyp (Versuchsmodell) anpassen

Serienanfertigung (Erzeugung gleichartiger Produkte)

1 a Lies dir die Aufgabenstellung sorgfältig durch.

b Erklärt euch gegenseitig, was ihr bei der Beschreibung beachten müsst:
- Wie soll die Beschreibung aufgebaut sein?
- Worauf müsst ihr bei der Sprache achten?

Einen Schreibplan erstellen

2 Erstelle einen Schreibplan, indem du dir zu jedem Bild Stichwörter notierst:

1. *Vorbereitung: sich über Modetrends informieren (z.B. sich auf Modenschauen inspirieren lassen)*
2. *Einen Entwurf des Mantels …*
3. *…*

3 Begründe, welche Überschrift am besten zu der Beschreibung passt.

Ein schöner Mantel | Die Aufgaben eines Designers | Ein Traumjob | Einen Herrenmantel designen | Kein einfacher Beruf

Die Beschreibung verfassen und überarbeiten

4 a Übertrage die folgende Beschreibung in dein Heft und ergänze dabei Wörter, die die Reihenfolge der Arbeitsschritte deutlich machen. Du kannst hierzu passende Wörter aus dem Wortspeicher nutzen.

anschließend | dann | danach | nun | jetzt | nachdem | sobald | wenn

? man das Schnittmuster ausgeschnitten hat, überträgt man es auf den Stoff. Damit das Schnittmuster nicht verrutscht, befestigt man es ? mit Nadeln auf dem Stoff. ? zeichnet man mit der Schneiderkreide die Umrisse des Musters nach. ? schneidet man mit der Stoffschere die Stoffteile aus. ? näht man die einzelnen Stoffteile mit der Nähmaschine zusammen. ? der erste Prototyp, also das …

b Gestalte den Text abwechslungsreicher: Forme zwei Sätze, die im Aktiv stehen, ins Passiv um.

5 Verfasse nun eine zusammenhängende Beschreibung des Arbeitsablaufs.

6 a Überprüft eure Beschreibungen mithilfe der folgenden Checkliste. Gebt euch gegenseitig ein Feedback, was gelungen ist und was ihr noch überarbeiten solltet.
b Überarbeite deine Beschreibung.

Checkliste Einen Arbeitsablauf beschreiben

- Hast du in der **Einleitung** notwendige **Vorbereitungen** beschrieben?
- Hast du im **Hauptteil** den **Ablauf des Vorgangs Schritt für Schritt** beschrieben?
- Hast du **nur eine Form der Ansprache** (*man* oder *du*) verwendet?
- Enthält die Beschreibung **Fachbegriffe**, die – wenn nötig – auch erklärt werden?
- Hast du die **Reihenfolge** durch passende Wörter **deutlich** gemacht?
- Wechseln sich **Aktiv- und Passivformulierungen** ab?
- Ist die Beschreibung in einer **sachlichen Sprache** verfasst?
- Hast du durchgehend das **Präsens** verwendet?
- Sind **Rechtschreibung** und **Zeichensetzung** korrekt?

4 Mit allen Sinnen
Schildern

In diesem Kapitel …

- übst du, Situationen und Stimmungen anschaulich zu schildern,
- untersuchst du die Wirkung von Schilderungen in literarischen Texten,
- gestaltest du eigene Schilderungen zu Texten und verwendest dabei ausdrucksstarke Wörter und sprachliche Bilder.

1 Erkläre, warum ein Feuerwerk für viele Menschen eine große Attraktion darstellt.

2 a Versetze dich in die dargestellte Situation und notiere, was du wahrnehmen (sehen, hören, riechen, fühlen) kannst, z. B.: *goldgelbe Lichter, rauchige Luft.*

b Schildere das Feuerwerk so, dass die Zuhörer die Situation und die Atmosphäre genau vor Augen haben.

3 Überlege, was du bei einer anschaulichen Schilderung beachten musst.

4.1 Mittendrin

Eindrücke anschaulich schildern

Bildhafte Sprache verwenden

Auf dem Rummelplatz

Ein Gewirr von Geräuschen schlägt mir entgegen, ich zwänge mich in die Menschenschlange, die sich Richtung Elbwiesen schiebt. Alles ist eng. Eine Mischung aus Wortfetzen, Musik und ohrenbetäubendem Gekreische dringt ans Ohr, der Geruch von gebrannten Mandeln hängt süß und klebrig in der Sommerluft.

Schon von Weitem sehe ich die grelle Neonreklame der Fahrgeschäfte, die um die Aufmerksamkeit der Besucher buhlen. Blaue, gelbe und grüne Lakritzbänder stapeln sich neben Bergen von Zuckerwatte, knallroten Paradiesäpfeln und Schokofrüchten. Eiskugeln werden in knusprigen Waffeln durch die Menge balanciert. Wie von einem unsichtbaren Faden gezogen steuere ich auf die Geisterbahn zu. Geheimnisvoll wirkt der dunkle Eingang, der sich wie ein Tunnel in der Dunkelheit verliert. Aus dem Inneren dringt schweres Atmen und Ächzen, manchmal werden Schreie hörbar oder ein hohles, blechernes Lachen dringt aus der Finsternis nach draußen in die helle Junisonne. Ich sehe die Menschen in der Schlange, die vor dem rot erleuchteten Kassenhäuschen stehen. Alle reden und lachen. Dann springen sie in den Geisterzug, der langsam in der Dunkelheit verschwindet.

Lange noch beobachte ich die Massen, die sich dicht an dicht durch die schmalen Gänge zwischen den bunten Ständen hindurchschieben. Sehe, wie sich die Achterbahn in Schwindel erregende Höhe schraubt und dann wie ein Jet im Sturzflug in die Tiefe stürzt. In der Ferne …

1 a Schreibe gemeinsam mit einer Partnerin oder einem Partner den Text weiter, indem ihr noch zwei bis drei Sätze ergänzt.
b Lest eure Fortsetzungen vor. Die anderen begründen, ob die jeweiligen Sätze zu dem Text passen oder nicht.

2 Schildern bedeutet, eine Situation oder eine Atmosphäre durch die Wiedergabe von Sinneseindrücken so zu beschreiben, dass der Leser das Gefühl hat, hautnah dabei zu sein.
a Stelle zusammen, welche Sinneseindrücke (sehen, hören, fühlen, riechen/schmecken) in dem Text wiedergegeben werden.
b Erläutere, durch welche sprachlichen Gestaltungsmittel die Schilderungen besonders anschaulich werden. Nenne Textbeispiele und beschreibe die Wirkung auf den Leser. Achte besonders auf ausdrucksstarke Verben, anschauliche Adjektive bzw. Partizipien und sprachliche Bilder (Vergleiche, Metaphern, Personifikationen).

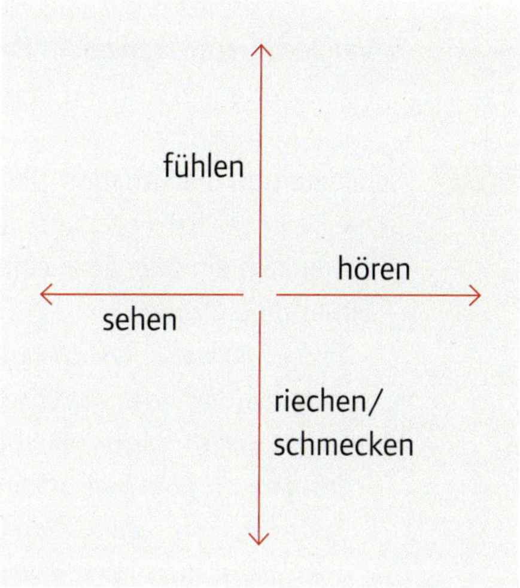

3 Formuliere selbst einige schildernde Sätze, z. B. zu einer der folgenden Situationen:

Auf einem Fest/Konzert | Vor dem Kino | Im Supermarkt | Auf der Wiese eines Freibads

a Lasse vor deinem inneren Auge – wie in einem Film – ein genaues Bild von der Situation entstehen. Notiere in Stichwörtern, was du wahrnimmst und beobachten kannst.
Tipp: Schildere viele Details, aber wenig Handlung.
b Schildere deine Eindrücke (Beobachtungen, Geräusche, Gerüche) so ausführlich, dass deine Leser die Situation bzw. Atmosphäre genau vor Augen haben. Schreibe im Präsens.

Merkwissen Schildern

Schildern bedeutet, eine Situation oder eine Atmosphäre so **anschaulich und detailliert** zu beschreiben, dass deine Leser diese genau vor Augen haben. Schilderungen sind **handlungsarm** und geben **Wahrnehmungen**, **Sinneseindrücke** (sehen, hören, fühlen, riechen/schmecken) sowie **persönliche Gedanken und Empfindungen** wieder. Sie beruhen auf genauen Beobachtungen.

Folgende **Gestaltungsmittel** helfen dir, besonders anschaulich zu schildern:
- **anschauliche Adjektive** und **Partizipien**, z. B.: *klebrig, ohrenbetäubend*
- **ausdrucksstarke Verben**, z. B.: *schieben, drangeln*
- **sprachliche Bilder wie**
  - Vergleiche, z. B.: *leuchtet grell wie die riesige Neonreklame*
  - Metaphern, z. B.: *die Sonne ist von einer Wolkenmauer verdeckt*
  - Personifikationen, z. B.: *ein Geruch von … kriecht mir in die Nase*
- Aufzählungen und Wiederholungen (als Mittel der Hervorhebung), z. B.: *Alles ist eng, überfüllt, dicht gedrängte Menschenmengen …*

Atmosphäre einfangen, Eindrücke treffend wiedergeben

1 Stell dir vor, du sitzt in einem Extrem-Aufzug, wie er auf dem Bild rechts zu sehen ist. Schildere diese Situation anschaulich.

a Führe dir die Situation genau vor Augen und notiere deine Wahrnehmungen und Beobachtungen, z. B.: *wie im freien Fall, das Herz fällt in die Hose, Schwindel im Kopf, lautes Geschrei …*

b Vergleicht eure Notizen in Partnerarbeit und prüft, ob eure Formulierungen treffend und anschaulich sind.

2 Schildere nun die Situation „Fahrt mit dem Extrem-Aufzug". Schreibe in der Ich-Form und verwende das Präsens.

a Formuliere ein oder zwei einleitende Sätze, die in die Situation einführen.
- *Erwartungsvoll sitze ich auf dem Sitz neben meiner Freundin, die Sicherungsbügel sind fest geschlossen, meine Finger greifen schon vorbereitend an das kalte Metall …*
- *Ich höre die plärrende Stimme des Mannes im Kassenhäuschen am Eingang, dann steigt der Aufzug langsam nach oben, mein Herz beginnt zu pochen …*

b Schildere im Hauptteil deine Wahrnehmungen (Geräusche, Empfindungen, Beobachtungen etc.).
- *Mit schwitzenden Händen klammere ich mich am Metallbügel fest, meine Freundin und ich werfen uns einen panischen Blick zu, gleich haben wir den höchsten Punkt erreicht …*
- *Wir stürzen in die Tiefe, mir fällt das Herz in die Hosen, mein Herz rast, Angstschreie begleiten unseren Sturz, ich sehe …*

c Formuliere einen Schlusssatz, der das Bild abrundet oder in dem du einen abschließenden Gedanken äußerst.
- *Das mulmige Gefühl im Magen verebbt allmählich, …*
- *Nach und nach verlangsamt sich die Sinkbewegung des Aufzugs, einzelne Gesichter und Konturen werden wieder erkennbar.*
- *Ich habe es geschafft und …*

Tipp Beschreibe Einzelheiten möglichst präzise, so wie eine Kamera, die immer wieder einzelne Details einer Szene heranzoomt und damit ins Zentrum der Betrachtung rückt.

3 Überarbeite deinen Text mithilfe des ESAU-Verfahrens.

Methode Texte überarbeiten: Das ESAU-Verfahren

Das ESAU-Verfahren ist eine Methode der Textüberarbeitung. ESAU steht für **E**rgänzen, **S**treichen, **A**ustauschen und **U**mstellen.
- **E**rgänzen: fehlende Wörter, Sätze, Gedanken, Abschnitte ergänzen
- **S**treichen: überflüssige Wörter, Sätze oder Gedanken streichen
- **A**ustauschen: unpassende Wörter durch treffendere Formulierungen ersetzen
- **U**mstellen: Reihenfolge von Wörtern, Satzgliedern oder Sätzen umstellen

Den Stil verbessern

Weihnachtsmarkt

Lautlos wehen die Schneeflocken vom Himmel herab und ein sanftes Dämmerlicht umhüllt den Weihnachtsmarkt, der im festlichen Glanz erstrahlt. In der Ferne sehe ich den prachtvoll geschmückten Weihnachtsbaum, der stolz in den Abendhimmel ragt. Überall riecht es nach Weihnachten. Ein unvergleichlicher, würziger Duft von Glühwein, gebrannten Mandeln, Kinderpunsch und Popcorn liegt in der Luft. Süße, vertraute Weihnachtsmelodien erfreuen das Herz und wecken bei so manchem Erinnerungen an längst vergangene Zeiten. Vor den belebten, bunten Ständen stehen Kinder und betrachten verträumt und mit leuchtenden Augen das Spielzeug und die vielen Süßigkeiten. Wie verzaubert steht das Karussell am Rande des Marktplatzes und lädt die Besucher zu einer unvergesslichen Fahrt ein. In den verträumten Gassen hinter dem Weihnachtsmarkt ist das fahle Licht des Vollmondes zu sehen, der wie ein prächtiger, runder Ball am Nachthimmel strahlt.

1 Erläutere anhand von Beispielen, wie dieser Text auf dich wirkt.

2 a Lies die Informationen im Merkkasten. Suche dann Passagen aus dem Text heraus, die du überarbeiten würdest. Begründe auch, warum.

b Überarbeite einzelne Sätze oder schreibe zwei bis drei neue Sätze, in denen du die Atmosphäre auf einem Weihnachtsmarkt ohne Übertreibungen schilderst.

3 Verfasse einen Werbetext, in dem du bewusst mit Übertreibungen und klischeehaften Formulierungen arbeitest. Du kannst zum Beispiel über ein Urlaubsziel, ein Ereignis (Fest, Konzert) oder ein Produkt schreiben.

! **Merkwissen** Den Stil verbessern: abgegriffene Wendungen und Wörter vermeiden

Vermeide in deinen Texten kitschige Formulierungen und abgegriffene Wendungen, z. B.:
- abgegriffene Redensarten und abgedroschene sprachliche Bilder, z. B.: *glänzende Kinderaugen, die Sonne lacht, wie verzaubert sein*
- zu allgemeine oder klischeehafte Adjektive, Partizipien und Verben, z. B.: *verträumte Gassen, unvergessliches Erlebnis*

Wenn du bei deinen Texten das Gefühl hast, dass etwas nicht überzeugend klingt, dann werden deine Leser das auch so empfinden. Streiche zum Beispiel überflüssige Adjektive oder übertriebene Formulierungen oder ersetze sie durch treffendere Wörter.

Teste dein Wissen!
Schildern

A Public Viewing
Auf der Fanmeile schauen um 22.30 Uhr alle auf die Großbildleinwand. Es steht 1:0 für Deutschland. Dann folgt der Schlusspfiff. Deutschland ist im Halbfinale.

B Public Viewing
Schon seit 16.00 Uhr ist die Fanmeile geöffnet. Allmählich füllt sich der Platz vor der Großbildleinwand. Ab 19.00 Uhr stehen alle gedrängt und warten auf den Anpfiff.

1 Wähle eine Situation (Text A oder B) beim Public Viewing aus und verfasse hierzu eine Schilderung. Du kannst passende Formulierungen aus dem Wortspeicher unten wählen. Gehe so vor:

a Führe dir die Situation und die Atmosphäre genau vor Augen. Notiere, was du wahrnehmen und empfinden kannst.

b Schildere deine Eindrücke, sodass sich die Leser die Situation bzw. die Atmosphäre genau vorstellen können. Schreibe im Präsens.

2 Besprecht eure Schilderungen in Partnerarbeit: Was ist besonders gut gelungen, was könnt ihr verbessern? Überarbeitet eure Texte mit Hilfe des ESAU-Verfahrens (→ S. 84).

bunte Perücken | bemalte Wangen | Trillerpfeifen beschallen den Platz | Wellen von Fan-Gesängen | warmer Asphalt | Geruch von … | dicht gedrängt | Vorfreude | Klatschen im Takt | sich umarmen | Stille | leuchten | reglos | in dichten Reihen | lauter und lauter | dröhnen | rasendes Tosen | starren | wahrnehmen | auf den Schultern sitzen | Trinkbecher | Stimmengewirr

4.2 Schilderungen in literarischen Texten

Friedrich Ani
Wie Licht schmeckt

Eigentlich braucht der 14-jährige Lukas niemanden, findet er. Alleine, aber glücklich streift er durch die Stadt. Doch dann trifft er Sonja, ein blindes Mädchen, das ihn völlig aus der Fassung bringt. Gemeinsam mit ihr und Freunden fährt er zu einem Badesee. Obwohl Lukas kein besonders guter Schwimmer ist, gibt er sich ganz erfahren. Aber er gerät in Schwierigkeiten.

Wenn ich schon nicht kraulen konnte, dann konnte ich wenigstens so tun. Wie die andern. Ich streckte die Arme aus und schaufelte durchs Wasser. Mit den Füßen paddelte ich auf und ab, was ich total dämlich fand, ich machte es nur wegen des Eindrucks. So weit war die andere Seite nicht entfernt, ich hatte es fast schon geschafft. Irgendwie funktionierte die Methode.
Plötzlich sah ich nur noch verschwommenes Zeug. Tischtennisplatten, die sich rauf und runter bewegten. Liegestühle, die schwebten. Wabbelige Leute. Und zwei Enten. Wo kamen die auf einmal her? Zwei Enten schwammen vor mir her und ich hatte schon Angst, ich hau auf die drauf mit meinen Händen beim Kraulen. Sie ließen sich aber nicht beirren. Ich dachte, die Viecher haben sich verflogen, die sind hier falsch gelandet. Ich dachte: Wo sind die jetzt? Und dann kriegte ich keine Luft mehr und wollte mich hinstellen und Luft holen.
Doch da war kein Boden und ich sackte weg. Statt Luft kam Wasser in mich rein, hundert Liter auf einmal, und ich ging unter und irgendwie kam ich wieder hoch und dann ging ich wieder unter.
Und die ganze Zeit wunderte ich mich, wieso der Boden weg war. Ich streckte meine Beine total aus, ich stampfte in das verdammte Wasser, weil ich überzeugt war, dass der Boden da irgendwo sein musste. Vorhin war er noch da gewesen, vor vier Sekunden. Und ich schluckte immer mehr Wasser.
In den Momenten, in denen ich auftauchte, sah ich die Enten wieder. Die wackelten über die Wiese und mir fiel auf, dass das Gras total kurz geschnitten war, wie auf einem Golfplatz. Und überall waren Leute und ich hörte sie rumschreien und krächzen und lachen, die lachten und quakten und dann schlug ich mit den Beinen wieder ins Nichts.
Grün. Das Wasser war nicht mehr blau. Sondern grün. Das war merkwürdig. Wieso war es jetzt grün? Das konnte doch gar nicht sein, alles war brutal grün um mich. Als würde ich in die Wiese tauchen und das Gras wächst unterirdisch weiter. Erst wird gemäht, dann wächst das Gras in die Erde. Und da schwimm ich jetzt. In der grünen Erde. Und die Erde schmeckte nach etwas, das ich nicht kannte. Und dann hörte ich meinen Namen. Weit weg rief jemand meinen Namen. In meinen Ohren war alles dumpf und schwammig.

1 a Fasse die Handlung des Textes in einem Satz zusammen.
b Stelle Vermutungen an, warum Lukas nicht zugibt, ein schlechter Schwimmer zu sein.

2 Besprecht, wie dieser Text auf euch wirkt. Begründet eure Meinung.

3 a Lukas erlebt seine Situation sehr intensiv. Suche mindestens drei Textstellen heraus, die zeigen, was er wahrnimmt, denkt und fühlt.
b Erkläre, durch welche Gestaltungsmittel man sich als Leser so gut in die Situation von Lukas hineinversetzen kann.

4 a Lies die Informationen im Merkkasten unten und erkläre mit eigenen Worten, was man unter Zeitdehnung und Zeitraffung versteht.
b Untersucht in Partnerarbeit, in welchen Passagen des Textes das Geschehen gerafft wird und wo zeitdehnend erzählt wird.
Notiert eure Ergebnisse mit Zeilenangaben.
c Untersucht die Passagen, in denen das Geschehen sozusagen in Zeitlupe abläuft (Zeitdehnung), genauer. Erklärt, durch welche Mittel diese Zeitdehnung entsteht und wie diese auf den Leser wirkt.

5 Verfasse selbst einen Text, in dem du die Zeit dehnst. Wähle zum Beispiel eine alltägliche Handlung / ein alltägliches Geschehen, das du durch die Schilderungen von Wahrnehmungen, Gedanken und Gefühlen quasi in Zeitlupe ablaufen lässt, z. B.:

Ich sitze auf einem dieser dreckig-weißen Stühle im Stadtcafé und strecke meine Nase in die warme Märzsonne. Während ich so dasitze, sehe ich, wie ein kleiner Junge eine völlig überladene Tasche schleppt. Die Henkel sind abgegriffen und schmutzig, bunte Chipstüten quellen heraus ...

Merkwissen Die Zeitgestaltung in erzählenden (epischen) Texten

In erzählenden Texten kann die Zeit ganz unterschiedlich gestaltet werden. Das **Erzähltempo** ergibt sich aus dem **Verhältnis von Erzählzeit** (Zeitspanne, die der Leser für die Lektüre eines Textes/zum Sehen eines Films braucht) und **erzählter Zeit** (Zeitraum, über den erzählt wird bzw. über den sich die Handlung erstreckt). Es gibt drei Möglichkeiten der Zeitgestaltung:

1 **Zeitdehnung:** Das **Geschehen**/die Handlung wird **gedehnt** und läuft quasi in **Zeitlupe** ab bzw. kommt fast zum Stillstand (= Zeitlupenaufnahmen im Film). Zeitdehnung erfolgt durch die ausführliche Schilderung von Wahrnehmungen, Gedanken und Gefühlen während eines Geschehens, z. B.: ausführliche Beschreibung, wie ein Glas zerbricht.
Bei der Zeitdehnung ist die Erzählzeit länger als die erzählte Zeit.
2 **Zeitraffung:** Das **Geschehen**/die Handlung wird **gerafft**, indem längere Zeiträume zusammengefasst werden (= Zeitrafferaufnahmen im Film), z. B.: Ein über Jahre dauernder Vorgang wird in einem Satz wiedergegeben *(Vier Jahre lang ging er jeden Morgen zur Arbeit.)*.
Die extremste Form der Zeitraffung ist der **Zeitsprung** *(Zehn Jahre später ...)*.
Bei der Zeitraffung ist die Erzählzeit kürzer als die erzählte Zeit.
3 **Zeitdeckung:** Erzählzeit und erzählte Zeit sind identisch (gleich lang), z. B. bei der Wiedergabe von Dialogen.

Morton Rhue

Asphalt Tribe

Der Jugendroman „Asphalt Tribe" erzählt von einer Gruppe Jugendlicher, die auf den Straßen New Yorks lebt und sich „Asphalt Tribe" nennt. Die Handlung des Romans, der aus der Sicht der 15-jährigen Maybe erzählt wird, beginnt an einem Silvesterabend.

Maggot sagte, wir sollten zum Times Square gehen und dort auf zwölf Uhr warten, da könnten wir bestimmt ein paar Leute beklauen, aber so weit sind wir gar nicht erst gekommen.

Wir, also Maggot, Rainbow, 2Moro und ich, wir hingen bloß wie immer vor dem Good Life[1] rum. Kalter Nebel wehte aus dem Park rüber, die Tröpfchen funkelten unter den Straßenlaternen. Maggot und ich saßen unter der Markise des Zeitungsstands an der Ecke. Die feuchte Luft verklebte unsere Haare. Auf der Straße glänzten schwarze Pfützen und aus den Gullydeckeln stiegen Dampfwolken auf wie Gespenster. Rainbow hockte an der Mauer, ihr Kopf hing ihr fast im Schoß. 2Moro lehnte an der Laterne, sie hielt die Arme gegen die Kälte vor der Brust verschränkt, sprach aber keinen an, sondern wartete nur darauf, dass irgendjemand sie ansprach.

Es war eine dieser Nächte mit nur wenig Verkehr auf den Straßen von New York. Die meisten Leute waren nach ihren tollen Neujahrspartys längst wieder in die winzigen Zellen zurückgekehrt, die sie Wohnungen nannten. Gefangene des Systems, so nannte Maggot die. Um diese Zeit fuhren hier draußen in der feuchten Kälte nur die Wagen der Zeitungsauslieferer und ein paar vereinzelte Taxis vorbei. Ihre Reifen machten ratschende Geräusche auf dem nassen Asphalt. Hier draußen in der Kälte, wo wir nicht in Zellen lebten, waren wir frei. Wir konnten überall hingehen, ganz egal wohin wir wollten.

1 Good Life: ein Lokal in New York

Später sucht sich die Clique einen Schlafplatz unter der berühmten Brooklyn Bridge, die Manhattan mit dem Stadtteil Brooklyn verbindet und über den East River führt.

In der Ferne sahen wir die Brooklyn Bridge, die sich über die Straße erhob. Graue Eiszapfen hingen an der Unterseite, und die Brücke wurde immer größer, bis sie so hoch war wie ein riesiges Haus. Wir hörten den Lärm der Autos, die da oben fuhren. Es stank nach Abgasen. Ein paar Straßen weiter, unten am Ufer, wo die Brücke sich über den Fluss schwang, war an der Brückenmauer eine blaue Plastikplane befestigt. Ich bückte mich und kroch hinein. Es war wie in einem Zelt. Jemand lag zusammengerollt in einem schmutzigen, orangefarbenen Schlafsack. Als ich genauer hinsah, entdeckte ich blonde Strähnen auf dem Kragen der schwarzen Lederjacke. Rainbow! Oben bretterten die Autos lang. Ich lauschte …

1 Äußere deine ersten Eindrücke von dem Text: Was hat dir gut oder weniger gut gefallen? Was ist dir unklar?

2 Trage zusammen, was du über die Lebenssituation der Jugendlichen erfährst.

3 Erkläre, welche Haltung die Jugendlichen zu den anderen Menschen haben. Lies hierzu noch einmal die Zeilen 27–31. Kläre dabei auch,
- was die sprachlichen Bilder „winzige Zellen“ (→ Z. 29) und „Gefangene des Systems (→ Z. 31) bedeuten und
- wie die Verwendung des Pronomens „die“ (→ Z. 31) wirkt.

4 Die Ich-Erzählerin Maybe beschreibt die Umgebung und die Atmosphäre der Großstadt sehr genau.

a Suche die Textpassagen (mit Zeilenangaben) heraus, in denen die Ich-Erzählerin schildert, was sie sieht, hört, fühlt und riecht, z. B.:
- *Kalter Nebel wehte aus dem Park rüber, die Tröpfchen funkelten …* (Z. 13–15)
- *Die feuchte Luft …*

b Erkläre, welche Stimmung diese Textpassagen vermitteln und was sie über die Situation der Jugendlichen aussagen.

c Untersuche, welche sprachlichen Mittel bei diesen Schilderungen verwendet werden und wie diese wirken. Experimentiere hierzu mit einzelnen Sätzen, z. B.:
- Streiche Wörter oder Wortgruppen.
- Ersetze einzelne Wörter (Adjektive, Verben, Nomen/Substantive) durch weniger ausdrucksstarke Formulierungen (Ersatzprobe).
- Stelle einzelne Satzglieder um, z. B. an den Satzanfang.

5 Schildere einen Ort oder eine Landschaft so, dass die Leser in deiner Schilderung eine bestimmte Stimmung wahrnehmen können, z. B.: Trauer, Trostlosigkeit, Freude, Hektik, Ruhe, Freiheit, Wut.

Mit kreischenden Sirenen braust ein Krankenwagen vorbei, die grelle Leuchtreklame hämmert mir ihre Botschaft wie mit einer Faust in den Kopf. Das Scheinwerferlicht der Autos …

Vertiefen und üben
Einen Text schildernd fortsetzen

Der Textauszug aus dem Roman „Asphalt Tribe" bricht mittendrin ab. Schreibe die Geschichte weiter, indem du schilderst, was Maybe in dieser Situation wahrnehmen, denken und empfinden könnte. Berücksichtige dabei die Erzählform und das Tempus der Vorlage. Gehe so vor:

●●● 1 Lies noch einmal die Zeilen 44–59. Führe dir Maybes Situation genau vor Augen und notiere, was sie wahrnehmen, denken und fühlen könnte.
Tipp: Schildere viele Details, aber wenig Handlung.

Maybes Wahrnehmungen, Gedanken, Gefühle
- *Erleichterung/Angst*
- *Sorge um Rainbow*
- *...*
- *Was ist passiert?*
- *Hupen, Krach, Geräusch eines Schiffs*

→ Hilfen zu dieser Aufgabe findest du auf S. 92.

●●● 2 In deiner Fortsetzung sollst du die Erzählform und das Tempus der Textvorlage berücksichtigen. Notiere, welche Erzählform und welches Tempus vorliegen.

→ Hilfen zu dieser Aufgabe findest du auf S. 92.

●●● 3 a Setze den Text mithilfe deiner Notizen aus Aufgabe 1 schildernd fort und beschreibe Maybes Eindrücke, Beobachtungen, Gedanken und Gefühle, z. B.:
Ich lauschte dem endlosen Krach der Autos oben auf der Brücke. Von Ferne vernahm ...
b Überarbeite deinen Text mithilfe der ESAU-Methode (→ S. 84) und der Checkliste.

→ Hilfen zu dieser Aufgabe findest du auf S. 92.

✓ **Checkliste** Aus der Perspektive einer literarischen Figur schildern

- Werden die **Beobachtungen**, **Gedanken** und **Empfindungen** der Figur deutlich?
- Hast du die Situation so detailliert und anschaulich beschrieben, dass die Leser ein **genaues Bild** vor Augen haben?
- Ist die **Sprache bildhaft und abwechslungsreich**? Verwenden sollst du z. B.:
  - anschauliche Adjektive und Partizipien, z. B.: *dumpf, monoton, endlos*
  - ausdrucksstarke Verben, z. B.: *erblicken, kreischen, bemerken, starren*
  - sprachliche Bilder, z. B.: *Das Schiff stampfte wie ein ...*
- Hast du Aufzählungen und Wiederholungen als Mittel der Hervorhebung verwendet?
- Hast du die Erzählform und das **Tempus** der Vorlage übernommen?

Der Textauszug aus dem Roman „Asphalt Tribe" bricht mittendrin ab. Schreibe die Geschichte weiter, indem du schilderst, was Maybe in dieser Situation wahrnehmen, denken und empfinden könnte. Berücksichtige dabei die Erzählform und das Tempus der Vorlage. Gehe so vor:

1 mit Hilfen

a Lies noch einmal die Zeilen 44–59.

b Führe dir Maybes Situation genau vor Augen: Sie ist 15 und lebt mit anderen Jugendlichen auf den Straßen New Yorks. Es ist ein kalter Silvesterabend und die Gruppe sucht einen Schlafplatz unter einer großen Brücke, über die der Verkehr rast. Unter einer Plane entdeckt sie ihre Freundin Rainbow. Was ist passiert? Werden sie hier Ruhe finden? …
Notiere, was sie wahrnehmen, denken und fühlen könnte, z. B.:

Maybes Wahrnehmungen, Gedanken, Gefühle

- Atem gefriert in der Luft, Schlottern vor Kälte
- beißender Gestank von den Autos
- dumpfes Stampfen eines Schiffsmotors auf dem nahen Fluss
- weiter Blick über die Stadt aus der Öffnung der Plane; Silhouette von Manhattan
- Angst, dass es Rainbow nicht gut geht
- Lichter, die sich im Wasser spiegeln
- Sehnsucht nach Wärme und Nähe
- Hoffnung auf eine ruhige Nacht
- …

2 mit Hilfen

In deiner Fortsetzung sollst du die Erzählform und das Tempus der Textvorlage berücksichtigen. Lies noch einmal die Zeilen 44–59. Notiere dann die Buchstaben der zutreffenden Lösungen.

Erzählform	Erzähltempus
A Ich-Erzähler	**C** Präteritum
B Er-Erzähler	**D** Präsens

3 mit Hilfen

a Setze den Text mithilfe deiner Notizen aus Aufgabe 1 schildernd fort. Beschreibe Maybes Eindrücke, Beobachtungen, Gedanken und Gefühle, sodass deine Leser die Situation, in der sich Maybe befindet, genau vor Augen haben.

Ich lauschte dem endlosen Krach der Autos oben auf der Brücke. Die Lichter der Scheinwerfer warfen unheimliche Schatten auf das Wasser. Es roch nach Benzin, Hafen und Abfall. Von Ferne vernahm ich das dumpfe Stampfen eines Schiffes. Auf und ab, auf und ab im Rhythmus der Wellen. Mein schneller Atem dampfte in der eisigen Luft. Das Herz klopfte bis zum Hals, als ich mich bückte und nach Rainbows Schulter griff …

b Überarbeitet eure Texte in Partnerarbeit. Wendet hierbei die ESAU-Methode an (→ S. 84) und nutzt die Checkliste auf S. 91.

4.3 Fit in …
Schildern

Die Aufgabenstellung richtig verstehen

Stelle dir vor, du bekommst folgende Aufgabe:

Es ist der letzte Abend an eurem Urlaubsort. Versetze dich in diese Situation und schildere einem Freund oder einer Freundin deine Wahrnehmungen, Gedanken und Gefühle. Du kannst dich von dem Foto anregen lassen. Schreibe in der Ich-Form und verwende das Präsens.

1 a Lies die Aufgabenstellung und betrachte das Foto.
b Kläre gemeinsam mit deiner Banknachbarin oder deinem Banknachbarn, wie ihr die Aufgabe lösen sollt und worauf ihr bei der Bearbeitung achten müsst.

Ideen sammeln

2 Lasse – wie in einem Film – ein genaues Bild von der Situation entstehen.
Notiere, was du wahrnimmst, empfindest und denkst.

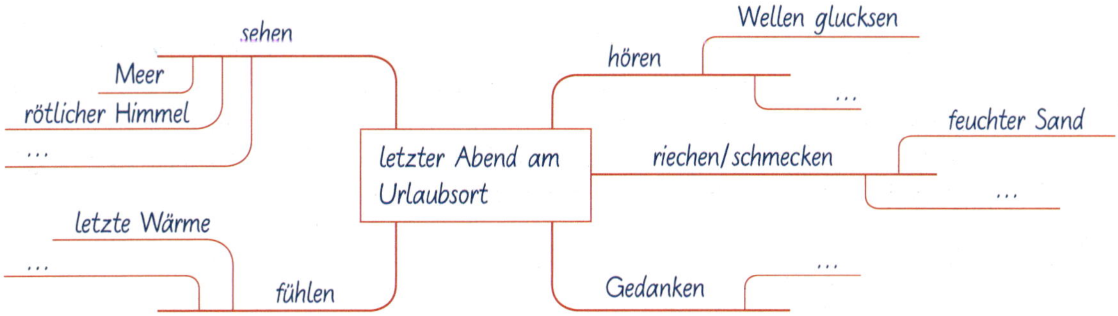

Die Schilderung schreiben und überarbeiten

3 Schildere deine Wahrnehmungen, Gedanken und Gefühle an diesem Abend. Achte auf eine anschauliche Sprache und beschreibe möglichst viele Details.
Du kannst die Anregungen aus dem Wortspeicher und die folgenden Sätze zu Hilfe nehmen.

Tipp
- Schildere Momentaufnahmen.
- Beachte scheinbare Nebensächlichkeiten, beschreibe Einzelheiten.
- Teile deine persönlichen Eindrücke, Gedanken und Gefühle mit.

Boot mit Abdeckung | Mast quietscht | Himmel leuchtet in vielen Rottönen | einsame Spaziergänger wie schwarze Schattenfiguren | Silhouette | ferne Discomusik | gedämpftes Glucksen der Wellen | Sonne schiebt sich langsam | Geruch nach Meer und Salz | feuchter Sand | Erinnerungen an den Abend mit … | Umrisse des/der … werden sichtbar | ein paar Vögel … | kupferfarbenes Licht | blinken | treiben | sich abzeichnen | sich spiegeln | leuchten | beobachten | wahrnehmen | bemerken | erblicken | spüren | knirschen | wärmend | auf der Haut spürbar

Wehmütig sitze ich am Strand und blicke auf das Meer. Das gedämpfte Glucksen der Wellen …
Am Horizont sinkt die kupferfarbene Sonne langsam …
Ich genieße die letzte Wärme des Tages und spüre gleichzeitig den feuchten Sand unter meinen Füßen.
Der Geruch nach Meer und Salz …
In der Ferne ertönt leise Discomusik. Dies ist mein letzter Abend an diesem wunderbaren Ort, morgen um diese Zeit werde ich …

4 Überarbeite deine Schilderung zusammen mit einer Lernpartnerin oder einem Lernpartner. Nutze das ESAU-Verfahren (→ S. 84). Die folgende Checkliste hilft dir dabei.

Checkliste Eine Situation anschaulich schildern

- Hast du deine Beobachtungen, Wahrnehmungen, Gedanken und Gefühle anschaulich und detailliert beschrieben?
- Wird die Situation oder die Atmosphäre so genau geschildert, dass die Leser diese vor Augen haben?
- Ist die Sprache bildhaft und abwechslungsreich?
  Verwendest du z. B.:
  - anschauliche Adjektive und Partizipien, z. B.: *finster, leuchtend, goldgelb,*
  - ausdrucksstarke Verben, z. B.: *blinken, treiben,*
  - sprachliche Bilder (Vergleiche, Metaphern, Personifikationen), z. B.: *Träge kriecht die Sonne Stück für Stück …?*
- Hast du Aufzählungen und Wiederholungen als Mittel der Hervorhebung verwendet?
- Vermeidest du in deinem Text kitschige Formulierungen und abgegriffene Wendungen?

5 „Die Falkennovelle“
Eine Novelle kennen lernen

John William Waterhouse: Dekameron (1916)

1 a Das Gemälde stellt die Erzählsituation der „Falkennovelle“ aus dem Dekameron dar. Beschreibe die Figuren. Wie wirken sie auf dich? Wovon mögen sie einander erzählen?

b Tauscht euch darüber aus, bei welchen Gelegenheiten sich Menschen Geschichten erzählen.

In diesem Kapitel …

- liest du eine spannende Novelle,
- untersuchst du die Erzählperspektive und den Handlungsablauf dieser Novelle,
- charakterisierst du die Figuren und ihre Beziehung zueinander,
- gestaltest du zu Novellenauszügen eigene Texte,
- lernst du, Informationen zur Novelle auszuwerten.

5.1 Eine unerhörte Begebenheit
Figuren und Handlung untersuchen

„So ist es denn nun an mir, zu erzählen" Die Erzählsituation verstehen

Giovanni Boccaccio
Die Falkennovelle *1*

Im Jahr 1348 wütet in Florenz die Pest. Sehr viele Menschen sterben an dieser hoch ansteckenden Krankheit, ein Heilmittel gibt es nicht. Da beschließen sieben Damen und drei Herren der adligen Gesellschaft, sich zum Schutz auf einen Landsitz zurückzuziehen. Um sich dort die Zeit zu vertreiben, erzählen sie einander Geschichten. Jeder eine am Tag, zehn Tage lang. Aus diesen 100 Geschichten besteht das Dekameron. Die folgende Geschichte, die später unter dem Titel „Die Falkennovelle" bekannt wurde, erzählt Fiametta am fünften Tag.

Kaum hatte Filomena zu reden aufgehört, als Fiametta wahrnahm, dass außer Dioneo und ihr niemand mehr zu erzählen hatte, und so begann sie heiter:

So ist es denn nun an mir, zu erzählen, und ich genüge gern meiner Pflicht, indem ich euch eine Geschichte mitteile, die der vorigen einigermaßen ähnlich ist. Ich tue dies nicht nur, damit ihr erkennt, welche Macht eure Anmut über edle Herren auszuüben vermag, sondern damit ihr auch daraus entnehmt, wie ihr eure Gunstbezeigungen da, wo es sich geziemt[1], von selbst gewähren solltet, statt euch vom Glücke leiten zu lassen, welches nicht nach verständiger Wahl, sondern, wie es sich eben trifft, in den meisten Fällen ohne jedes rechte Maß seine Gaben zu verleihen pflegt.

Wisset also, dass in jüngster vergangener Zeit in unserer Stadt ein Mann namens Coppo di Borghese Domenichi lebte und vielleicht heute noch lebt, der sich bei allen eines großen und ehrenvollen Ansehens erfreute und um seiner Tugenden und erlesenen Sitten willen mehr noch als wegen seines adeligen Blutes gefeiert wurde und allgemeinen Ruhmes würdig war. Dieser fand in seinen späten Jahren Gefallen daran, sowohl seinen Nachbarn als auch Fremden oftmals von vergangenen Ereignissen zu erzählen, wie er denn solches geordneter, mit schönen Worten und treuerem Gedächtnis zu tun verstand als irgendein anderer.

Unter andern schönen Geschichten pflegte er namentlich auch zu erzählen, dass einst in Florenz ein junger Edelmann gewesen sei, Federigo di Messer Filippo Alberighi genannt, den man in ritterlichen Übungen und adeligen Sitten höher gehalten habe als irgendeinen seiner Standesgenossen in Toskana. Wie es nun edlen Jünglingen zu widerfahren pflegt, so verliebte sich auch Federigo in eine adelige Dame namens Monna Giovanna, welche zu jener Zeit für eine der holdseligsten und schönsten in Florenz gehalten ward. Um ihre Liebe zu gewinnen, scheute er in Turnieren und Kampfspielen keinerlei Aufwand, richtete Feste her und teilte Geschenke aus, ohne seines Vermögens irgend zu achten. Die Dame aber, die ebenso sittsam wie schön war, kümmerte sich so wenig um dies alles, das zu ihren Ehren geschah, wie um denjenigen, von dem es ausging.

1 geziemt, sich geziemen: sich gehören, den Regeln des Anstands entsprechen

Da Federigo jedoch über seine Kräfte hinaus große Summen vertat und nichts erwarb, verfiel er binnen Kurzem in solche Armut, dass er von allen seinen Besitztümern nichts behielt als ein kleines Bauerngut, dessen Einkünfte ihm kümmerlichen Unterhalt gewährten, und einen Falken, wie es kaum einen edleren auf der Welt geben mochte. Inzwischen war seine Liebe nur noch glühender geworden; da er jedoch als Städter nicht mehr so leben zu können glaubte, wie es ihm wünschenswert erschien, zog er sich aufs Land zurück und ertrug dort auf seinem Gütchen, ohne jemand um Hilfe anzugehen, unter Vogelstellen[2] geduldig seine Armut.

Während nun Federigos Vermögensumstände sich so sehr verschlechtert hatten, geschah es, dass der Gemahl der Monna Giovanna schwer erkrankte. Als er gewahr wurde, dass es mit ihm zu Ende ging, machte er ein Testament, in welchem er sein schon ziemlich herangewachsenes Söhnlein zum Erben seiner großen Reichtümer ernannte und für den Fall, dass der Knabe ohne rechtmäßigen Erben versterben sollte, Monna Giovanna, die er auf das Zärtlichste geliebt hatte, zur Nachfolgerin bestimmte. Bald darauf starb er, und die hinterbliebene Witwe zog, wie es unter den hiesigen Frauen üblich ist, für den Sommer dieses Jahres aufs Land, nach einer ihrer Besitzungen, welche Federigos Gütchen ziemlich nahe gelegen war. So trug es sich denn zu, dass jener Knabe, der an Hunden und Vögeln seine Freude hatte, mit Federigo vertraut wurde. Als er dessen Falken öfter hatte fliegen sehen, fand er an ihm so überschwängliches Gefallen, dass ihn zu besitzen sein höchster Wunsch ward. Doch traute er sich nicht, darum zu bitten, da er wohl sah, wie wert er dem Federigo war.

Um diese Zeit ereignete es sich, dass der Knabe erkrankte.

2 das Vogelstellen: das Fangen von Vögeln mithilfe von Fallen

1
a Lies den Anfang der Novelle und schildere deinen ersten Eindruck.
b Trage zusammen, was du bisher über die Hauptfiguren erfahren hast.
c Stelle Vermutungen darüber an, wie es mit Federigo und seiner unerfüllten Liebe weitergeht.
d Überlege, welche Rolle der Falke in der Geschichte spielt.

2
a Mit seinen veralteten Wörtern und Wendungen stellt der Text eine sprachliche Herausforderung dar. Werdet zu Sprachforschern und erschließt die Bedeutung der folgenden Wendungen aus dem Kontext (Satzzusammenhang).
b Suche weitere Wörter und Wendungen heraus, die schwer verständlich sind, und kläre ihre Bedeutung.
c Auch durch den Satzbau ist der Inhalt beim einmaligen Lesen nicht immer gleich zu verstehen. Löse die verschachtelten Sätze der Zeilen 30–43 („Wisset also … anderer.“) so auf, dass die Informationen auf mehrere Sätze verteilt sind.

so ist es denn nun an mir (Z. 17)

ohne seines Vermögens irgend zu achten (Z. 58)

als er gewahr wurde (Z. 80)

3 Untersuche, wie der Anfang der Falkennovelle aufgebaut ist.

a Teile den Textauszug in Sinnabschnitte ein und beschreibe, wer was erzählt. Achte dabei darauf, wann die Handlung jeweils spielt.

b Übertrage die folgende Tabelle in dein Heft und ergänze sie.

Textstelle/Zeile	Was geschieht?	Aufbau
„Kaum hatte … zu verleihen pflegt.“ (Z. 13–29)	– Fiametta erklärt sich dazu bereit, die nächste Geschichte zu erzählen.	äußerer Rahmen
		innerer Rahmen
		Beginn der Binnenerzählung (Vorgeschichte)
„Um diese Zeit ereignete sich … .“ (Z. 101–102)		Binnenerzählung (Handlung beginnt)

4 Untersuche die Erzählform und das Erzählverhalten genauer. Wende dazu die Informationen aus dem Merkkasten unten an.

a Halte fest, an welchen Stellen der Erzähler wechselt.

b Bestimme den Erzähler und das jeweilige Erzählverhalten im äußeren und inneren Rahmen sowie in der Binnenhandlung. Begründe deine Entscheidung.

5 Die Zeilen 17–29 werden von einer Ich-Erzählerin erzählt. Formuliere die Stelle so um, dass sie von einem Er/Sie-Erzähler vermittelt wird. Vergleiche anschließend die Wirkung der beiden Textabschnitte.

Merkwissen Die Erzähler

Der Erzähler ist eine Figur, die die Handlung einer Geschichte vermittelt. Er darf nicht mit dem Autor verwechselt werden. Folgende Unterscheidungen sind wichtig:

Erzählform:
- **Ich-Erzähler:** Er kann a) eine gleichzeitig erlebende und erzählende Figur sein oder b) aus größerem zeitlichen Abstand auf das Erlebte zurückblicken. Als Leser hat man so eine große Nähe zur Figur, erfährt aber nur Subjektives aus der Sicht des Erzählers über die anderen Figuren.
- **Er-/Sie-Erzähler:** Der Erzähler ist meist nur Vermittler der Geschichte und tritt als Person in den Hintergrund.

Erzählverhalten:
- **auktorial:** Der Erzähler erscheint als freier Schöpfer der erzählten Welt und greift mit Kommentaren, Vorausdeutungen oder Urteilen in den Erzählvorgang ein.
- **personal:** Der Erzähler schlüpft in die Rolle einer der Figuren der erzählten Welt, d. h., er tritt nicht unmittelbar auf, sondern vermittelt das Geschehen aus der Sicht einer oder mehrerer Figuren.

Federigo und Monna Giovanna Literarische Figuren charakterisieren

Giovanni Boccaccio
Die Falkennovelle *2*

Um diese Zeit ereignete es sich, dass der Knabe erkrankte. Die Mutter, die nur dies eine Kind hatte und es von ganzer Seele liebte, betrübte sich unsäglich, und wie sie den ganzen Tag um den Kranken geschäftig war und ihm guten Mut einflößte, fragte sie ihn unter dringenden Bitten, ob er denn nicht vielleicht nach irgendetwas Verlangen hege. Wenn es nur irgend möglich sei, werde sie es ihm verschaffen. Schon mehrmals hatte der kranke Knabe dieses Anerbieten vernommen, als er endlich antwortete: „Mutter, könnt Ihr machen, dass ich Federigos Falken erhalte, so glaube ich in Kurzem wieder gesund zu werden.“ Nachdem die Edeldame diese Worte vernommen hatte, blieb sie eine Zeit lang in sich gekehrt und erwog, was sie tun sollte. Sie wusste wohl, dass Federigo sie lange geliebt hatte, ohne von ihr jemals auch nur einen Blick erlangt zu haben. Daher sagte sie bei sich selber: „Wie darf ich zu Federigo um diesen Falken senden oder gar selbst deshalb zu ihm gehen, da, wie ich höre, dieser Falke der edelste ist, der je einem Jäger diente, und da er noch überdies seinem Herrn in solcher Weise den Lebensunterhalt gewährt? Und wie könnte ich so rücksichtslos sein, einem Edelmann, dem sonst keine Freude mehr geblieben ist, diese seine einzige rauben zu wollen?“

Obgleich sie gewiss war, den Falken zu erhalten, sobald sie darum bäte, antwortete sie daher, von jenen Gedanken bestrickt, nichts auf das Verlangen ihres Söhnleins und schwieg. Endlich aber trug die Liebe zu dem Knaben dennoch den Sieg davon, und um ihn zufrieden zu stellen, entschloss sie sich, was auch immer die Folge davon wäre, nicht zu Federigo zu senden, sondern selbst zu ihm zu gehen und den Falken zu holen. Deshalb sagte sie: „Mein Kind, gib dich zufrieden und sorge nur, dass du gesund wirst; denn ich verspreche dir, dass morgen früh mein erster Gang des Falken wegen sein wird, und ich bin gewiss, dass ich ihn dir bringen werde.“ Schon diese Antwort erfreute den Knaben so sehr, dass noch am selben Abend eine leichte Besserung an ihm zu beobachten war.

Am nächsten Morgen nahm Monna Giovanna eine andere Dame zum Geleit und lustwandelte mit dieser bis zu Federigos kleinem Häuschen. Zum Vogelstellen war es nicht die Zeit, und schon seit mehreren Tagen war er deshalb nicht ausgegangen. So geschah es, dass, als sie nach ihm fragte, er in seinem Garten verweilte und dort gewisse kleine Arbeiten besorgen ließ. Als er vernahm, dass sie an seiner Tür sei und nach ihm verlange, erstaunte er sehr und eilte ihr mit ehrfurchtsvollem Gruße freudig entgegen. Sie aber erhob sich, ihn mit freundlicher Anmut zu begrüßen, und sprach: „Guten Morgen, Federigo!" Dann fügte sie hinzu: „Ich bin gekommen, um dich für alles Ungemach zu entschädigen, das du seither um meinetwillen erduldet hast, weil du mich leidenschaftlicher liebtest als dir dienlich gewesen wäre. Die Entschädigung aber besteht darin, dass ich mit dieser meiner Begleiterin heute vertraulich bei dir zu Mittag zu essen gedenke." Hierauf antwortete Federigo in Demut: „Madonna, ich weiß von keinem Ungemach, das mir je durch Euch zuteil geworden wäre, wohl aber von so vielem Heile, dass ich, wenn je an mir irgendetwas Lob verdiente, dies nur Eurer Trefflichkeit und meiner Liebe zu Euch verdanke. Und wahrlich, dieser Euer Besuch, den Ihr mir aus freier Güte gewährt, ist mir, wenngleich Ihr zu einem dürftigen Wirte gekommen seid, unendlich viel lieber, als wenn mir die Schätze zurückgegeben worden wären, die ich zu der Zeit besaß, wo ich einst den größten Aufwand machte." Nach diesen Worten führte er sie schüchtern in sein Haus und von diesem in den Garten. Weil er aber sonst niemand hatte, der ihr Gesellschaft hätte leisten können, sagte er: „Madonna, da kein anderer hier ist, so wird dies gute Weib, die Frau des Mannes, der hier meinen Acker bestellt, Euch zur Gesellschaft bleiben, während ich den Tisch besorgen lasse."

Wie groß auch seine Armut war, so hatte er bis dahin eigentlich noch nicht empfunden, dass sein ungeordnetes Verschwenden der früheren Reichtümer ihn Mangel leiden ließ. Diesen Morgen aber, als es ihm an allem gebrach[1], um die Dame zu ehren, der zuliebe er einst Unzählige bewirtet und geehrt hatte, erkannte er zuerst seine Dürftigkeit. In der peinlichsten Herzensangst lief er wie außer sich hin und wider und verwünschte sein Schicksal, als er weder Geld vorfand noch irgendetwas, das er hätte verpfänden[2] können. Inzwischen war die Stunde schon vorgerückt, und so groß auch sein Verlangen war, die edle Dame wenigstens einigermaßen zu bewirten, so konnte er sich doch nicht entschließen, irgendjemand, nicht einmal seinen Bauern, um etwas anzusprechen.

1 gebrach, gebrechen: mangeln, fehlen

2 verpfänden: für Bargeld verleihen

1 a Kläre die Bedeutung von Wörtern oder Wendungen, die du nicht verstehst.
b Gib den Inhalt dieses Textauszugs mit eigenen Worten wieder.

2 a Beschreibe die Situation, in der sich Monna Giovanna befindet.
b Charakterisiert die Dame. Sucht dazu passende Adjektive aus dem Wortspeicher und begründet eure Wahl.

liebevoll | besorgt | rücksichtslos | nachdenklich | berechnend | abweisend | freundlich | höflich | ängstlich | überlegt | scheinheilig

c Beschreibe, wie sie sich gegenüber Federigo verhält.

3 Untersuche die Figur Federigos.

a Trage alle Hinweise zusammen, die die beiden Textauszüge auf S. 96–97 und S. 99–100 zur Figur Federigos geben. Unterscheide dabei zwischen direkter Charakterisierung (Eigenschaften, Verhalten, wörtliche Rede) und indirekter Charakterisierung (Äußerungen anderer Figuren).

b Lege einen Cluster zur Figur Federigos an. Berücksichtige dabei folgende Gesichtspunkte: Aussehen, Lebensumstände, Verhaltensweisen, Eigenschaften, Gefühle, Gedanken und sein Verhältnis zu anderen Figuren.

c Vergleiche den Federigo der Vorgeschichte mit dem jungen Mann in der Binnenerzählung. Wie hat er sich entwickelt?

4 Untersucht nun zu zweit die Figurenkonstellation mithilfe der Strukturlegetechnik.

a Schreibt dazu alle im Text genannten Figuren auf einzelne Kärtchen. Es spielt dabei keine Rolle, ob die Figuren auch sprechen oder nicht.

b Ordnet die Kärtchen dann den beiden Hauptfiguren zu.

c Gestaltet weitere Kärtchen mit Pfeilen und Symbolen, mit denen ihr die Beziehung zwischen den Figuren verdeutlicht.

5 Schreibe nun eine zusammenhängende Charakterisierung Federigos. Die Schrittfolge im Methodenkasten unten und die folgenden Formulierungen helfen dir dabei.
Als junger Edelmann …; Ohne Rücksicht auf …; Nachdem er verarmt ist …; Er begnügt sich mit …; Sein wichtigster Besitz ist …; Beim Gespräch mit Monna Giovanna wird deutlich, dass …; Sie hält ihn für …; Mir persönlich scheint …

6 „Endlich aber trug die Liebe zu dem Knaben dennoch den Sieg davon …"
Verfasse einen Tagebucheintrag von Monna Giovanna, in dem der Entschluss deutlich wird, Federigo um den Falken zu bitten. Schreibe in der Ich-Form.

Methode Eine literarische Figur charakterisieren

1. Schritt: Die Charakterisierung vorbereiten
Sammle Informationen über die Figur, z. B.: Aussehen, Lebensumstände, Verhaltensweisen, Eigenschaften, Gefühle, Gedanken und ihr Verhältnis zu anderen Figuren.

2. Schritt: Die Charakterisierung schreiben
- **Einleitung:** Nenne allgemeine Informationen zur Figur, z. B.: Name, Alter, Aussehen.
- **Hauptteil:** Beschreibe wichtige Eigenschaften und Verhaltensweisen der Figur sowie ihr Verhältnis zu anderen Figuren.
- **Schluss:** Erkläre in einer persönlichen Stellungnahme, wie die Figur auf dich wirkt.

Verwende als Tempus das Präsens. Formuliere sachlich und anschaulich. Belege die Aussagen, die du über die Figur machst, anhand des Textes durch Zitate (→ S. 130, 328).

Wenn sich das Blatt wendet … Den Handlungsaufbau untersuchen

Giovanni Boccaccio
Die Falkennovelle *3*

Da fiel ihm sein guter Falke in die Augen, der im Esszimmer auf seiner Stange saß, und wie er sonst nirgends einen Ausweg zu entdecken vermochte, fasste er ihn und erachtete das edle Tier, als er es wohlgenährt fand, für eine Speise, die einer solchen Dame würdig sei. Und ohne sich weiter zu besinnen, drehte er ihm den Hals um und ließ ihn dann eilig von seiner Magd gerupft und hergerichtet an den Spieß stecken und sorgsam zubereiten. Dann breitete er schneeweiße Tücher, deren ihm noch einige geblieben waren, über den Tisch und ging mit frohem Gesicht wieder hinaus zu seiner Dame, um ihr zu sagen, dass das Mittagessen, so gut er es zu bieten vermöge, bereit sei. So erhoben sich denn die Dame und ihre Begleiterin, gingen zu Tisch und verzehrten, ohne zu wissen, was sie aßen, mit Federigo, der sie mit der größten Sorgfalt bediente, den guten Falken.

Als sie darauf vom Tische aufgestanden waren und noch einige Zeit in freundlichen Gesprächen mit ihm verbracht hatten, schien es der Dame an der Zeit, das zu sagen, um dessentwillen sie gekommen war, und freundlichen Blickes zu Federigo gewandt, begann sie also: „Federigo, gedenkst du deiner früheren Schicksale und meiner Sittenstrenge, die du vermutlich für Härte und Grausamkeit erachtet hast, so zweifle ich nicht, dass du über meine Dreistigkeit staunen wirst, wenn du vernimmst, warum ich eigentlich hierhergekommen bin. Hättest du aber Kinder oder hättest du deren besessen, sodass du die Liebe, die man für sie hegt, zu erkennen vermöchtest, so glaube ich mit Zuversicht, dass ich dir wenigstens zum Teil entschuldigt erschiene. Du besitzt kein Kind, ich aber, die ich einen Sohn habe, vermag mich dem Gesetz, dem alle Mütter unterworfen sind, nicht zu entziehen, und dieses Gesetz zwingt mich gegen meine Neigung, ja gegen Anstand und Pflicht, dich um ein Geschenk zu bitten, von dem ich weiß, wie teuer es dir ist. Auch hast du allen Grund, es so wertzuhalten, da die Ungunst des Schicksals dir keine andere Freude, keine Zerstreuung, keinen Trost als diesen einen gelassen hat. Dieses Geschenk aber ist dein Falke, nach welchem mein Knabe so unmäßiges Verlangen trägt, dass ich fürchten muss, die Krankheit, an welcher er daniederliegt, werde sich um vieles verschlimmern, wenn er ihn nicht erhält, ja vielleicht sogar eine Wendung nehmen, durch die ich ihn verliere. So beschwöre ich dich denn, nicht bei der Liebe, die du für mich hegst – denn um deretwillen hast du gegen mich keinerlei Verpflichtung –, sondern bei deiner adeligen Gesinnung, welche du in höfischer Sitte und Freigebigkeit mehr als irgendein anderer bewährt hast, dass es dir gefallen möge, mir deinen Falken zu schenken, damit ich sagen könne, du habest mir durch diese Gabe das Leben meines Sohnes erhalten, und damit er immerdar in deiner Schuld bleibe.“

1 a Die Geschichte erreicht hier ihren Höhepunkt. Benenne den Moment, als die Handlung eine unerwartete Wendung nimmt.

b Beschreibe deinen Leseeindruck, während du die Bitte von Monna Giovanna liest und schon weißt, was passiert ist.

2 Stelle den bisherigen Handlungsaufbau dar. Übertrage dazu das folgende Schaubild in dein Heft und ergänze sowohl Text als auch grafische Elemente (Linien, Symbole).

3 a Welche Erwartungen hast du an den weiteren Verlauf der Handlung? Skizziere ihn.
b Formuliere Federigos Antwort auf die Bitte von Monna Giovanna.

4 Ergänze deine Übersicht, wenn du den gesamten Handlungsverlauf kennst.

! Merkwissen Handlung

Wichtige Schritte einer Handlung erkennt man daran, dass
- der **Ort** der Handlung wechselt,
- ein **Zeitsprung** stattfindet,
- eine neue **Figur** auftaucht oder sich entfernt,
- ein **Problem** auftaucht, eine Situation sich zuspitzt oder
- die Handlung eine **Wendung** erfährt.

Manchmal geht der eigentlichen Handlung die Vorgeschichte einer oder mehrerer Figuren voraus.

Spannung entsteht zum Beispiel,
- wenn etwas passiert, mit dem der Leser nicht gerechnet hat,
- wenn der Leser etwas weiß, was die Figuren nicht wissen, oder
- wenn die Handlung zu einem entscheidenden Zeitpunkt verlangsamt wird.

Erzähltexte um- und ausgestalten

Giovanni Boccaccio
Die Falkennovelle *4*

Federigo vernahm, was die Dame begehrte, und als er sich dabei bewusst ward, ihr nicht genügen zu können, da er ihr den Falken zur Mahlzeit vorgesetzt hatte, begann er in ihrer Gegenwart, bevor er noch ein Wort der Erwiderung vorbringen konnte, bitterlich zu weinen. Zuerst glaubte die Dame, diese Tränen rührten von dem Schmerze her, sich von dem guten Falken trennen zu sollen, und schon war sie im Begriff zu sagen, dass sie ihn lieber nicht haben wolle. Doch bezwang sie sich und erwartete Federigos Antwort, welcher, nachdem er seine Tränen gemeistert, also sprach: „Madonna, seit es Gott gefallen hat, dass ich Euch meine Liebe zuwendete, habe ich bei vielen Gelegenheiten das Schicksal mir feindlich gefunden und über seine Ungunst mich zu beschweren gehabt. Dies alles aber war nur gering im Vergleich zu dem, was mir jetzt widerfährt. Denn wie sollte ich mich wohl je wieder mit meinem Geschick aussöhnen, wenn ich bedenke, dass ich durch seine Tücke außerstande gesetzt bin, Euch jetzt, da Ihr zu meinem verarmten Hause gekommen seid, welches Ihr, solange es reich war, nie Eures Besuches gewürdigt, das kleine Geschenk zu geben, das Ihr begehrt. Warum ich dies aber nicht vermag, will ich Euch kurz berichten. Als ich vernahm, Ihr wolltet – Dank sei Eurer Güte – bei mir zu Mittag essen, glaubte ich, Eures Adels und Eurer Trefflichkeit gedenkend, es sei würdig und angemessen, Euch, soweit meine Kräfte reichten, durch eine wertvollere Speise zu ehren, als diejenigen sind, mit welchen man andere Gäste zu bewirten pflegt. Da gedachte ich des Falken, den Ihr jetzt von mir begehret, und wie vorzüglich er sei, und hielt ihn für eine Speise, die Eurer würdig wäre. So habt Ihr ihn denn heute Mittag gebraten auf der Schüssel gehabt, und ich glaubte, ihm die beste Stätte bereitet zu haben. Nun aber sehe ich, dass Ihr ihn in anderer Weise begehrt, und mein Schmerz, Euren Wunsch nicht erfüllen zu können, ist so heftig, dass ich nicht glaube, mich je wieder darüber beruhigen zu können.“ Nach diesen Worten ließ er ihr zum Beweise des Gesagten Federn, Fänge und Schnabel des Falken vorzeigen.

1 Versetze dich in die Figur der Monna Giovanna hinein und verfasse über das obige Gespräch einen **Tagebucheintrag** aus ihrer Sicht. Löse dazu folgende Aufgaben:
- a Notiere stichpunktartig die wesentlichen inhaltlichen Punkte.
- b Überlege, welche Gedanken und Gefühle Monna Giovanna beim Hören von Federigos Antwort haben könnte.

2 Überlegt zu zweit, wie die Gesprächssituation zwischen den beiden weitergehen könnte, und schreibt einen **Dialog**.
- a Achtet darauf, dass die Sprechweise den Figuren entspricht.
- b Tragt den Dialog vor.

3 „Was wäre geschehen, wenn …?“ Gib der Geschichte eine **andere Wendung**.

a Überlege dazu, an welcher Stelle die Handlung einen anderen Verlauf nehmen könnte.

b Probiere im Kopf mehrere Möglichkeiten aus, wie sich das Verhalten einer der Figuren ändern könnte.

c Entscheide dich für eine Möglichkeit und skizziere den neuen Handlungsverlauf in Stichwörtern.

d Schreibe die Geschichte mit neuem Handlungsverlauf auf.

4 „Federigo vernahm, was die Dame begehrte“, und beginnt bitterlich zu weinen. Das ist das sichtbare Geschehen. Aber was denkt und fühlt er in diesem Moment? Schreibe dazu einen **inneren Monolog**.

a Notiere, was Federigo in dieser Situation denken, fühlen und wahrnehmen könnte, z. B.: *Hätte ich nur nicht … Ich hätte … können … Nein, das hätte …*

b Formuliere nun den inneren Monolog. Schreibe in der Ich-Form und im Präsens. Verwende Ausrufe, Fragen, unvollständige Sätze (Ellipsen) und Gedankensprünge, z. B.:
- Ausrufe, z. B.: *Das kann doch nicht wahr sein!*
- Fragen, z. B.: *Warum ist das Schicksal nur so grausam zu mir?*
- unvollständige Sätze und Gedankensprünge, z. B.: *Am liebsten … Nein, das geht nicht.*

5 a Wähle einen anderen der vier Textauszüge, die du bisher kennen gelernt hast, und erprobe weitere Möglichkeiten des gestaltenden Schreibens aus dem Methodenkasten.

b Begründe, warum du dich für diese Schreibanregung entschieden hast.

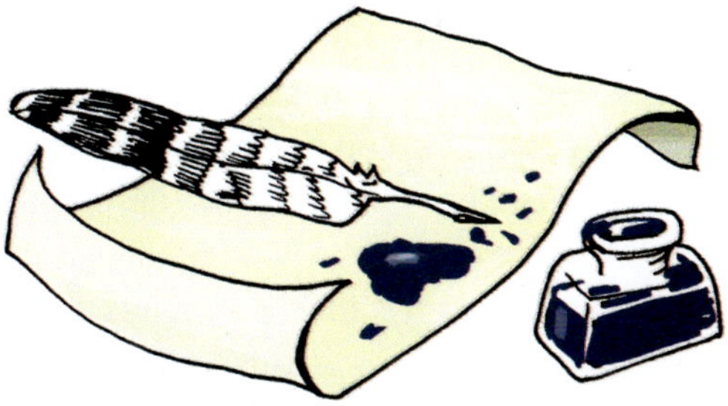

Methode Möglichkeiten des gestaltenden Schreibens

Wenn du zu einem Text gestaltend schreibst, setzt du dich mit den Figuren und der Handlung des Textes auseinander. Überlege: Was weiß die Figur, was weiß sie nicht? Passen die Handlung und die Sprache zum Ausgangstext?

1 Einen Tagebucheintrag verfassen
Schreibe einen Tagebucheintrag aus der Perspektive (Sicht) einer der beteiligten Figuren. Versetze dich in die Figur hinein und überlege, was sie denken und fühlen könnte.

2 Einen Brief an eine literarische Figur schreiben
Schreibe einen Brief an eine Figur aus dem Text. In deinem Brief kannst du der Figur Fragen stellen, ihr Verhalten beurteilen, ihr Hinweise und Tipps geben etc.

3 Einen Dialog entwerfen
Entwirf einen Dialog (Gespräch) zwischen zwei oder mehr Figuren des Textes. Thema könnte beispielsweise ein Problem oder ein Streitpunkt zwischen den Figuren sein.

4 Einen inneren Monolog verfassen
In einem stummen Selbstgespräch formuliert eine Figur, z. B. in einer angespannten Situation, ihre Gedanken, Gefühle und Wahrnehmungen (→ mehr zum inneren Monolog, S. 32).

Teste dein Wissen!

Eine Novelle verstehen

Giovanni Boccaccio
Die Falkennovelle *5*

Als die Dame dies alles hörte und sah, tadelte sie ihn anfangs, dass er zur Bewirtung eines Weibes einen so edlen Falken getötet habe. Dann aber bewunderte sie im Stillen die Größe seiner Gesinnung, welche die bittere Armut nicht abzustumpfen vermocht hatte und die ihm auch in diesem Augenblicke geblieben war. Da ihr jedoch alle Hoffnung, den Falken zu besitzen, geraubt war und Befürchtungen wegen der Genesung des Knaben in ihr aufstiegen, schied sie voller Betrübnis und kehrte zu ihrem Sohne zurück.

War es nun die Wirkung des Verdrusses, dass er den Falken nicht haben konnte, oder war die Krankheit von der Art, dass sie auch ohne das zu einem solchen Ende führen musste – genug, nur wenige Tage verstrichen, als er zum größten Leidwesen seiner Mutter aus dem Leben schied. Infolge dieses Verlustes blieb sie zwar geraume Zeit in Tränen und Traurigkeit; da sie aber noch jung und in den Besitz eines glänzenden Vermögens gelangt war, drängten ihre Brüder sie vielfach, eine zweite Ehe einzugehen. Obwohl sie sich nun dessen am liebsten enthalten hätte, so gedachte sie doch bei solchem Drängen der Trefflichkeit Federigos und seines letzten Beweises hochherziger Gesinnung, den er ihr gegeben, indem er einen solchen Falken, nur um sie zu ehren, getötet hatte. Darum sagte sie zu ihren Brüdern: „Am liebsten ließe ich, wolltet ihr es gestatten, meinen Witwenstuhl unverrückt. Ist es aber euer Begehren, dass ich zu einer zweiten Ehe schreite, so werde ich wahrlich keinem andern mich vermählen, wenn ich Federigo degli Alberighi nicht erhalte." Auf diese Rede hin verhöhnten sie ihre Brüder und sprachen: „Törichte, was schwatzest du da! Wie kannst du ihn nehmen wollen, der nichts auf dieser Welt hat?" Sie aber antwortete: „Meine Brüder, wohl weiß ich, dass es sich so verhält, wie ihr sagt. Ich aber ziehe den Mann, der des Reichtums entbehrt, dem Reichtume vor, der des Mannes entbehrt."

Als die Brüder diese ihre Gesinnung vernahmen und sich überzeugten, dass Federigo trotz seiner Armut ein höchst ehrenwerter Mann war, gewährten sie ihm, Giovannas Wünschen entsprechend, diese samt allen ihren Reichtümern. Er aber beschloss, im Besitze einer so trefflichen und von ihm so überschwänglich geliebten Gattin, überdies noch in dem Besitz eines außerordentlichen Vermögens, nach langen Jahren freudig seine Tage.

1 Welche Aussage trifft am Schluss der Novelle zu? Schreibe die richtige Antwort auf.

A Die Geschichte geht für Monna Giovanna schlecht und für Federigo gut aus.
B Die Geschichte endet für beide mit einem „Happy End".
C Die Geschichte hat ein offenes Ende.

2 Der Satz „Ich aber ziehe den Mann, der des Reichtums entbehrt, dem Reichtume vor, der des Mannes entbehrt" bedeutet, dass Monna Giovanna lieber einen Mann möchte, der reich ist, um keine Entbehrungen zu haben – Ist diese Aussage wahr oder falsch? Begründe deine Meinung.

3 Vergleicht eure Ergebnisse unter Partnern.

5.2 Giovanni Boccaccio und das Dekameron

Informationen zur Novelle auswerten

Das Leben von Giovanni Boccaccio

Wo genau Giovanni Boccaccio zur Welt kommt, ist bis heute ungeklärt. Manche Quellen sagen Florenz, andere nennen das italienische Bergdorf Certaldo und Boccaccio selbst hat sogar behauptet, er sei in Paris geboren. Gesichert ist, dass es 1313 geschieht. Seine Kindheit verbringt Boccaccio in Florenz, bis er im Alter von ca. 14 Jahren nach Neapel geschickt wird, um dort den Beruf des Kaufmanns zu lernen und Jura zu studieren. Zu dieser Zeit beschäftigt er sich bereits leidenschaftlich mit Literatur und verkehrt viel am dortigen Hof. 1340 kehrt er nach Florenz zurück, wo er in den Staatsdienst eintritt. Ab 1345 steht er für zwei Jahre an verschiedenen Höfen im Dienst.

Vor dem Hintergrund der Pest beginnt Boccaccio 1348 mit der Arbeit an seinem Hauptwerk „Il Decamerone", das 1370 erscheint und ihn weltberühmt macht.

Ab 1350 führen ihn diplomatische Aufträge viel auf Reisen, auf denen er 1365 und 1367 den damaligen Papst trifft. Er lernt Griechisch und setzt sich dafür ein, dass die Werke klassischer griechischer Autoren ins Lateinische übersetzt und dadurch einem breiteren Publikum zugänglich werden. 1375 stirbt er.

Sein Hauptwerk: „Das Dekameron"

Den Titel „Decamerone" kann man mit „Zehn-Tage-Werk" übersetzen. An zehn Tagen – so die Rahmenhandlung – werden jeweils zehn Geschichten erzählt, Boccaccios Sammlung umfasst also hundert Novellen. Die Themen, Schauplätze und handelnden Figuren sind dabei vielfältig: Es treten Bauern, Handwerker und Mönche, Sultane, Könige und adlige Damen auf. Die Geschichten über Liebe und Untreue, Geiz und Großmut, List und Gefahr sind mal komisch, mal tragisch, mal klug, mal derb erzählt. Boccaccio hat die Geschichten nicht selbst erfunden, sondern sich von antiken Quellen, mittelalterlichen Legenden, Schwankliteratur und älteren italienischen Erzählungen anregen lassen.

1 a Stelle das Leben von Boccaccio in einem Zeitstrahl dar. Notiere die Daten und ein dazu passendes Stichwort. Beachte, dass du manchmal eine Jahreszahl ausrechnen musst.

b Entscheide dich für einen Abschnitt in Boccaccios Leben und sammle in der Bibliothek oder im Internet weitere Informationen dazu. Gestalte deinen Zeitstrahl aus, indem du deine Ergebnisse anschaulich (z. B. mit Abbildungen) präsentierst.

2 a Fasse zusammen, was du über Boccaccios Hauptwerk erfährst.

b Ordne „Die Falkennovelle" in das „Dekameron" ein. Was ist das Thema der Novelle? Welcher Schicht gehören die handelnden Figuren an? Wie ist die Geschichte erzählt?

3 Die Pest wurde auch als „der Schwarze Tod" bezeichnet. Sammelt Informationen über diese Krankheit und ihre Verbreitung im Europa des 14. Jahrhunderts. Präsentiert eure Ergebnisse in einem Kurzvortrag.

Vertiefen und üben
Informationen auswerten

Theodor Storm: „[…] die heutige Novelle ist die Schwester des Dramas und die strengste Form der Prosadichtung. Gleich dem Drama behandelt sie die tiefsten Probleme des Menschenlebens; gleich diesem verlangt sie zu ihrer Vollendung einen im Mittelpunkte stehenden Konflikt, von welchem aus das Ganze sich organisiert […].“ (1881)

Ludwig Tieck: „Diese Wendung der Geschichte, dieser Punkt, von welchem aus sie sich völlig unerwartet umkehrt und doch natürlich, dem Charakter und den Umständen angemessen, die Folge entwickelt, wird sich der Fantasie des Lesers umso fester einprägen.“ (1829)

Paul Heyse: „Federigo degli Alberighi liebt, ohne Gegenliebe zu finden; in ritterlicher Werbung verschwendet er all seine Habe und behält nur noch einen einzigen Falken; diesen, da die von ihm geliebte Dame zufällig sein Haus besucht und er sonst nichts hat, ihr ein Mahl zu bereiten, setzt er ihr bei Tische vor. Sie erfährt, was er getan, ändert plötzlich ihren Sinn und belohnt seine Liebe, indem sie ihn zum Herrn ihrer Hand und ihres Vermögens macht – wer erkennt nicht in diesen wenigen Zeilen alle Elemente einer rührenden und erfreulichen Novelle, in der das Schicksal zweier Menschen durch eine äußere Zufallswendung, die aber die Charaktere tiefer entwickelt, aufs Liebenswürdigste sich vollendet? […] Wir wiederholen es: Eine so einfache Form wird sich nicht für jedes Thema unseres vielbrüchigen modernen Kulturlebens finden lassen. Gleichwohl aber könnte es nicht schaden, wenn der Erzähler auch bei dem innerlichsten oder reichsten Stoff sich zuerst fragen wollte, wo ‚der Falke' sei, das Spezifische[1], das diese Geschichte von tausend anderen unterscheidet.“ (1871)

1 das Spezifische: das Besondere

Johann Wolfgang von Goethe: „Denn was ist eine Novelle anders als eine sich ereignete unerhörte Begebenheit.“ (1827)

August Wilhelm Schlegel: „Um eine Novelle gut zu erzählen, muss man das Alltägliche, was in die Geschichte mit eintritt, so kurz wie möglich abfertigen […].“ (1803)

1 Diese fünf Dichter haben u. a. selbst Novellen geschrieben und sich auch zu ihrer Form geäußert.
a Suche aus den verschiedenen Zitaten heraus, was über Inhalt und Form der Novelle gesagt wird.
b Verfasse mit diesen Merkmalen eine Definition. So kannst du beginnen:

> *Eine Novelle ist eine kurze Erzählung, in deren Mittelpunkt …*
> *Sie ähnelt dem Drama in Bezug auf…*
> *…*

→ Hilfen zu dieser Aufgabe findest du auf S. 110.

2 Inwieweit treffen die Merkmale der Novelle auf die „Falkennovelle" zu? Belege deine Aussagen.
→ Hilfen zu dieser Aufgabe findest du auf S. 110.

3 Begründe, warum der Falke das sogenannte Dingsymbol der Novelle ist, das „Spezifische, das diese Geschichte von tausend anderen unterscheidet".
a Überfliege die Novelle und notiere die Stellen der Handlung, an denen der Falke auftaucht.
b Beschreibe, was er in diesen Momenten für die einzelnen Figuren bedeutet. Verwende Begriffe aus dem Wortspeicher.

Liebe | Gastgeschenk | Wunschobjekt | Opfer | Jagdinstrument

c Schreibe deine Begründung in ganzen Sätzen auf. Nutze dazu den Merkkasten.
→ Hilfen zu dieser Aufgabe findest du auf S. 110.

4 Lies eine weitere Novelle des 19. Jahrhunderts, z. B. „Das Erdbeben in Chili" von Heinrich von Kleist, „Die Judenbuche" von Annette von Droste-Hülshoff oder „Kleider machen Leute" von Gottfried Keller. Weise an ihr die Merkmale einer Novelle nach und suche das Dingsymbol. Nutze dazu das Merkwissen.

Merkwissen Die Novelle

Eine **Novelle** (ital. novella = Neuigkeit) ist eine kurze Erzählung mit folgenden Merkmalen:
- im Mittelpunkt steht ein Ereignis, das für das Leben der Hauptfigur einen Wendepunkt darstellt,
- straffe Handlungsführung um einen zentralen **Konflikt** wie im Drama,
- gradlinige Zuspitzung auf einen **Höhe- und Wendepunkt**,
- Verwendung von **Dingsymbolen**, die wie ein Motiv an entscheidenden Stellen der Handlung auftauchen, wie z. B. der Falke,
- **keine Nebenhandlungen**, dafür ist das Geschehen oft in einen Rahmen eingebettet, in dem der **Erzähler** eine fiktive Erzählsituation entwerfen oder das Erzählte kommentieren kann.

Die Novelle erlebte in Deutschland ihre **Blütezeit** im 19. Jahrhundert, bekannte Autoren waren Theodor Storm, E. T. A. Hoffmann, Joseph von Eichendorff. Im 20. Jahrhundert schrieben z. B. Thomas Mann, Günter Grass oder Christoph Hein moderne Novellen.

●● 1 mit Hilfen

Diese fünf Dichter haben u. a. selbst Novellen geschrieben und sich auch zu ihrer Form geäußert.

a Suche aus den verschiedenen Zitaten heraus, was über Inhalt und Form der Novelle gesagt wird.

b Verfasse mit diesen Merkmalen eine Definition. Verwende Begriffe aus dem Wortspeicher.

So kannst du beginnen:

Eine Novelle ist eine kurze Erzählung, in deren Mittelpunkt …
Sie ähnelt dem Drama in Bezug auf…
…

Wendepunkt | unerwartet | Konflikt | Handlung | kurz | Begebenheit | besonders

●● 2 mit Hilfen

Inwieweit treffen die Merkmale der Novelle auf die „Falkennovelle" zu?
Überprüfe dies anhand der folgenden Aussagen. Welche treffen auf die „Falkennovelle" zu, welche nicht? Notiere die Buchstaben der zutreffenden Aussagen und begründe deine Wahl.

A Genau betrachtet handelt die „Falkennovelle" von ganz alltäglichen Dingen.
B Ein besonderes Ereignis steht im Mittelpunkt der „Falkennovelle".
C Die Veränderung im Leben von Monna Giovanna und Federigo vollzieht sich eher schleichend.
D Im Mittelpunkt der „Falkennovelle" steht ein zentraler Konflikt, der zu einem Wendepunkt im Leben der Figuren führt.

●● 3 mit Hilfen

Begründe, warum der Falke das sogenannte Dingsymbol der Novelle ist, das „Spezifische, das diese Geschichte von tausend anderen unterscheidet".

a Überfliege die Novelle und ordne den Stellen der Handlung, an denen der Falke auftaucht, die Bedeutung des Falken für die einzelnen Figuren zu.

Handlung	Bedeutung des Falken
Federigo verarmt.	Gastgeschenk
Der Knabe erkrankt.	Liebe
Monna Giovanna kommt zu Besuch.	Wunschobjekt
Federigo schlachtet den Falken.	Opfer
Am Ende heiraten Monna Giovanna und Federigo.	Jagdinstrument

b Schreibe den folgenden Text ab und ergänze die Lücken. Nutze auch den Merkkasten auf S. 109.

Der Falke ist das Dingsymbol der Novelle, weil er wie ? immer wieder auftaucht. An wichtigen Stellen der ? spielt der Falke eine zentrale Rolle, z. B. als der Knabe ? oder wenn Monna Giovanna ? . In der gesamten Novelle steht der Falke für die wechselvolle Geschichte der ? zwischen Federigo und ? .

5.3 Fit in …
Einen Novellenauszug ausgestalten

Die Aufgabenstellung richtig verstehen

Stelle dir vor, du bekommst folgende Aufgabe:

Lies den folgenden Textauszug, der in der Er-/Sie-Form erzählt ist. Nimm die Perspektive von Federigo ein und schreibe zu der erzählten Situation aus seiner Sicht einen inneren Monolog.

Giovanni Boccaccio
Die Falkennovelle

Wie groß auch seine Armut war, so hatte er bis dahin eigentlich noch nicht empfunden, dass sein ungeordnetes Verschwenden der früheren Reichtümer ihn Mangel leiden ließ. Diesen Morgen aber, als es ihm an allem gebrach, um die Dame zu ehren, der zuliebe er einst Unzählige bewirtet und geehrt hatte, erkannte er zuerst seine Dürftigkeit. In der peinlichsten[1] Herzensangst lief er wie außer sich hin und wider und verwünschte sein Schicksal, als er weder Geld vorfand noch irgendetwas, das er hätte verpfänden können. Inzwischen war die Stunde schon vorgerückt, und so groß auch sein Verlangen war, die edle Dame wenigstens einigermaßen zu bewirten, so konnte er sich doch nicht entschließen, irgendjemand, nicht einmal seinen Bauern, um etwas anzusprechen. Da fiel ihm sein guter Falke in die Augen, der im Esszimmer auf seiner Stange saß, und wie er sonst nirgends einen Ausweg zu entdecken vermochte, fasste er ihn und erachtete das edle Tier, als er es wohlgenährt fand, für eine Speise, die einer solchen Dame würdig sei. Und ohne sich weiter zu besinnen, drehte er ihm den Hals um und ließ ihn dann eilig von seiner Magd gerupft und hergerichtet an den Spieß stecken und sorgsam zubereiten. Dann breitete er schneeweiße Tücher, deren ihm noch einige geblieben waren, über den Tisch und ging mit frohem Gesicht wieder hinaus zu seiner Dame, um ihr zu sagen, dass das Mittagessen, so gut er es zu bieten vermöge, bereit sei. […]

1 peinlich: hier: schrecklich

1 Lest die Aufgabenstellung sorgfältig durch. Erklärt euch gegenseitig, was genau ihr machen sollt.

Ideen sammeln und einen Schreibplan erstellen

2 a Gliedere den Text in drei Handlungsschritte und halte in einer Tabelle fest, was geschieht.
b Ergänze, was Federigo denkt und fühlt. Berücksichtige die Hinweise, die der Text gibt.

Handlungsschritte	Was geschieht?	Was denkt und fühlt Federigo?
1 (Z. 1–12)	– Federigo erkennt seine Armut – …	– er schämt sich – …
2 (Z. 12– …)	– …	– …

Den Monolog schreiben und überarbeiten

3 Beim Schreiben eines inneren Monologs muss die Sprache zur Figur passen. Das ist bei den folgenden Beispielen nicht gelungen. Schreibe sie so um, dass sie zu Federigo und der Sprache der „Falkennovelle“ passen.

1) „Warum habe ich bloß meine ganze Kohle ausgegeben!“
2) „Oh nein, und nichts da, was sich zu Geld machen lässt.“
3) „Ich will aber, dass Monna bei mir was Richtiges zu futtern kriegt.“
4) „Und meinen Bauern kann ich auch nicht um Geld anbetteln.“
5) „Ich hab keinen Plan.“

Beispiel zu 1): „Warum habe ich bloß meinen ganzen Reichtum verschwendet!“

4 Schreibe nun den inneren Monolog in der Ich-Form. Du kannst dazu Formulierungen aus dem Wortspeicher nutzen.

Was mache ich nur … | Hätte ich doch nur … | Verwünscht sei … | Gibt es denn keinen Ausweg aus … | Ich kann doch nicht … | Was wird sie von mir denken, wenn … | Doch was erblicke ich da … | Sei es … | Gottlob … | So bin ich nun …

5 Tauscht eure Texte zum Lesen aus. Gebt euch mithilfe der folgenden Checkliste Tipps, was ihr noch verbessern könnt.

Checkliste Einen inneren Monolog schreiben

- Steht der Text in der **Ich-Form** und beschränkt er sich nur auf das, was die Figur wissen kann?
- Versteht der Leser, wie die **Handlung** abläuft?
- Werden die **Beobachtungen**, **Gedanken** und **Gefühle** der erlebenden Figur deutlich?
- Erfährt man etwas über die **Beweggründe** der Figur?
- Passen **Ausdrucksweise** und **Inhalt** des Monologs zur Figur und zur Handlung des Originaltextes?
- Ist die **Sprache abwechslungsreich** gestaltet?
- Sind **Rechtschreibung** und **Zeichensetzung** korrekt?

6 Momentaufnahmen
Kurzgeschichten lesen und verstehen

In diesem Kapitel …

- liest du Kurzgeschichten und lernst ihre Merkmale kennen,
- untersuchst du den Handlungsaufbau, die Figurenkonstellation und die sprachlichen Besonderheiten in den Geschichten,
- fasst du den Inhalt einer Geschichte zusammen und entwickelst eigene Interpretationsansätze.

1 Die Bilder zeigen Momentaufnahmen aus Kurzgeschichten, die du in diesem Kapitel lesen wirst.
  a Beschreibe die Situationen auf den einzelnen Bildern möglichst genau. Beachte dabei auch Mimik und Gestik der dargestellten Figuren.
  b Stelle Vermutungen an, worum es in den Geschichten gehen könnte.

2 Erkläre, wie man literarische Texte untersucht: Welche Aspekte sind wichtig? Wie gehst du vor?

6.1 Zwischenmenschliche Spannungen
Kurzgeschichten erschließen

Die Merkmale von Kurzgeschichten kennen lernen

Malin Schwerdtfeger
Mein erster Achttausender *(2002)*

Wieder einmal kam Mama nachts zurück. Sie beugte sich über mich, küsste mich zwischen die Augen, und mir wurde schlecht von ihrem Geruch nach ranziger Yakbutter, nach Qualm und verdorbenem Magen. Noch halb im Schlaf tippte ich auf Tibet oder Nepal. So widerlich konnte nur jemand riechen, der geradewegs aus Zentralasien kam.
Am nächsten Morgen saß sie am großen Tisch im Esszimmer und rührte Gerstenmehl in ihren Tee. „Morgen, Schätzchen", sagte sie, als ich hereinkam, „ist es nicht längst Zeit für die Schule?"
„Wir haben Ferien", sagte ich. Ich begann im Esszimmer herumzulaufen und ihre Sachen aufzusammeln, die sie in der Nacht einfach überall hingeschmissen hatte. Matschverkrustete Goretex-Klamotten, Alutöpfe mit angetrockneten Gerstenbreiresten, ein Spezialkocher, die Fotoausrüstung und ihre stinkenden Bergschuhe waren über das ganze Zimmer verteilt. Immerhin hatte sie es noch geschafft, ihren Schlafsack draußen über das Verandageländer zu hängen. Er war bestimmt voller Läuse.
Ich schleppte alles hinaus auf die Veranda. Nur mit dem Kochgeschirr lief ich ins Badezimmer. Ich stellte es in die Wanne und ließ heißes Wasser darüberlaufen.
„Setz dich hin", sagte Mama, als ich zurück ins Esszimmer kam. Sie zeigte auf den Stuhl neben sich. „Hast du irgendetwas mitgebracht, wovon ich wissen sollte?", fragte ich und setzte mich ans entgegengesetzte Ende des Tisches. „Läuse, Krätze, Ruhr, Dengue-Fieber?"
„Ich glaube nicht", sagte Mama. „Nur Blasen an den Füßen."
Ich rückte ein paar Stühle weiter vor.
Ich trank meinen Kakao und sah zu, wie sie ihren Tee schlürfte. Sie hatte einen Klumpen Yakbutter in einer schmierigen Plastiktüte vor sich liegen. Davon drehte sie mit den Fingern kleine Stückchen ab, warf sie in den Tee und rührte um, bevor sie den Tee trank.

„Mama“, sagte ich schließlich, „wir müssen dir die Haare waschen!“

Während ich fast eine ganze Flasche Pfirsichöl-Pflegespülung in ihre verfilzte Matte einmassierte, erzählte Mama ungefragt von Steinschlägen am Annapurna, Überschwemmungen im Rolwalingtal und Schneestürmen in Solo Khumbu. Sie erzählte von den Wäldern Osttibets, wo es Blutegel regnet, von chinesischen Dorfgefängnissen und betrunkenen Polizisten, von Bussen, die in tiefen Schluchten zerschellen, und von den schwarz gefrorenen Gesichtern der Bergsteiger, die in den verrotteten Absteigen von Lukla im Everest-Gebiet auf ihren Rückflug nach Kathmandu warteten. Sie erzählte davon, wie die Höhenkrankheit ihr Gehirn aufgeweicht hatte, als sie versuchte, den Pumori zu besteigen, und von der dünnen Luft des Himalaja, die das Blut träge macht und an der sich die Lungen wund atmen.

Zwei Stunden später hatte ich den letzten Knoten aus ihren Haaren gekämmt und alle Blasen an ihren Füßen aufgestochen und desinfiziert. Dann war Mama wieder so müde, dass sie sich aufs Sofa legte und sofort einschlief.

Das Telefon klingelte. Es war Arne von Trekking Guides.

„Hallo“, sagte Arne. „Ist sie da?“

„Sie schläft“, sagte ich, „und will nicht gestört werden. Schon gar nicht von euch.“

„Sie soll nicht so viel schlafen, lieber schreiben“, sagte Arne.

Ich legte einfach auf.

Ich kochte Kaffee für Papa. Dann brachte ich Papa den Kaffee, eine Schüssel Cornflakes und seine Thrombosespritze auf einem Tablett ans Bett.

Im Schlafzimmer war es kühl und dunkel. Aber Papa war schon wach. Sein Laptop warf einen grünlichen Schimmer über die zerwühlte Bettdecke. Papa nannte das, was er machte, Telearbeit, das heißt, er hatte einen Internetanschluss und einen E-Mail-Account und brauchte nie aufzustehen. Ich stellte das Frühstück neben den Laptop auf sein Bett.

„Sie ist wieder da“, sagte ich.

„Hab’s gehört“, sagte Papa.

„Willst du wissen, wo sie war?“, fragte ich.

„Es stinkt nach ranzigem Fett. Grönland?“, riet Papa.

„Nepal“, sagte ich. „Und Tibet. Tibet ohne Einreiseerlaubnis. Sie musste sich nachts über die Grenze schleichen. Sie musste in Nomadenzelten wohnen und sich in verlassenen Bergdörfern verstecken. Einmal hat sie ein Polizist gefunden und ins Gefängnis gesteckt, aber sie hat ihn mit Tschang betrunken gemacht und ist abgehauen.“

„Betrunken gemacht?“ Papa lachte und schwitzte. […]

Ich nahm die Thrombosespritze, zog die Schutzkappe von der Nadel, schlug die Decke zurück, drückte etwas von Papas Bauchfett mit den Fingern zusammen und gab ihm eine Injektion in die Fettrolle.

„Das ist lieb!“, sagte Papa. „Bringst du mir das Bildtelefon?“

Mit der Telearbeit hatte Papa angefangen, als Mama für Trekking Guides zu arbeiten begann. Ihren ersten Reiseführer schrieb Mama über den Kaukasus, als ich sechs war. Wir bekamen Postkarten aus dem Gebirge, die andere Reisende für sie in Jerevan oder Tiflis eingesteckt hatten. Manchmal aber hörten wir wochenlang gar nichts von ihr. Als sie wiederkam, brachte sie literweise Armagnac mit und riesige Büschel eines Krauts mit lilafarbenen Blättern. Diese Blätter kaute sie ununterbrochen und tat sie an jedes Essen. Nachts kam sie an mein Bett und erzählte stundenlang von ihren Wanderungen mit den Schafhirten und ließ mich nicht schlafen. Sie erzählte auch von einem Hirten namens Dmitri, in den sie sich verliebt hatte.

Ein paar Monate später verschwand sie wieder. Diesmal, um auf Spitzbergen zu überwintern. Sie teilte ihre Hütte mit Einar, einem Pelztierjäger, der halb Norweger, halb Eskimo war. Von dieser Reise brachte sie fünf Blaufuchsfelle mit, die sie mir vors Bett legte, und diesmal erzählte sie nächtelang vom Packeis, vom Geschmack des schwarzen Seehundfleisches, den Schrecken der langen Polarnacht und den schönen Ablenkungen, mit denen Einar sie während der monatelangen Finsternis vor dem Verrücktwerden bewahrt hatte.

Das war die Zeit, als Papa mit der Telearbeit begann.

Am Nachmittag suchte ich Mama im ganzen Haus. Ich fand sie in der Dunkelkammer. Ich riss die Tür auf und ruinierte einen Abzug. „Mach die Tür hinter dir zu“, sagte Mama. „Hat Arne angerufen?“

Ich gab keine Antwort. Arne von Trekking Guides war der Mensch, den Papa und ich von allen Menschen auf der Welt am meisten hassten.

Mama machte das Licht am Vergrößerungsapparat an und wieder aus. Sie nahm das belichtete Papier und legte es in die Wanne mit der Entwicklerflüssigkeit. Nach und nach erschien ein Gesicht auf dem Papier. Mama stupste es mit der Zange unter, als wolle sie es ertränken. Dann kam es in den Stopper und zum Schluss in Fixierbad. Ich stellte mich neben Mama. Das Gesicht auf dem Foto war dunkel und glänzte fettig. „Das ist Lopsang“, sagte Mama.

[…] Wie immer am ersten Tag nach Mamas Rückkehr lief ich ununterbrochen zwischen meinen Eltern hin und her. Wie immer verbrachte Mama diesen Tag in der Dunkelkammer und den Abend telefonierend in der Badewanne. Und wie immer lag Papa im Bett und hackte wie verrückt auf seinen Laptop ein.

Als ich die Zinksalbe aus dem Bad holen wollte, um Papas offene Stellen damit einzuschmieren, lag Mama in der Wanne und telefonierte mit Arne. Ich setzte mich leise auf den Wäschepuff und hörte zu. Ich schaute mir ihren Körper an: Er war sehr dünn, muskulös, übersät mit blauen Flecken und Insektenstichen, und an vielen Stellen konnte man die Adern sehen. Jeden Tag saß ich auf dem Hometrainer, damit ich auch solche Muskeln bekäme wie sie.

„Neue Steigeisen und einen Daunenanzug von Mountain Equipment“, sagte Mama zu Arne, „ein Dreimannzelt von Wild East, Eisschrauben und 1000 Meter Seil. Mein Eispickel muss nur geschärft werden, aber ich brauche noch zwei dazu. Und dreißig Flaschen Sauerstoff.“
„Wo willst du hin, Mama?“, fragte ich.
„Moment mal“, sagte Mama zu Arne. Dann hielt sie die Sprechmuschel zu und sagte zu mir: „Mit Lopsang auf den Everest.“
Seit den Vorbereitungen für ihre Neuguinea-Expedition, die sie zu den Menschenfressern in die Sümpfe von Irian Jaya geführt hatte, war Mama nicht mehr so voller Reisefieber gewesen. Zwei Tage lang saß sie über Landkarten gebeugt am Küchentisch und legte Routen fest. Während ich kochte und abwusch, arbeitete sie einen Akklimatisationsplan aus. Sie blätterte und kritzelte in ihrem Kalender herum und versuchte zu berechnen, wie sie ihren Körper am besten den Bedingungen in achttausendachthundertachtundvierzig Metern Höhe über dem Meeresspiegel anpassen könnte. Zwischendurch telefonierte sie immer wieder mit Kathmandu. Die restliche Zeit verbrachte Mama auf dem Hometrainer, oder sie joggte im Park. Morgens nahm sie mich mit ins Hallenbad. Sie hatte Papa noch immer nicht Guten Tag gesagt. Wenn er nach ihr schrie, ging ich zu ihm und gab ihm Johanniskrauttropfen. Wenn er dann immer noch schrie, gab ich ihm Diazepam. Eines Nachts wachte ich auf, weil mir einfiel, dass Papa seine Einschlafmilch nicht bekommen hatte. Vielleicht weckte mich aber auch das kratzende, schabende Geräusch, das aus der Küche kam. Von Zeit zu Zeit gab es ein Quietschen, wie von einem Messer, das auf einem Teller abrutscht. Ich lief über den dunklen Flur. Hinter Papas Tür brannte noch Licht. Wahrscheinlich konnte er nicht einschlafen ohne seine Milch. In der Küche sah ich Mama sitzen und ihren Eispickel schleifen, sie saß da, in voller Goretex-Montur, drehte mit einer Hand den Schleifstein und hielt mit der anderen die Spitze des Pickels dagegen. Es kratzte und schabte, und Funken sprühten. An ihrem Stuhl lehnte der fertig gepackte Rucksack mit dem baumelnden Kochgeschirr daran. Als Mama mich sah, hörte sie auf zu schleifen.
„Was machst du denn hier?“, fragte sie. „Warum bist du nicht im Bett?“
„Ich hole nur Papas Milch.“
Der Schleifstein drehte sich weiter. „Arne holt mich in einer Viertelstunde ab und bringt mich zum Flughafen“, sagte Mama.
„Gut“, sagte ich. Dann lief ich zurück in mein Zimmer. Ich holte meinen Rucksack unter dem Bett hervor, riss den Schrank auf, stopfte Pullover, Hosen, Unterwäsche, den Skioverall und meine Schneebrille in den Rucksack. Ich zog das Nachthemd aus und einen Trainingsanzug an, darüber die Daunenjacke. Mit dem Rucksack auf dem Rücken lief ich über den Flur. Hinter Papas Tür hörte ich es schnaufen.

„Liebes", rief Papa, „bist du's? Hast du meine Milch vergessen?"

Ich rannte in die Küche, holte die Milchtüte aus dem Kühlschrank, ein Glas aus der Anrichte und goss so hastig ein, dass etwas auf den Boden kleckerte. Als ich die Tabletten aus der Packung in die Milch drückte, vergaß ich mitzuzählen. Mama sah mir zu.

Mit dem Glas in der Hand lief ich ins Schlafzimmer. „Hier ist deine Milch, Papa", sagte ich. Papa hing schief in den Kissen, und sein Schlafanzug war falsch zugeknöpft. Es sah unbequem aus.

„Wo willst du hin mit dem Rucksack?", fragte Papa, und das hatte mich noch niemand gefragt. „Meinen ersten Achttausender besteigen", sagte ich. Als wir im Trekking-Guides-Jeep saßen und die Straße hinunterfuhren, schaute ich noch einmal zurück. Ich hatte das Licht in der Küche nicht ausgeschaltet. Und gerade, als ich zurückschaute, schob sich ein Schatten vor das erleuchtete Küchenfenster. Der Schatten füllte das Fensterviereck ganz aus. Es war ein sehr großer, sehr breiter, ein riesiger Schatten. Es war wie eine totale Sonnenfinsternis. Papa war aufgestanden.

1 Beschreibe deinen ersten Leseeindruck. Hat dir der Text gefallen oder eher weniger? Begründe.

2 Kläre Unklarheiten im Text.

a Schlage unbekannte Wörter und Wendungen in einem Wörterbuch bzw. Lexikon nach oder recherchiere sie im Internet.

b Suche in einem Atlas die im Text angegebenen Gebiete bzw. Orte und beschreibe anhand der Hinweise im Text die Arbeit der Mutter als Trekking-Guide.

3 Untersucht in Partnerarbeit die Zeitgestaltung des Textes.

a In welchem Verhältnis stehen erzählte Zeit und Erzählzeit?

b Sucht Textstellen heraus, in denen die Handlung zeitlich ausgedehnt, zeitlich gerafft oder der Wirklichkeit entsprechend erzählt wird (→ Merkwissen S. 88).

c Gliedert den Text unter dem Aspekt der Zeitgestaltung in Abschnitte und notiert diese in euer Heft. Beginnt so:

Z. 1–8: Nächtliche Rückkehr der Mutter von ihrer letzten Reise
Z. 9–XX: …

d Ordnet die Abschnitte chronologisch, indem ihr entsprechende Nummern vergebt.

> **Tipp** Unter **Erzählzeit** versteht man die Zeit, die ein Leser zum Lesen des Textes braucht, unter **erzählter Zeit** den Zeitraum, über den sich das Erzählte erstreckt.

4 Untersuche die sprachlichen Besonderheiten des Textes und beschreibe deren Wirkung. Achte dabei besonders auf den Satzbau und sprachliche Mittel wie den Vergleich und die Hyperbel (Übertreibung).

5 Beschreibt in Partnerarbeit das Verhältnis (die Konstellation) der drei Familienmitglieder zueinander.
a Untersucht die Beziehung Tochter – Mutter, Tochter – Vater, Mutter – Vater. Formuliert eure Einschätzung in Stichwörtern, nennt Beispiele und Textstellen.
b Klärt das Kommunikationsverhalten der Figuren. Berücksichtigt dabei die Wortwahl und den Satzbau.

6 Einige Fragen bleiben offen:
Was erfährst du nicht? Was würdest du noch gern wissen?
Schreibe Fragen auf.

7 Untersuche den Handlungsverlauf der Geschichte.
a Welche Entwicklung durchläuft die Tochter? Beschreibe unter diesem Gesichtspunkt Ausgangs- und Endpunkt der Handlung.
b Suche Textstellen heraus, die auf diese Entwicklung hindeuten.
c Schreibe aus der Sicht des Mädchens einen inneren Monolog in Form eines Tagebucheintrags. Überlege dir dabei, an welchem Abend du in das Tagebuch schreibst.

8 Überprüft in Partnerarbeit, welche Merkmale von Kurzgeschichten (→ Merkkasten unten) ihr in „Mein erster Achttausender" (S. 114–118) finden könnt.

Merkwissen Die Kurzgeschichte

Die Kurzgeschichte ist eine **knappe**, **moderne Erzählung**, die **eine Momentaufnahme**, einen krisenhaften Ausschnitt oder eine **wichtige Episode aus dem Alltagsleben** eines oder mehrerer Menschen zeigt. Kurzgeschichten haben meist folgende Merkmale:
- geringer Umfang,
- Ausschnitt aus einem alltäglichen Geschehen, der für die dargestellten Figuren von besonderer Bedeutung ist,
- **unmittelbarer Einstieg** in das Geschehen, der schlagartig eine Situation aufreißt,
- zielstrebiger Handlungsverlauf hin zu einem **Höhe- oder Wendepunkt**,
- **offener Schluss**, der viele Deutungsmöglichkeiten zulässt,
- meist Alltagssprache mit einfachem Satzbau und umgangssprachlichen Elementen in der direkten Rede (passend zur alltäglichen Thematik der Kurzgeschichte).

Die ersten deutschen Kurzgeschichten, die sich an dem amerikanischen Vorbild der „short story" orientierten, entstanden nach dem Zweiten Weltkrieg (1939–1945) und behandelten Themen der Kriegs- und Nachkriegszeit. Später kamen andere, aus dem Alltagsleben entnommene Themen hinzu.

Eine Kurzgeschichte interpretieren

Marlene Röder
Schwarzfahren für Anfänger *(2011)*

Die gelben Halteschlaufen der S-Bahn schwingen hin und her. An manchen Schlaufen hängen Menschen und halten sich fest. Josefine sieht aus dem Fenster: Draußen ist finsterste Nacht. Sie hat gesagt: Ich ruf dich an. Dann die ausgetretenen Treppen runter, zweiter Stock, erster Stock, Erdgeschoss, raus. Kein Blick hoch zu seinem Fenster. Vorbei am Bäcker, bei dem er neulich Brötchen geholt hat, Stefans Eltern waren nicht da, und der Honig ist aufs Bettlaken getropft. Die Rosenstraße lang, dann rechts. Der Eingang zum S-Bahnhof, Stufen hoch, Gleis 1, die nächstbeste S-Bahn.

Jetzt ist Josefine wieder dort, denn die S-Bahn fährt im Kreis. Sie blinzelt, bis Gleis 1 zwischen ihren Wimpern verschwimmt. Wie gerne wäre sie jetzt woanders, in einer Stadt, die sie nicht kennt.

Endlich fährt die S-Bahn weiter. Ein paar Leute sind zugestiegen, auch eine Frau um die vierzig. Sie trägt normale Kleidung, aber dann holt sie ein Klemmbrett aus der Tasche und sagt: „Fahrgastbefragung." Drinnen Neonlicht, draußen Schwärze.

Josefine ist eine Schwarzfahrerin.

Normalerweise erkennt sie Kontrolleure schon

aus zwanzig Metern Entfernung und verdrückt sich rechtzeitig. Aber heute war sie wohl abgelenkt, wegen der Sache mit Stefan. Stefan gehört zu den Leuten, die immer ein Ticket haben und auch sonst alles richtig machen.

In der spiegelnden Scheibe beobachtet Josefine, wie die Frau in ihre Richtung läuft. Neben ihrem Sitz bleibt sie stehen. Josefine muss wohl oder übel zu ihr aufschauen.

„Hallo. Kann ich dir ein paar Fragen stellen?"

Josefine nickt so halb und starrt auf die polierten Schuhe der Frau.

Die zückt ihren Stift. „Alter?"

„Sechzehn", murmelt Josefine.

„Wo bist du eingestiegen?"

Da, wo Stefan wohnt. Josefine wünscht sich dorthin zurück, ihren Kopf zurück in Stefans Schoß. Sie haben Musik gehört und Gummibärchen gegessen. Vor einer Stunde war noch alles okay.

„Rosenstraße", antwortet Josefine.

Die Frau kritzelt etwas auf ihr Klemmbrett. „Und wo willst du hin?", fragt sie, ohne den Blick zu heben.

Wo will man hin, wenn man mit der S-Bahn im Kreis fährt? Die Frage ist wohl eher, wo man nicht hinwill.

Das ungeduldige Klicken des Kulis reißt Josefine aus den Gedanken. „Wo willst du aussteigen?"

„Keine Ahnung", stammelt Josefine. „Ich … ich mach das manchmal gerne, einfach so rumfahren." Warum hat sie nicht irgendeine blöde Haltestelle genannt? Aber da ist der Satz schon raus. Die Frau sagt: „Aha", und mustert Josefine abschätzig

Josefine ist gerade ziemlich neben der Spur. Aber das ist doch noch lange kein Grund, sie so anzusehen. Schließlich hat es genau so angefangen mit Stefan und ihr. Mit dem Rumfahren.

Manchmal hat Josefine keinen Bock auf ihre Mutter, keinen Bock auf zu Hause. Dann fährt sie rum und schaut raus auf ihre Stadt. Oder sie guckt sich die Leute in der S-Bahn an und malt sich aus, wie diese Leute wohl leben.

So war es auch an dem Tag, an dem sie Stefan zum ersten Mal traf.

Da wusste Josefine natürlich noch nicht, dass er Stefan heißt, da war er nur irgend so ein Typ für sie, der sich auf den Sitz gegenüber fallen ließ. Ungefähr in ihrem Alter, obwohl das nicht leicht zu erkennen war, weil er die Kapuze seines Pullis tief ins Gesicht gezogen hatte. Außerdem hielt er irgendwas in der Hand. Josefine versuchte zu erkennen, was es war. Vielleicht eine Handtasche, die er einer Omi entrissen hatte …

„Willst du eins?", fragte der Typ, der vielleicht ein Handtaschenräuber war.

„Was?", fragte sie.

„Ob du ein Gummibärchen willst. Weil du dauernd auf die Packung starrst, dachte ich …"

„Oh. 'tschuldigung … Darf ich wirklich?"

„Klar. Welche Farbe?"

„Egal, Hauptsache, kein rotes."

„Die meisten mögen die roten am liebsten."

„Mir schmecken die nicht. Ich wette, die Leute nehmen sie nur wegen der Farbe. Rot wie rote Rosen, wie Liebe … Das ganze Herz-Schmerz-Zeug. Nee, danke. Ich bin kuriert von roten Gummibärchen."

So haben Josefine und Stefan sich kennen gelernt. Sie haben die Gummibärchenfrage ausdiskutiert, und nachdem sie zweimal im Kreis gefahren waren, haben sie Handynummern ausgetauscht. Danach haben sie sich noch oft getroffen, nicht nur in der S-Bahn. Aber jetzt … Josefine merkt plötzlich, dass ihr etwas das Gesicht runterläuft, und dreht sich zum Fenster. Die Frau mit dem Klemmbrett starrt sie an, das spürt sie. Kann die nicht endlich abhauen?

Sie wünscht sich eine Stunde zurück, ihren Kopf wieder in Stefans Schoß, seine streichelnden Finger in ihrem kurzen, stacheligen Haar.

„Erinnerst du dich noch an den Tag, an dem wir uns kennen gelernt haben?", hat er gefragt. „Ich musste eigentlich zum Basketballtraining. Aber als die Haltestelle kam, bin ich einfach weitergefahren."

„Warum das denn?", hat sie gefragt und sich im nächsten Moment gewünscht, sie könnte die Worte wieder zurück in ihren Mund stopfen und sie könnten einfach liegen bleiben und Musik hören.

Doch es war zu spät, Stefan nahm ihr Gesicht in seine Hände und küsste Josefine auf den Mund. Er schmeckte nach roten Gummibärchen und jeder Menge Herz-Schmerz-Zeug. „Darum", sagte er. „Ich … ich glaub, ich bin in dich verliebt."

So was hatte er noch nie zu ihr gesagt, so was sagten sie nicht zueinander, das machte alles kaputt!

Josefine rückte von Stefan ab, wischte sich über den Mund, aber das Gefühl an ihren Lippen ging nicht weg und ihr Herz hämmerte, hämmerte. Wie eine S-Bahn, die zu schnell fährt, eine S-Bahn, die gleich entgleist.

Sein warmer Atem auf ihrer Haut. Sein fragender Blick.

Josefine dachte daran, wie sie einmal nachts S-Bahn gefahren waren. Sie waren die Letzten im Abteil gewesen und hatten auf die Lichter draußen geschaut. Und es war so ein Gefühl, als würde die Stadt ihnen ganz allein gehören. Als ob alles möglich wäre.

Doch dann musste Josefine an ihre Mutter denken, die sich auf den Boden geworfen hatte, als Papa wegging, einfach auf den Boden, und geschluchzt hatte: Es tut so weh, so weh …

„Sag was, Fine", bat Stefan.

Aber Josefine sagte nichts. Sie war stumm vor Wut. Wie konnte Stefan sich so sicher sein? Was ist das eigentlich, Liebe? Und woher weiß man, dass man sie hat? Woher weiß man, dass es kein schrecklicher Irrtum ist? Josefine sagte nichts. Und dann: Ich muss jetzt los. Ich … ich ruf dich an.

Danach ging sie. Zweiter Stock, erster Stock, Erdgeschoss, raus. Kein Blick hoch zu seinem Fenster. Nächstbeste S-Bahn.

Und jetzt sitzt sie hier. Fühlt sich irgendwie beschissen. Von Stefan. Von der Bahn. Vom Leben. Von sich selbst.

„Mädchen, ich weiß ja nicht, was mit dir los ist, aber ich würde gerne mal deinen Fahrschein sehen", fordert die Frau.

Josefine zuckt die Achseln. „Hab keinen Fahrschein", murmelt sie, zu erschöpft, um zu lügen. Anscheinend ist sie sogar zu blöd zum Schwarzfahren.

Die Frau presst die Lippen zusammen. „Dann hätte ich jetzt gerne deinen Personalausweis."

Josefine kramt nach ihrem Portmonnaie, den Kopf gesenkt, sodass sie die Kontrolleurin nicht ansehen muss, sondern nur ihre polierten Schuhe. Plötzlich gerät ein Paar Turnschuhe in Josefines Blickfeld. Nicht irgendwelche Turnschuhe – die da kennt sie!

„Da haben Sie ihren Fahrschein", sagt Stefan. Dann hält er der Frau ein Ticket unter die Nase. Sie prüft es sorgfältig auf Gültigkeit und nickt dann. „Könnte ich bitte auch deinen Fahrschein sehen, junger Mann?"

„Ich hab keinen", entgegnet Stefan und schaut der Kontrolleurin gelassen in die Augen.

Ihre Lippen verziehen sich zu einem kurzen Lächeln. Aber vielleicht hat Josefine sich das auch nur eingebildet. Anschließend stellt die Kontrolleurin Stefan einen Bußgeldbescheid aus. Die ganze Zeit über muss Josefine ihn anstarren wie ein Wunder.

„Was machst du denn hier?", platzt es aus ihr raus, kaum dass die Kontrolleurin gegangen ist.

„War klar, dass du in die nächste S-Bahn steigst", antwortet Stefan und lässt sich auf den Sitz neben ihr fallen. „Ich musste einfach nur am Bahnsteig stehen bleiben und warten, bis du irgendwann vorbeigefahren kommst. War Glück, dass ich dich gesehen hab."

Dann schweigen sie und trauen sich beide nicht, sich richtig anzusehen. Josefine weiß nicht, was sie sagen soll. Also sagt sie: „Mit dem Schwarzfahren, das hast du irgendwie noch nicht so richtig drauf."

„Dann musst du wohl noch ganz viel mit mir üben", antwortet Stefan und grinst sie an. Gemeinsam betrachten sie die Halteschlaufen, die in den Kurven hin und her schwingen. Stefan fragt leise: „Hast du Angst, Fine?"

„Ja", flüstert sie. „Ein bisschen." Sie fahren durch die schwarze Nacht, Josefine und ihr Schwarzfahrer, da nimmt er ihre Hand. Seine Hand ist warm.

1 a Verschaffe dir einen Überblick über die Kurzgeschichte:
- Was passiert in der Geschichte? Nenne die wichtigsten Ereignisse.
- Wer sind die handelnden Figuren? Beschreibe sie möglichst genau.

b Begründe, welche Situation in der Geschichte du für zentral hältst.

2 Josefine ist von Stefan überstürzt fortgegangen, sitzt jetzt in der S-Bahn und fühlt „sich irgendwie beschissen" (→ Z. 156–157). Erkläre, was passiert ist. Warum ist Josefine so plötzlich aufgebrochen? Lies hierzu auch noch einmal die Zeilen 110–127 und den Schluss der Geschichte.

3 Überlege, warum die Geschichte den Titel „Schwarzfahren für Anfänger" trägt.

4 In der Kurzgeschichte gibt es Zeitsprünge.

a Notiert mit Zeilenangaben, an welchen Stellen die aktuelle Handlung unterbrochen wird, um von Vergangenem zu erzählen. Haltet den Inhalt dieser Rückblenden in Stichwörtern fest.
Tipp: Achtet auch auf den Wechsel des Erzähltempus.
Z. 5–X: Josefine … (Tempus wechselt vom Präsens ins …)

b Übertragt die folgende Zeitleiste in euer Heft und ordnet die Handlung chronologisch an.

Z. 5–X: Josefine …

Merkwissen Die Zeitgestaltung in einer Erzählung

Der Erzähler kann sich streng an die zeitliche Reihenfolge der Ereignisse halten, also **chronologisch erzählen**. Er kann die aktuelle Handlung aber auch unterbrechen und in **Rückblenden** von vergangenen Ereignissen erzählen oder in **Vorausdeutungen** Ereignisse vorwegnehmen.

5 Mache dir ein genaueres Bild von Josefine und Stefan.

a Suche Textstellen heraus, in denen Merkmale und Eigenschaften der Figuren deutlich werden.

Josefine
- ist eine Schwarzfahrerin (→ Z. 25)
- …

Stefan
- würde nie ohne …
- …

Tipp Die **Merkmale** und **Eigenschaften** einer Figur müssen nicht wörtlich im Text stehen. Man kann sie auch aus den Gedanken oder dem Verhalten ableiten.

b Charakterisiere Josefine und Stefan in wenigen Sätzen und beschreibe ihre Beziehung zueinander. Du kannst die folgenden Wortschatzkästen zu Hilfe nehmen:

wirken | macht den Eindruck | wird als … dargestellt | sich fühlen | sich Gedanken machen über

nachdenklich | ernst | traurig | gefühlvoll | sensibel | selbstbewusst | ziellos | schüchtern | offen | verschlossen | kontaktfreudig | vernünftig | zielstrebig | ängstlich

6 a Lies die unten stehenden Informationen zum Begriff „Leitmotiv". Erkläre in eigenen Worten, was man unter einem Leitmotiv versteht.

b Überprüfe anhand des Textes, welche der nebenstehenden Bausteine in dem Text als Leitmotiv bezeichnet werden können.

Halteschlaufen, die hin und her schwingen | Turnschuhe | Klemmbrett | (rote) Gummibärchen | Handy | mit der S-Bahn im Kreis fahren

c Erkläre, welche Bedeutung das jeweilige Leitmotiv in der Geschichte hat. Überlege hierzu:
- An welchen Stellen (z. B. Anfang und Ende der Geschichte) oder in welchen Zusammenhängen taucht das Leitmotiv auf?
- Welche Stimmung erzeugt es jeweils? Welche Bedeutung hat es für die Handlung?

7 Schreibe einen kurzen zusammenhängenden Text, in dem du deutlich machst, worum es in der Geschichte geht. Stelle dann ein Leitmotiv dar und erkläre, welche Bedeutung es für die Handlung hat.

In der Kurzgeschichte … der Autorin … aus dem Jahr … geht es um … / wird beschrieben …
- Die Geschichte setzt unvermittelt ein. Beschrieben wird, wie Josefine nachts mit der S-Bahn fährt und die Halteschlaufen … Am Ende der Geschichte wird dieses Bild …
- In der Geschichte gibt es das Leitmotiv der … Es kommt …

! **Merkwissen** Leitmotive in literarischen Texten

Als Leitmotiv bezeichnet man einen **Baustein** (z. B.: eine einprägsame Aussage/Wendung oder ein Sprachbild, einen besonderen Ort, ein Handlungselement, einen Gegenstand oder eine Farbe), **der in einem literarischen Text wiederkehrt** und dadurch eine besondere Bedeutung erhält. Ein Leitmotiv stellt inhaltliche Verknüpfungen her, indem es dem Leser bestimmte Ereignisse, Situationen und Figuren ins Gedächtnis ruft.

Teste dein Wissen!
Eine Kurzgeschichte verstehen

Erwin Strittmatter
Die Macht des Wortes

Jedes Jahr setzte Großvater vorgezogene Kürbispflanzen in Kompost und zog große gelbe Kürbisse für den Winter. Der Komposthaufen war auf dem Felde. Durch die Felder schlichen zuweilen redliche Menschen, wenn man den Worten der Bibel trauen kann: Sie säten nicht, und sie ernteten doch, und deshalb nächtigte Großvater, wenn die Kürbisse reiften, draußen. Er breitete seine blaue Schürze aus, legte sich hin und schlief im Raingras[1], und da er beim Schlafen schnarchte, waren die Diebe gewarnt. Eine Weile ging's gut, aber Großmutter war noch eifersüchtig. Sie wollte kein Mannsbild, das nachts „umherzigeunerte". „Denk an den Winter! Denk an dein Rheuma. Ich reib dich nicht ein, wenn es dich wieder quält. Im Grase liegen – bist doch kein Rehbock!"
Großvater nahm seine Schürze und ging zur Großmutter in die Kammer, doch bevor er das Feld verließ, nahm er sein Messer und ritzte in alle Kürbishäute: „Gestohlen bei Kulka".
Die Kürbisse wuchsen. Großvaters Schrift wuchs mit. *„Gestohlen bei Kulka."* Die Diebe umschlichen den Komposthaufen und ließen die Kürbisse, wo sie waren. Großvaters Buchstaben wirkten wie Zauberrunen[2].

1 der Rain oder Feldrain: Rand eines Ackers
2 die Rune: germanisches Schriftzeichen

1 a Begründe, welches der folgenden Adjektive den Großvater am besten charakterisiert:

klug | clever | hinterlistig | geizig | durchtrieben | schlau | mutig | gerissen | egoistisch

b Wie ist der Ausdruck „redliche Menschen" in Z. 5 zu verstehen? Notiere den Buchstaben der richtigen Bedeutung in deinem Heft und erkläre, warum.

A dumme Menschen **B** ehrliche Menschen **C** unehrliche Menschen **D** kluge Menschen

c Erkläre, wo sich deiner Meinung nach der Höhe- und Wendepunkt der Geschichte befindet.
d Welche Bedeutung hat deiner Meinung nach der Schlusssatz? Lies die folgenden Antworten und entscheide, welche zutrifft. Notiere den Buchstaben der richtigen Antwort in deinem Heft.

A Seine Buchstaben verzauberten die Diebe.
B Seine Buchstaben lockten die Diebe an.
C Seine Buchstaben hielten die Diebe von den Kürbissen fern.
D Seine Buchstaben verdarben die Kürbisse.

2 Vergleicht eure Ergebnisse in Partnerarbeit.

6.2 „… bis sie ins Trockene kamen“
Inhalte zusammenfassen und deuten

Günther Weisenborn
Zwei Männer *(1949)*

Als der Wolkenbruch, den sich der argentinische Himmel damals im Februar leistete, ein Ende gefunden hatte, stand das ganze Land unter Wasser. Und unter Wasser standen die Hoffnungen des Pflanzers von Santa Sabina[1]. Wo ein saftgrünes Vermögen in Gestalt von endlosen Teefeldern mit mannshohen Yerbabüschen[2] gestanden hatte, dehnte sich morgens ein endloses Meer. Der Farmer war vernichtet, das wusste er. Er saß auf einer Maiskiste neben seinem Haus und zählte die fetten Blasen, die an seine Schuhe trieben und dort zerplatzten. Das Maisfeld glich einem See. Der Rancho[3] des Peons[4] war darin verschwunden. Sein Schilfdach trieb im Strom davon, eine nickende Straußenleiche vor sich herschiebend. Der Peon hatte sich zu seinem Herrn geflüchtet und saß neben ihm. Er war ein Indio, der mit breitem, eisernem Gesicht ins Leere starrte. Seine Frau war ertrunken, als sie sich losließ, um ihre Hände zur Madonna zu erheben. Der Peon hatte drei Blasen gezählt. Ihre Hand hatte die letzte Blase zerschlagen.

Der Farmer hatte seine Frau in der Stadt. Sie würde vergeblich auf seinen Schritt vor der Tür warten. Denn der Farmer gab sich noch eine Nacht. Es ist unter Männern Brauch, dass man sich in gewissen Lagen die letzte Zigarette teilt.

---

1 Santa Sabina: Ort in Argentinien
2 Yerba: Pflanze, aus deren Blättern Tee hergestellt wird
3 der Rancho: Hütte
4 der Peon: Landarbeiter, Knecht

Der Farmer, im Begriff, nach Mannesart zu handeln, wurde von seinem Peon unterbrochen. „Herr!", rief der Indio. „Der Paraná! Der Strom kommt …!" Er hatte Recht. Man hörte in der Ferne ein furchtbares Donnern. Der Paraná, angeschwollen von Wasser und Wind, brach in die Teeprovinzen ein. Paraná, das heißt der größte Strom Argentiniens. Dieses Donnern war das Todesurteil für die Männer von Santa Sabina. Sie verstanden sich auf diese Sprache, die Männer. Sie hatten tausendmal dem Tod ins Auge gesehen.

Sie hatten das Weiße im Auge des Pumas gesehen und der Korallenschlange ins kalt strahlende Gesicht. Sie hatten dem Jaguar gegenübergestanden und der großen Kobra, die sich blähte. Sie hatten alle diese Begegnungen für sich entschieden, denn ihr Auge war kalt und gelassen ihre Hand.

Jetzt aber halfen keine Patronen und kein scharfes Auge. Dieser Feind hier, das Wasser, war bösartig wie hundert Schlangen, die heranzischten, und todesdurstig wie der größte Puma auf dem Ast. Man konnte das Wasser schlagen, es wuchs. Man konnte hineinschießen, es griff an. Es biss nicht, es stach nicht, das Wasser, es suchte sich nur mit kalten Fingern eine Stelle am Mann, seinen Mund, um ihn anzufüllen, bis Blasen aus der Lunge quollen. Das Wasser war gelb und lautlos. Und man sah vor Regen den Himmel nicht.

Auf einer kleinen Insel, halb unsichtbar in der triefenden Finsternis, saß der Farmer mit seinem Peon vor seinem Haus.

Dann kam der große Paraná. Er kam nicht mit Pauken und Posaunen. Nein, man merkte ihn gar nicht. Aber plötzlich stand der Schuh des Farmers im Wasser. Er zog ihn zurück. Aber nach einer Weile stand der Schuh wieder im Wasser, weiß der Teufel … Und wenn man die Maiskiste zurücksetzte, so musste man sie bald noch ein wenig zurücksetzen, denn kein Mann sitzt gern im Wasser.

Das war alles, aber das war der Paraná.

Gegen Abend fiel das Hühnerhaus um. Man hörte das halb erstickte Kreischen der Vögel, dann war es wieder still. Später zischte es plötzlich im Wohnhaus auf, denn das Wasser war in den Herd gedrungen.

Als es dunkel wurde, standen der Farmer und sein Peon bereits bis zum Bauch im Wasser. Sie kletterten auf das Schilfdach. Dort auf dem Gipfel saßen sie schweigend, dunkle Schatten in der dunkelsten aller Nächte, indes Töpfe und Kästen aus den Häusern hinausschwammen. Ein Stuhl stieß unten das Glasfenster in Scherben. Das Wasser rauschte. Die Blasen platzten. Ein totes Huhn schwamm im Kreise vor der Haustür.

Als das Wasser das Dach erreicht hatte, stieß es die Hausmauern nachlässig um. Das Dach stürzte von den gebrochenen Pfosten, schaukelte und krachte, dann drehte es sich um sich selbst und trieb in die rauschende Finsternis hinaus.

Das Dach ging einen langen Weg. Es fuhr kreisend zu Tal. Es trieb am Rande der großen Urwälder vorbei. Es segelte durch eine Herde von Rindern, die mit himmelwärts gestreckten Beinen totenstill auf dem wirbelnden Wasser trieben. Glotzäugige Fische schossen vor dem Schatten des Daches davon. Schwarze Aasgeier trieben, traubenweise an ein Pferd gekrallt, den Strom hinab. Sie blickten mordlustigen Auges herüber … Blüten, Möbel und Leichen vereinigten sich zu einem Zug des Todes, der talwärts fuhr, einem undurchsichtigen Ende entgegen.

Gegen Morgen richtete sich der Farmer auf und befahl seinem Peon, nicht einzuschlafen. Der Indio verwunderte sich über die harte Stimme seines Herrn.

Er wäre bedenkenlos dem Farmer um die Erde gefolgt. Er war Indio und wusste, was ein Mann ist. Aber er wusste auch, dass ein Mann ein schweres Gewicht hat. Wenn nur ein Mann auf dem Dach sitzt, so hält es natürlich länger, nicht wahr, als wenn es unter dem schweren Gewicht zweier Männer auseinanderbricht und versinkt. Und dann gute Nacht …

Er glaubte nicht, dass der Farmer gutwillig das Dach verlassen würde, aber man konnte ihn hinunterkippen, denn es ging hier um Leben und Tod. Das dachte der Indio und rückte näher. Sein Gesicht war steinern, es troff von Regen.

Das Dach würde auf keinen Fall mehr bis zum Morgen schwimmen. Jetzt schon brachen einzelne Bündel ab und schwammen nebenher. Die Männer mitten auf dem furchtbaren Strom wussten nicht, wo sie waren. Dichter Nebel fuhr mit ihnen. Ringsum das Wasser schien stillzustehen. Fuhren sie im Kreis? Sie wussten es nicht. Sie sahen sich an.

Da folgte der Farmer dem Brauch aller Männer, zog seine letzte Zigarette, brach sie in zwei Teile und bot dem Indio eines an. Sie rissen das Papier ab und kauten den Tabak, da sie kein Feuer hatten.

Er ist ein guter Kamerad, dachte der Peon. Es hat keinen Zweck. Es soll alles seinen Weg gehen. Als er den würzigen Geschmack des Tabaks fühlte, wurde aus der Feindschaft langsam ein Gefühl der Treue. Was willst du? Der Peon hatte seine Frau verloren und sein Kind. Sie hatte die letzte Blase ihres Atems mit ihrer Hand zerschlagen. Er hatte nichts mehr, was ihn zu leben verlockte. Das Schilfdach sank immer tiefer. Wenn er selbst ins Wasser sprang, hielt das Dach vielleicht noch und trug seinen Herrn bis zum Morgen.

Der Dienst ist aus, adios, Senior! Der Peon kletterte über den Giebel bis an den Rand des Daches, als er plötzlich im dunklen Wasser Kaimane rauschen sah, Jaquares[5], die ihn aufmerksam anstarrten. Zum ersten Mal verzog der Indio sein Gesicht, dann hielt er den Atem an und sprang. Aber er wurde im selben Moment von seinem Herrn gehalten, der ihn wieder aus dem Wasser zog und seinen Peon zornglühend anschrie. Kreideweiß, mit rot geränderten Augen und triefenden Haaren beugte sich der Farmer über ihn, nannte ihn den Vater allen Unsinns und rüttelte ihn. Dann befahl er ihm, seinen Platz einzunehmen und den Mut nicht zu verlieren, verdammt noch mal …!

Gegen Morgen trieben sie an Land, sprangen über Baumäste und wateten stundenlang, bis sie ins Trockene kamen. Sie klopften den Boden mit Stöcken nach Schlangen ab, und ehe sie sich zum Schlafen in das Maisfeld legten, sagte der Farmer:

„Morgen gehen wir zurück und fangen wieder an."

„Bueno"[6], sagte der Indio. Der Regen hörte auf.

---

5 Jaquares: südamerikanische Panzerechsen

6 bueno (spanisch): gut, einverstanden

1 a Notiere deine ersten Leseeindrücke und vergleiche sie anschließend mit denen deiner Mitschüler.
b Kläre Wörter, Begriffe oder Textstellen, die dir unklar sind.

2 Diskutiert in der Klasse, wo eurer Meinung nach der Wendepunkt in der Geschichte liegt. Begründet eure Einschätzung mithilfe des Textes.

3 Erläutere, was deiner Meinung nach das Thema dieser Kurzgeschichte ist. Überlege hierbei auch, warum der Text den Titel „Zwei Männer“ trägt.

4 Begründe, welche der folgenden Aussagen über die Geschichte zutreffen:
- In der Geschichte geht es um das Verhalten zweier Männer in einer Notsituation.
- Der Herr (Farmer) ist im Gegensatz zu seinem Arbeiter (Peon) von Anfang an zuversichtlich und glaubt, das Hochwasser zu überleben.
- Der Farmer hat seine Frau durch das Hochwasser verloren.
- Der Peon will sich für seinen Herrn opfern.
- Der Peon überlegt, seinen Herrn ins Wasser zu stoßen, um selbst zu überleben.
- Dass der Farmer sich mit seinem Landarbeiter die letzte Zigarette teilt, versteht der Peon als Zeichen von Gleichberechtigung und Verbundenheit.
- Die Geschichte hat ein gutes Ende.
- Der Ausgang der Geschichte bleibt offen.

Eine Inhaltsangabe schreiben

1 Bereite eine Inhaltsangabe der Kurzgeschichte „Zwei Männer“ (→ S. 126–128) vor.

a Gliedere den Text in einzelne Handlungsschritte. Gib jedem Handlungsschritt eine treffende Überschrift und fasse den Inhalt in eigenen Worten zusammen.

b Vergleiche im Anschluss deine Notizen mit denen deiner Mitschüler. Lies bei unterschiedlichen Ergebnissen noch einmal genau im Text nach.

Tipp Handlungsschritte
Ein neuer Handlungsschritt beginnt z. B., wenn:
- die Handlung eine Wendung erfährt,
- der Ort wechselt,
- ein Zeitsprung stattfindet,
- eine neue Figur auftaucht.

Z. 1–28: Die Situation nach dem Regenfall
Verheerende Regenfälle haben in Santa Sabina (Argentinien) das ganze Land überschwemmt. Ein Farmer und sein Landarbeiter sitzen gemeinsam inmitten der Fluten vor dem Haus des Farmers. Der Landarbeiter hat seine Frau und seine Hütte im Hochwasser verloren. Die Ernte des Farmers ist vernichtet …
Z. 29–62: …

2 Schreibe mithilfe deiner Vorarbeiten aus Aufgabe 1 eine Inhaltsangabe.

a Formuliere eine Einleitung, in der du über die Art des Textes, den Titel, den Autor und das Thema des Textes informierst.

b Fasse nun den Inhalt des Textes zusammen:
- Formuliere in eigenen Worten und achte auf eine sachliche Sprache.
- Verwende keine wörtliche Rede, sondern gib besonders wichtige Äußerungen von Figuren in der indirekten Rede (→ S. 251, 349) wieder oder umschreibe sie.
- Schreibe im Präsens, bei Vorzeitigkeit im Perfekt.
- Mache die Zusammenhänge der Handlung durch passende Satzverknüpfungen und Satzanfänge deutlich.

Den Text deuten Eine weiterführende Aufgabe bearbeiten

Zu der Kurzgeschichte „Zwei Männer" wird der folgende weiterführende Arbeitsauftrag gestellt:
Stelle dar, wie sich das Verhältnis des Peons (Landarbeiter) zu seinem Herrn (Farmer) im Laufe der Geschichte ändert. Belege deine Aussagen mithilfe des Textes.
Gehe folgendermaßen vor:

1 Lege dir eine Stoffsammlung zur Beantwortung des Arbeitsauftrags an. Gehe so vor:

a Mache dir noch einmal bewusst, wie sich das Verhältnis des Peons zu seinem Herrn verändert:
- Wie ist die Beziehung beider Männer zu Beginn der Geschichte?
- Welche Gedanken hat der Landarbeiter, während er mit seinem Herrn auf dem Hausdach sitzt?
- Was empfindet der Peon, nachdem der Farmer mit ihm die letzte Zigarette geteilt hat?

b Lies den Text noch einmal und notiere, was du über den Peon und sein Verhältnis zu seinem Herrn erfährst. Belege deine Aussagen mit Zitaten aus dem Text.

Figur des Landarbeiters und sein Verhältnis zu seinem Herrn
- *Landarbeiter hat seine Frau und seine Hütte durch das Hochwasser verloren (Z. 13–23)*
- *wirkt angesichts der Situation versteinert und gleichgültig; Zitat: „Indio, der mit breitem, eisernem Gesicht ins Leere starrte" (Z. 18–19).*
- *zu Beginn wird er als treu ergebener Diener beschrieben; Zitat: „Er wäre bedenkenlos dem Farmer um die Erde gefolgt" (Z. 109–110).*
- *Während die Männer auf dem Hausdach sitzen, überlegt ...; Zitat: ...*
- *Als der Farmer ...*

Merkwissen Aussagen mit Zitaten belegen

Wenn du Aussagen zu einem Text machst, musst du sie durch Zitate belegen. Es gibt zwei Möglichkeiten des Zitierens:
Beim **wörtlichen (direkten) Zitat** übernimmst du ein Wort, eine Textstelle oder einen ganzen Satz wortwörtlich aus dem Text. Das Zitat steht in Anführungszeichen, z. B.:
Der Landarbeiter „wäre bedenkenlos dem Farmer um die Erde gefolgt" (Z. 109–110).
Der Schlusspunkt steht erst nach der Zeilenangabe.
Beim **singemäßen (indirekten) Zitat** gibt man den Inhalt einer Textstelle mit eigenen Worten wieder. Hier werden keine Anführungszeichen gesetzt, sondern es wird nur die Textstelle genannt, auf die man sich bezieht, z. B.:
Der Landarbeiter hat seine Frau und seine Hütte durch das Hochwasser verloren (vgl. Z. 13–23).

2 Stelle nun deine Ergebnisse zu der weiterführenden Aufgabe in einem zusammenhängenden Text dar. Belege deine Aussagen mit Zitaten aus dem Text.
Die folgenden Satzanfänge helfen dir dabei:

Der Landarbeiter hat seine Frau und seine Hütte durch das Hochwasser verloren (Z. 13–23).
Er wird in dieser Situation als ein Mann beschrieben, „der mit breitem, eisernem Gesicht ins Leere starrte“ (Z. 18–19). Dieses sprachliche Bild macht deutlich, ...

Während der Landarbeiter mit seinem Herrn auf dem Hausdach sitzt, überlegt er, ...

Als der Farmer, einem alten Brauch folgend, die letzte Zigarette ..., ändert der Landarbeiter seine Einstellung. „Er ist ein guter Kamerad, dachte der Peon“ (Z. 135). Weil er alles verloren hat, will er sich sogar für seinen Herrn ...

!

Merkwissen Eine erweiterte Inhaltsangabe schreiben

Bei der erweiterten Inhaltsangabe fasst du den Inhalt eines Textes knapp und sachlich zusammen (Inhaltsangabe) und bearbeitest zusätzlich eine weiterführende Aufgabe zum Text.

Aufbau der Inhaltsangabe
- In der **Einleitung** nennst du die Art des Textes (z. B. Kurzgeschichte, Erzählung, Ballade), den Titel, den Namen der Autorin/des Autors und das Thema des Textes.
- Im **Hauptteil** fasst du die wichtigsten Ereignisse der Handlung (Handlungsschritte) in der zeitlich richtigen Reihenfolge zusammen. Mögliche Rückblenden oder Vorausdeutungen werden zeitlich richtig in den Handlungsverlauf eingeordnet und zusammengefasst.
  - Verzichte auf die Darstellung von Einzelheiten und beschränke dich auf das Wesentliche.
  - Mache die Zusammenhänge der Handlung (z. B. zeitliche Zusammenhänge) durch passende Satzverknüpfungen und Satzanfänge deutlich.
  - Schreibe **sachlich** und **nüchtern**, vermeide ausschmückende Formulierungen.
  - Formuliere **in eigenen Worten** und verwende als Zeitform das **Präsens** (bei Vorzeitigkeit das Perfekt).
  - Verwende **keine wörtliche Rede**. Besonders wichtige Äußerungen von Figuren werden in der indirekten Rede (→ S. 251, 349) wiedergegeben oder umschrieben.

Textdeutung – Bearbeitung der weiterführenden Aufgabe
Im Anschluss an die Inhaltsangabe bearbeitest du eine Aufgabe zum Text. Diese Aufgabe kann sich zum Beispiel beziehen auf: die Figuren und ihre Beziehung zueinander, die sprachliche Gestaltung eines Textes (→ S. 333) oder auf die Textsorte (z. B. die Merkmale einer Kurzgeschichte anhand des Textes nachweisen, S. 119), z. B.:
Bei diesem Text handelt es sich um eine Kurzgeschichte. Dies ist anhand der folgenden Merkmale zu erkennen: Die Handlung der Geschichte beginnt unvermittelt, ohne eine ausführliche Einleitung: „Als der Wolkenbruch [...], stand das ganze Land unter Wasser“ (Z. 1–4).
Die Aufgabe zum Text wird in einem zusammenhängenden Text beantwortet. Die Aussagen, die du über den Text machst, belegst du anhand von Zitaten aus dem Text (→ S. 130).

Wladimir Kaminer

Schönhauser Allee im Regen *(2001)*

Ab und zu regnet es in der Schönhauser Allee. Ein Unwetter bringt das Geschäftsleben in Schwung. Die Fußgänger verlassen die Straßen und flüchten in alle möglichen Läden rein. Dort entdecken sie Dinge, die sie sich bei Sonnenschein nie angucken würden, und kaufen Sachen, die sie eigentlich überhaupt nicht brauchen, zum Beispiel Regenschirme. Wenn der Regen aufhört, ist die Luft wunderbar frisch, es riecht nach Benzin und den wasserfesten Farben der Fassaden. In jedem Mülleimer steckt dann ein Regenschirm, und überall sind große Pfützen zu sehen. Meine Tochter Nicole und ich gehen oft nach dem Regen spazieren. Wir gehen am Optikladen vorbei. Dort kauft sich ein Araber eine Brille.

„Guck mal!", zeigt Nicole mit dem Finger auf ihn. „Eine Frau mit Bart!"

„Nimm deinen Finger runter!", zische ich. „Das ist keine Frau mit Bart, das ist ein Araber, der sich eine Brille kauft."

„Wozu sind Brillen eigentlich gut? Für blinde Menschen?", fragt mich meine Tochter.

„Nein", sage ich, „blinde Menschen brauchen keine Brille. Man kauft sie, wenn man das Gefühl hat, etwas übersehen zu haben."

Nicole zeigt auf die bunten Benzinstreifen, die in der Sonne blitzen. „Wäre es möglich, dass der Regenbogen vom Himmel runtergefallen ist?"

„Korrekt", antworte ich.

Wir gehen weiter. Ein vietnamesisches Mädchen steht mit beiden Füßen in einer besonders tiefen Pfütze. Das Wasser reicht ihr fast bis zu den Knien. Sie bewegt sich nicht und guckt traurig vor sich hin. Eine alte Frau bleibt vor ihr stehen. „Armes Mädchen! Du hast ja ganz nasse Füße", sagt sie. „Warum gehst du nicht nach Hause und ziehst dir neue warme Socken an?"

Die kleine Vietnamesin schweigt.

„Hast du überhaupt andre Socken?", fährt die alte Dame fort. „Wo wohnst du? Hast du ein Zuhause?"

Ein Ehepaar bleibt ebenfalls bei dem Mädchen stehen, die Frau erwartet ein Baby, so sind sie auch interessiert.

„Verstehst du eigentlich unsere Sprache?", fragt der Mann besorgt. Das Mädchen schweigt. „Sie hat sich bestimmt verlaufen und kann ihre

Eltern nicht finden, armes Kind“, vermutet die alte Frau.

Eine Touristengruppe, frisch aus einem Bus, nähert sich dem Mädchen vorsichtig. Überwiegend ältere Menschen, die miteinander plattdeutsch reden.

„Aber warum steht sie in einer so tiefen Pfütze?“, fragt ein Mann.

„Das ist doch ganz klar: Sie kann unsere Sprache nicht und will auf diese Weise unsere Aufmerksamkeit erregen. Sie signalisiert uns, dass sie Hilfe braucht“, erklärt die schwangere Frau.

„Was machen wir jetzt?“, fragt die alte Dame, die als Erste das Mädchen entdeckt hat.

„Wir können das Kind unmöglich allein hier stehen lassen. Am besten, wir rufen die Polizei.“

„Genau“, meint die Touristengruppe, „rufen Sie die Polizei, und wir passen inzwischen auf das Kind auf.“

Plötzlich springt das vietnamesische Mädchen aus der Pfütze nach vorn, das schmutzige Wasser bespritzt die Passanten. Alle sind nun nass: die alte Frau, das Ehepaar, die Plattdeutschtouristen. „Reingelegt!“, ruft das Mädchen, lacht dabei diabolisch[1] und verschwindet blitzschnell um die Ecke. Alle Betroffenen bleiben fassungslos auf der Straße stehen. Nicole und ich kennen das Mädchen, weil sie in unserem Haus wohnt. Ihre Eltern haben einen Lebensmittelladen im Erdgeschoss und geben uns manchmal Erdbeeren und Bananen umsonst.

Und diesen Witz kennen wir auch schon. Das Mädchen macht ihn jedes Mal, wenn die großen Pfützen auf der Schönhauser Allee auftauchen und die großen Menschenmengen kurzzeitig verschwinden.

Auf wunderbare Weise wird die Allee aber schnell wieder trocken und belebt, sodass dann keiner mehr auf die Idee kommt, dass es hier vor Kurzem noch geregnet hat.

1 diabolisch: teuflisch

1 a Prüfe, ob der Titel zu der Geschichte passt. Begründe deine Meinung.
b Überlege dir für die Geschichte einen neuen Titel. Erläutere, warum du deinen Titel für geeignet hältst.

2 Erkläre, wo der Wendepunkt in der Geschichte liegt. Benenne die entsprechende Textstelle.

3 Beurteile, ob es für die Geschichte wichtig ist, dass es sich bei dem Mädchen um eine Vietnamesin und keine Deutsche handelt. Belege deine Aussage anhand des Textes.
Tipp: Überlege: Welche Gedanken, Fragen, Vorstellungen ruft das vietnamesische Mädchen bei den Passanten hervor?

4 Fasse knapp zusammen, was das Thema der Geschichte ist.
a Untersuche, aus wessen Sicht die Geschichte erzählt wird. Wie nennt man einen solchen Erzähler?
b Erläutere anhand des Textes, wie der Erzähler das Verhalten des Mädchens beurteilt.

5 „‚Reingelegt‘, ruft das Mädchen, lacht dabei diabolisch und verschwindet blitzschnell um die Ecke. Alle Betroffenen bleiben fassungslos auf der Straße stehen“ (Z. 73–76).
Zeichne zwei Denkblasen. Notiere in der einen, was das Mädchen in diesem Moment denken könnte. Denke dir auch aus, was einem der Passanten durch den Kopf gehen könnte, und schreibe es in die andere Denkblase.

Vertiefen und üben
Erweiterte Inhaltsangabe

Fasse den Inhalt der Kurzgeschichte „Schönhauser Allee im Regen" (→ S. 132–133) zusammen.
Erkläre, wie das Mädchen es schafft, die Erwachsenen reinzulegen. Erläutere dabei auch, welche Gedanken das Mädchen bei den Erwachsenen hervorruft. Belege deine Aussagen mit Zitaten aus dem Text.

●●●1 Bearbeite den oben stehenden Arbeitsauftrag. Gehe so vor:

a Lies die Geschichte noch einmal und notiere in einem Satz, worum es geht.

b Gliedere den Text in einzelne Handlungsschritte. Gib jedem Handlungsschritt eine Überschrift und fasse den Inhalt in eigenen Worten zusammen.

Z. 13–30: Spaziergang auf der Schönhauser Allee
– Der Ich-Erzähler geht mit seiner Tochter nach einem Regenguss …

Z. 31–68: …

c Verfasse nun mithilfe deiner Notizen die Inhaltsangabe. Beginne mit einem informativen Einleitungssatz, der auch das Thema des Textes benennt. Schreibe dann den Hauptteil der Inhaltsangabe, indem du die Handlung knapp und in eigenen Worten zusammenfasst.
→ Hilfen zu dieser Aufgabe findest du auf S. 135.

●●●2 a Lege dir eine Stoffsammlung für den weiterführenden Arbeitsauftrag an. Lies noch einmal genau im Text nach: Wie geht das Mädchen bei seinem „Spiel" vor? Wie schaut es? Wie verhält es sich, als die Erwachsenen es befragen? Was denken die Erwachsenen?
Notiere deine Ideen und belege sie mit Zitaten.

Wie legt das Mädchen die Erwachsenen rein? Welche Gedanken weckt es bei den Erwachsenen?
→ Das Mädchen will durch den traurigen Gesichtsausdruck die Aufmerksamkeit/das Mitleid der … .; Zitat: „…" (Z. 34–35).

b Verfasse im Anschluss an deine Inhaltsangabe einen weiteren Abschnitt deines Aufsatzes, in dem du deine Ergebnisse zu der weiterführenden Aufgabe in einem zusammenhängenden Text darstellst. Belege deine Aussagen mit Zitaten aus dem Text (→ Zitieren, S. 130).
→ Hilfen zu dieser Aufgabe findest du auf S. 135.

●● 1 mit Hilfen

a Lies die Geschichte noch einmal und notiere in einem Satz, worum es geht.
… legt eine Gruppe von Erwachsenen, die ihm helfen wollen, …

b Gliedere den Text in einzelne Handlungsschritte. Gib jedem Handlungsschritt eine Überschrift und fasse den Inhalt in eigenen Worten zusammen.

Z. 13–30: Spaziergang auf der Schönhauser Allee
– Der Ich-Erzähler geht mit seiner Tochter nach einem Regenguss …
Z. 31–68: Das Mädchen und die Passanten
– Ein kleines vietnamesisches Mädchen steht knietief in einer großen Pfütze und guckt traurig.
– Eine alte Frau, ein Ehepaar, dann eine Touristengruppe bleiben stehen und fragen das Mädchen, was mit ihm los sei, ob es ein Zuhause habe und … Das Mädchen beantwortet keine …, sondern schweigt.
– Die Passanten kommen zu dem Schluss, dass das Mädchen …
Z. 69–76: Überraschung
– …

c Verfasse nun mithilfe deiner Notizen die Inhaltsangabe:
– Beginne mit einem informativen Einleitungssatz, der auch das Thema des Textes benennt.
In der Kurzgeschichte … von … geht es um … *Die Kurzgeschichte … von … handelt von …*
– Schreibe nun den Hauptteil der Inhaltsangabe, indem du die Handlung knapp und in eigenen Worten zusammenfasst.
Tipp: Verwende keine wörtliche Rede. Mache die Zusammenhänge der Handlung durch passende Satzverknüpfungen und Satzanfänge deutlich.

●● 2 mit Hilfen

Lege dir eine Stoffsammlung für den weiterführenden Arbeitsauftrag an.

a Lies noch einmal genau im Text nach: Wie geht das Mädchen bei seinem „Spiel" vor? Wie schaut es? Wie verhält es sich, als die Erwachsenen es befragen? Was denken die Erwachsenen? Notiere deine Ideen und belege sie mit entsprechenden Zitaten.

Wie legt das Mädchen die Erwachsenen rein? Welche Gedanken weckt es bei den Erwachsenen?
⟶ Das Mädchen will durch den traurigen Gesichtsausdruck das Mitleid der Passanten erregen.
Zitat: „Sie bewegt sich nicht und guckt traurig vor sich hin" (Z. 34–35).
– Die Passanten fragen besorgt, was mit dem Mädchen los sei. Zitat: „Armes Mädchen!" (Z. 36), „Verstehst du eigentlich unsere Sprache?", fragt der Mann besorgt" (Z. 46–47).
– Weil das Mädchen schweigt (Z. 39 und Z. 47) und keine der Fragen beantwortet, glauben …

b Verfasse im Anschluss an deine Inhaltsangabe einen weiteren Abschnitt deines Aufsatzes, in dem du deine Ergebnisse zu der weiterführenden Aufgabe in einem zusammenhängenden Text darstellst. Belege deine Aussagen mit Zitaten aus dem Text (→ Zitieren, S. 130).
Das Mädchen, das in der Pfütze steht, „bewegt sich nicht und guckt traurig vor sich hin" (Z. 34–35). Durch diesen traurigen Gesichtsausdruck erweckt es das Mitleid der Passanten. So fragt eine alte Frau, ob das Mädchen ein Zuhause habe (Z. 41–42). Und ein Mann erkundigt sich, ob es überhaupt „unsere Sprache" (Z. 46) verstehe. Weil das Mädchen …

6.3 Fit in …
Erweiterte Inhaltsangabe

Die Aufgabenstellung richtig verstehen

Stelle dir vor, du bekommst folgende Aufgabe:

1. Verfasse zu der Kurzgeschichte „Streuselschnecke" von Julia Franck eine Inhaltsangabe.
2. Beschreibe das Verhältnis der Ich-Erzählerin zu ihrem Vater. Belege deine Aussagen mit Zitaten aus dem Text.

Julia Franck
Streuselschnecke *(2002)*

Der Anruf kam, als ich vierzehn war. Ich wohnte seit einem Jahr nicht mehr bei meiner Mutter und meinen Schwestern, sondern bei Freunden in Berlin. Eine fremde Stimme meldete sich, der Mann nannte seinen Namen, sagte mir, er lebe in Berlin, und fragte, ob ich ihn kennen lernen wolle. Ich zögerte, ich war mir nicht sicher. Zwar hatte ich schon viel über solche Treffen gehört und mir oft vorgestellt, wie so etwas wäre, aber als es so weit war, empfand ich eher Unbehagen. Wir verabredeten uns. Er trug Jeans, Jacke und Hose. Ich hatte mich geschminkt. Er führte mich ins Café Richter am Hindemithplatz, und wir gingen ins Kino, ein Film von Rohmer[1]. Unsympathisch war er nicht, eher schüchtern. Er nahm mich mit ins Restaurant und stellte mich seinen Freunden vor. Ein feines, ironisches Lächeln zog er zwischen sich und die anderen Menschen. Ich ahnte, was das Lächeln verriet. Einige Male durfte ich ihn bei seiner Arbeit besuchen. Er schrieb Drehbücher und führte Regie bei Filmen. Ich fragte mich, ob er mir Geld geben würde, wenn wir uns treffen, aber er gab mir keines, und ich traute mich nicht, danach zu fragen. Schlimm war das nicht, schließlich kannte ich ihn kaum, was sollte ich da schon verlangen? Außerdem konnte ich für mich selbst sorgen, ich ging zur Schule und putzen und arbeitete als Kindermädchen. Bald würde ich alt genug sein, um als Kellnerin zu arbeiten, und vielleicht würde ja auch noch eines Tages etwas Richtiges aus mir. Zwei Jahre später, der Mann und ich waren uns noch immer etwas fremd, sagte er mir, er sei krank. Er starb ein Jahr lang, ich besuchte ihn im Krankenhaus und fragte, was er sich wünsche. Er sagte mir, er habe Angst vor dem Tod und wolle es so schnell wie möglich hinter sich bringen. Er fragte mich, ob ich ihm Morphium[2] besorgen könne. Ich dachte nach, ich hatte einige Freunde, die Drogen nahmen, aber keinen, der sich mit Morphium auskannte. Auch war ich mir nicht sicher, ob die im Kranken-

1 Éric Rohmer: französischer Regisseur
2 das Morphium: ein starkes Schmerzmittel

haus herausfinden wollten und würden, woher es kam. Ich vergaß seine Bitte. Manchmal brachte ich ihm Blumen. Er fragte nach dem Morphium, und ich fragte ihn, ob er sich Kuchen wünsche, schließlich wusste ich, wie gerne er Torte aß. Er sagte, die einfachen Dinge seien ihm jetzt die liebsten – er wolle nur Streuselschnecken, nichts sonst. Ich ging nach Hause und buk Streuselschnecken, zwei Bleche voll. Sie waren noch warm, als ich sie ins Krankenhaus brachte. Er sagte, er hätte gerne mit mir gelebt, es zumindest gern versucht, er habe immer so gedacht, dafür sei noch Zeit, eines Tages – aber jetzt sei es zu spät. Kurz nach meinem siebzehnten Geburtstag war er tot. Meine kleine Schwester kam nach Berlin, wir gingen gemeinsam zur Beerdigung. Meine Mutter kam nicht. Ich nehme an, sie war mit anderem beschäftigt, außerdem hatte sie meinen Vater zu wenig gekannt und nicht geliebt.

1 Lest die Aufgabe auf S. 136 aufmerksam durch. Besprecht dann in Partnerarbeit,
- worauf ihr beim Schreiben der Inhaltsangabe achten müsst und
- was die weiterführende Aufgabe von euch verlangt und wie ihr diese bearbeiten könnt.

Die Kurzgeschichte verstehen und einen Schreibplan anlegen

2 Welche Aussagen zum Text sind richtig? Schreibe sie in dein Heft.

- Das Geschehen, von dem erzählt wird, umfasst einen Zeitraum von etwa drei Jahren.
- Die Ich-Erzählerin lernt ihren Vater erst mit 14 Jahren kennen.
- Das Verhältnis der Ich-Erzählerin zu ihrem Vater ist distanziert.
- Die Ich-Erzählerin sucht Kontakt zu ihrem Vater und ruft ihn deshalb an.
- Die Ich-Erzählerin hat nur eine jüngere Schwester, die bei ihrer Mutter lebt.
- Der Vater der Ich-Erzählerin ist Regisseur und stirbt nach dem 17. Geburtstag der Tochter.
- Am Ende der Geschichte haben Vater und Tochter ein sehr vertrautes, inniges Verhältnis.
- Die Ich-Erzählerin lebt bei Freunden in Berlin und sorgt für sich selbst.
- Die Tochter bringt dem Vater Blumen und Streuselschnecken ins Krankenhaus.

3 Gliedere den Text in Handlungsschritte. Formuliere für jeden Handlungsschritt eine Überschrift und halte die wichtigsten Informationen in Stichwörtern oder kurzen Sätzen fest.

<u>Z. 1–11: Der Anruf</u>
- Ich-Erzählerin erhält mit 14 Jahren Anruf von ihrem Vater, den sie nicht kennt. Er will ….

<u>Z. 12–20: Das erste Treffen</u>
- Vater und Tochter …

<u>Z. 21–33: Weitere Treffen in den folgenden zwei Jahren</u>
- …

<u>Z. 33–58: Krankheit</u>
- …

<u>Z. 58–64: Tod und Beerdigung</u>
- …

Die erweiterte Inhaltsangabe schreiben und überarbeiten

4 Verfasse nun mithilfe deiner Notizen aus Aufgabe 3 die Inhaltsangabe.

a Beginne mit einem informativen Einleitungssatz, der auch das Thema des Textes benennt.

- *Die Kurzgeschichte … von … handelt von einem Mädchen, das mit 14 Jahren …*
- *In der Kurzgeschichte … von … geht es um …*

b Schreibe nun den Hauptteil der Inhaltsangabe, indem du die Handlung knapp und in eigenen Worten zusammenfasst.

5 Bearbeite die weiterführende Aufgabe (→ S. 136).

a Lies noch einmal genau im Text nach und notiere: Was erfährst du über die Ich-Erzählerin und ihr Verhältnis zu ihrem Vater? Belege deine Aussagen mit Zitaten aus dem Text.

Verhältnis zum Vater
- *„fremde Stimme" (Z. 4) → Vater ist fremd*
- *„der Mann" (Z. 5) → Bezeichnung zeigt, dass die Tochter ihren Vater nicht als Vater wahrnimmt, weil sie ihn 14 Jahre lang nicht gekannt hat (distanziertes Verhältnis)*
- *vor dem Treffen mit dem Vater empfindet sie Unbehagen (vgl. Z. 11)*
- *…*

b Verfasse nun einen weiteren Abschnitt deines Aufsatzes, in dem du das Verhältnis zwischen der Ich-Erzählerin und ihrem Vater beschreibst. Belege deine Aussagen mit Zitaten aus dem Text. Du kannst die folgenden Formulierungsbausteine zu Hilfe nehmen.

Das Verhältnis der Ich-Erzählerin zu ihrem Vater ist distanziert. Erst mit 14 Jahren lernt sie ihren Vater kennen, den sie als „Mann" (Z. 5) und nicht als Vater bezeichnet. …
Beim ersten Treffen findet …
Zwei Jahre lang trifft sie sich mit ihm, ohne dass sich eine …

✓ Checkliste Eine erweiterte Inhaltsangabe schreiben

- Ist die **Einleitung** vollständig (Art des Textes, Titel, Name der Autorin / des Autors, Thema des Textes)?
- Hast du im **Hauptteil die wichtigsten Handlungsschritte** in der zeitlich richtigen Reihenfolge zusammengefasst? Wird nur das Wesentliche wiedergegeben?
- Werden die **Zusammenhänge** der Handlung durch passende Satzverknüpfungen und Satzanfänge **deutlich**?
- Hast du die Inhaltsangabe **sachlich** und in **eigenen Worten** formuliert?
- Hast du als Zeitform das **Präsens** verwendet (bei Vorzeitigkeit das Perfekt)?
- Erscheint in deiner Inhaltsangabe **keine wörtliche Rede**?
- Hast du die **weiterführende Aufgabe** in einem zusammenhängenden Text beantwortet und deine **Aussagen** anhand des Textes **durch Zitate belegt**?
- Sind **Rechtschreibung** und **Zeichensetzung** korrekt?

7 Natur, Liebe, Politik
Motive in Gedichten untersuchen

Max Liebermann: Gartenbank unter dem Kastanienbaum – Blühende Kastanien (1916)

In diesem Kapitel …

- lernst du Gedichte aus verschiedenen Jahrhunderten kennen,
- untersuchst du Inhalt, Aufbau sowie sprachliche Besonderheiten von Gedichten und entwickelst eigene Deutungsansätze,
- übst du, beim Gedichtvortrag deine Interpretation überzeugend zu vermitteln,
- nimmst du Gedichte als Ausgangspunkt für das Schreiben eigener Texte.

1 a Betrachte das Bild genau. Welche Eindrücke erhältst du?
b Stelle dir vor, du kannst in dieses Bild hineingehen. Schreibe auf, was du in dieser Situation sehen, hören, fühlen oder denken könntest.

2 Versuche nun, deine Gedanken in Verse zu bringen. Du kannst einen der folgenden Anfangsverse auswählen und weiterführen. Deine Verse müssen sich nicht reimen.

Ich sitze im Park und sehe / …

Sonne, du weist mir den Weg ins Grüne / …

Wie frisch gestrichen wirkt der Garten / …

7.1 In der Natur
Gedichte im Vergleich

„Mir ist wie Blume, Blatt und Baum“ Das lyrische Ich

Bertolt Brecht
Der Blumengarten *(1953)*

Am See, tief zwischen Tann und Silberpappel
Beschirmt von Mauer und Gesträuch ein Garten
So weise angelegt mit monatlichen Blumen
Daß er vom März bis zum Oktober blüht.

Hier, in der Früh, nicht allzu häufig, sitz ich
Und wünsche mir, auch ich mög allezeit
In den verschiedenen Wettern, guten, schlechten
Dies oder jenes Angenehme zeigen. R

Robert Gernhardt
Lehrmeisterin Natur *(1976)*

Vom Efeu können wir viel lernen:
Er ist sehr grün und läuft spitz aus.
Er rankt rasch, und er ist vom Haus,
an dem er wächst, schwer zu entfernen.

Was uns der Efeu lehrt? Ich will es so umschreiben:
Das Grünsein lehrt er uns. Das rasche Ranken.
Den spitzen Auslauf und, um den Gedanken
noch abzurunden: auch das Haftenbleiben.

1 Achte nur auf die beiden Gedichttitel und notiere, welche Erwartungen sie in dir auslösen.

2 Lies beide Gedichte und prüfe mithilfe folgender Aufgaben dein Textverständnis.
- a In den Gedichten geht es um unterschiedliche Bereiche der Natur. Belege diese Aussage mit Textstellen.
- b In beiden Gedichten wird der Natur eine Vorbildfunktion für den Menschen zugesprochen. Welches Gedicht überzeugt dich dabei eher? Begründe deine Meinung.

3 Untersuche, wie sich das lyrische Ich (bzw. Wir) im jeweiligen Gedicht präsentiert. Stelle im Vergleich Gemeinsamkeiten und Unterschiede fest.

4 Arbeite mit einem Lernpartner. Entscheidet, wer welches Gedicht genau untersucht.
- a Analysiere die Form des Gedichts. Wie wirkt sie auf dich?
- b Untersuche die sprachliche Gestaltung. Was leistet sie für die Vermittlung der inhaltlichen Aussage?
- c Prüfe, inwieweit der Titel zur Aussage des Gedichts passt.
- d Stellt euch eure Ergebnisse gegenseitig vor.

Theodor Storm
April *(1853)*

Das ist die Drossel, die da schlägt,
Der Frühling, der mein Herz bewegt;
Ich fühle, die sich hold bezeigen,
Die Geister aus der Erde steigen.
Das Leben fließet wie ein Traum –
Mir ist wie Blume, Blatt und Baum.

Jürgen Becker
Natur-Gedicht *(1974)*

in der Nähe des Hauses,
der Kahlschlag, Kieshügel, Krater
erinnern mich daran –
nichts Neues; kaputte Natur,
aber ich vergesse das gern,
solange ein Strauch steht.

1 a Lies die beiden Gedichte und notiere zu jedem Text deine Eindrücke.
b Vergleiche mit deinen Mitschülern die Wirkung der Gedichte. Stellt Gemeinsamkeiten und Unterschiede fest.

2 Untersucht in Partnerarbeit beide Gedichte näher.
a Zeichnet auf einer Skala ein, wie sich der Sprecher (das lyrische Ich) im jeweiligen Gedicht fühlt. Lest hierzu noch einmal beide Gedichte aufmerksam durch und sucht Textbelege heraus, die eure Einschätzung stützen.

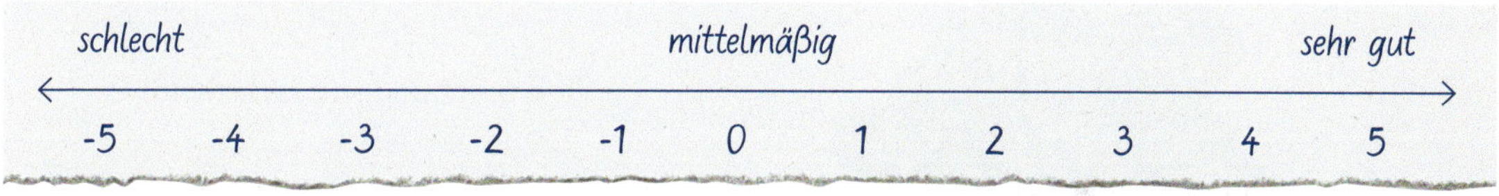

b Vergleicht die Gefühlslage der Sprecher (des lyrischen Ichs) der beiden Gedichte. Welche von beiden könnt ihr selbst besser nachvollziehen? Begründet.

3 Verfasse zu einem der beiden Gedichte ein Parallelgedicht, in dem dein eigenes Verhältnis zur Natur zum Ausdruck kommt.

!

Merkwissen Das lyrische Ich

Wie zu jedem Erzähltext ein Erzähler gehört, so gehört auch zu jedem Gedicht **ein Sprecher**, der nicht mit dem Autor gleichzusetzen ist.
Oft stellt sich dieser Sprecher als ein „Ich“ vor. Dieses sogenannte **lyrische Ich** teilt seine **Gefühle**, **Beobachtungen** und **Gedanken** mit. Deutlich wird dies an den Pronomen (*ich, mein, mir* etc.). Der Leser kann auf diese Weise mitempfinden und mitdenken.
Manchmal geht der Sprecher in einem „Wir“ auf, das in dem Gedicht spricht. Oder der Sprecher tritt überhaupt nicht in Erscheinung, sondern es wird etwas beobachtet, beschrieben oder über etwas nachgedacht. In einigen Gedichten wendet sich der Sprecher direkt an ein „Du“, hier wird also eine Adressatin bzw. ein Adressat in das Gedicht einbezogen.

„War es der Geliebten Stimme?" Sprachliche Bilder in Liebeslyrik untersuchen

Heinrich Heine
XXXVII. *(1844)*

Sterne mit den goldnen Füßchen
Wandeln droben bang und sacht,
Dass sie nicht die Erde wecken,
Die da schläft im Schoß der Nacht.

Horchend stehn die stummen Wälder,
Jedes Blatt ein grünes Ohr!
Und der Berg, wie träumend streckt er
Seinen Schattenarm hervor.

Doch was rief dort? In mein Herze
Dringt der Töne Widerhall.
War es der Geliebten Stimme
Oder nur die Nachtigall?

Yvan Goll
Ich möchte diese Birke sein *(1930)*

Ich möchte diese Birke sein
Die du so liebst:
Hundert Arme hätt ich um dich zu schützen
Hundert grüne und sanfte Hände
Um dich zu streicheln!
Ich hätte die besten Vögel der Welt
Um dich bei Tagesanbruch zu wecken
Und am Abend zu trösten
In den Stunden des Sommers könnt ich dich
Unter Blumenblättern aus Sonne verschütten
In meinen Schatten hüllte ich zur Nacht
Deine ängstlichen Träume ...
Ich wollte ich wär diese Birke
Zu deren Fuß sie dein Grab höhlen werden
Und die mit ihren Wurzeln
Dich noch umklammern wird

1 a Lies beide Gedichte und notiere deine ersten Leseeindrücke.
b Überlege, worin sich die beiden Gedichte thematisch ähnlich sind.
c Vergleiche deine ersten Eindrücke mit einer Lernpartnerin oder einem Lernpartner.

2 Wähle eines der beiden Gedichte aus und untersuche seine sprachliche Gestaltung.

a Erstelle eine Tabelle nach folgendem Beispiel in deinem Heft und trage alle sprachlichen Bilder ein. Bestimme die verwendeten Stilmittel (Vergleich, Metapher, Personifikation) und erkläre jeweils die Bedeutung oder Wirkung.

sprachliches Bild (Vers)	Stilmittel	Deutung, Wirkung
„Sterne mit den goldnen Füßchen" (XXXVII., Vers 1)	Personifikation	Sterne werden als kleine Lebewesen dargestellt; wirkt verniedlichend
„Deine ängstlichen Träume" (Ich möchte diese Birke sein, Vers 12)	Personifikation	Träume werden als gefühlvolle Wesen vorgestellt; wirken schutzbedürftig

b Stellt euch eure Untersuchungsergebnisse gegenseitig vor. Gebt eurem Lernpartner eine Rückmeldung, wo die Erarbeitung überzeugt und wo nicht. Korrigiert und ergänzt eure Ergebnisse, wenn nötig.

3 Vergleicht in Partnerarbeit die Aussage beider Gedichte.

a Zeigt auf, wie die Motive Natur und Liebe miteinander verbunden werden. Beginnt so:

„War es der Geliebten Stimme Oder nur …?" (Verse 11–12)	Das lyrische Ich verbindet die Stimme der Geliebten mit …
„Ich möchte diese Birke sein Die …" (Verse 1–2)	Das lyrische Ich wünscht sich, ein bestimmter Baum zu sein, weil …

b Fasst zusammen, wie das lyrische Ich jeweils zur Geliebten bzw. zum Geliebten steht.

Merkwissen Sprachliche Bilder

Vergleich: Bei einem Vergleich werden zwei verschiedene Vorstellungen durch „wie" oder „als ob" miteinander verknüpft, z. B.:
weiß wie Schnee; so heiß, als ob es Sommer wäre.

Metapher: Bei einer Metapher wird ein Wort nicht wörtlich, sondern in einer übertragenen (bildlichen) Bedeutung gebraucht, z. B.:
Himmelszelt für *Sternenhimmel; Suppe* für *dichten Nebel.*
Man verwendet Metaphern, um Sachverhalte oder Gefühle zu veranschaulichen, z. B.:
Mich traf der Blitz, als ich dich lächeln sah. ⟶ Die Metapher betont ein plötzliches und unerwartetes Ereignis mit großer Wirkung.

Personifikation: Die Personifikation (Vermenschlichung) ist eine besondere Form der Metapher. Leblose Gegenstände, Begriffe oder die Natur werden vermenschlicht, das heißt, ihnen werden menschliche Verhaltensweisen und Eigenschaften zugesprochen, z. B.:
die Erde schläft; die stummen Wälder; der peitschende Wind.

„Tiefe Stille herrscht im Wasser ...“ Ein Gedicht vortragen

Johann Wolfgang Goethe
Meeresstille *(1795)*

Tiefe Stille herrscht im Wasser,
Ohne Regung ruht das Meer,
Und bekümmert sieht der Schiffer
Glatte Fläche ringsumher.
Keine Luft von keiner Seite!
Todesstille fürchterlich!
In der ungeheuren Weite
Reget keine Welle sich.

Glückliche Fahrt *(1795)*

Die Nebel zerreißen,
Der Himmel ist helle,
Und Äolus[1] löset
Das ängstliche Band.
Es säuseln die Winde,
Es rührt sich der Schiffer.
Geschwinde! Geschwinde!
Es teilt sich die Welle,
Es naht sich die Ferne;
Schon seh ich das Land!

1 Äolus: Gott des Windes

1 Die beiden Gedichte werden seit ihrem Erscheinen in allen Goethe-Ausgaben nacheinander abgedruckt.
- a Äußere Vermutungen über die Gründe dafür.
- b Tauscht euch in der Klasse über den Inhalt der Gedichte aus: Habt ihr einmal etwas Ähnliches erlebt?

2 Untersucht zu zweit den Inhalt beider Gedichte.
- a Was erfährt man über das lyrische Ich beider Texte? Stellt dar, wie und aus welcher Perspektive es sein Erlebnis beschreibt.
- b Teilt beide Gedichte in Sinnabschnitte ein und fasst diese jeweils in einem Satz zusammen.
- c Überlegt, was der Titel jeweils zum Ausdruck bringt.

3 a Bereitet in Partnerarbeit den Vortrag der Gedichte vor, indem ihr ihre Form untersucht. Notiert eure Ergebnisse.

1 Strophe und Vers (→ S. 334)
Untersucht den Aufbau der beiden Gedichte.
- Wie viele Strophen hat jedes Gedicht? Wie sind die Strophen aufgebaut?
- Werden einzelne Strophen oder Verse wiederholt (Refrain)?
- Gibt es Enjambements (Zeilensprünge)?

Tipp Bei einem **Enjambement** schließt eine syntaktische Einheit nicht mit dem Versende ab, sondern wird im nächsten Vers weitergeführt, z. B.: *Und bekümmert sieht der Schiffer / Glatte Fläche ringsumher. (Verse 3–4)*

2 Reimform (→ S. 334)
Beschreibt die Reimform der beiden Gedichte.
- Ist das Gedicht gereimt? Wenn ja: Bezeichnet die Verse, die sich reimen, mit gleichen Buchstaben.
- Welche Reimformen könnt ihr entdecken?

3 Metrum (→ S. 335)
Untersucht das Metrum (Versmaß) in beiden Gedichten.
- Welches Versmaß wird verwendet (→ Betonungszeichen, S. 335)? Gibt es Abweichungen? Wenn ja: Überlegt, ob diese Abweichung eine bestimmte Bedeutung hat.
- Überlegt, wie Inhalt und Metrum jeweils eine Einheit bilden.

b Vergleicht eure Ergebnisse mit anderen Teams und nehmt evtl. Korrekturen/Ergänzungen vor.

4 a Wählt für beide Gedichte einen passenden Rhythmus aus, z. B.: ruhig, lebhaft, stockend, ausgeglichen, beschwingt etc.

b Probiert unterschiedliche Vortragsweisen aus. Achtet dabei auf den Sinnzusammenhang und macht bei Enjambements keine Pause. Berücksichtigt bei eurem Gedichtvortrag Tempo, Sprachmelodie (Tonfall), Lautstärke, Betonung und Pausen.

c Tragt beide Gedichte in der Klasse vor und vergleicht unterschiedliche Vortragsweisen.

Methode Ein Gedicht sinngestaltend vortragen

Ein Gedicht vorzutragen, bedeutet immer, es zu interpretieren, also das eigene Verständnis des Gedichts zum Ausdruck zu bringen. Überlegt, welche Wörter ihr besonders betonen wollt, wo es sinnvoll ist, eine Pause zu machen, und wo ein Satz über die Versgrenze hinaus weitergeführt wird (Enjambement). Beschleunigt oder verlangsamt euer Vortragstempo an Stellen, an denen es sinnvoll erscheint. Sprecht lauter oder leiser. Markiert dann das Gedicht mit den entsprechenden Betonungszeichen (→ S. 335).
Tipp: Bei einem Gedichtvortrag müsst ihr die Abfolge von betonten und unbetonten Silben beachten, ihr dürft aber nicht „leiern". Beim Vortrag entsteht wie in der Musik ein Rhythmus.

„Nun, armes Herze, sei nicht bang!“ Ein Gedicht analysieren und deuten

1. Schritt: Mit dem Gedicht ins Gespräch kommen

Ludwig Uhland
Frühlingsglaube *(1813)*

Die linden Lüfte sind erwacht,
Sie säuseln und weben Tag und Nacht,
Sie schaffen an allen Enden.
O frischer Duft, o neuer Klang!
Nun, armes Herze, sei nicht bang!
Nun muss sich alles, alles wenden.

Die Welt wird schöner mit jedem Tag,
Man weiß nicht, was noch werden mag,
Das Blühen will nicht enden.
Es blüht das fernste, tiefste Tal:
Nun, armes Herz, vergiss der Qual!
Nun muss sich alles, alles wenden.

1 a Notiere nach dem ersten Lesen deine ersten, spontanen Eindrücke. Es können auch Fragen sein, z. B.:
- *In dem Gedicht geht es um das Thema …*
- *Beim Lesen entsteht der Eindruck, dass …*
- *Mir fällt auf, dass …*
- *Warum …? / Welche Bedeutung hat …?*
- *Den Begriff / Das sprachliche Bild … finde ich …*

b Begründe anhand einzelner Passagen oder Wörter aus dem Gedicht, wodurch deine ersten Eindrücke entstanden sind.

Tipp Diese Methode heißt im Englischen „Talking to the text“, also mit dem Gedicht ins Gespräch kommen.

2 Um einen Zugang zu dem Gedicht zu bekommen, kannst du auf einer Kopie des Textes festhalten, was dir beim intensiven Lesen und Nachdenken auffällt, z. B.:

Ludwig Uhland		
Frühlingsglaube *(1813)*		*Text schon über 200 Jahre alt*
Die linden Lüfte sind erwacht,	*a*	*Lüfte hier wie Lebewesen*
Sie säuseln und weben Tag und Nacht,	*a*	*sind lebendig und aktiv*
Sie schaffen an allen Enden.	*b*	
O frischer Duft, o neuer Klang!	*c*	
Nun, armes Herze, sei nicht bang!	*c*	*Sprecher macht sich selbst Hoffnung*
Nun muss sich alles, alles wenden.	*b*	

2. Schritt: Das Gedicht untersuchen (Inhalt, Form, sprachliche Gestaltung)

1 Untersucht das Gedicht nun in Gruppenarbeit genauer. Nutzt dazu auch die Leitfragen aus dem Methodenkasten auf S. 148.

a Fasst den **Inhalt** der einzelnen Strophen in jeweils einem Satz zusammen, z. B.:
Erste Strophe: In der ersten Strophe beschreibt das lyrische Ich, wie der Frühling erwacht und welche Sinneseindrücke und Gefühle damit verbunden sind.
Zweite Strophe: …

b Untersucht, wer das **lyrische Ich** ist und was ihr über es erfahrt. Wie stellt es die Situation im Gedicht dar?

c Notiert, was der Titel ausdrückt und welchen Bezug er zum Inhalt hat.

2 Untersucht den **Aufbau** und die **Form** des Gedichts.

a Stellt fest, ob die Strophen nach demselben Muster gebaut sind.

b Untersucht, welche Reimform vorliegt und welche Verse dadurch miteinander verbunden sind.

c Prüft, ob in dem Gedicht ein Metrum zu erkennen ist.

3 Untersucht die **sprachlichen Gestaltungsmittel** in dem Gedicht. Bestimmt, um welche Stilmittel es geht, und notiert, welche Wirkung bzw. Funktion sie an dieser Stelle haben.
Tipp: In diesem Gedicht findet ihr zahlreiche Wiederholungen, z. B.:
- Wiederholungen von Buchstaben (Alliteration),
- Wiederholungen von Wörtern (wenn Verse mit demselben Wort beginnen: Anapher),
- Wiederholungen von Versen am Ende einer Strophe (Refrain).

Textbeleg (Verszeile)	*Stilmittel*	*Ideen zur Deutung*
Die linden Lüfte sind erwacht, (Vers 1)	*Alliteration und Personifikation*	*Wind bringt etwas Neues.*
Sie säuseln und weben Tag und Nacht, Sie schaffen an allen Enden. (Verse 2–3)	*Wiederholung (Anapher) und Personifikation*	*Intensive Sinneseindrücke bewirken, dass Wunsch nach …*
O frischer Duft, o neuer Klang! (Vers 4)	*…*	*…*
Nun, armes Herze, sei nicht bang! Nun muss sich alles, alles wenden. (Verse 5–6)	*…*	*…*

Methode Ein Gedicht untersuchen

1 Inhalt
- **Thema:** Worum geht es in dem Gedicht? Wird eine Handlung, eine Situation/Szene beschrieben oder werden Gefühle, Eindrücke, Gedanken oder eine Stimmung dargestellt? Kann man eine Entwicklung im Gedicht feststellen? Gibt es Brüche?
- **Titel:** Was bedeutet der Titel des Gedichts? Welchen Bezug hat er zum Thema?

2 Die Sprecherin / Der Sprecher (→ das lyrische Ich, S. 334)
- Tritt ein lyrischer Sprecher (lyrisches Ich/Wir) in Erscheinung oder ist der Sprecher nicht direkt im Text greifbar? Gibt es einen Adressaten oder eine Adressatin?

3 Formaler Aufbau (→ Strophe, Vers, Reimform, Metrum, S. 334 f.)
- **Strophen** und **Verse:** Wie viele Strophen hat das Gedicht? Sind sie alle gleich gebaut? Werden einzelne Strophen oder Verse wiederholt (Refrain)?
- **Reim** (→ S. 334): Ist das Gedicht gereimt? Welche Reimform liegt vor?
- **Metrum** (→ S. 335): Lässt sich ein Metrum erkennen? Gibt es Abweichungen?

4 Sprachliche Gestaltung (→ S. 335)
- **Sprachliche Bilder:** Welche sprachlichen Bilder (Metaphern, Personifikationen, Vergleiche, S. 335) werden verwendet? Was bedeuten sie? Wie wirken sie?
- **Wortwahl:** Welche Wörter fallen auf? Gibt es Wörter, die wiederholt werden? Herrscht eine bestimmte Wortart (z. B. Nomen, Adjektive) vor? Gibt es Neologismen (Wortneuschöpfungen)? Welche Wirkung wird durch die Verwendung bestimmter Wörter erzeugt?

Tipp: Benennt nicht nur die formalen und die sprachlichen Mittel, sondern beschreibt ihre Wirkung und Funktion, z. B.: … *wirken bedrohlich / verstärken den Eindruck von … / betonen … / veranschaulichen … / führen dazu, dass … / durch … kann man sich … vorstellen*

3. Schritt: Die Gedichtinterpretation schreiben

Verfasse nun auf der Grundlage deiner Analyseergebnisse eine Gedichtinterpretation, bestehend aus Einleitung, Hauptteil und Schluss. Gehe so vor:

1 Formuliere eine Einleitung, in der du über die Art des Textes, den Titel, die Autorin / den Autor, das Entstehungsjahr und das Thema des Gedichts informierst. Du kannst die folgenden Formulierungsbausteine zu Hilfe nehmen:

Das Gedicht „ …“ von … aus dem Jahr … beschäftigt sich mit dem Thema …

In dem Gedicht mit dem Titel „…“ von … aus dem Jahr … geht es um …

In …s Frühlingsgedicht „…“ aus dem Jahr … wird … dargestellt …

2 Stelle im Hauptteil die Ergebnisse deiner Gedichtanalyse in einer geordneten Reihenfolge dar. Belege deine Aussagen mit Zitaten aus dem Gedicht (→ Textbelege zitieren, S. 130). Du kannst die folgenden Formulierungsbausteine zu Hilfe nehmen:

Inhalt	*In der ersten Strophe beschreibt das lyrische Ich, wie der Frühling ...* *In der zweiten Strophe wird dargestellt, …*
formaler Aufbau	*Das Gedicht besteht aus … Strophen mit jeweils … Versen.* *Das Metrum des Gedichts ist …, der jedoch im dritten Vers jeder Strophe …* *Dadurch wird ein Einschnitt deutlich, der …* *Der Schweifreim (aabccb) dagegen verbindet …*
sprachliche Gestaltung und Wirkung	*Besonders hervorgehoben sind gleich zu Beginn des Gedichts die „linden Lüfte“ (Vers 1): Sie werden personifiziert, denn sie sind „erwacht“ (Vers 1), … Außerdem sind sie durch eine Alliteration miteinander verknüpft. …* **Weitere Formulierungsbausteine** *Die sprachlichen Bilder … veranschaulichen/unterstreichen/verdeutlichen/wirken/betonen …*

3 a Fasse zum Schluss deine Ergebnisse zusammen und erläutere abschließend, wie du das Gedicht verstehst und interpretierst. Du kannst auch zum Gedicht Stellung beziehen.

- Zusammenfassend kann man sagen, dass das Gedicht … Auffallend ist, dass …
- Insgesamt wird deutlich, dass in diesem Gedicht … Dabei unterstützen die sprachlichen Bilder …
- Meiner Meinung nach soll das Gedicht … Dies geschieht durch …
- Mir hat das Gedicht gefallen/nicht so gut gefallen, denn …

b Überarbeite deinen Text mithilfe des folgenden Merkkastens.

Merkwissen Ein Gedicht schriftlich interpretieren

- In der **Einleitung** nennst du die Art des Gedichts, den Titel, den Namen der Dichterin / des Dichters, das Entstehungsjahr und das Thema des Textes.
- Im **Hauptteil** fasst du die wichtigsten Ergebnisse deiner Analyse in einer geordneten Reihenfolge zusammen: Beginne mit einer **kurzen Inhaltsangabe** (am besten strophenweise). Beschreibe dann den **formalen Aufbau** des Gedichts (Strophen, Verse, Reimform, Metrum) und die **sprachlichen Gestaltungsmittel** (sprachliche Bilder, Wortwahl etc.). Erläutere die Funktion und die Wirkung der Gestaltungsmittel und stelle immer wieder einen Bezug zum Inhalt und zur Aussage des Gedichts her.
  Belege deine Untersuchungsergebnisse mit Zitaten (→ Zitieren, S. 130).
- Fasse zum **Schluss** die wesentlichen Ergebnisse deiner Gedichtanalyse zusammen oder nimm Stellung zum Gedicht.

Teste dein Wissen!
Ein Gedicht interpretieren

Mascha Kaléko
Ein welkes Blatt ... *(1958)*

Ein welkes Blatt – und jedermann weiß: Herbst.
Fröstelnd klirren die Fenster zur Nacht.
O, grüne Welt, wie grell du dich verfärbst!

Schon raschelt der Winter im Laube.
Und die Vögel haben, husch, sich aus dem Staube
Gemacht.

Wie letzte Früchte fielen ihre Lieder vom Baum.
Nun haust der Wind in den Zweigen.

Die Alten im Park, sie neigen
Das Haupt noch tiefer. Und auch die Liebenden
Schweigen.

Bald sind alle Boote im Hafen.
Die Schwäne am Weiher schlafen
Im Nebellicht.

Sommer - entflogener Traum!
Und Frühling – welch sagenhaft fernes Gerücht!

... Ein welkes Blatt treibt still im weiten Raum,
Und alle wissen: Herbst.

1 Lies den Anfang einer Gedichtinterpretation. Prüfe, welche Aussagen auf das Gedicht zutreffen. Schreibe dann die richtige Fassung in dein Heft.

In Mascha Kalékos Gedicht / Herbstgedicht „Ein welkes Blatt ...“ aus dem Jahr 1958 beschreibt das lyrische Ich, wie trostlos der späte Herbst auf Tiere und Menschen wirkt / die Kälte, die sich im Herbst überall ausbreitet. Das Gedicht bringt zum Ausdruck, wie gegensätzlich die Jahreszeiten auf die Menschen wirken / dass der Winter naht.
In den ersten drei Strophen wird ein freundliches / negatives Bild vom Herbst und seinen Besonderheiten vermittelt. In der vierten und fünften Strophe beschreibt das lyrische Ich / die Autorin, wie sich Tiere und Menschen / die Alten und Jungen verhalten. In der sechsten Strophe geht es um die Sehnsucht nach Frühling und Sommer / Klage um den Verlust des Sommers und die Ferne des Frühlings. Die letzte Strophe variiert den ersten Vers des Gedichts: Ein totes / vertrocknetes Blatt kündigt den Herbst an. Das Gedicht besteht aus sieben Strophen / Versen, die unterschiedlich lang sind. Das Metrum ist unregelmäßig / regelmäßig, das Reimschema sehr einfach / kompliziert. ...

2 Führe den Hauptteil der Gedichtinterpretation fort. Orientiere dich dabei an den Hinweisen der vorangegangenen Seiten.

3 Vergleicht eure Ergebnisse und überarbeitet Textstellen, die noch nicht gelungen sind.

7.2 Politik im Spiegel der Lyrik
Lyrikwerkstatt

„hab sagen gehört …" Gedichte produktiv verändern

Friedrich von Logau
Des Krieges Buchstaben

Kummer, der das Mark verzehret,
Raub, der Hab und Gut verheeret,
Jammer, der den Sinn verkehret,
Elend, das den Leib beschweret,
Grausamkeit, die Unrecht fähret,
Sind die Frucht, die Krieg gewähret.

Tipp Bei einem **Akrostichon** bilden die Buchstaben eines Begriffes die Anfangsbuchstaben der Verse.

1 a Fasse den Inhalt des Gedichts in einem Satz zusammen.
b Untersuche die Form und die sprachliche Gestaltung des Gedichts. Passen sie zur inhaltlichen Aussage?
c Formuliere Gedanken zum Titel des Gedichts.

2 a Wähle einen zentralen Begriff, z. B. Frieden, und schreibe die Buchstaben des Begriffs senkrecht untereinander. Ergänze dann passende Wörter und überlege dir damit verbundene Aussagen.
b Schreibe ein Parallelgedicht, z. B. mit dem Titel „Des Friedens Buchstaben".

Des Friedens Buchstaben
Frohsinn, der das Herz erquicket,
Recht, das Schutz und Freiheit …
…

Günter Kunert
Über einige Davongekommene *(1950)*

Als der Mensch
Unter den Trümmern
Seines
Bombardierten Hauses
Hervorgezogen wurde,
Schüttelte er sich
Und sagte:
Nie wieder.

Jedenfalls nicht gleich

Über einen Davongekommenen
Als der Autoraser
…
…
…
…
…
Und sagte:
…

3 a Fasse den Inhalt des Gedichts mit eigenen Worten zusammen.
b Überlege, inwiefern der letzte Vers die Aussage des Gedichts verändert.

4 Schreibe ein Parallelgedicht über menschliches Schuldbewusstsein, z. B. über Fehlverhalten, das hinterher bereut wird. Orientiere dich an der Struktur des Originalgedichts.

Robert Gernhardt
Tagesbefehl *(1981)*

Leute, bitte geht nach Haus,
hier bricht um zwölf der Friede aus,
dann wird nicht mehr geschossen.
Dann hat es sich mit dem Bummbumm,
wer tot ist, falle sofort um,
der Krieg wird gleich geschlossen.

Leute, bitte gebt jetzt Ruh.
Ich mach schon mal den Krieg hier zu,
man kann nicht immer meucheln.
Nein, Bäcker, jetzt wird Brot gemacht,
jetzt wird kein Feind mehr totgemacht,
jetzt heißt es Freundschaft heucheln.

Leute, bitte macht jetzt Schluss,
der nächste ist der letzte Schuss.
Nein, seid nicht gleich beleidigt.
Hört auf, sonst gibt's eins vor den Bug,
ihr habt hier wirklich lang genug
das Abendland verteidigt.

Tagesbefehl
Hört alle zu! Vielleicht gibt's was Neues.
Leute, bitte geht nach Haus,
Wie bitte? Was soll das?
hier bricht um zwölf der Friede aus,
Ist heute Märchenstunde?
dann wird nicht mehr geschossen.
Das kann ja wohl nicht wahr sein!
Dann hat es sich …
…

1 Lies das Gedicht und notiere deine ersten Leseeindrücke.

2 a Untersuche, wie sich der Sprecher des Gedichts verhält.
b Gib wieder, was du über die im Gedicht angesprochenen „Leute" erfährst.

3 Nimm das Gedicht als Ausgangspunkt für eine eigene Gestaltung: Überlege dir nach jedem Vers eine Zwischenrede. Du kannst dich zum Beispiel in die im Gedicht angesprochenen Leute hineinversetzen und aus ihrer Sicht dazwischenreden. Füge in das Gedicht nach jeder Verszeile deine Zwischenrede in einer anderen Farbe ein.

Methode Produktiv-gestaltende Verfahren

Dazwischenreden: Schreibe zu einem Gedicht nach jedem Vers deine Gedanken auf. Diese Zwischenrede muss sich nicht reimen. Verdeutliche deinen Kommentar durch eine andere Farbe oder Schrift.

Herr Sorge
Zukunft Vorbye *(2012)*

Ich sah Flüsse vertrocknen, ich sah Blumen verwelken
Sah keine Kids mit Milchbar mehr, weil's keine Kuh gibt zum Melken
Bei der Frage „Wie rett' ich die Welt", da konnt' Google nicht helfen
Aber die globale Erwärmung hier ermutigt zum Zelten
Vielleicht werd ich mich jetzt seltener in Zukunft erkälten
Versuch's mal positiv zu sehen: Wenn die Pole schmelzen, freuen sich alle meine Surfer-Freunde
Und guck ma' bitte, wie schnell ich durch dieses riesen Ozonloch meinen Körper bräune
Die ganze Welt hat Profilneurosen
Zeit, was Neues auf meinem Profil zu posten
Und rein moralisch ist nicht mehr viel hier los
In dieser riesengroßen, rigorosen
Welt, die regiert wird von Idioten
Da hilft leider auch keine dieser Strophen
Leute reden ständig von der Apokalypse
Am Anfang dachte ich, sie machen nur Witze
Und ich hatte grad ein anderes Problem
Denn ich suchte zu mein' Schuhen noch 'ne passende Mütze
Zeit, dass ich mit dem Kanzler rede
Zu ihm sag: „Herr Merkel, das Volk hungert, gibt es Lunch-Pakete?
Kurzer Sinn, lange Rede
Ich weiß, Korruption ist gang und gäbe
Und Sie sitzen hier am langen Hebel
Aber nur wegen Ihrer Politik sind die Kids in der Schule schon high
Und sie wachsen auf und wissen … die Zukunft 's vorbye!"

Zukunft Hallo
Ich sehe Flüsse, die gesunden,
sehe Blumen, die neu erblühen.
Seit Kühe wieder gemolken werden,
sehe ich wieder Kinder an der Milchbar.
Dass wir unsere Welt retten müssen,
haben die Politiker endlich …

1 a Lies den Songtext. Welche Themen werden angesprochen?
b Überlege, was der Titel zum Ausdruck bringt. Passt er zum Inhalt des Textes?

2 Untersuche die Form und die sprachliche Gestaltung des Songtextes. Welche Rolle spielen Reime, Alliterationen und Wortspiele?

3 Nimm den Text als Ausgangspunkt für eine eigene Gestaltung. Wähle eine der folgenden Möglichkeiten:
a Verfasse ein Gegengedicht, z. B. mit dem Titel „Zukunft Hallo".
b Schreibe eine freie Variation. Wähle fünf Textpassagen aus dem Gedicht aus und verwende sie in deinem Text. Das Thema und die Form bestimmst du.

Methode Produktiv-gestaltende Verfahren

Gegengedicht: Schreibe zu einem Gedicht eine Variation mit gegensätzlichem Inhalt, jedoch in der gleichen Form (Strophenanzahl, Reimform).
Freie Variation: Wähle aus einem Gedicht fünf Wörter oder Textpassagen aus und verwende sie in einem selbst verfassten Gedicht. Du kannst Inhalt und Form frei wählen.

Vertiefen und üben
Ein Gedicht umgestalten

Ulrike Almut Sandig

hab sagen gehört, es gäb einen Ort[1]
für alle verschwundenen Dinge, wie

die verschiedenen Sorten von Äpfeln
die Clowns und die Götter, darunter

auch jenen guten Gott von Manhattan[2]
Karl-Marx-Stadt und Konstantinopel

Benares und Bombay und die Namen
von zu vielen Braunkohledörfern

befänden sich, hab ich sagen gehört
in der Mitte des Weißtannenwalds

der jede Schallwelle schluckt. der Ort
wär, **so habe ich sagen gehört**
auf keiner gültigen Karte verzeichnet.

---

1 Das Gedicht ist im Jahr 2011 entstanden.

2 In dem gleichnamigen Hörspiel von Ingeborg Bachmann ist der „gute Gott von Manhattan" eine zwielichtige Gestalt, die ein Bombenattentat auf ein Liebespaar verübt.

●●● 1 a In dem Gedicht geht es um einen besonderen Ort. Was erfährst du über ihn?
b Recherchiere im Internet die genannten Städtenamen. Warum gehören sie zu den „verschwundenen" Sachen?
c Überlege, warum die anderen aufgezählten Dinge verschwunden sein könnten. Für wen könnten bestimmte Apfelsorten, Clowns oder Götter einmal wichtig gewesen sein?

●●● 2 a Analysiere den Aufbau und die Form des Gedichts: Stelle die Anzahl der Strophen und Verse fest. Achte auf den Zusammenhang von Titel und Gedicht. Überlege außerdem, warum eine Textpassage fett gedruckt ist. Prüfe, ob ein bestimmtes Metrum oder ein Endreim vorliegt.
b Untersuche die sprachliche Gestaltung: Warum ist der Satzbau ungewöhnlich? Was fällt dir bei den Verbformen auf? Finde Beispiele für Alliterationen (z. B.: „**g**uten **G**ott", Vers 5).

1 mit Hilfen

Ergänze das Gedicht um zwei weitere Strophen. Berücksichtige dabei die folgenden Hinweise.

Inhalt
Entscheide dich für weitere Dinge, die für dich eine persönliche Bedeutung hatten und die nun für dich „verschwunden" sind.

Form
Deine Ergänzung sollte aus zwei Strophen bestehen, die jeweils zwei Verse umfassen.
Du kannst sie z. B. zwischen der zweiten und dritten Strophe des Originalgedichts einfügen.

Sprachliche Gestaltung
Bemühe dich, wesentliche Aussagen durch Alliteration hervorzuheben.

2 mit Hilfen

Schreibe ein Parallelgedicht, bei dem du den Inhalt variierst, aber die Form beibehältst.
Verwende dazu deine Ergebnisse bei der Untersuchung des Gedichts.
Berücksichtige dabei die folgenden Hinweise.

Inhalt
Entscheide dich für ein Thema (Natur, Liebe oder Politik). Überlege, woher das lyrische Ich seine Informationen hat (z. B.: *im Internet gelesen, …*) und wo der besondere Ort sein könnte (z. B.: *in einer Stadt, auf dem Land, im Meer*). Was könnte man über ihn wissen?

Form
Dein Parallelgedicht sollte aus sechs Strophen bestehen, von denen die ersten fünf jeweils zwei Verse umfassen und die letzte Strophe drei Verse umfasst.

Aufbau
Nutze die Struktur des Gedichts, variiere jedoch die Aussage.
Beginne z. B. so:
hab im Internet gelesen, es gäb eine Insel / ohne jegliche furchtbaren Plagen / …
Es folgt eine Aufzählung, was es auf dieser Insel alles nicht gibt. Nutze dafür deine spontanen Einfälle. Den Schluss kannst du so gestalten:
… befänden sich, habe ich im Internet gelesen /
in der Mitte des Bermudadreiecks wär,
das habe ich im Internet gelesen / …

Sprachliche Gestaltung
Verwende bei den Verbformen den Konjunktiv, um den Zweifel an der Zuverlässigkeit des Gelesenen zu verdeutlichen. Bemühe dich auch, wesentliche Aussagen durch Alliteration hervorzuheben.

Methode Produktiv-gestaltende Verfahren

Ein Gedicht **ergänzen**: Füge einem Gedicht Verse oder Strophen hinzu, die den Inhalt weiterführen. Die Form behältst du bei.
Ein **Parallelgedicht gestalten**: Verfasse zu einem Gedicht eine inhaltliche Variation, indem du die Form (Strophenanzahl, Reimform) und einige Textbausteine des Originalgedichts beibehältst.

7.3 Fit in …
Ein Gedicht interpretieren

Die Aufgabenstellung richtig verstehen

Stelle dir vor, du bekommst folgende Aufgabe:

Verfasse eine Gedichtinterpretation. Gehe so vor:
a Untersuche den Inhalt, die Form und die sprachlichen Gestaltungsmittel des Gedichts „Unter Ahornbäumen“ von Peter Huchel.
b Verfasse auf der Grundlage deiner Ergebnisse eine Gedichtinterpretation, bestehend aus Einleitung, Hauptteil und Schluss.

Peter Huchel
Unter Ahornbäumen *(1948)*

Die Sonne springt, ein weißes Geißlein,
von Ahornschatten schön gefleckt,
durchs dichte Gitter grüner Zweige,
wo sie sich scheu ins Goldne streckt.

Wie eine schnelle Töpferscheibe
dreht sich am Boden flach der Wind,
auf dem ein Blätterwirbel steht:

ein Napf aus Laub und andre Zeichen,
als liefen geisterhafte Füße
hell übers heiße Blumenbeet.

1 a Lies die Aufgabenstellung aufmerksam durch.
b Besprecht in Partnerarbeit, was genau zur Untersuchung des Gedichts gehört und wie ihr hierbei vorgehen könnt.

Das Gedicht untersuchen und eine Stoffsammlung anlegen

2 a Lies das Gedicht „Unter Ahornbäumen“ mehrmals durch und überlege, worum es geht.
Tipp: In dem Gedicht werden „Sonne“ und „Wind“ bildhaft beschrieben.
b Notiere nach dem Lesen deine ersten Eindrücke, z. B.:
In dem Gedicht wird das Ende des Sommers … / Beim Lesen des Gedichts entsteht der Eindruck, … / Mir fällt besonders auf, …

3 Kopiere das Gedicht oder schreibe es ab. Halte dann fest, was dir beim intensiven Lesen und Nachdenken auffällt. Achte dabei auf den Inhalt, die Form und die sprachlichen Bilder.

Inhalt
- Umkreise Wörter, die für die Aussage besonders wichtig sind.
- Gib den Inhalt des Gedichts knapp wieder.

Form
- Notiere, wie viele Strophen mit je wie vielen Versen das Gedicht hat.
- Bestimme die Reimform und das Metrum.

Sprachliche Gestaltungsmittel
- Markiere die sprachlichen Bilder, die Naturphänomene mit der Vorstellung von Lebewesen verbinden.
- Ordne ihnen die richtigen Bezeichnungen zu und versuche, sie mit eigenen Worten zu erklären. Halte deine Beobachtungen tabellarisch fest.

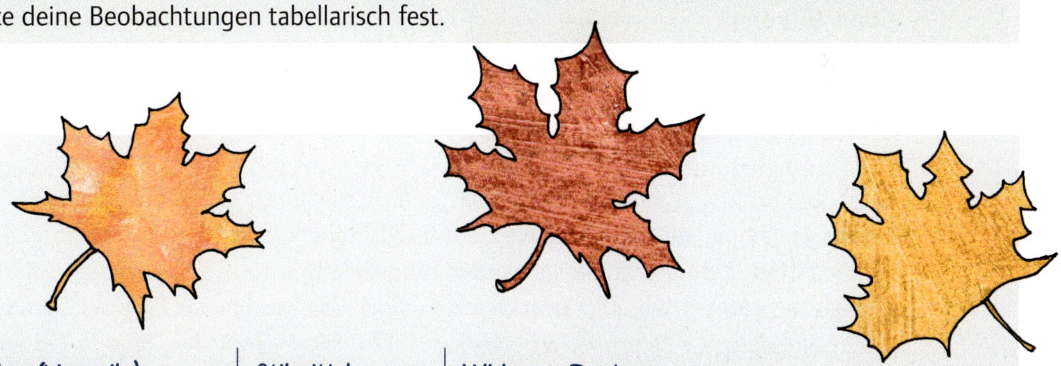

Textbeleg (Verszeile)	*Stilmittel*	*Wirkung, Deutung*
„Die Sonne springt" (Vers 1)	*Personifikation*	*Der Sonne wird die Eigenschaft eines Lebewesens zugeschrieben: Sie bewegt sich rasch und kraftvoll.*
…	…	…

Die Gedichtinterpretation schreiben und überarbeiten

4 Verfasse auf Grundlage deiner Untersuchungsergebnisse eine Gedichtinterpretation, bestehend aus Einleitung, Hauptteil und Schluss. Gehe so vor:

a Formuliere eine Einleitung, in der du über die Art des Textes, den Titel, den Dichter, das Entstehungsjahr und das Thema des Gedichts informierst. Nenne im Anschluss daran deine vorläufige Deutung. Du kannst die folgenden Formulierungsbausteine zu Hilfe nehmen:
- *In dem Gedicht mit dem Titel … von … aus dem Jahr … geht es um eine besondere Wahrnehmung von Sonne und …*
- *In Peter Huchels Gedicht … aus dem Jahr … wird der Spätsommer wie ein … beschrieben. Die Natureindrücke erinnern daran, dass die Sonne am Ende des Sommers ihre Kraft verliert und sich immer mehr zurückzieht und der Wind den Herbst ankündigt.*

b Stelle im Hauptteil die Ergebnisse deiner Gedichtanalyse in einer geordneten Reihenfolge dar. Belege deine Aussagen mit Zitaten aus dem Gedicht (→ Textbelege zitieren, S. 130). Du kannst die folgenden Formulierungsbausteine zu Hilfe nehmen:

Inhalt	*In drei Strophen beschreibt das lyrische Ich seine Gedanken und Vorstellungen beim Blick auf die Bewegungen des Sonnenlichts und des Winds. Es beobachtet, wie … Der Titel „Unter Ahornbäumen" verweist auf …*
formaler Aufbau	*Das Gedicht besteht aus … Strophen. Die erste Strophe umfasst …, die zweite und … enthalten dagegen jeweils … Verse.* *Das Gedicht hat einen unregelmäßigen Reim. So reimen sich in der ersten Strophe nur … Die zweite und dritte Strophe sind durch einen Reim miteinander verbunden.*
sprachliche Gestaltung und Wirkung, Bezug zum Inhalt	*Im Gedicht werden die Sonne, der Wind und ein Blätterwirbel personifiziert und mit verschiedenen Bildfeldern verknüpft. Dabei wird deutlich, dass sich die Sonne auf dem Rückzug befindet und der Wind ein Vorbote von etwas Neuem ist.* *Bereits in der ersten Strophe wird die Sonne metaphorisch „weißes Geißlein" (Vers 1) genannt. Die Sonne verhält sich wie …*

c Fasse zum Schluss zusammen, wie du das Gedicht verstehst. Greife dazu deine vorläufige Deutung aus der Einleitung auf und präzisiere sie. Abschließend kannst du beschreiben, wie das Gedicht auf dich wirkt und welchen Stellenwert es für dich hat.

- *Insgesamt wird deutlich, dass es in diesem Gedicht nicht nur um das Ende des Sommers geht. Die Verbindung der Natur mit menschlichem Leben deutet darauf hin, dass … Da der Übergang von einer Jahreszeit in eine andere thematisiert wird, denkt man beim Lesen des Gedichts an … Dieser Übergang wird als geheimnisvoll beschrieben: …*
- *Das Gedicht hat mich nachdenklich gemacht, weil … Mir wurde klar, dass …*

5 Überarbeitet eure Texte in Partnerarbeit. Die folgende Checkliste hilft euch dabei.

✓ **Checkliste** Ein Gedicht interpretieren

- Hast du in der **Einleitung** die Art des Textes, den Titel, den Namen der Autorin / des Autors, das Entstehungsjahr, das Thema des Gedichts und deine vorläufige Deutung benannt?
- Hast du im **Hauptteil** die wichtigsten Untersuchungsergebnisse dargestellt und durch Zitate belegt?
  - Wird der Inhalt knapp zusammengefasst?
  - Wird der formale Aufbau (Strophen/Verse, Reimform, Metrum) beschrieben?
  - Werden die sprachlichen Gestaltungsmittel genannt und ihre Wirkung erläutert?
- Hast du zum **Schluss** dein Verständnis zusammengefasst und das Gedicht gedeutet? Hast du ggf. beschrieben, wie das Gedicht auf dich wirkt?

Tipp: Stelle bei der Darlegung deiner Untersuchungsergebnisse immer wieder einen Bezug zum Inhalt und zur Aussage des Gedichts her.

8 Friedrich Schiller: „Wilhelm Tell"
Ein Drama untersuchen

1 Sieh dir die Illustration an und formuliere deine Erwartungen im Hinblick auf die Geschichte um Wilhelm Tell.
- a Beschreibe die Figuren auf den Illustrationen.
- b In welcher Situation werden sie gezeigt, welche Rolle könnten sie im Drama spielen?
- c Was könnten wichtige Momente der Handlung sein?

2 Berichte von deinen Theatererfahrungen. Schildere Eindrücke, die dir besonders in Erinnerung geblieben sind.

In diesem Kapitel …

- lernst du eines der berühmtesten deutschen Dramen, Friedrich Schillers „Wilhelm Tell", kennen,
- untersuchst du Figuren und ihre Konflikte in diesem Drama,
- übst du Formen des szenischen und analytischen Interpretierens einer Dramenszene,
- lernst du, eine Dramenszene fragengeleitet schriftlich zu analysieren.

8.1 „Es geht ums Leben"
Handlung und Figuren kennen lernen

„Es donnern die Höhen …" Ort und Atmosphäre

Friedrich Schiller
Wilhelm Tell *(1804)*

Erster Aufzug

Erste Szene

Hohes Felsenufer des Vierwaldstättersees, Schwyz gegenüber. Der See macht eine Bucht ins Land, eine Hütte ist unweit dem Ufer, Fischerknabe fährt sich in einem Kahn. Über den See hinweg sieht man die grünen Matten, Dörfer und Höfe von Schwyz im hellen Sonnenschein liegen. Zur Linken des Zuschauers zeigen sich die Spitzen des Haken, mit Wolken umgeben; zur Rechten im fernen Hintergrund sieht man die Eisgebirge. Noch ehe der Vorhang aufgeht, hört man den Kuhreihen und das harmonische Geläut der Herdenglocken, welches sich auch bei eröffneter Szene noch eine Zeit lang fortsetzt.

FISCHERKNABE *(singt im Kahn).*
(Melodie des Kuhreihens):
Es lächelt der See, er ladet zum Bade,
Der Knabe schlief ein am grünen Gestade,
Da hört er ein Klingen,
Wie Flöten so süß,
Wie Stimmen der Engel
Im Paradies.
[…]
HIRTE *(auf dem Berge).*
(Variation des Kuhreihens):
Ihr Matten, lebt wohl,
Ihr sonnigen Weiden!
Der Senne muss scheiden,
Der Sommer ist hin.
[…]
ALPENJÄGER *(erscheint gegenüber auf der Höhe des Felsen).*
(Zweite Variation):
Es donnern die Höhen, es zittert der Steg,
Nicht grauet dem Schützen auf schwindlichtem Weg,
Er schreitet verwegen
Auf Feldern von Eis,
Da pranget kein Frühling,
Da grünet kein Reis;
[…]

Die Landschaft verändert sich, man hört ein dumpfes Krachen von den Bergen, Schatten von Wolken laufen über die Gegend. RUODI DER FISCHER *kommt aus der Hütte,* WERNI DER JÄGER *steigt vom Felsen,* KUONI DER HIRTE *kommt mit dem Melknapf auf der Schulter.* SEPPI, *sein Handbube, folgt ihm.*

RUODI: Mach hurtig, Jenni. Zieh die Naue[1] ein.
Der graue Talvogt kommt, dumpf brüllt der Firn,
Der Mythenstein zieht seine Haube an,
Und kalt her bläst es aus dem Wetterloch,
Der Sturm, ich mein, wird da sein, eh wir's denken.
KUONI: 's kommt Regen, Fährmann.
Meine Schafe fressen
Mit Begierde Gras, und Wächter scharrt die Erde.
WERNI: Die Fische springen, und das Wasserhuhn
Taucht unter. Ein Gewitter ist im Anzug.

1 die Naue: der Kahn

1 Lies den Beginn der ersten Szene aufmerksam.

2 a Sammle Adjektive, die den Ort und die Atmosphäre der ersten Szene kennzeichnen. Lege hierzu in deinem Heft eine Tabelle für die beiden Teile dieser Szene an und stelle die Adjektive dort gegenüber. Berücksichtige dabei auch den einleitenden kursiv gedruckten Text.
b Beschreibe die Veränderungen im zweiten Teil der Szene (Z. 38–57). Welche Bedeutung haben diese Veränderungen für die Leser bzw. Zuschauer?
c Baut jeweils ein Standbild für den ersten und zweiten Teil der Eingangsszene, in dem die Veränderungen der Atmosphäre deutlich werden.

3 a Sieh dir das Merkwissen zum Aufbau des klassischen Dramas an und bestimme, welcher dramentechnische Begriff auf den ersten Teil des Stückes zutrifft.
b Übertrage das Schema des klassischen Dramas in dein Heft und ergänze während der Arbeit am Drama in Stichwörtern die Handlung von „Wilhelm Tell".
c Überlege, welche Wirkung dieser Dramenaufbau auf die Zuschauer hat.

Merkwissen Das klassische Drama

Die klassische Form des Dramas, die bis zum Ende des 18. Jahrhunderts eine große Rolle spielte, weist einen strengen Aufbau auf (5-Akt-Schema):

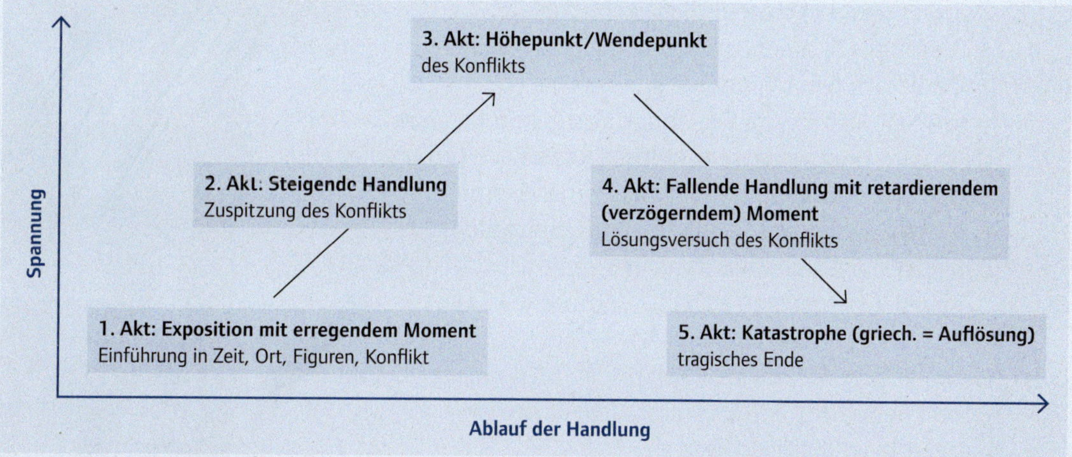

Dramentechnische Begriffe

Ein in sich geschlossener Großabschnitt eines Dramas, der mit dem Aufziehen des Vorhangs beginnt und mit dem Zuziehen endet, wird als **Aufzug** oder **Akt** bezeichnet. Das klassische Drama besteht aus fünf oder drei solchen Abschnitten.
Innerhalb des Aufzugs oder Aktes auftretende Unterteilungen, die durch das Auf- oder Abtreten einer Figur und/oder einen Schauplatzwechsel abgegrenzt werden, nennt man **Auftritt** oder **Szene**.
Regieanweisungen sind kursiv gedruckte Informationen des Dramenautors innerhalb der Aufzüge zu Schauplatz und Atmosphäre der Handlung, zum Aussehen der Figuren, ihrem Standort, ihrem Verhalten und ihrer Sprechweise. Sie sind ursprünglich als Handlungsanweisung für die Schauspieler bestimmt.

Der Auftritt des Helden

Während Fischer, Hirte und Jäger noch über das Verhalten der Tiere sprechen, sehen sie plötzlich einen Mann heraneilen.
KONRAD BAUMGARTEN *atemlos hereinstürzend.*

BAUMGARTEN: Um Gottes willen, Fährmann, Euren Kahn!
RUODI: Nun, nun, was gibt's so eilig?
BAUMGARTEN: Bindet los! Ihr rettet mich vom Tode! Setzt mich über!
[...]
WERNI: Ihr seid mit Blut befleckt, was hat's gegeben?
BAUMGARTEN: Des Kaisers Burgvogt[1], der auf Roßberg[2] saß –
KUONI: Der Wolfenschießen! Lässt Euch *der* verfolgen?
BAUMGARTEN: Der schadet nicht mehr, ich hab ihn erschlagen.
ALLE *(fahren zurück)*: Gott sei Euch gnädig! Was habt Ihr getan?
[...]
BAUMGARTEN: Ich hatte Holz gefällt im Wald, da kommt
Mein Weib gelaufen in der Angst des Todes.
Der Burgvogt lieg' in meinem Haus, er hab'
Ihr anbefohlen, ihm ein Bad zu rüsten.
Drauf hab' er Ungebührliches von ihr
Verlangt, sie sei entsprungen, mich zu suchen.
Da lief ich frisch hinzu, so wie ich war,
Und mit der Axt hab ich ihm 's Bad gesegnet.
WERNI: Ihr tatet wohl, kein Mensch kann Euch drum schelten.
KUONI: Der Wüterich! Der hat nun seinen Lohn!
Hat's lang verdient ums Volk von Unterwalden.
BAUMGARTEN: Die Tat ward ruchbar[3], mir wird nachgesetzt –
Indem wir sprechen – Gott – verrinnt die Zeit –
(Es fängt an zu donnern.)
KUONI: Frisch, Fährmann – Schaff den Biedermann[4] hinüber.
RUODI: Geht nicht. Ein schweres Ungewitter ist
Im Anzug. Ihr müsst warten.
[...]
WERNI: Es geht ums Leben, sei barmherzig, Fährmann.
KUONI: 's ist ein Hausvater, und hat Weib und Kinder!
(Wiederholte Donnerschläge.)
RUODI: Was? Ich hab auch ein Leben zu verlieren,
Hab Weib und Kind daheim, wie er – Seht hin,
Wie's brandet, wie es wogt und Wirbel zieht,
Und alle Wasser aufrührt in der Tiefe.
– Ich wollte gern den Biedermann erretten,
Doch es ist rein unmöglich, ihr seht selbst.
[...]

1 der Burgvogt: Stellvertreter des Kaisers
2 Roßberg: Burg im Kanton Unterwalden
3 ward ruchbar: wurde bekannt
4 der Biedermann: Ehrenmann

TELL *mit der Armbrust.*

[...]

RUODI: Da ist der Tell, er führt das Ruder auch,
Der soll mir's zeugen, ob die Fahrt zu wagen.

TELL: Wo's nottut, Fährmann, lässt sich alles wagen.
(Heftige Donnerschläge, der See rauscht auf.)

RUODI: Ich soll mich in den Höllenrachen stürzen?
Das täte keiner, der bei Sinnen ist.

TELL: Der brave Mann denkt an sich selbst zuletzt,
Vertrau auf Gott und rette den Bedrängten.

RUODI: Vom sichern Port[5] lässt sich's gemächlich raten,
Da ist der Kahn und dort der See! Versucht's!

[...]

TELL: In Gottes Namen denn! Gib her den Kahn,
Ich will's mit meiner schwachen Kraft versuchen.

KUONI: Ha, wackrer Tell!

WERNI: Das gleicht dem Waidgesellen![6]

BAUMGARTEN: Mein Retter seid Ihr und mein Engel, Tell!

TELL: Wohl aus des Vogts Gewalt errett ich Euch,
Aus Sturmes Nöten muss ein andrer helfen.
Doch besser ist's, Ihr fallt in Gottes Hand,
Als in der Menschen!
(Zu dem Hirten.) Landsmann, tröstet Ihr
Mein Weib, wenn mir was Menschliches begegnet,
Ich hab getan, was ich nicht lassen konnte.
(Er springt in den Kahn.)

KUONI *(zum Fischer)*: Ihr seid ein Meister-Steuermann. Was sich
Der Tell getraut, das konntet *Ihr* nicht wagen?

RUODI: Wohl bessre Männer tun's dem Tell nicht nach,
Es gibt nicht zwei, wie der ist, im Gebirge.

WERNI *(ist auf den Fels gestiegen)*: Er stößt schon ab. Gott helf dir, braver Schwimmer!
Sieh, wie das Schifflein auf den Wellen schwankt!

KUONI *(am Ufer)*: Die Flut geht drüber weg – Ich seh's nicht mehr.
Doch halt, da ist es wieder! Kräftiglich
Arbeitet sich der Wackre durch die Brandung.

SEPPI: Des Landvogts Reiter kommen angesprengt.

KUONI: Weiß Gott, sie sind's! Das war Hilf in der Not.

Ein Trupp Landenbergischer Reiter[7].

ERSTER REITER: Den Mörder gebt heraus, den ihr verborgen.

ZWEITER: *Des* Wegs kam er, umsonst verhehlt ihr ihn.

[...]

ERSTER REITER *(entdeckt den Nachen[8])*: Ha, was seh ich! Teufel!

[...]

5 der Port: Hafen

6 der Waidgeselle: Jäger

7 Landenberg: Nachbarburg von Roßberg

8 der Nachen: Kahn

ZWEITER: Verwünscht! Er ist entwischt.
ERSTER *(zum Hirten und Fischer)*: Ihr habt ihm fortgeholfen,
Ihr sollt uns büßen – Fallt in ihre Herde!
Die Hütte reißet ein, brennt und schlagt nieder!
(Eilen fort.)
SEPPI *(stürzt nach)*: O meine Lämmer!
KUONI *(folgt)*: Weh mir! Meine Herde!
WERNI: Die Wüt'riche!
RUODI *(ringt die Hände)*: Gerechtigkeit des Himmels,
Wann wird der Retter kommen diesem Lande?
(Folgt ihnen.)

1 Untersuche den Aufbau dieses Szenenausschnitts.
a Teile ihn in sinnvolle Abschnitte ein und fasse den Inhalt jeweils in einem Satz zusammen.
b Notiere mit Zeilenangaben die Textstellen, an denen sich beim Lesen Spannung aufbaut. Begründe, woran das liegt.

2 Bereitet in Gruppen den Vortrag des Textes mit verteilten Rollen vor.
a Besprecht in der Gruppe, welche Stimmlagen am besten zu welcher Figur passen. Welche Gefühlslagen müssen eher laut bzw. leise vorgetragen werden?
b Spielt die Szene vor der Klasse und filmt euer szenisches Spiel. Nutzt die Aufnahmen zur Diskussion von Gemeinsamkeiten und Unterschieden.

3 Wähle eine der folgenden produktiv-gestaltenden Aufgaben aus.
a Verfasse einen Zeitungsartikel (→ Bericht, S. 188) zu den Ereignissen um die Rettung Baumgartens, in welchem du Tells Verhalten und seine Motive kommentierst.
b Führe ein Interview mit mindestens zwei an der Szene beteiligten Figuren. Es soll deutlich werden, wie sie das Geschehen erlebt haben.
c Entwirf auf einem Zeichenblatt ein Bühnenbild für diesen Ausschnitt aus der ersten Szene. Beschrifte deine Zeichnung und beschreibe, wie die Flucht über einen sturmgepeitschten See auf einer Bühne dargestellt werden könnte.

4 a Die ersten Szenen eines Dramas (Exposition) geben wichtige Hinweise auf den weiteren Handlungsverlauf. Erkläre, welche Konflikte sich bereits abzeichnen.
b Ergänze das Schema des klassischen Dramas in deinem Heft stichpunktartig.

Merkwissen Die Exposition

Die Exposition umfasst im klassischen Drama meist den **ersten Akt** und ist eine Art Einleitung, die in die Handlung einführt. Hier wird der Zuschauer über **Zeit** und **Ort** des Geschehens informiert und lernt die **Hauptfiguren** (Protagonisten) kennen. Gleichzeitig wird der **zentrale Konflikt** des Dramas angekündigt.

Das erregende Moment

Tell gelingt es, Baumgarten über den sturmgepeitschten See an das Ufer des Kantons Schwyz zu retten. Dort bringt er ihn zum Hause Stauffachers, eines freien, wohlhabenden Bauern, den Tell einen „Vater der Bedrängten" nennt. Auch Stauffacher hat sich den Groll der Vögte zugezogen, weil er sich, wie es sein gutes Recht ist, ein neues, stattliches Haus errichtet hat, ohne eine Genehmigung einzuholen. Die Vögte aber wollen die alten Freiheitsrechte einschränken bzw. abschaffen. Auf Anraten seiner Frau Gertrud will sich Stauffacher mit Vertretern aus den Kantonen Uri und Unterwalden treffen, um den Widerstand gegen die Unterdrückung und die Übergriffe der Vögte zu organisieren. Die folgende Szene spielt in Altdorf, dem Zentrum Uris, wohin Stauffacher aufgebrochen ist und wo er erneut auf Tell trifft.

Erster Aufzug

Dritte Szene

Öffentlicher Platz bei Altdorf[1].

Auf einer Anhöhe im Hintergrund sieht man eine Veste[2] *bauen, welche schon so weit gediehen, dass sich die Form des Ganzen darstellt. Die hintere Seite ist fertig, an der vordern wird eben gebaut, das Gerüste steht noch, an welchem die Werkleute auf- und niedersteigen, auf dem höchsten Dach hängt der Schieferdecker – Alles ist in Bewegung und Arbeit.*

FRONVOGT[3], MEISTER STEINMETZ, GESELLEN *und* HANDLANGER.
FRONVOGT *(mit dem Stabe, treibt die Arbeiter)*:
Nicht lange gefeiert, frisch! Die Mauersteine
Herbei, den Kalk, den Mörtel zugefahren!
Wenn der Herr Landvogt kommt, dass er das Werk
Gewachsen sieht – Das schlendert wie die Schnecken.
(Zu zwei Handlangern, welche tragen.)
Heißt das geladen? Gleich das Doppelte!
Wie die Tagdiebe ihre Pflicht bestehlen!
[…]
ZWEITER GESELL: Fronvogt, wie wird die Veste denn sich nennen,
Die wir da baun?
FRONVOGT: Zwing Uri soll sie heißen,
Denn unter dieses Joch wird man euch beugen.
[…]
(Fronvogt geht nach dem Hintergrund.)
MEISTER STEINMETZ: Den Hammer werf ich in den tiefsten See,
Der mir gedient bei diesem Fluchgebäude!
(Tell und Stauffacher kommen.)
STAUFFACHER: O hätt ich nie gelebt, um das zu schauen!
TELL: Hier ist nicht gut sein. Lasst uns weitergehn.
STAUFFACHER: Bin ich zu Uri in der Freiheit Land?
[…]

1 Altdorf: Hauptort in Uri
2 die Veste: Festung, Burg
3 der Fronvogt: Aufseher im Dienst des Landvogts

(Man hört eine Trommel, es kommen Leute, die einen Hut auf einer Stange tragen, ein Ausrufer folgt ihnen, Weiber und Kinder dringen tumultuarisch[4] nach.)

ERSTER GESELL: Was will die Trommel? Gebet Acht!
MEISTER STEINMETZ: Was für
Ein Fasnachtsaufzug und was soll der Hut?
AUSRUFER: In des Kaisers Namen! Höret!
GESELLEN: Still doch! Höret!
AUSRUFER: Ihr sehet diesen Hut, Männer von Uri!
Aufrichten wird man ihn auf hoher Säule,
Mitten in Altdorf, an dem höchsten Ort,
Und dieses ist des Landvogts Will' und Meinung:
Dem Hut soll gleiche Ehre wie ihm selbst geschehn,
Man soll ihn mit gebognem Knie und mit
Entblößtem Haupt verehren – Daran will
Der König die Gehorsamen erkennen.
Verfallen ist mit seinem Leib und Gut
Dem Könige, wer das Gebot verachtet.
(Das Volk lacht laut auf, die Trommel wird gerührt, sie gehen vorüber.)
ERSTER GESELL: Welch neues Unerhörtes hat der Vogt
Sich ausgesonnen! Wir 'nen Hut verehren!
Sagt! Hat man je vernommen von dergleichen?
[…]
TELL *(zum Stauffacher)*: Ihr wisset nun Bescheid. Lebt wohl, Herr Werner!
STAUFFACHER: Wo wollt Ihr hin? O eilt nicht so von dannen.
TELL: Mein Haus entbehrt des Vaters. Lebet wohl.
STAUFFACHER: Mir ist das Herz so voll, mit Euch zu reden.
TELL: Das schwere Herz wird nicht durch Worte leicht.
STAUFFACHER: Doch könnten Worte uns zu Taten führen.
TELL: Die einz'ge Tat ist jetzt Geduld und Schweigen.
STAUFFACHER: Soll man ertragen, was unleidlich ist?
TELL: Die schnellen Herrscher sind's, die kurz regieren.
[…]
Ein jeder lebe still bei sich daheim,
Dem Friedlichen gewährt man gern den Frieden.
STAUFFACHER: Meint Ihr?
TELL: Die Schlange sticht nicht ungereizt.
Sie werden endlich doch von selbst ermüden,
Wenn sie die Lande ruhig bleiben sehn.
STAUFFACHER: Wir könnten viel, wenn wir zusammenstünden.
TELL: Beim Schiffbruch hilft der Einzelne sich leichter.
STAUFFACHER: So kalt verlasst Ihr die gemeine Sache?
TELL: Ein jeder zählt nur sicher auf sich selbst.
STAUFFACHER: Verbunden werden auch die Schwachen mächtig.
TELL: Der Starke ist am mächtigsten *allein*.

4 tumultuarisch: in Form eines Tumults, eines aufgeregten Menschenauflaufs

STAUFFACHER: So kann das Vaterland auf Euch nicht zählen,
Wenn es verzweiflungsvoll zur Notwehr greift?
TELL *(gibt ihm die Hand)*: Der Tell holt ein verlornes Lamm vom Abgrund
Und sollte seinen Freunden sich entziehen?
Doch *was* ihr tut, lasst mich aus eurem *Rat*,
Ich kann nicht lange prüfen oder wählen,
Bedürft ihr meiner zu bestimmter *Tat*,
Dann ruft den Tell, es soll an mir nicht fehlen.

1 Beschreibe, wie sich der Konflikt hier fortsetzt, der schon in der ersten Szene (→ S. 160) deutlich wurde. Worin besteht das sogenannte „erregende Moment“, das den Konflikt dramatisch zuspitzt?

2 Ordne den Konflikt, der die Handlung des Dramas in Gang setzt, in den geschichtlichen Hintergrund ein, der im Folgenden beschrieben wird.

Geschichtlicher Hintergrund

Im Mittelalter gehörten große Teile der heutigen Schweiz, darunter auch die drei sogenannten „Waldstätte“ Uri, Schwyz und Unterwalden, zum Heiligen Römischen Reich Deutscher Nation. Ihr Oberherr war der deutsche König, der sich in Rom vom Papst zum Kaiser krönen lassen musste. Diesem Oberherrn hatten sie Abgaben sowie gewisse Dienste (wie zum Beispiel Heeresfolge) zu leisten und er war ihr oberster Richter. Im Übrigen waren sie frei und konnten sich selbst verwalten. Dies war ihnen durch „Freiheitsbriefe“ vom König bzw. Kaiser ausdrücklich bestätigt worden.

Bedrohlich wurde die Situation, als Ende des 13. Jahrhunderts der Herzog von Österreich deutscher König und Kaiser des Reiches wurde. Einige Gebiete der heutigen Schweiz gehörten nämlich zu seinem österreichischen Stammbesitz und er wollte nun die gesamte Schweiz diesem Besitz angliedern. In seinem Amt als König erkannten ihn die Waldstätte natürlich als ihren Oberherrn an, aber sie wollten ihm nicht als österreichischem Landesherrn untertan sein. Das nämlich hätte das Ende ihrer freien Selbstverwaltung, auch viel mehr Abgaben, Dienste und Reglementierung aller Lebensbereiche bedeutet. Um genau dies durchzusetzen und die Bewohner der Waldstätte der österreichischen Herrschaft zu unterwerfen, wurden Vögte als Verwaltungsbeauftragte ins Land geschickt.
Daraufhin schlossen die drei Länder Uri, Schwyz und Unterwalden 1291 einen Landfriedensbund, ein Bündnis für den inneren Zusammenhalt. Die Schweiz versteht das heute als ihr Gründungsdatum.

3 a Lies das Merkwissen zu weiteren dramentechnischen Begriffen aufmerksam.
b Ordne jedem Begriff ein Beispiel aus den bereits gelesenen Szenen zu.

4 Versetze dich in die Figuren Stauffacher und Tell. Stelle dir vor, dass sie auf ihrem Nachhauseweg nach ihrem Gespräch das Gesagte und Erlebte überdenken.
a Verfasse einen Brief
- von Tell an Stauffacher oder
- von Stauffacher an Tell,

in dem die bestehende Situation und die jeweilige Einstellung der Figur zum Ausdruck kommen.
b Vergleicht eure Darstellungen und diskutiert, welcher Figur ihr in ihrer Einschätzung der Lage eher zustimmt. Begründet eure Sichtweise.

5 Erarbeite eine Rollenbiografie Wilhelm Tells auf der Basis der bereits gelesenen Textausschnitte. Du kannst einzelne Aspekte aus deiner Fantasie ergänzen. Sie müssen allerdings zum Gesamtbild passen. Folgende Bestandteile sollte deine Rollenbiografie enthalten:
- Name: *Ich bin Wilhelm Tell.*
- Familienverhältnisse: *Mein Vater war ein Alpenjäger. …*
- Herkunft: …
- Äußerlichkeiten
- Beruf und äußere Lebensumstände
- Verhältnis zu Mitmenschen
- Weitere Erkennungsmerkmale (Interessen, Vorlieben, Einstellungen)
- Ängste, Sorgen, Sehnsüchte

6 Ergänze dein Strukturmodell (→ S. 161) zum Drama „Wilhelm Tell“ im Heft.

Merkwissen Dramentechnische Begriffe

Das **erregende Moment** ist ein Bestandteil der Exposition. Es lässt den Konflikt deutlich hervortreten und setzt die Handlung in Gang bzw. beschleunigt sie.

Ein Wechselgespräch zwischen zwei oder mehr Figuren wird als **Dialog** bezeichnet. Dialoge sind der Hauptbestandteil eines Dramas. In ihnen treffen die Auffassungen und Interessen der Figuren aufeinander, Konflikte treten zutage und die Handlung wird vorangetrieben. Dialoge können durch stumme Handlungen, Lieder oder **Monologe** (Selbstgespräche einer Figur) unterbrochen werden.

Berichtet eine Figur über ein zurückliegendes Ereignis, spricht man von einem **Botenbericht**. In ihm können Geschehnisse behandelt werden, die auf der Bühne nur schwer darstellbar sind.

Bei einer **Mauerschau** berichtet eine Figur meist von einem erhöhten Standpunkt aus über einen Vorgang, der für die übrigen Figuren nicht sichtbar ist. Die Mauerschau wird für Vorgänge gewählt, die auf einer Bühne nicht ohne Weiteres dargestellt werden können.

Teste dein Wissen!
Dramentechnische Begriffe

Die 1 umfasst den ersten 2 oder Teile davon. Der Zuschauer bzw. Leser lernt den 3 und die 4 kennen, in denen das 5 sich abspielt. Er wird mit dem 6 und anderen wichtigen Figuren bekannt gemacht und erhält Hinweise darauf, wie die 7 aussieht, wer also mit wem auf derselben Seite steht und wer gegeneinander steht. Auch werden Hinweise auf die 8 sowie auf den gesellschaftlichen und geschichtlichen Hintergrund gegeben. Außerdem bahnt sich der 9 an, der mit dem sogenannten 10 seinen deutlichsten Anstoß erhält und die 11 vorantreibt. Im dritten 12 kommt es im klassischen Drama zum 13 des Konflikts. Hier ist die Spannung am größten und fällt nach dem 14 ab. Ein 15 beinhaltet die Verzögerung der Spannung durch einen Lösungsversuch, der meist scheitert. Das klassische Drama endet mit der 16 , die sowohl den glücklichen Ausgang wie auch ein tragisches Ende bedeuten kann.

Höhepunkt | Exposition | erregendes Moment | Aufzug | Drama | Konflikt | Wendepunkt | Ort | Vorgeschichte | Katastrophe | Handlung | retardierendes Moment | Akt | Figurenkonstellation | Helden | Atmosphäre

1 Ergänze die vorangestellte Definition, indem du jeder Zahl den richtigen Begriff aus dem Wortspeicher zuordnest.

2 Ordne jedem der folgenden dramentechnischen Begriffe die richtige Kurzdefinition zu und schreibe sie auf.

steigende Handlung	Auflösung des Konflikts
Exposition	Bericht von erhöhtem Standpunkt aus
Dialog	Versuch, den Konflikt zu lösen
Mauerschau	Einführung in Ort, Zeit, Figuren, Konflikt
Botenbericht	Zuspitzung des Konflikts
retardierendes Moment	Wechselgespräch zwischen Figuren
Katastrophe	Bericht über zurückliegendes Ereignis

3 Überprüft eure Ergebnisse aus den Aufgaben 1 und 2 in Partnerarbeit.

8.2 „Jetzt, Retter, hilf dir selbst"
Eine Dramenszene schriftlich analysieren

Der Konflikt auf dem Höhepunkt

Gemäß seiner Einstellung, die im Gespräch mit Stauffacher deutlich wurde, hat Tell sich an der Aufstandsbewegung, die sich gegen die Vögte abzuzeichnen beginnt, nicht beteiligt. Als sich die führenden Männer der drei Kantone Schwyz, Uri und Unterwalden auf dem Rütli, einer versteckten Bergwiese, bei Nacht und Nebel treffen, um auf ihre alten Freiheitsrechte zu schwören und den Sturm auf die Zwingburgen der Vögte zu verabreden, fehlt Tell. Er tritt im gesamten 2. Akt des Dramas nicht auf. Zu Beginn des 3. Akts erfahren die Zuschauer/Leser aus einem Gespräch Tells mit seiner Frau Hedwig, dass sich Tell und der Landvogt Geßler einmal im Gebirge begegnet sind. Dies geschah auf einem schmalen Pfad, der an einem Abgrund entlangführt. Als Geßler Tell erblickt, den er kurz zuvor wegen einer Nichtigkeit schwer bestraft hat, erblasst er und es versagen ihm vor Angst die Knie. Tell jedoch spricht ihn freundlich an und geht seines Weges. Er schickt Geßlers Gefolgsleute ihrem Herrn zu Hilfe. Hedwig erkennt, dass der Vogt ihrem Mann niemals vergeben wird, dass dieser ihn schwach gesehen hat. Sie warnt Tell eindringlich davor, nach Altdorf zu gehen, während Geßler dort erwartet wird. Tell jedoch glaubt, der Vogt müsse ihm dankbar sein, und schlägt Hedwigs Warnungen in den Wind. Mit seinem Sohn Walther macht er sich auf, um in Altdorf seinen Schwiegervater Walther Fürst zu besuchen.

Dritter Aufzug

Dritte Szene
Wiese bei Altdorf.
Im Vordergrund Bäume, in der Tiefe der Hut auf einer Stange. Der Prospekt[1] wird begrenzt durch den Bannberg, über welchem ein Schneegebirge emporragt.
FRIESSHARDT *und* LEUTHOLD *halten Wache.*
[...]
TELL *mit der Armbrust tritt auf, den Knaben an der Hand führend. Sie gehen an dem Hut vorbei gegen die vordere Szene, ohne darauf zu achten.*
[...]
WALTHER: Ei, Vater, sieh den Hut dort auf der Stange.
TELL: Was kümmert uns der Hut? Komm, lass uns gehen.
(Indem er abgehen will, tritt ihm Frießhardt mit vorgehaltner Pike[2] entgegen.)
FRIESSHARDT: In des Kaisers Namen! Haltet an und steht!
TELL *(greift in die Pike)*: Was wollt Ihr? Warum haltet Ihr mich auf?
FRIESSHARDT: Ihr habt's Mandat[3] verletzt, Ihr müsst uns folgen.
LEUTHOLD: Ihr habt dem Hut nicht Reverenz[4] bewiesen.
TELL: Freund, lass mich gehen.
FRIESSHARDT: Fort, fort ins Gefängnis!
WALTHER: Den Vater ins Gefängnis! Hilfe! Hilfe!
(In die Szene rufend.)
Herbei, ihr Männer, gute Leute helft,
Gewalt, Gewalt, sie führen ihn gefangen.

1 der Prospekt: Bühnenhintergrund
2 die Pike: Spieß
3 das Mandat: Gesetz, Vorschrift
4 die Reverenz: Ehrerbietung

Eine ganze Gruppe von Landleuten eilt herbei, darunter auch die Rütli-Verschwörer Stauffacher, Fürst und Melchthal. Einige Männer wollen Frießhardt angreifen.

GESSLER *zu Pferd, den Falken auf der Faust,* RUDOLPH DER HARRAS[5], BERTHA *und* RUDENZ[6], *ein großes Gefolge von bewaffneten Knechten, welche einen Kreis von Piken um die ganze Szene schließen.*

RUDOLPH DER HARRAS: Platz, Platz dem Landvogt!
GESSLER: Treibt sie auseinander!
Was läuft das Volk zusammen? Wer ruft Hilfe?
(Allgemeine Stille.)
Wer war's? Ich will es wissen.
(Zu Frießhardt.) Du tritt vor!
Wer bist du und was hältst du diesen Mann?
(Er gibt den Falken einem Diener.)
FRIESSHARDT: Gestrenger Herr, ich bin dein Waffenknecht
Und wohlbestellter Wächter bei dem Hut.
Diesen Mann ergriff ich über frischer Tat,
Wie er dem Hut den Ehrengruß versagte.
Verhaften wollt ich ihn, wie du befahlst,
Und mit Gewalt will ihn das Volk entreißen.
GESSLER *(nach einer Pause)*: Verachtest du so deinen Kaiser, Tell,
Und mich, der hier an seiner statt gebietet,
Dass du die Ehr' versagst dem Hut, den ich
Zur Prüfung des Gehorsams aufgehangen?
Dein böses Trachten hast du mir verraten.
TELL: Verzeiht mir, lieber Herr! Aus Unbedacht,
Nicht aus Verachtung Eurer ist's geschehn,
Wär ich besonnen, hieß ich nicht der Tell,
Ich bitt um Gnad, es soll nicht mehr begegnen.
GESSLER *(nach einigem Stillschweigen)*: Du bist ein Meister auf der Armbrust, Tell,
Man sagt, du nehmst es auf mit jedem Schützen?
WALTHER TELL: Und das muss wahr sein, Herr – 'nen Apfel schießt
Der Vater dir vom Baum auf hundert Schritte.
GESSLER: Ist das dein Knabe, Tell?
TELL: Ja, lieber Herr.
[...]
GESSLER: Nun, Tell! Weil du den Apfel triffst vom Baume
Auf hundert Schritte, so wirst du deine Kunst
Vor mir bewähren müssen – Nimm die Armbrust –
Du hast sie gleich zur Hand – und mach dich fertig,
Einen Apfel von des Knaben Kopf zu schießen –
Doch will ich raten, ziele gut, dass du
Den Apfel treffest auf den ersten Schuss,
Denn fehlst du ihn, so ist dein Kopf verloren.
(Alle geben Zeichen des Schreckens.)

5 Rudolph der Harras: Geßlers Stallmeister

6 Bertha und Rudenz: Mitglieder des lokalen Schweizer Adels

Tell: Herr – Welches Ungeheure sinnet Ihr
Mir an – Ich soll vom Haupte meines Kindes –
– Nein, nein doch, lieber Herr, das kömmt Euch nicht
Zu Sinn – Verhüt's der gnäd'ge Gott – das könnt Ihr
Im Ernst von einem Vater nicht begehren!
Gessler: Du wirst den Apfel schießen von dem Kopf
Des Knaben – Ich begehr's und will's.
Tell: Ich soll
Mit meiner Armbrust auf das liebe Haupt
Des eignen Kindes zielen – Eher sterb ich!
Gessler: Du schießest oder stirbst *mit* deinem Knaben.
[...]
(Greift nach einem Baumzweige, der über ihn herhängt.)
Hier ist der Apfel.
Man mache Raum – Er nehme seine Weite,
Wie's Brauch ist – Achtzig Schritte geb ich ihm –
Nicht weniger, noch mehr – Er rühmte sich,
Auf ihrer hundert seinen Mann zu treffen –
Jetzt Schütze triff, und fehle nicht das Ziel!
[...]
Öffnet die Gasse – Frisch! Was zauderst du?
Dein Leben ist verwirkt, ich kann dich töten,
Und sieh, ich lege gnädig dein Geschick
In deine eigne kunstgeübte Hand.
Der kann nicht klagen über harten Spruch,
Den man zum Meister seines Schicksals macht.
[...]
Tell *(zum Landvogt)*: Erlasset mir den Schuss. Hier ist mein Herz!
(Er reißt die Brust auf.)
Ruft Eure Reisigen und stoßt mich nieder.
Gessler: Ich will dein Leben nicht, ich will den Schuss.
– Du kannst ja alles, Tell, an nichts verzagst du,
Das Steuerruder führst du wie den Bogen,
Dich schreckt kein Sturm, wenn es zu retten gilt,
Jetzt, Retter, hilf dir selbst – du rettest alle!
(Tell steht in fürchterlichem Kampf, mit den Händen zuckend und die rollenden Augen bald auf den Landvogt, bald zum Himmel gerichtet – Plötzlich greift er in seinen Köcher, nimmt einen zweiten Pfeil heraus und steckt ihn in seinen Goller[7]. Der Landvogt bemerkt alle diese Bewegungen.)
Walther Tell *(unter der Linde)*: Vater, schieß zu, ich fürcht mich nicht.
Tell: Es muss!
(Er rafft sich zusammen und legt an.)

7 der Goller: Weste

Rudenz, ein junger Schweizer Ritter aus Geßlers Gefolge protestiert energisch gegen dessen Vorgehen und verwickelt ihn in einen Streit, der die Aufmerksamkeit aller auf sich zieht. Unterdessen hat Tell den Pfeil abgedrückt.

STAUFFACHER *(ruft)*: Der Apfel ist gefallen!
RÖSSELMANN: Der Knabe lebt!
VIELE STIMMEN: Der Apfel ist getroffen!
(Walther Fürst schwankt und droht zu sinken, Bertha hält ihn.)
GESSLER *(erstaunt)*: Er hat geschossen? Wie? Der Rasende!
BERTHA: Der Knabe lebt! Kommt zu Euch, guter Vater!
WALTHER TELL *(kommt mit dem Apfel gesprungen)*: Vater, hier ist der Apfel – Wusst ich's ja,
Du würdest deinen Knaben nicht verletzen.
[...]
GESSLER: Tell, höre!
TELL *(kommt zurück)*: Was befehlt Ihr, Herr?
GESSLER: Du stecktest
Noch einen zweiten Pfeil zu dir – Ja, ja –
Ich sah es wohl – Was meintest du damit?
TELL *(verlegen)*: Herr, das ist also bräuchlich bei den Schützen.
GESSLER: Nein, Tell, die Antwort lass ich dir nicht gelten,
Es wird was anders wohl bedeutet haben.
Sag mir die Wahrheit frisch und fröhlich, Tell,
Was es auch sei, dein Leben sichr' ich dir.
Wozu der zweite Pfeil?
TELL: Wohlan, o Herr,
Weil Ihr mich meines Lebens habt gesichert,
So will ich Euch die Wahrheit gründlich sagen.
(Er zieht den Pfeil aus dem Goller und sieht den Landvogt mit einem furchtbaren Blick an.)
Mit diesem zweiten Pfeil durchschoss ich – Euch,
Wenn ich mein liebes Kind getroffen hätte,
Und Eurer – wahrlich! hätt ich nicht gefehlt.
GESSLER: Wohl, Tell! Des Lebens hab ich dich gesichert,
Ich gab mein Ritterwort, das will ich halten –
Doch weil ich deinen bösen Sinn erkannt,
Will ich dich führen lassen und verwahren,
Wo weder Mond noch Sonne dich bescheint,
Damit ich sicher sei vor deinen Pfeilen.
Ergreift ihn, Knechte! Bindet ihn!
(Tell wird gebunden.)
STAUFFACHER: Wie, Herr?
So könntet Ihr an einem Manne handeln,
An dem sich Gottes Hand sichtbar verkündigt?
GESSLER: Lass sehn, ob sie ihn zweimal retten wird.
– Man bring ihn auf mein Schiff, ich folge nach
Sogleich, ich selbst will ihn nach Küßnacht[8] führen.

8 Küßnacht: Ort von Geßlers Burg

Die Szene verstehen und Deutungsthesen entwickeln

1 a Lies die Szene aufmerksam. Achte dabei besonders auf die Regieanweisungen und darauf, wer welchen Text spricht.
b Fasse deinen ersten Leseeindruck in Stichwörtern zusammen.

2 Formuliere auf der Grundlage deiner Notizen eine Deutungsthese. Du kannst z. B. einen der folgenden Satzanfänge ergänzen:
Die Szene III,3 zeigt, dass …
In der Szene III,3 wird deutlich, wie …

Den Inhalt der Szene und ihre Stellung im Handlungsverlauf erläutern

1 a Gib deinem Partner das Bühnengeschehen dieser Szene (die äußere Handlung) wieder.
b Überlegt gemeinsam, wie es zu dieser Szene kommen konnte. Welche vorangegangenen Ereignisse haben dazu beigetragen (Vorgeschichte)?
c Erstellt dazu ein Flussdiagramm, das die Handlung der Szene deutlich werden lässt. Geht von sinnvollen inhaltlichen Abschnitten aus, die ihr jeweils in einem kurzen Satz zusammenfasst. Das Diagramm könnte so beginnen:

Tell geht mit seinem Sohn Walther nach Altdorf.
↓
Sie sehen einen Hut auf einer Stange, den sie aus Unwissenheit nicht grüßen.
↓
Tell und sein Sohn werden wegen Missachtung festgehalten.
↓
Geßler erscheint und stellt Tell zur Rede.
↓
Tell bittet …

2 Gib bei deinen Ausführungen Zitate grundsätzlich in indirekter Rede wieder. Wandle die folgenden Aussagen in indirekte Rede um. Verwende dabei unterschiedliche Redeeinleitungen, z. B.: *Tell bittet darum, dass …*

Die Sprache einer Szene untersuchen

1 a Lies die Z. 38–158 der Szene noch einmal, indem du dein Augenmerk auf die Sprache richtest.
b Untersuche die Form des Gesprächs (Rede, Verhör, Streitgespräch, Monolog, Dialog ...). Beachte auch, wie die Redeanteile der Figuren verteilt sind.
c Beschreibe den Verlauf des Gesprächs. Verändert sich das Verhalten der Beteiligten?

2 Das Gespräch zwischen Geßler und Tell ist sehr vielschichtig. Untersuche die folgenden Aussagen der beiden und beschreibe mit eigenen Worten, welche Absicht der jeweilige Sprecher mit seiner Aussage im jeweiligen Zusammenhang verfolgt.

A (Z. 59–62)

TELL: Verzeiht mir, lieber Herr! Aus Unbedacht,
Nicht aus Verachtung Eurer ist's geschehn,
Wär ich besonnen, hieß ich nicht der Tell,
Ich bitt um Gnad, es soll nicht mehr begegnen.

B (Z. 69–76)

GESSLER: Nun, Tell! Weil du den Apfel triffst vom Baume
Auf hundert Schritte, so wirst du deine Kunst
Vor mir bewähren müssen – Nimm die Armbrust –
Du hast sie gleich zur Hand – und mach dich fertig,
Einen Apfel von des Knaben Kopf zu schießen –
Doch will ich raten, ziele gut, dass du
Den Apfel treffest auf den ersten Schuss,
Denn fehlst du ihn, so ist dein Kopf verloren.

C (Z. 78–82)

TELL: Herr – Welches Ungeheure sinnet Ihr
Mir an – Ich soll vom Haupte meines Kindes –
– Nein, nein doch, lieber Herr, das kömmt Euch nicht
Zu Sinn – Verhüt's der gnäd'ge Gott – das könnt Ihr
Im Ernst von einem Vater nicht begehren!

3 Beschreibt die Sprache der beiden Figuren in der gesamten Szene.
a Untersucht ihren Sprachstil (umgangssprachlich, ironisch, herrisch, unterwürfig ...).
b Zeigt auf, mit welchen sprachlichen Mitteln es Tell gelingt, sich Geßlers Macht zu entziehen. An welchen Stellen taktiert er, an welchen meint er genau das, was er sagt? Sucht typische Beispiele aus dem Text heraus und vergleicht eure Ergebnisse mit anderen Teams.

Vertiefen und üben

Eine literarische Figur charakterisieren

●●● 1 Verfasse eine Charakterisierung der Hauptfigur Wilhelm Tell. Gehe dabei folgendermaßen vor:

a Notiere zunächst Stichwörter zur Figur, die du aus den vorangegangenen Textauszügen (S. 162 ff.) in Erinnerung behalten hast.

b Gliedere den Textauszug der Szene III,3 in Handlungsschritte. Notiere, wie sich Tell jeweils verhält,und ergänze passende Textbelege.

c Suche geeignete Adjektive, die Tells Verhalten beschreiben.

→ Hilfen zu dieser Aufgabe findest du auf S. 176.

●●● 2 Schreibe auf der Grundlage deiner Ergebnisse aus Aufgabe 1 einen inneren Monolog für Wilhelm Tell. Achte dabei darauf zu formulieren, welche Gedanken und Gefühle er hat, bevor er sich zu dem Apfelschuss entschließt.

→ Hilfen zu dieser Aufgabe findest du auf S. 176.

●●● 3 Wilhelm Tell ist noch heute ein gefeierter Schweizer Nationalheld.

a Inwieweit ist er aus deiner Sicht als Held zu bezeichnen?

b Begründe deinen Standpunkt anschaulich und gehe dabei auch auf sein Verhalten im Drama ein.

→ Hilfen zu dieser Aufgabe findest du auf S. 176.

●●● 4 Präsentiert eure Ansichten vor der Klasse. Diskutiert Gemeinsamkeiten und Unterschiede.

1 mit Hilfen

Verfasse eine Charakterisierung der Hauptfigur Wilhelm Tell. Gehe dabei folgendermaßen vor.

a Notiere zunächst Stichwörter zur Figur, die du aus früheren Textauszügen (S. 162 ff.) in Erinnerung behalten hast. Folgende Fragen können dir dabei helfen:
- Wie wirkt Wilhelm Tell auf dich?
- Notiere Situationen aus dem Drama, die diese Wirkung bei dir hervorgerufen haben, z. B.:
  Die Rettung Baumgartens, …

b Gliedere den Textauszug der Szene III,3 in Handlungsschritte Tells. Notiere, wie Tell sich jeweils verhält, und ergänze passende Textbelege, z. B.:

Tell versäumt es, den Hut zu grüßen. ⟶ Beleg: Z. 24: „Was kümmert uns der Hut? Komm, lass uns gehen."
Tell bittet Geßler um Verzeihung. ⟶ Beleg: …
…

c Suche geeignete Adjektive, die Tells Verhalten beschreiben. Wähle aus dem folgenden Wortspeicher aus:

leidenschaftlich | besonnen | heiter | unterwürfig | unbekümmert | ehrlich | charakterfest | mutig | tapfer | vernünftig | naiv | aufmerksam | empfindlich | cool | liebevoll | sympathisch | gefühlvoll | friedlich | versöhnlich | zurückhaltend | unterlegen | berechnend | unbedacht | rebellisch | …

2 mit Hilfen

Schreibe auf der Grundlage deiner Ergebnisse aus Aufgabe 1 einen inneren Monolog für Wilhelm Tell. Achte dabei darauf zu formulieren, welche Gedanken und Gefühle er hat, bevor er sich zu dem Apfelschuss entschließt. Du kannst folgendermaßen beginnen:

Hätte ich doch auf unserem Weg nur besser auf meine Umgebung geachtet und auf meinen Sohn gehört. Ich hatte nur unser Reiseziel im Sinn und war unaufmerksam. Nun stehe ich hier vor Geßler und bemühe mich von ganzem Herzen, das Unglück abzuwenden, doch es hilft nichts. Ich habe solche Angst davor, …

3 mit Hilfen

Wilhelm Tell ist noch heute ein gefeierter Schweizer Nationalheld.

a Inwieweit ist er aus deiner Sicht als Held zu bezeichnen? Überlege dazu, was einen Helden eigentlich ausmacht, und mache dir Notizen, z. B.:
rettet aus gefährlichen Situationen, hat besondere Fähigkeiten, steht auf der Seite der Guten …

b Begründe deinen Standpunkt anschaulich und gehe dabei auch auf sein Verhalten im Drama ein, z. B.:
Tell hat Baumgarten gerettet, kann sehr gut mit der Armbrust umgehen, …

Nach der Analyse Die Interpretation verfassen

Stelle nun deine Untersuchungsergebnisse in einer zusammenhängenden schriftlichen Interpretation dar.

1 Verfasse eine Einleitung zum Interpretationsaufsatz zum Thema „Wilhelm Tell (III,3)". Nutze dazu die folgenden Formulierungen aus dem Wortspeicher:

Friedrich Schiller | „Wilhelm Tell" | 3. Aufzug, 3. Szene | Hut auf der Stange | Tell | Geßler | Apfelschuss | Festnahme

2 Im Hauptteil der Interpretation versiehst du deine Beobachtungen und interpretierenden Aussagen mit konkreten Textbelegen, z. B.:

Interpretierende Aussage	Textbeleg
Tell versäumt nur aus Unkenntnis und nicht aus bösem Willen, den Hut auf der Stange zu grüßen.	Regieanweisung (Z. 21 f.): „Sie gehen an dem Hut vorbei [...], ohne darauf zu achten." Ausruf des Sohnes: „Ei, Vater, sieh [...] (Z. 23)

Die Regieanweisung in Z. 21 f. und die Verwunderung des Sohnes, die in seinem Ausruf deutlich wird, zeigen, dass Tell nur aus Unkenntnis und nicht aus bösem Willen versäumt hat, den Hut auf der Stange zu grüßen.

3 Belege die folgenden interpretierenden Aussagen mit passenden Textbelegen aus der Szene III,3.
- Tell verhält sich unterwürfig gegenüber Geßler.
- Geßler fordert eine unmenschliche Tat von Tell, die alle Anwesenden erschreckt.
- Tell hat große Angst davor, auf seinen eigenen Sohn zu zielen.
- Alle Anwesenden stellen sich auf Tells Seite.
- Geßler will Tell provozieren, weil er sich durch ihn bedroht fühlt.
- Tells Ehrlichkeit führt schließlich zu seiner Festnahme.

4 Im Schlussteil deiner Interpretation geht es darum, ein Fazit und eine eigene Bewertung der erarbeiteten Szene vorzunehmen.

a Schreibe als Schluss deiner Ausführungen ein Fazit, in dem die Bedeutung der Szene deutlich wird. Gehe dabei vor allem auf die folgenden Fragen ein:
- Inwieweit hat sich Tells Sicht auf die Situation durch die Ereignisse verändert?
- Wie entfaltet sich der Konflikt durch diese Szene?
- Welche Motive bewegen Geßler zu seinem Verhalten?

b Verfasse eine eigene Bewertung der Szene, indem du die folgenden Fragen beantwortest:
- Wie bewertest du das Verhalten von Tell und Geßler?
- Inwiefern ist das Thema der Szene heute noch bedeutsam?
- Wie hättest du wohl anstelle einer der Figuren gehandelt (z. B. anstelle Tells oder Walther Tells)?

8.3 Fit in…
Eine Dramenszene interpretieren

Die Aufgabenstellung richtig verstehen

Stelle dir vor, du bekommst folgende Aufgabe:

Interpretiere die Dramenszene IV,3 aus Friedrich Schillers „Wilhelm Tell“.
Gehe dabei folgendermaßen vor:
- Formuliere eine Einleitung, in der du das Thema des Textauszugs benennst und die korrekten dramentechnischen Begriffe auf diese Szene anwendest.
- Stelle im Hauptteil die Bedeutung des ersten Teils der Szene dar und charakterisiere Geßlers Verhalten gegenüber Armgard.
- Erläutere im Schlussteil, warum Geßlers Verhalten zu Wilhelm Tells tödlichem Schuss geführt hat. Begründe deine Ansichten.

Die Auflösung des Konflikts

Bei der Überfahrt über den Vierwaldstättersee, die dazu dient, den gefangenen Tell von Altdorf in Geßlers Burg nach Küßnacht zu verschleppen, bricht erneut ein Unwetter los. Wieder verweist die Wettersymbolik, wie am Anfang des Dramas, darauf, dass sich über die Gewalttaten der Vögte sogar die Natur empört, weil nicht nur die Ordnung des menschlichen Zusammenlebens gestört ist, sondern auch die göttliche Schöpfungsordnung. Das Schiff droht zu kentern, weil die Besatzung es nicht mehr steuern kann. Auf den Rat seines Gefolges lässt Geßler Tell die Fesseln abnehmen, weil dieser mit seiner Stärke und Erfahrung als Einziger das Schiff aus dem Sturm retten könnte. Tell nutzt die Gelegenheit, steuert das Schiff nahe an eine Felsplatte heran, auf die er sich mit einem Sprung rettet. Seine Armbrust hat er dabei mitgenommen. Er begibt sich sofort auf den Weg nach Küßnacht. Einem Fischer, dem er begegnet, trägt er auf, den Männern, die auf dem Rütli mitgeschworen haben, zu melden:

„Der Tell ist frei und seines Armes mächtig,
Bald werden sie ein Weitres von mir hören.“

Inzwischen haben sich die Rütli-Verschwörer darauf verständigt, den für die Weihnachtszeit verabredeten Aufstand und die Erstürmung der Zwingburgen vorzuziehen.

Vierter Aufzug

Dritte Szene
Die hohle Gasse bei Küßnacht.
Felsen umschließen die ganze Szene, auf einem der vordersten ist ein Vorsprung mit Gesträuch bewachsen.

TELL *(tritt auf mit der Armbrust)*: Durch diese hohle Gasse muss er kommen,
Es führt kein andrer Weg nach Küßnacht – Hier
Vollend ich's – Die Gelegenheit ist günstig.
Dort der Holunderstrauch verbirgt mich ihm,
Von dort herab kann ihn mein Pfeil erlangen,
Des Weges Enge wehret den Verfolgern.
Mach deine Rechnung mit dem Himmel, Vogt,
Fort musst du, deine Uhr ist abgelaufen.

Ich lebte still und harmlos – Das Geschoss
War auf des Waldes Tiere nur gerichtet,
Meine Gedanken waren rein von Mord –
Du hast aus meinem Frieden mich heraus-
Geschreckt, in gärend Drachengift hast du
Die Milch der frommen Denkart mir verwandelt,
Zum Ungeheuren hast du mich gewöhnt –
Wer sich des Kindes Haupt zum Ziele setzte,
Der kann auch treffen in das Herz des Feinds.

Die armen Kindlein, die unschuldigen,
Das treue Weib muss ich vor deiner Wut
Beschützen, Landvogt. – Da, als ich den Bogenstrang
Anzog – als mir die Hand erzitterte –
Als du mit grausam teufelischer Lust
Mich zwangst, aufs Haupt des Kindes anzulegen –
Als ich ohnmächtig flehend rang vor dir,
Damals gelobt ich mir in meinem Innern
Mit furchtbarm Eidschwur, den nur Gott gehört,
Dass meines *nächsten* Schusses *erstes* Ziel
Dein Herz sein sollte – Was ich mir gelobt
In jenes Augenblickes Höllenqualen,
Ist eine heil'ge Schuld –, ich will sie zahlen.
[...] *(Steht auf.)*

Ich laure auf ein edles Wild – Lässt sich's
Der Jäger nicht verdrießen, tagelang
Umherzustreifen in des Winters Strenge,
Von Fels zu Fels den Wagesprung zu tun,
Hinanzuklimmen an den glatten Wänden,
Wo er sich anleimt mit dem eignen Blut,
– Um ein armselig Grattier zu erjagen.
Hier gilt es einen köstlicheren Preis,
Das Herz des Todfeinds, der mich will verderben.

(Man hört von ferne eine heitre Musik, welche sich nähert.)
Mein ganzes Leben lang hab ich den Bogen
Gehandhabt, mich geübt nach Schützenregel,
Ich habe oft geschossen in das Schwarze,
Und manchen schönen Preis mir heimgebracht
Vom Freudenschießen – Aber heute will ich
Den *Meisterschuss* tun und das Beste mir
Im ganzen Umkreis des Gebirgs gewinnen.

Bevor Geßler die hohle Gasse erreicht, zieht ein Hochzeitszug hindurch und die Bäuerin Armgard erscheint mit ihren Kindern. Sie stellt sich Geßler in den Weg, als dieser schließlich mit seinem Stallmeister Rudolph dem Harras herbeigeritten kommt, und fordert ihn auf, endlich einen Richterspruch über ihren Mann zu fällen, der widerrechtlich schon sechs Monate ohne Gerichtsverhandlung im Kerker liegt. Als Geßler sie abweist, wirft sie sich ihm mit ihren Kindern in den Weg, aber Geßler droht nur, über sie hinwegzureiten.

Gessler: Wo sind meine Knechte?
Man reiße sie von hinnen oder ich
Vergesse mich und tue, was mich reuet.
Rudolph: Die Knechte können nicht hindurch, o Herr,
Der Hohlweg ist gesperrt durch eine Hochzeit.
Gessler: Ein allzu milder Herrscher bin ich noch
Gegen dies Volk – die Zungen sind noch frei,
Es ist noch nicht ganz, wie es soll, gebändigt –
Doch es soll anders werden, ich gelob es,
Ich will ihn brechen, diesen starren Sinn,
Den kecken Geist der Freiheit will ich beugen.
Ein neu Gesetz will ich in diesen Landen
Verkündigen – Ich will –
(Ein Pfeil durchbohrt ihn, er fährt mit der Hand ans Herz und will sinken. Mit matter Stimme.)
Gott sei mir gnädig!
Rudolph: Herr Landvogt – Gott, was ist das? Woher kam das?
Armgard *(auffahrend)*: Mord! Mord! Er taumelt, sinkt! Er ist getroffen!
Mitten ins Herz hat ihn der Pfeil getroffen!
Rudolph *(springt vom Pferde)*: Welch grässliches Ereignis – Gott – Herr Ritter –
Ruft die Erbarmung Gottes an – Ihr seid
Ein Mann des Todes! –
Gessler: Das ist Tells Geschoss.
(Ist vom Pferde herab dem Rudolph Harras in den Arm gegleitet und wird auf der Bank niedergelassen.)
Tell *(erscheint oben auf der Höhe des Felsen)*: Du kennst den Schützen, suche keinen andern!
Frei sind die Hütten, sicher ist die Unschuld
Vor dir, du wirst dem Lande nicht mehr schaden.
(Verschwindet von der Höhe. Volk stürzt herein.)

1 a Lies die Aufgabe auf S. 179 sorgfältig.
b Besprecht, was die Aufgabenstellung von euch verlangt, und übertragt die Buchstaben der richtigen Aussagen in euer Heft. Rückwärts gelesen ergeben sie ein Lösungswort.

Ich soll …
L zu Beginn das Thema der Szene benennen.
T die Szene nacherzählen.
E mit zutreffenden Fachbegriffen formulieren.
F Geßlers Verhalten gegenüber Armgard charakterisieren.
C die Szene glaubwürdig weiterschreiben.
P Geßlers Verhalten besonders erläutern.
R auf Begründungen verzichten.
A Gründe für Wilhelm Tells Schuss anführen.

Die Szene verstehen und einen Schreibplan erarbeiten

2 Lest die Szene mit verteilten Rollen und beantwortet euch in Partnerarbeit gegenseitig die folgenden Fragen:
- Wo befindet sich Tell zu Beginn der Szene? Warum hält er sich dort auf?
- Wie hat Tell sein bisheriges Leben verbracht?
- Was bedeutet Tells Aussage: „Ich laure auf ein edles Wild" (Z. 58)?
- Warum erscheint die Bäuerin Armgard vor Geßler? Wie reagiert er auf ihr Anliegen?
- Wie begründet Tell seine Tat zu Beginn und am Schluss der Szene?

3 Plane den Aufbau deiner Interpretation und ordne deine Analyseergebnisse.
a Lege eine Gliederung mit Einleitung, Hauptteil und Schluss an.
b Notiere zu jedem Abschnitt wichtige inhaltliche Aspekte, z. B.:

Einleitung: *Friedrich Schiller, „Wilhelm Tell", 1804 entstanden, handelt von …*
Hauptteil: *Tell rettet Baumgarten; versäumt es, den Hut zu grüßen; wird von Geßler gezwungen, …*
Schluss: *Tell tötet Geßler, weil …; wird vom Volk als Held und Erretter gefeiert; Jubel um Tell ist berechtigt / unberechtigt, weil …*

Die Interpretation verfassen und überarbeiten

4 Verfasse eine kurze Einleitung. Ergänze dazu den folgenden Lückentext in deinem Heft.

In dem Szenenauszug … aus dem … Akt des Dramas „…", das … von … geschrieben wurde, treffen Tell und … ein letztes Mal aufeinander. Zu Beginn der Szene hält die Hauptfigur einen längeren …, in dem Tell … darlegt. Als Geßler auftritt, erscheint … und bittet ihn … Diese Begegnung stellt das … im Drama dar. Es wird deutlich, warum Tell … und diesen Plan am Ende …

5 Schreibe nun den Hauptteil deiner Interpretation.
a Fasse die Vorgeschichte kurz zusammen. Nutze dazu die Stichwörter aus dem Wortspeicher rechts.
b Gehe kurz auf die Bedeutung des ersten Teils der Szene ein.
c Charakterisiere Geßlers Verhalten gegenüber Armgard mit treffenden Adjektiven. Nutze als Belege die folgenden Zitate:
„Man reiße sie von hinnen oder ich vergesse mich" (Z. 84–85).
„Ein allzu milder Herrscher bin ich noch" (Z. 88).
„Ich will ihn brechen, diesen starren Sinn" (Z. 92).
d Interpretiere im Schlussteil Tells tödlichen Schuss.
Ist seine Tat aus deiner Sicht gerechtfertigt? Begründe.

Rettung Baumgartens | Hut auf der Stange | unterlassener Gruß | erzwungener Apfelschuss | 2. Pfeil | Festnahme Tells | Flucht | Tötungsabsicht

6 Überarbeite nun deine Interpretation.
a Tausche deinen Text mit einem Partner aus.
b Gebt euch mithilfe der Checkliste Tipps, was ihr noch verbessern könnt.

Checkliste Eine Dramenszene interpretieren

- Ist die **Einleitung** vollständig (Textsorte, Titel, Autor, Entstehungsjahr, Thema der Szene)?
- Hast du den **Inhalt** der Szene knapp wiedergegeben?
- Hast du die **Vorgeschichte** und **Konsequenzen** erläutert?
- Bist du auf die **Figuren** und ihre **Konstellation** eingegangen?
- Hast du deine Aussagen mit **Textbelegen** gestützt?
- Hast du die richtigen Zeitformen (**Präsens** und **Perfekt**) verwendet?
- Sind **Rechtschreibung** und **Zeichensetzung** korrekt?

9 Aktuelles vom Tag
Zeitungstexte verstehen und gestalten

In diesem Kapitel …

- erfährst du, welche Zeitungstypen es gibt und wie eine Zeitung aufgebaut ist,
- lernst du die verschiedenen Textsorten einer Zeitung kennen,
- wirst du selbst zu einem Journalisten, recherchierst über ein Thema und erstellst eine Klassenzeitung.

1 Erläutere den Unterschied zwischen einer Zeitung und einer Zeitschrift. Überlege auch, was das Tablet mit dem Thema „Zeitungen und Zeitschriften" zu tun hat.

2 a Nenne verschiedene Informationsmedien, die man nutzen kann, um auf dem Laufenden zu bleiben.

b Erkläre, wie du dich über aktuelle Themen informierst, z. B. über Sportereignisse, Veranstaltungen, Musikrichtungen, das politische Geschehen.

3 Führt in eurer Klasse eine Umfrage durch:
- Wer von euch liest regelmäßig eine Zeitung oder eine Zeitschrift?
- Lest ihr diese in gedruckter Form oder im Internet?
- Warum lest ihr eine Zeitung/Zeitschrift? Warum lest ihr eventuell keine?

9.1 Ereignisse, Meinungen, Unterhaltung

Journalistische Textsorten kennen lernen

Verschiedene Zeitungstypen

1 a Diese Zeitungen sind alle vom selben Tag. Vergleiche die Titelseiten der Zeitungen. Berücksichtige hierbei die folgenden Fragen:
- Über welches Thema wird berichtet?
- Wie sind die einzelnen Titelseiten aufgebaut (Layout)? Beschreibe hierbei die Anordnung von Schlagzeile, Text und Foto, die Farbigkeit der Seite und das Verhältnis von Text und Foto.
- Inwieweit unterscheiden sich die Schlagzeilen sprachlich und optisch? Welche Fotos werden gezeigt? Warum?

b Begründe, welche Titelseite dich am stärksten anspricht.

2 a Stelle fest, um welchen Zeitungstyp es sich jeweils handelt. Lies hierzu die Informationen im unten stehenden Merkkasten.
b Überlege, welche Informationen du von der jeweiligen Zeitung erwartest. Begründe deine Einschätzung.

3 a Bringt verschiedene Zeitungen mit und untersucht die Titelseiten. Erstellt hierzu ein Layout-Raster nach dem nebenstehenden Muster.
b Vergleicht die Titelseiten der verschiedenen Zeitungen. Berücksichtigt hierbei die folgenden Fragen:
- Welche Themen werden auf der Titelseite genannt?
- Was ist der Aufmacher der Zeitung?
- Wie hoch ist der Bildanteil im Vergleich zum Text?
- Was zeigen die Bilder/Fotos?
- Wie sind die Schlagzeilen sprachlich und optisch gestaltet?
- Was wird farbig hervorgehoben?

4 Gestaltet selbst Titelseiten für eine regionale Tageszeitung und eine Boulevardzeitung, z. B. aus verschiedenen Zeitungen von einem Tag.
a Überlegt euch für eure Titelseite ein Layout-Raster und ordnet die Beiträge ein.
b Stellt eure Titelseiten vor und begründet euer Layout sowie die Themenauswahl.

Merkwissen Zeitungstypen

Zeitungen können z. B. unterschieden werden nach ihrer Erscheinungshäufigkeit (Tages- oder Wochenzeitung), nach dem Verbreitungsgebiet (regionale Zeitung oder überregionale Zeitung) und nach ihrem journalistischen Anspruch (seriöse Presse oder Boulevardzeitung).
- **Tageszeitung:** erscheint täglich; **Wochenzeitung:** erscheint wöchentlich
- **Regionale Zeitung** (Lokalzeitung): erscheint nur in einer bestimmten Gegend (Region), oft wird das schon im Namen deutlich, z. B.: *Bonner Rundschau, Berliner Zeitung* (regionale Tageszeitungen)
- **Überregionale Zeitung:** ist in ganz Deutschland erhältlich, z. B.: *Süddeutsche Zeitung* (überregionale Tageszeitung), *DIE ZEIT* (überregionale Wochenzeitung)
- **Boulevardzeitung:** sensationsorientierte Zeitung mit „reißerischer" Aufmachung (große, plakative Schlagzeile, hoher Bildanteil, auffällige Farben, wenig Text), z. B.: *BILD* (überregionale Tageszeitung), *EXPRESS* (regionale Tageszeitung)

Die Titelseite einer Zeitung
Die Titelseite soll die Leser/-innen **über den Inhalt der Zeitung informieren**. Damit möglichst viele Themen genannt werden können, werden die Texte oft nur angerissen; es folgen dann Seitenverweise auf eine genauere Darstellung im Innenteil der Zeitung. Jede Zeitung hat ihr eigenes Layout, jedoch finden sich in der Regel die folgenden Elemente auf der Titelseite: **Zeitungskopf** (Titel der Zeitung, Ausgabenummer, Datum, Preis), **Schlagzeile** (auch Headline genannt), **Titelbild**, **Aufmacher** (zentraler Artikel der Zeitung), **Nachrichten**.

Die Themengebiete einer Zeitung Die Ressorts

Facebook wächst durch Smartphone-Werbung
Immer mehr Menschen nutzen Facebook über Smartphones oder Tablets und das zahlt sich für das soziale Netzwerk in barer Münze aus. Weil immer mehr Kunden ihre Werbeanzeigen auf den mobilen Geräten schalten, treibt das die Einnahmen des weltgrößten Online-Netzwerks in die Höhe. Zu Jahresanfang erzielte Facebook bereits 30 Prozent seiner Werbeerlöse auf Tablets und Smartphones – drei Monate zuvor waren es erst 23 Prozent. Der Umsatz kletterte auf 1,46 Milliarden Dollar …

Rafael Nadal fällt weiter aus
Der spanische Tennisprofi Rafael Nadal nimmt am letzten Grand-Slam-Turnier des Jahres nicht teil. Sein verletztes linkes Knie lässt nach wie vor keine Spiele zu. Bereits beim olympischen Tennisturnier …

Strohballen standen in Flammen
Auf einem Feld in Kaldauen sind am Samstagmorgen Dutzende von Strohballen in Flammen aufgegangen. Um 4:50 Uhr alarmierte ein Augenzeuge die Feuerwehr. Die Brandursache …

Bundespräsident Gauck in Wien
Bundespräsident Gauck fliegt heute zu seinem offiziellen Antrittsbesuch nach Wien. In Gesprächen mit seinem Amtskollegen Fischer und Bundeskanzler Faymann wird vor allem die Eurokrise im Mittelpunkt stehen. Gemeinsam wollen …

1 a Ordne die Artikelanfänge aus einer Zeitung den passenden Ressorts zu. Nimm hierzu die Informationen im unten stehenden Merkkasten zu Hilfe.
b Formuliere selbst Schlagzeilen bzw. Texte, die zu den einzelnen Ressorts passen, z. B.:
Dynamo Dresden wieder aufgestiegen.

2 Seht euch verschiedene Zeitungen (möglichst verschiedene Zeitungstypen) an und beantwortet folgende Fragen:
- Welche Ressorts gibt es und in welcher Reihenfolge sind sie angeordnet?
- Gibt es Ressorts, die im Merkkasten unten nicht aufgeführt sind? Wenn ja, welches Thema haben diese Ressorts?
- Welchen Seitenumfang haben die einzelnen Ressorts? Was sagt dies über die thematische Schwerpunktsetzung der Zeitung aus?

Merkwissen Die Ressorts (Themenbereiche) einer Zeitung

Zeitungen sind in verschiedene Themenbereiche gegliedert, die man „Ressorts" nennt. Zu den wichtigsten Zeitungsressorts gehören: **Politik**, **Wirtschaft**, **Sport**, **Kultur** (auch „Feuilleton" genannt) und **Lokales**.
Die einzelnen Ressorts (Themengebiete) werden von unterschiedlichen Abteilungen der Zeitungsredaktion bearbeitet. Das heißt: Ein Redakteur spezialisiert sich auf das Thema „Sport", ein anderer auf das Thema „Politik", ein dritter schreibt über Kulturelles etc.
Beim Radio und Fernsehen werden die Ressorts auch „Programmbereiche" genannt.

Journalistische Textsorten unterscheiden

Der Bericht

Hochwasser-Bilanz 2013. Wie schlimm war die Flut wirklich?

von Sidney Gennies, Albert Funk, Matthias Schlegel und Dagmar Dehmer

Seit 500 Jahren waren die Pegel von der Donau bis zur Elbe nicht mehr so hoch wie bei der Flut 2013. Die Schäden sind immens. Auch weil Warnungen vor den Naturgewalten in den vergangenen Jahren immer wieder ignoriert wurden.

Noch sind die betroffenen Bundesländer dabei, ihre Schadensbilanzen aufzustellen. Die Ratingagentur Fitch hat allerdings bereits eine Schätzung vorgenommen. Demnach ist Deutschland durch das Hochwasser ein volkswirtschaftlicher Schaden von rund zwölf Milliarden Euro entstanden. Dazu kommen Versicherungsschäden von etwa drei Milliarden Euro. Kosten für die Wiederherstellung von Straßen, Schienen und anderer Infrastruktur seien noch nicht einmal mit eingerechnet, sagte ein Unternehmenssprecher.

Nach Erkenntnissen der Bundesanstalt für Gewässerkunde (BfG) in Koblenz und des Deutschen Wetterdienstes in Offenbach war die jüngste Flut an Elbe und Donau tatsächlich ein Jahrhundertphänomen. Demnach wurden etwa an der Elbe auf einer 250 Kilometer langen Strecke zwischen Coswig in Sachsen-Anhalt und Lenzen in Brandenburg die höchsten jemals gemessenen Wasserstände registriert. Eine aus Tschechien kommende Flutwelle sei auf Hochwasser der Flüsse Mulde und Saale getroffen. Der entstandene Scheitel an der Elbe habe von der Länge und der Höhe her „bisher nicht bekannte Ausmaße" erreicht, heißt es. Auch an der Saale seien bisherige Hochwasserspitzen in weiten Teilen überschritten worden. [...] „Als historische Referenz kann dabei gelten, dass der Rekordwasserstand vom 15. August 1501 allerdings noch höher ausfiel", heißt es in dem Bericht. Damals lag der Wasserstand bei 13,20 Metern, am 3. Juni 2013 waren es 12,89 Meter. Dagegen warnt der Gesamtverband der Deutschen Versicherungswirtschaft vor der Verwendung des Begriffs „Jahrhunderthochwasser". Er suggeriere, dass nun für 100 Jahre Ruhe sei. Nach einer umfassenden, von dem Verband mit führenden Klimaforschern durchgeführten Studie müsse bis zum Ende dieses Jahrhunderts mit einer Verdopplung oder – je nach Entwicklung des Klimawandels durch den CO_2-Ausstoß – sogar mit einer Verdreifachung der Schäden an Rhein, Elbe, Weser, Ems und Donau gerechnet werden.

Natürlich fordern nun auch das Bundesamt für Naturschutz (BfN) und ein paar Wochen lang auch die gesamte Politik mehr Überflutungsflächen und Renaturierungen entlang der Flüsse. Das BfN hat 2012 einen Auenzustandsbericht vorgelegt, aus dem hervorgeht, dass rund 90 Prozent der natürlichen Überflutungsflächen in den vergangenen 200 Jahren industrieller Entwicklung verloren gegangen sind. Doch trotz der zweiten Jahrhundertkatastrophe innerhalb von gut zehn Jahren dürfte die Neigung, landwirtschaftliche Nutzungen entlang der Flüsse einzuschränken oder gar bebautes Gebiet aufzugeben, kaum vorhanden sein.

1 Schlage unbekannte Wörter nach und erkläre anschließend deinem Lernpartner die Bedeutung der Begriffe *volkswirtschaftlich* (Z. 10), *Infrastruktur* (Z. 13), *Referenz* (Z. 29), *Renaturierung* (Z. 45) und *Auen* (Z. 46).

2 Formuliere in einem Satz, über welches Thema berichtet wird. Überlege, welcher Textabschnitt dir dabei besonders hilft.

3 Ein Zeitungsbericht beantwortet die wichtigsten W-Fragen.
a Schreibe W-Fragen in dein Heft und beantworte sie mithilfe des Textes in Stichwörtern.
b Untersuche:
- Welche W-Fragen werden schon am Anfang des Textes beantwortet?
- Welche W-Frage wird in dem Bericht ausführlicher beantwortet? Überlege, warum.

4 a Kürze den Zeitungsbericht so, dass die zentralen Informationen erhalten bleiben. Wie weit ist das Kürzen deiner Meinung nach möglich?
b Beschreibe die sprachliche Gestaltung des Textes (Satzbau, Sprachstil) und die Wirkung.
c Erkläre, welche Funktion der Text hat.

5 Zeitungsberichte wie der vorliegende sind alle ähnlich aufgebaut. Beschreibe den Aufbau des Textes, indem du die nebenstehenden Begriffe den einzelnen Teilen des Berichts zuordnest. Erkläre auch, welche Funktion die jeweiligen Textteile haben.

Haupttext Schlagzeile
Vorspann (Lead)

6 Wenn du den Vorspann (Lead) mit dem übrigen Text vergleichst, kannst du einige Wiederholungen von Informationen feststellen. Überlege, warum das so ist.

7 Die Nachricht (Meldung) ist die kürzeste journalistische Textsorte.
a Formuliere eine Nachricht über „das Hochwasser 2013", indem du äußerst knapp die wichtigsten Informationen zu den W-Fragen beantwortest.
b Vergleicht eure Nachrichten. Wer hat möglichst kurz möglichst viele W-Fragen beantwortet?

! Merkwissen Der Bericht und die Nachricht

Ein **Zeitungsbericht informiert knapp und sachlich über ein aktuelles Ereignis**. Er beantwortet zu Beginn die wichtigsten W-Fragen und berichtet dann über die näheren Einzelheiten des Ereignisses (z. B. über Hintergründe, Zusammenhänge oder die Vorgeschichte). Diesen Aufbau nennt man **Lead-Stil**, d. h.: Die **wichtigsten Informationen stehen am Textanfang** (Vorspann oder Lead), dann folgen weitere Detailinformationen.
Ein Zeitungsbericht kann Zitate von Experten oder Betroffenen wiedergeben, die dann namentlich genannt werden. Sie sollen die Glaubwürdigkeit einer Aussage unterstreichen und/oder den Bericht lebendiger gestalten.

Die Nachricht
Die Nachricht oder Meldung ist die „kleine Schwester" des Berichts. Sie informiert – wie der Bericht – sachlich und knapp über ein Ereignis und beantwortet die wichtigsten W-Fragen. Im Unterschied zum Bericht verzichtet sie aber auf weiterführende Detailinformationen. Auch Nachrichten sind im Lead-Stil verfasst.

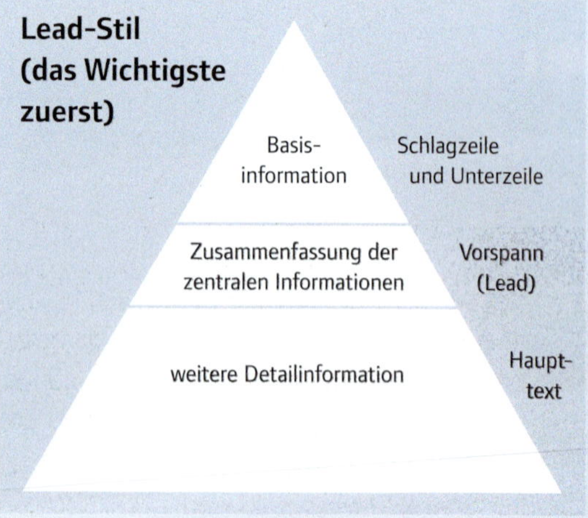

Die Reportage

Auf Leben und Tod in der Notaufnahme

Georg Welty leitet die Ambulanz des Marien-Hospitals. Täglich muss sein Team Hunderten von Patienten helfen.

von Matthias Rech

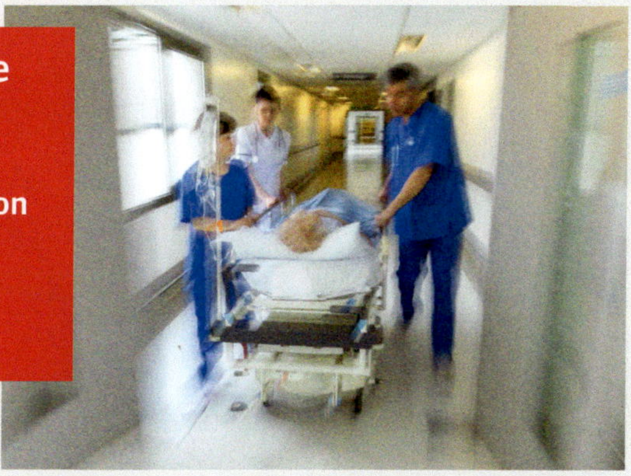

Düsseldorf. Es ist „Primetime“[1] in der Notaufnahme. So zumindest nennt Dr. Georg Welty die Zeit gegen 11 Uhr an diesem Sonntagvormittag. Welty ist der Leiter der Abteilung im Krankenhaus, in der es manchmal ums nackte Überleben geht. Jetzt stehen vier Krankenwagen auf dem Hof des Marien-Hospitals und warten darauf, zum überdachten Eingang der Notfallambulanz vorfahren zu können. Wochenenden sind immer besonders heftig, es ist Stau.

Auch im Wartezimmer knubbeln sich jetzt die Patienten mit ihren großen und kleinen Wehwehchen. Ein Bauarbeiter stützt einen humpelnden Kollegen, schon von Weitem ist klar: Verletzung im Sprunggelenk – sicher nicht lebensbedrohlich. Wenn Georg Welty durch den Wartebereich läuft, zieht sein weißer Kittel die sehnsüchtigen Blicke der Menschen auf sich wie ein Magnet. Welty weiß noch nicht, was jedem dieser Patienten fehlt. Genau das ist die große Herausforderung der Notfallambulanz: Wer muss dringend behandelt werden? Wen kann man noch warten lassen? Kranke sichten, Notfälle selektieren[2], rechtzeitig Leben retten und Schmerzen lindern – das ist der Idealfall in der Notaufnahme.

Jeder, der in die Ambulanz kommt, muss sich anmelden. Gerade reicht eine alte Frau der Empfangsdame ihre Krankenkassenkarte durch das Sprechloch. Ein, zwei Nachfragen später sagt die Arzthelferin: „Nehmen Sie bitte noch im Wartebereich Platz.“

Die Notfallambulanz ist mit drei Ärzten aus den Fachbereichen Innere Medizin, Chirurgie und Neurologie[3] besetzt, dazu kommen zwei Pflegekräfte und eventuell Schüler oder Praktikanten. „Wir können auf der gesamten medizinischen Klaviatur spielen“, sagt Welty. Bedrohliche Notfälle seien natürlich vorrangig, aber ein Großteil der Patienten komme mit „Bagatelltraumata“[4]. So nennt der Mediziner zum Beispiel Verletzungen von gestürzten Fahrradfahrern, die sich in Straßenbahngleisen verheddert haben, oder Schnittverletzungen. Hinter einem angeblich harmlosen Schwindelgefühl kann sich aber auch eine Hirnblutung oder ein Schlaganfall verbergen. „Gerade deswegen ist es so wichtig, immer wachsam zu sein“, sagt Welty. Eine solche Bedrohung für den Patienten zu übersehen, ist die Horrorvorstellung eines jeden Mediziners. „Wir sind ja hier nicht in der Toastbrotfabrik und machen Toastbrot mit Toastbrotmaschinen“, sagt Welty. Moderne Technik wie Computertomografie oder Ultraschall könne bei der Diagnose zwar helfen, aber den Arzt nie ersetzen.

1 die Primetime: eigentlich Hauptsendezeit im Hörfunk und im Fernsehen; hier: Zeit des größten Andrangs

2 selektieren: auswählen

3 die Neurologie: Lehre von den Erkrankungen des Nervensystems

4 das Bagatelltrauma: unbedeutende Verletzungen (die Bagatelle: unbedeutende Kleinigkeit; das Trauma: Verletzung, Wunde)

Patientenaufkommen im Wochenverlauf (Mittelwerte)

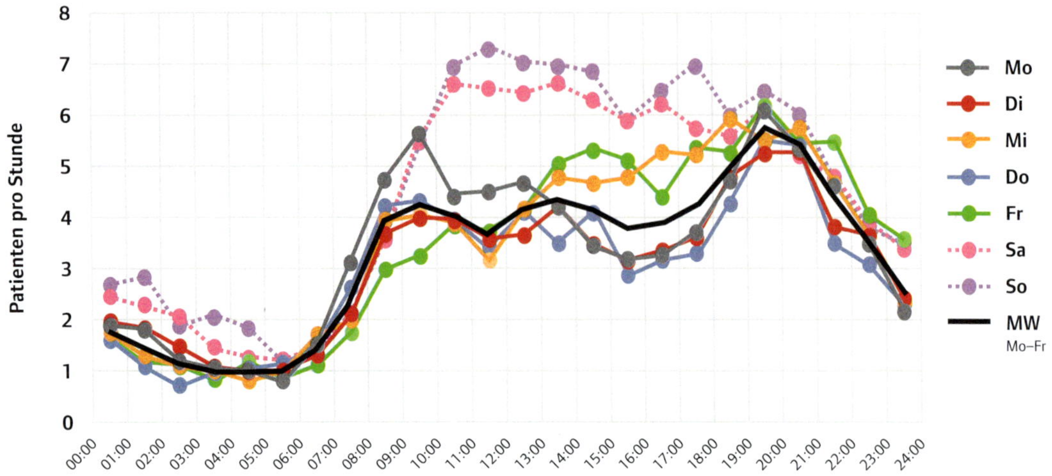

Im Schockraum zeigen Markierungen den richtigen Standort an

Mittag. Die rote Alarmlampe im Flur der Ambulanz leuchtet auf. Das Telefon darunter schellt. Eine Voranmeldung. Ein Notarztteam kündigt der Ambulanz einen Schwerverletzten oder einen anderen Notfall an. Ärzte und Pfleger bereiten sich vor. Das ist das große Spiel. Wie auf einer Taktiktafel kleben auf dem Boden des Schockraumes Markierungen, damit jeder weiß, wo er zu stehen hat – vom Anästhesisten[5] bis zur OP[6]-Schwester.

Bei diesem Finale um Leben und Tod steht Welty aber nicht zwingend selbst auf dem Platz. Der ärztliche Leiter sieht sich auch in der Rolle des Trainers: „Jürgen Klopp spielt in Dortmund ja auch nicht mit, aber er trainiert sein Team jeden Tag." So hält es auch der gelernte Chirurg Welty: In Trainingseinheiten mit simulierten Fällen werden die lebensrettenden Handgriffe und das Zusammenspiel der Fachabteilungen einstudiert.

Jetzt wird der Chef an anderer Stelle gebraucht. Ärzte und Pflegerinnen sehen ihn ratlos an, sie wissen nicht mehr, wohin mit den Kranken: „Wir haben Abflussstau. Und kriegen eine Voranmeldung nach der anderen." Der Blick geht zurück. Auf dem Flur stehen schon drei belegte Betten, auf den regulären Krankenhausstationen ist kein Platz. In einem kleinen Büro in der hintersten Ecke der Ambulanz glühen die Drähte. Zwei Mitarbeiter versuchen, die Patienten unterzubringen – ohne Erfolg.

Notfallpatienten haben Priorität bei der Zuteilung der Betten

Der Chef muss ran. Notfallpatienten haben Priorität bei der Bettenzuteilung. Einige deutliche Worte später gibt Welty Rückmeldung ans Bettenmanagement: „Der Herr mit dem Hirninfarkt kann auf die 1 B. Die anderen zunächst auf den Flur, bis die Entlassungen erfolgt sind."

Um 13 Uhr hat das Ambulanz-Team sämtliche Staus vor und im Krankenhaus abgearbeitet. Ein erfolgreicher Vormittag für Welty? „Das kommt immer darauf an, wie viele Menschen wir dem Teufel von der Schippe geholt haben." Seine Bilanz von 10 bis 13 Uhr: 100 Patienten, von denen 22 stationär aufgenommen wurden. Ein ganz normaler Sonntag am Marien-Hospital.

Quelle: Westdeutsche Zeitung, 18. 4. 2012

5 der Anästhesist: Spezialist, der für die sachgerechte Betäubung (etwa bei Operationen) zuständig ist

6 die OP: Abkürzung für Operation

1. Schritt: Einen Sachtext analysieren und zusammenfassen

1 a Verschaffe dir zunächst einen Überblick über die vorliegende Reportage: Lies nur die im Druckbild hervorgehobenen Teile (Überschrift, Vorspann, Zwischenüberschriften) und betrachte das Diagramm.
b Äußere Vermutungen, worum es in dem Zeitungsartikel gehen könnte.
c Lies den gesamten Text zügig. Wie wirkt dieser Zeitungsartikel auf dich: spannend, informativ, abenteuerlich, lehrreich ...? Begründe deine Meinung mit Textstellen.

2 a Lies den Zeitungsartikel noch einmal genau. Notiere Fragen zu Einzelheiten oder Textstellen, die dir nach dem Lesen noch unklar geblieben sind.
b Kläre die Bedeutung der unbekannten Wörter oder Textstellen.

3 a Erkläre, was die folgenden Sätze im Text bedeuten. Lies hierzu noch einmal genau nach.
- „Jürgen Klopp spielt in Dortmund ja auch nicht mit, aber er trainiert sein Team jeden Tag" (→ Z. 76–78).
- „Wir sind ja hier nicht in der Toastbrotfabrik und machen Toastbrot mit Toastbrotmaschinen", sagt Welty (→ Z. 55–58).
- „Wir haben Abflussstau. Und kriegen eine Voranmeldung nach der anderen" (→ Z. 84–86).

b Erläutere, worin „die große Herausforderung der Notfallambulanz" besteht (→ Z. 25–26).

4 Schreibe eine Textzusammenfassung, in der du die zentralen Informationen der Reportage knapp und sachlich wiedergibst. Gehe so vor:
a Gliedere den Text in Sinnabschnitte und fasse jeden Abschnitt in Stichwörtern oder kurzen Sätzen zusammen. Formuliere für jeden Abschnitt eine treffende Überschrift.
b Notiere alle Informationen, die für die Einleitung der Textzusammenfassung wichtig sind:
Autor, Titel des Textes, Textsorte, Quelle (Fundort, wo der Text erschienen ist) sowie Thema des Textes.
c Verfasse mithilfe deiner Vorarbeiten aus den Aufgaben 4 a und b die Inhaltsangabe.
- Formuliere eine Einleitung, z. B.:

> *In der Reportage „...", die in der ... erschienen ist, beschreibt der Autor ... einen Sonntagvormittag in ...*

- Fasse im Hauptteil die wichtigsten Textinformationen knapp, sachlich und in eigenen Worten zusammen. Formuliere im Präsens (bei Vorzeitigkeit im Perfekt) und verwende keine wörtliche Rede. Mache Zusammenhänge durch Satzverknüpfungen und Satzanfänge deutlich.

> ***1. Abschnitt Z. 6–31: Sonntagvormittag in der Notaufnahme***
> - *An Sonntagvormittagen herrscht in der Notaufnahme des Marien-Hospitals in Düsseldorf starker Andrang. Laut Georg Welty, dem Leiter der Ambulanz, besteht die größte Herausforderung darin, ...*

5 Überarbeite deine Textzusammenfassung mithilfe des Merkkastens auf S. 329.

2. Schritt: Diagramme auswerten

6 a Betrachte das Diagramm. Zu welcher Textpassage liefert es genauere Informationen?
b Werte das Diagramm aus und beschreibe es mit eigenen Worten (→Diagramme auswerten, S. 339). Beantworte dabei die folgenden Fragen: Worüber informiert das Diagramm? Welche Angaben werden gemacht? Was lässt sich ablesen?

3. Schritt: Die Textsorte erschließen

7 Überlege: Was unterscheidet den ersten Absatz der Reportage (→Z. 6–15) von dem Anfang eines möglichen Berichts im Lead-Stil (→Lead-Stil, S. 188)?

8 a Eine Reportage enthält sachliche Informationen, gibt aber auch die persönliche Sichtweise des Verfassers wieder. Suche Textstellen heraus, die beides zeigen.
b Durch welche Textpassagen kannst du dich besonders gut in die beschriebene Situation hineinversetzen? Nenne Beispiele und beschreibe die Wirkung der genannten Textpassagen.

9 a Reporter geben Lesern das Gefühl, live (mit allen Sinnen) am Ort des Geschehens zu sein. Durch welche sprachlichen Gestaltungsmittel gelingt dies? Sammle Beispiele.
Tipp: Achte dabei auch auf ausdrucksstarke Verben und Adjektive sowie sprachliche Bilder (Vergleiche, Metaphern).
b Formuliere den letzten Absatz der Reportage (→Z. 101–108) im Berichtsstil, indem du in einem Satz knapp und sachlich die Fakten wiedergibst. Vergleiche die Wirkung der beiden Texte.
c Setze die Zeilen 63–72 ins Präteritum. Vergleiche auch hier mit dem Originaltext und beschreibe die Wirkung der Textpassagen.

10 Weise mithilfe der Informationen im Merkkasten nach, dass es sich bei dem Zeitungsartikel um eine Reportage handelt. Führe hierzu für jedes Merkmal eine passende Textstelle an.

Merkwissen Die Reportage

Eine Reportage **informiert in besonders anschaulicher und lebendiger Weise über ein Ereignis**. Sie ist ein **Erlebnisbericht**, denn bei einer Reportage schreibt ein Reporter über ein Geschehen, das er selbst als Augenzeuge miterlebt hat.
- Reportagen **führen direkt in eine interessante Szene ein** (szenischer Einstieg, Schilderung einer Situation), sodass die Neugier der Leser geweckt wird.
- Eine Reportage enthält **sachliche Informationen** (Beantwortung der W-Fragen), gibt aber auch die **Eindrücke und die persönliche Sichtweise des Verfassers** wieder.
- Die Reportage will den Lesern das Gefühl geben, dass sie live (mit allen Sinnen) bei dem Geschehen dabei sind. Deshalb beschreibt der Reporter anschaulich die **Atmosphäre** und **Stimmung vor Ort** und **schildert seine Wahrnehmungen**. Zitate von Personen und eine bildhafte Sprache (ausdrucksstarke Verben, treffende Adjektive sowie sprachliche Bilder) sorgen für **Anschaulichkeit**.
- Die Zeitformen wechseln, häufig wird das Präsens verwendet, um dem Leser den Eindruck zu vermitteln, direkt vor Ort dabei zu sein.

Vertiefen und üben
Eine Reportage untersuchen

Die fliegende Intensivstation
von Jan Schmidt

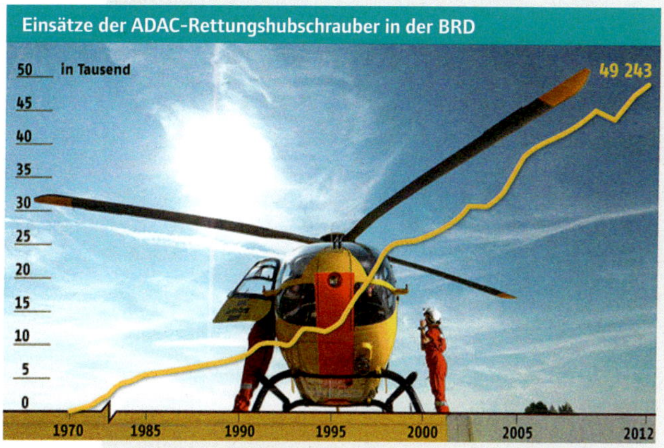

Bremen. Plötzlich ein schriller Ton: Alarm! Andreas Neulinger blickt auf seinen Pieper. „Kind nicht ansprechbar, Fieber, Bremen-Huchting". Noch während er liest, begibt sich der Notarzt zum Rettungshubschrauber. Er geht zügig, setzt sich nebenbei einen Helm auf. Dicht hinter ihm läuft Jochen Bokemeyer, Rettungsassistent. Vom Krankenhaus sind es nur wenige Meter. Rüdiger Engler, der Pilot, hat schon den Motor angelassen.
Unter den rasselnden Rotorblättern klettern die Ärzte in die Kabine. Sie ziehen ihre Sicherheitsgurte fest – dann hebt „Christoph 6" ab. „Christoph 6" ist einer von zwei Rettungshubschraubern für den Großraum Bremen. Seine Besatzung startet täglich vom „Klinikum Links der Weser" zu etwa fünf Einsätzen.
Es dröhnt, es wackelt. Binnen Sekunden schwebt der Helikopter in 150 Metern Höhe. Rüdiger Engler kontrolliert die Instrumente, Jochen Bokemeyer funkt neben ihm mit der Polizei. Ein Treffpunkt wird vereinbart – wie so oft bei Einsätzen in Wohngebieten. Wegen der dichten Besiedelung wäre eine Landung vor Ort zu riskant, deshalb steuert Engler Sportplätze, Grünanlagen oder ähnliche Plätze in der Nähe an. Von dort fährt eine Polizeistreife die Ärzte zur Wohnung des Patienten.
„Sicher am Boden", meldet Engler. „Ihr könnt raus!" Die beiden Ärzte greifen nach ihren Arztkoffern, drücken gegen die Tür und springen auf den Rasen. In kurzer Entfernung wartet ein Polizeiauto. Sie zwängen sich auf die Rückbank, sofort gibt der Beamte Gas. Reifen quietschen. Blaulicht, Sirene …
Obwohl der Helikopter einer fliegenden Intensivstation gleicht, transportiert er nur selten Patienten. Bei fast allen Einsätzen von „Christoph 6" fordert die Rettungsleitstelle gleichzeitig einen Krankenwagen an, der die Patienten ins nächste Krankenhaus transportieren kann. Rüdiger Engler nimmt deshalb auf dem Rückflug meist nur den Notarzt und den Assistenten wieder mit an Bord. Quasi per Lufttaxi geht es zum Einsatzort und damit sind die fliegenden Notärzte schneller bei den Patienten als die Rettungsärzte am Boden. Richtig spektakuläre Notfälle, wie man sie beispielsweise aus dem Fernsehen kennt, gibt es eher selten.

Quelle: Kreiszeitung

●●● 1 a Fasse in einem Satz zusammen, worum es in dem Zeitungsartikel geht.
b Beantworte die folgenden Fragen zum Text:
– Warum vereinbart Jochen Bokemeyer, der Rettungsassistent, mit der Polizei einen Treffpunkt?
– Warum werden Rettungshubschrauber eingesetzt, wenn sie nur selten Patienten aufnehmen?

●●● 2 Beschreibe das Diagramm und erkläre, was dargestellt wird.

●●● 3 Weise anhand von drei Merkmalen nach, dass der Text eine Reportage ist. Suche für jedes Textsortenmerkmal eine passende Textstelle.

●●● 4 Schreibe eine Textzusammenfassung mit Einleitung und Hauptteil.

→ Hilfen zu diesen Aufgaben findest du auf S. 194.

1 mit Hilfen

a Fasse in einem Satz zusammen, worum es in dem Zeitungsartikel geht. Die nebenstehenden Stichwörter aus dem Text helfen dir dabei.

Einsatz | Rettungshubschrauber | Christoph 6 | Bremen

b Beantworte die folgenden Fragen zum Text:
- Warum vereinbart Jochen Bokemeyer, der Rettungsassistent, mit der Polizei einen Treffpunkt?
- Warum werden Rettungshubschrauber eingesetzt, wenn sie nur selten Patienten aufnehmen? Lies hierzu noch einmal die Zeilen 39–41.

2 mit Hilfen

Beschreibe das Diagramm und erkläre, was es darstellt. Gehe so vor:
- Lies die Überschrift und betrachte die Zahlen auf der der x- und der y-Achse.
- Vergleiche die Angaben miteinander (höchster, niedrigster Wert). Welche Entwicklung wird aufgezeigt?

Das Diagramm zeigt die Entwicklung von … zwischen den Jahren … und …
Insgesamt ist zu beobachten, dass die …
Während zum Beispiel im Jahr … nur … Einsätze geflogen wurden, waren es …

3 mit Hilfen

Weise anhand von drei Merkmalen nach, dass der Text eine Reportage ist. Wähle drei Textsortenmerkmale aus der linken Spalte der Tabelle aus und suche jeweils eine passende Textstelle, mit der du deine Aussage belegen kannst.

Merkmale einer Reportage	Beispiele aus dem Text
– *szenischer Einstieg (Schilderung einer Situation)*	…
– *sachliche Informationen*	…
– *persönliche Wahrnehmung, schildernde Textpassagen*	…
– *Zitate, um die Situation anschaulich zu machen*	…

4 mit Hilfen

Schreibe eine Textzusammenfassung mit Einleitung und Hauptteil. Gehe so vor:

a Gliedere den Text in Sinnabschnitte und fasse jeden Abschnitt in Stichwörtern oder kurzen Sätzen zusammen.
- *Sobald ein Notruf im Krankenhaus eingeht, begeben sich der Notarzt …*
- *„Christoph 6" ist einer von zwei Rettungshubschraubern, am „Klinikum Links der Weser" in Bremen stationiert und fliegt täglich ca. fünf Einsätze*
- *…*

b Notiere alle Informationen, die für die Einleitung der Textzusammenfassung wichtig sind: Autor, Titel des Textes, Textsorte, Quelle sowie das Thema des Textes.

c Verfasse mithilfe deiner Vorarbeiten die Zusammenfassung.
- Formuliere eine Einleitung, z. B.:
  In der Reportage „…", die in der … erschienen ist, beschreibt der Autor …
- Fasse im Hauptteil die wichtigsten Textinformationen knapp, sachlich und in eigenen Worten zusammen. Formuliere im Präsens und verwende keine wörtliche Rede.

Der Kommentar

Marslandung

Curiosity – Forschen für die nächste Generation

Die Erforschung des Mars hat keine Auswirkungen auf das heutige Leben. Dennoch ist der kulturelle Wert der Nasa-Mission gewaltig.

von Norbert Lossau

Die geglückte Landung des Marsrovers „Curiosity" ist eine fantastische Leistung – ein technisches Meisterwerk, das den Wissenschaftlern ganz neue Möglichkeiten der Erforschung des Roten Planeten eröffnet. Der Name des Forschungsrovers ist Programm. „Curiosity" bedeutet Neugier – und es ist die unersättliche Neugier des Menschen, die mit dieser Mission ein Stück weit gestillt werden kann.

Gab es auf dem Mars einst Flüsse und Meere? Gab es auf dem heute unwirtlichen Planeten einmal Lebensformen? Existieren vielleicht in ökologischen Nischen noch heute exotische Bakterien? Es liegt in der Natur des Menschen zu fragen – und wenn technisch irgend möglich, auch Antworten auf diese Fragen zu finden.

Wer suchet, der findet: Der gesamte wissenschaftlich-technische Fortschritt basiert letztlich auf diesem Prinzip. Natürlich werden in diesen Tagen viele kritisieren, dass die von „Curiosity" zu erwartenden Erkenntnisse für das konkrete Leben der Menschen keine Relevanz[1] hätten.

Doch wer so argumentiert, verkennt die Mechanismen des wissenschaftlichen Fortschritts. Grundlagenerkenntnisse lassen sich in aller Regel nicht sofort in der Praxis nutzen. Doch ohne dieses Basiswissen sind technische Innovationen[2] eben nicht möglich.

Kein Zeitgenosse von Albert Einstein – und auch er selber nicht – hat vorausgesehen, dass die abstrakten Formeln der Relativitätstheorie[3] einmal benötigt werden würden, um Navigationssysteme für Autos bauen zu können. Bei vielen Innovationen dieser Tage profitieren wir noch von den Forschungsleistungen der Großvätergeneration.

Daran sollte man denken, wenn man über die Fördermittel für heutige Grundlagenforschung[4] diskutiert. Denn auch ohne unmittelbaren technologischen Nutzen hat die Nasa-Mission einen kulturellen Wert. Das Woher, Warum und Wohin des Universums und des Lebens verstehen zu wollen, gehört zum Masterplan des Menschen. Wenn der Mensch diese Neugier verlieren sollte, wäre dies das Ende seiner Evolution.

1 die Relevanz: Bedeutung

2 die Innovation: Neuerung, Erfindung

3 die Relativitätstheorie: eine von Albert Einstein entwickelte Theorie, die zu den wichtigsten Grundlagen der heutigen Physik gehört

4 Grundlagenforschung will „nur" die Grundlage für weiter gehende Forschungen legen und hebt sich damit von der angewandten Forschung ab, die nach praktisch umsetzbaren Ergebnissen bzw. Erkenntnissen sucht.

1 a Lies den Kommentar von Norbert Lossau aufmerksam durch. Wie wirkt dieser Zeitungsartikel auf dich: spannend, informativ, urteilend, wertend, abwägend, lehrreich …?
Begründe deine Meinung mit Textstellen.
b Zu welchem aktuellen Thema äußert sich der Autor? Erkläre in eigenen Worten, welche Meinung er vertritt.

2 a Erkläre, was die folgenden Wörter und Ausdrücke im Text bedeuten.
Tipp: Lies hierzu noch einmal die Sätze, in denen diese Wörter/Ausdrücke vorkommen. Sie geben oft Hinweise darauf, wie das Wort zu verstehen ist (= Textzusammenhang).

fantastische (→Z. 7) unersättliche Neugier (→Z. 12–13)

basiert (→Z. 23) konkrete Leben (→Z. 27)

Mechanismen (→Z. 29–30) abstrakten Formeln (→Z. 37)

profitieren (→Z. 40) Masterplan des Menschen (→Z. 49)

Evolution (→Z. 51)

b Kläre weitere Wörter oder Textpassagen, die dir unklar sind.

3 Untersuche, wie Norbert Lossau seine Position vertritt.
a Suche Argumente und Beispiele aus dem Text heraus, mit denen er seine Meinung begründet.
b Der Autor nennt in seiner Argumentation auch ein Gegenargument. Suche es heraus und erkläre, auf welche Weise der Autor es entkräftet.

4 Diskutiert in der Klasse darüber, ob ihr die Argumentation des Verfassers überzeugend findet. Formuliert eine mögliche Gegenposition und sammelt auch dazu Argumente und Beispiele.

5 a Erkläre, inwieweit sich der vorliegende Kommentar im Aufbau und in der Sprache von einem Bericht unterscheidet. Belege deine Äußerungen anhand des Textes.
b Überlege: Welche Funktion hat ein Kommentar im Vergleich zum Bericht?

Merkwissen Der Kommentar

Ein Kommentar ist ein **wertender Text, in dem ein Autor** zu einem aktuellen Thema Stellung bezieht und **seine persönliche Meinung äußert**.
Der Autor informiert über das Thema, erläutert seine Bedeutung, erklärt dem Leser die Zusammenhänge und setzt sich mit unterschiedlichen Meinungen auseinander. In einem Kommentar begründet der Autor seine Meinung mit Argumenten und Beispielen. Ziel des Kommentars ist es, den Leser dazu anzuregen, sich eine eigene Meinung zum Thema zu bilden. Der Autor/Die Autorin eines Kommentars wird immer mit Namen genannt.

Informationsvermittlung in Online-Zeitungen, Fernsehen und Radio

Immobilienmarkt | Motormarkt | Stellenmarkt | SZ-Shop | Tickets | Anzeigen | Reiseangebote | Weitere Angebote | Abo & Service | E-Paper | Login

Süddeutsche.de

NEUESTE NACHRICHTEN, 13. AUGUST 2013, 14:21

Politik | Panorama | Kultur | Wirtschaft | Sport | München | Bayern | Digital | Auto | Reise | Video | mehr | Suche

Themen: Günter Grass | Internet-Überwachung | Leichtathletik-WM Updates: Newsletter | Apps & Mobil | RSS | Reiseangebote

Süddeutsche.de als Startseite einrichten — Hinweis nicht mehr anzeigen

Tod durch Drohnen

Verräterische Signale

Mehr als 3000 Menschen sollen im vergangenen Jahrzehnt durch den Beschuss von Drohnen gestorben sein - es traf Terrorverdächtige und gänzlich Unbeteiligte. Und immer spielten dabei Telefondaten eine Rolle. Auch deutsche Behörden waren und sind am Austausch beteiligt. *Von Hans Leyendecker* mehr...

- EXKLUSIV Kooperation mit US-Geheimdiensten **Unmut über BND-Chef Schindler**
- Informationspolitik des BND **Bizarrer Kampf um Deutungshoheit**

Inflationsrate

Preise für Lebensmittel steigen rasant

Paprika kostet fast 50 Prozent mehr als vor einem Jahr, der Preis für Butter legte um ein Drittel zu: Lebensmittel sind in Deutschland erheblich teurer geworden. Die Inflationsrate steht darum nun auf

Heute in der SZ

Süddeutsche Zeitung

Leser lesen aktuell

634 Dokumentarfilm "From One Second to the Next" **Ohne böse Absicht**

599 Transportmittel Hyperloop **Mit 1220 km/h von San Francisco nach LA**

480 Probleme in der Fankurve des FC Bayern **Blanke Stille auf den Stufen**

19305 **Leser sind aktuell auf Süddeutsche.de**

Leser empfehlen

1111 Nutzerstruktur **13-Jährige hält Facebook für Oma-Netzwerk**

722 Unnützes Google Doodle Wissen **Erwin Schrödinger und die lebendtote Katze**

512 Probleme in der Fankurve des FC Bayern **Blanke Stille auf den Stufen**

Leser empfehlen im Netz
Trends großer Nachrichtenseiten in Echtzeit

14.011 **The light inventor who is poor but proud** *BBC*

4265 Monsanto: **Super-Genmais darf nach Europa** *Zeit Online*

3143 **BlackBerry goes up for sale after years of struggle in smartphone market** *The Guardian*

alle Leserempfehlungen

1 Dieser Screenshot zeigt die Online-Ausgabe einer überregionalen Tageszeitung. Untersuche, wie die Titelseite dieser Online-Zeitung aufgebaut ist:
- Wo findest du die klassischen Ressorts (→ Themengebiete, S. 186) der Zeitung?
- Welche zusätzlichen Funktionen bietet die Online-Zeitung als multimediales Medium?
- Welche Möglichkeiten bietet die Suchfunktion? Stelle Vermutungen an.

2 Eine Online-Zeitung kann jederzeit aktualisiert werden. Überlege, was dies für die Redakteure und die Leser bedeutet.

3 Vergleiche die Print-Ausgabe einer Zeitung mit ihrer Online-Ausgabe:
- Wie sind die Titelseiten jeweils aufgebaut? Wie hoch ist der Anteil an Werbung?
- Wie gut kannst du dich in der Print-Ausgabe orientieren, wie gut in der Online-Zeitung?
- Welche Vor- und Nachteile haben Print- und Online-Zeitung?

Tipp: Unter www.zeitung.de findest du eine Liste von Online-Zeitungen.

Neben der Zeitung und dem Internet sind das Radio und das Fernsehen Medien, die Information und Unterhaltung bieten. Nachrichten, Berichte, Kommentare und Reportagen gehören auch hier zum Standardangebot.

1 Verschafft euch einen Überblick über wichtige Fernseh- und Radiosender.

a Informiert euch im Internet über den Unterschied zwischen öffentlich-rechtlichen und privatwirtschaftlichen Sendern.

b Stellt eure Rechercheergebnisse in der Klasse vor. Welche Konsequenzen ergeben sich aus der unterschiedlichen Finanzierung für die Programminhalte?

c Recherchiert und erläutert, was mit dem gesetzlichen Sendeauftrag der öffentlich-rechtlichen Sender gemeint ist.

2 Erstellt mithilfe einer Programmzeitschrift und des Internets eine Tabelle mit wichtigen Nachrichtensendungen im Radio und Fernsehen.

	TV		**Radio**	
Sender	*ARD*	…	*MDR*	…
Name der Nachrichtensendung	*Tagesschau*	…	…	…
Uhrzeit	*20:00 Uhr*	…	…	…

3 Untersucht und vergleicht verschiedene Nachrichtensendungen.

a Wählt pro Gruppe eine Sendung, mit der ihr euch näher beschäftigen möchtet. Achtet bei der Auswahl der Sendung darauf, dass ihr in den verschiedenen Gruppen sowohl öffentlich-rechtliche und private Sender als auch regionale und überregionale Sender berücksichtigt.
Tipp: Einigt euch auf einen bestimmten Tag, damit ihr eure Ergebnisse vergleichen könnt.

b Überlegt, worauf ihr achten solltet, und erstellt eine Liste, z. B.:
- Themen: Auswahl, Reihenfolge, Umfang
- Einspielungen: Originalton (Radio), Filmsequenzen (Fernsehen)

c Haltet die wichtigsten Ergebnisse getrennt nach Sendern fest.

4 Stellt eure Ergebnisse vor und vergleicht sie:
- Welche Themen werden wie ausführlich behandelt? Fehlen evtl. für euch wichtige Themen?
- Wie werden die Themen präsentiert, z. B.: verständlich, informativ, sachlich, reißerisch …?
- Wie erklärt ihr euch die Unterschiede? Wie beurteilt ihr die einzelnen Nachrichtensendungen?

Merkwissen Informationsvermittlung in Fernsehen und Radio

Zum Standardangebot der Informationsvermittlung in Fernsehen und Radio gehören **Nachrichten**, **Berichte**, **Kommentare** und **Reportagen**. In Fernsehen und Radio unterscheidet man zwischen **öffentlich-rechtlichen Sendern** (z. B.: ARD, ZDF, Deutschlandfunk), die über Gebühren und Steuern finanziert werden und über einen **gesetzlichen Sendeauftrag** verfügen, und **privatwirtschaftlichen Sendern** (z. B.: RTL, SAT 1, Spreeradio), die sich im Wesentlichen über Werbeeinnahmen finanzieren. Es gibt **überregionale Sender** (z. B.: ARTE, Phoenix, DRadio Wissen) und **regionale Sender** (z. B.: MDR, Radio Brocken).

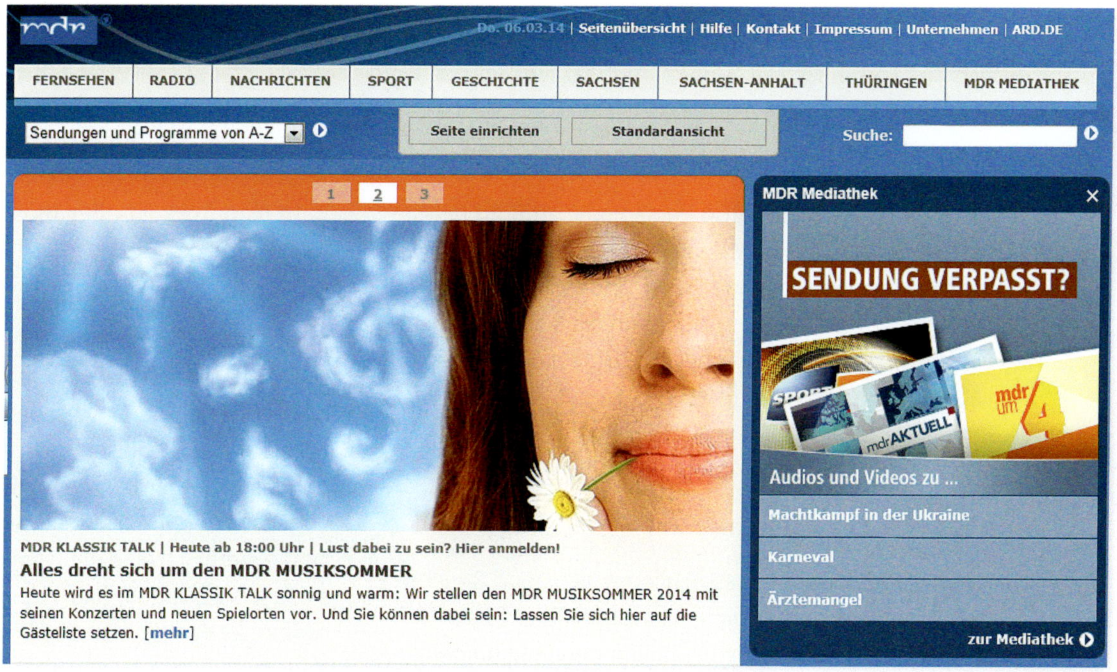

1 Ruft das Online-Portal des MDR im Internet auf und klickt euch durch.

a Beschreibt, wie das Online-Portal aufgebaut ist.

b Untersucht den Online-Auftritt des MDR genau und notiert, welche Angebote dort zur Verfügung stehen. Beachtet insbesondere, welche zusätzlichen Angebote auf regionaler Ebene vorhanden sind.

c Beschreibt, worin sich die normale Nutzung eines Fernseh- oder Radiosenders von der Nutzung der Online-Angebote desselben Senders unterscheiden. Welche Vorzüge bieten Online-Portale?

2 In der Mediathek können Nutzer Sendungen aufrufen, die der Sender gespeichert hat. Erstellt für MDR Radio einen Überblick über die unterschiedlichen Möglichkeiten und findet heraus, wo man Nachrichten aufrufen kann.

Merkwissen Fernsehen und Radio online

Alle Fernseh- und Radiosender verfügen heutzutage über einen komfortablen **Online-Auftritt**, der ständig aktualisiert wird. Nutzer finden dort nicht nur Informationen zum Programm und Profil des Senders, sondern auch aktuelle Nachrichten und **multimediale Inhalte**. In der **Mediathek** des Senders können Nutzer ausgewählte Sendungen (Audios und Videos) als **Livestream** (Echtzeitübertragung) sehen oder hören. Eine **Such- und Archivfunktion** ermöglicht das schnelle Auffinden von Informationen und Sendungen. Zusätzlich lassen sich Audio- und Videodateien als **Podcast** (zusammengesetztes Wort aus iPod und Broadcasting) abonnieren. Kostenfreie **Apps** für Smartphone oder Tablet, wie z. B. die Tagesschau-App, stehen zum Download bereit.

Teste dein Wissen!
Rund um die Zeitung

1 Flugzeug muss notlanden

Linz – Eine Boeing mit 264 Passagieren an Bord musste gestern in Österreich notlanden. Der Pilot hatte kurz vor München Rauch bemerkt, wie die Polizei in Linz mitteilte. Auf dem Blue Danube Airport setzte das Flugzeug kurz nach 16 Uhr sicher auf. Die Passagiere verließen die Boeing unverletzt. Was zu der Rauchentwicklung geführt hatte, …

2 In New York ist alles möglich

Die heiße Juli-Luft ist vor Feuchtigkeit so dick wie Suppe. Eine Stunde muss man mit der Bahn aus New York herausfahren, um sich einigermaßen Linderung zu verschaffen. Hier, auf der Halbinsel Far Rockaway, dem einzigen Surfstrand am Rande von New York, bremst die Meeresbrise die stete Schwüle ein wenig. Matt surft seit 20 Jahren hier. Als er anfing, kam noch niemand aus New York zum Surfen hier raus. „Morgens um fünf", sagt er, „ist das Surfen hier am schönsten." Nachmittags …

3 Droge Internet?

Leider gibt es tatsächlich zunehmend Berichte über Internetsucht. Manche Nutzer finden keine Grenze beim Spielen und „versumpfen" vor dem PC. Aber sollte man deshalb gleich das Internet verteufeln? Das wäre völlig überzogen. Eher soll darüber nachgedacht werden, …

1 Bestimme bei jedem Text, um welche journalistische Textsorte es sich handelt.

2 Ordne den Begriffen in der linken Spalte die richtigen Beschreibungen zu. Schreibe die Ziffern und Buchstaben in der richtigen Zuordnung in dein Heft. Notiere so: 1 + …; 2 + … etc.

1 Reportage	A die wichtigsten Informationen stehen am Textanfang
2 überregionale Zeitung	B wertender Text, in dem ein Autor seine persönliche Meinung äußert
3 Lead-Stil	C Text, der anschaulich und lebendig über ein Ereignis informiert
4 Kommentar	D Themengebiete einer Zeitung, z. B.: Politik, Wirtschaft …
5 Ressorts	E Zeitung, die in ganz Deutschland erhältlich ist

3 Von den folgenden Aussagen sind nur zwei richtig. Welche? Schreibe die Buchstaben auf.

A Das Feuilleton ist der Teil einer Zeitung, in dem es um Kultur, also z. B. um Kunst und Musik, geht.
B Eine Nachricht ist ausführlicher als ein Bericht.
C Der „Vorspann" (Lead) ist das, was auf der ersten Seite einer Zeitung steht.
D Online-Zeitungen können ständig aktualisiert werden.

4 Vergleicht eure Ergebnisse aus den Aufgaben 1 bis 3 in Partnerarbeit.

9.2 Was ist los?
Projekt „Zeitungsmacher“

Im Folgenden erfahrt ihr, wie ihr selbst Schritt für Schritt eine Klassenzeitung erstellen könnt.

1. Schritt: Was ist denn angesagt? Themen sammeln und ordnen

1 a Überlegt, über welche Themen ihr in eurer Klassenzeitung schreiben wollt. Was interessiert euch? Was eure Leser/-innen?
Schreibt eure Themenvorschläge auf Blätter und klebt sie an die Tafel.

b Ordnet eure Themen nach Ressorts (Themenbereichen, → S. 186), z. B.:

Neuigkeiten aus der Schule
- *Das Angebot in der Mensa*
- *Infos und Tipps zum Schüleraustausch*
- *...*

2 Bildet zu den einzelnen Ressorts Redaktionsteams und verteilt die einzelnen Themen.

2. Schritt: Sich über ein Thema informieren Die Recherche

3 Erstellt einen Rechercheplan und sucht dann nach geeignetem Informationsmaterial (auch Fotos, evtl. Grafiken etc.) zu eurem Thema. Je nach Thema könnt ihr
- vor Ort recherchieren (Umfragen und Interviews mit Personen durchführen, Fotos erstellen),
- euch in Bibliotheken informieren,
- Zeitungen und Zeitschriften studieren,
- im Internet suchen (Informationen, Fotos, Grafiken etc.).

Tipp: Mehr zur Informationsrecherche findet ihr auf S. 369–370.

Rechercheplan zum Thema „Infos und Tipps zum Schüleraustausch“

Fragen zum Thema	Informationsquelle	Bildmaterial (Fotos, Bilder, Grafiken)	Wer?
Was ist ein Schüleraustausch? Welche Erfahrungen ...? ...	Internet Interview mit ...	... Fotos von ... erstellen	Lukas Ruth, Florian

3. Schritt: Von der Recherche zum Schreiben Textsorten festlegen

4 a Entscheidet, welche Textsorte für euer Thema und eure Absicht besonders geeignet ist. Die folgende Übersicht kann euch hierbei helfen:

Absicht	→	**Textsorte**
informieren	sachlich-nüchtern →	Bericht (→ S. 188)
	lebendig →	Reportage (→ S. 192)
Meinung äußern	sachlich-nüchtern →	Kommentar (→ S. 196)
Unterhaltung | Übersicht | …		Quiz | Rätsel | Fotostory | Veranstaltungskalender | Interview

b Wertet euer Informationsmaterial aus. Was das konkret bedeutet, hängt davon ab, für welche Textsorte ihr euch entschieden habt. Ein Interview könnt ihr z. B. nahezu im Originalton wiedergeben. Bei unterhaltsamen Texten kommt es eher auf treffende Formulierungen an. Sichtet, ordnet und ergänzt euer Material mithilfe des folgenden Bearbeitungsbogens:

Material	**Weiterarbeit**
Fotos, Bilder, Grafik	– aussagekräftige Fotos/Bilder/Grafiken aussuchen oder erstellen – Bildunterschriften formulieren; bei einer Grafik Überschrift, Angaben und Erklärungen überprüfen oder ergänzen
Texte	**1 Material auswerten** – wichtige Informationen auf einer Kopie markieren; am Textrand notieren, zu welchen Fragen oder Teilthemen die markierten Informationen gehören – Informationen auswählen: Welche Informationen braucht der Leser, um das Thema zu verstehen? Welche Zusatz- oder Hintergrundinformationen gehören in den Text? **2 Material ergänzen** – je nach Textsorte, z. B.: schildernde Textteile (Reportage), Beantwortung weiterer W-Fragen (Bericht), witzige, ironische Formulierungen bei unterhaltsamen Texten etc.

5 Verfasst die Texte für eure Klassenzeitung. Schreibt sie möglichst mithilfe des Computers. Beachtet auch die folgenden Hinweise:
- Findet aussagekräftige Schlagzeilen für eure Artikel.
- Wählt Fotos, Bilder oder Grafiken für eure Texte aus.

Tipp: Tipps zur Arbeit mit dem Computer findet ihr auf S. 372 f.

4. Schritt: Die Texte überarbeiten und das Layout erstellen

6 Auch Schreibprofis wie Zeitungsjournalisten stellen ihre Texte zur Diskussion und überarbeiten sie.

a Führt eine Schreibkonferenz durch, in der ihr eure Entwürfe sichtet und überarbeitet. Die Tipps unten helfen euch dabei.
- Macht mit einem Bleistift Anmerkungen am Rand, z. B.: ein Fragezeichen, wo euch etwas unklar ist; Stichwörter mit Tipps für Ergänzungen; Änderungsvorschläge für die Ausdrucksweise etc.
- Seid kritisch, aber wohlwollend und konstruktiv: Bedenkt das gemeinsame Ziel, eine Zeitung für die Klasse zu erstellen.

b Überarbeitet eure eigenen Texte. Klärt Fragen im gemeinsamen Gespräch.

7 Jede Zeitung hat ihr eigenes Layout. Damit der Leser sich gut orientieren kann und Lust zum Lesen bekommt, muss es übersichtlich und ansprechend sein.
Überlegt, wie ihr die Titelseite und die einzelnen Beiträge eurer Zeitung gestalten wollt.
Probiert die Gestaltungsmöglichkeiten mit dem Computer aus und entwerft verschiedene Layout-Raster, z. B.:

Seitenränder und Spalten
- Rand (oben, unten, rechts, links)
- Spalten (ein-, zwei-, dreispaltig)

Schriftgröße
- Schlagzeile
- Vorspann
- …

Zeilenabstand
- …

Plazierung der Bilder/Fotos/Grafiken
- …

8 Entscheidet, in welcher Reihenfolge ihr die Beiträge bzw. die Ressorts anordnen wollt.

Merkwissen Tipps zur Überarbeitung von Zeitungsartikeln

- Die **Schlagzeile** muss die Leser „packen". Sie sollte kurz und präzise sein.
- Der **Einstieg in das Thema** entscheidet, ob die Leser weiterlesen. Der erste Satz sollte die Leser neugierig auf das Thema machen oder wichtige und interessante Informationen bieten.
- Der **Gedankengang** sollte schlüssig und ohne Nachfrage **verständlich** sein. Prüft, ob zum Textverständnis weitere Informationen fehlen oder ob Sätze bzw. Formulierungen unklar sind.
- **Vermeidet** unnötige inhaltliche **Wiederholungen** oder Wortwiederholungen.
- Überprüft die **Rechtschreibung** und die **Zeichensetzung**.

9.3 Fit in …
Einen Zeitungstext untersuchen

Die Aufgabenstellung richtig verstehen

Stelle dir vor, du bekommst folgende Aufgabe:

1 a Fasse die wichtigsten Informationen des Textes zusammen. Schreibe eine Zusammenfassung mit Einleitung und Hauptteil.

b Weise anhand von zwei Merkmalen nach, dass der Text eine Reportage ist. Suche für jedes Textsortenmerkmal eine passende Textstelle.

2 Erkläre, was die Autorin der Reportage motiviert haben könnte, die „Panke" zum Gegenstand ihres Artikels zu machen. Was ist das Besondere an diesem Bolzplatz?

Der Nabel ihrer Welt

von Anita Blasberg

Berlin, ein Bolzplatz am Panke-Kanal: Jeden Nachmittag treffen sich hier die Jungs aus dem Viertel. Sie dribbeln, flanken, foulen und wollen mal berühmt werden, wie ihre Idole Kevin-Prince und Jérôme Boateng. Die beiden Fußballprofis, die in diesem Käfig das Spielen gelernt haben.

Mittelpunkt ihrer Welt ist ein Gitterkäfig, groß wie ein Strafraum, der Boden aus Asphalt. „Komm, lass Panke gehen", sagen sie, als sie sich an einem sonnigen Nachmittag im April aus ihren Häusern klingeln, der 13-jährige Ali, der seine Haare wie Cristiano Ronaldo trägt, und seine Kumpel, die im selben Haus wohnen wie früher die Familie Boateng. Dann dribbeln sie mit ihrem abgewetzten Ball über die schmale Brücke des Panke-Kanals, rennen die Wiese runter in den Park, vorbei an der Luisenbad-Bibliothek, in die sie nur zum Pinkeln gehen, und warten auf dem Bolzplatz darauf, dass die anderen kommen.

Die Panke ist einer von 30 Bolzplätzen hier im Viertel, einer von Hunderten in ganz Berlin. Diese Käfige sind Orte, um die sich Mythen ranken wie Unkraut um ihr Gitter. Maradona, der bei der Weltmeisterschaft in Mexiko in einem Lauf über das ganze Feld fünf englische Gegenspieler und am Ende den Torwart austanzte, hatte auf so einem Platz gespielt, in einem armen Vorort von Buenos Aires. Zidane ist groß geworden auf so einem Platz, zwischen grauen Plattenbauten in Marseille. Sie alle, Maradona und Zidane, Ribéry und Rooney, Genies und Wahnsinnige, haben in der Enge dieser Käfige gelernt zu fliegen. Hier entwickelten sie ihren Instinkt, einen ungezähmten, unberechenbaren Fußball, der die Verteidiger in den Vereinen überforderte und sie selbst zu Millionären machte.

„Die Panke war mein Zuhause“, sagt Boateng. „Ihr hab ich alles zu verdanken.“ Manche seiner alten Mitspieler betreiben heute Dönerbuden, andere sind Drogendealer geworden und sitzen im Knast. Sein älterer Bruder George, der immer der Beste auf dem Bolzplatz war, züchtet heute Kampfhunde. „Jede freie Sekunde war ich in diesem Käfig“, sagt Boateng, und wenn er sich erinnert, muss er lächeln. Bei Regen besorgten sie sich in der Autowerkstatt nebenan einen Besen und kehrten die Pfützen weg, bis sie weiterspielen konnten. Einmal schmissen sie all ihre Ersparnisse zusammen, 130 Euro, und kauften im Baumarkt Nylonseile, kletterten die Zaunpfähle hinauf und spannten dieses Netz, das heute noch verhindert, dass der Ball rausfliegt. Und dann stand irgendwann ein Jugendtrainer von Hertha BSC am Rand. Er sah, wie dieser Junge immer wieder den „Okocha“ machte, einen Trick, benannt nach dem Nigerianer Jay-Jay Okocha, der damals bei Eintracht Frankfurt spielte. Der Junge schlug den Ball mit der Hacke über den Kopf und fing ihn vorn mit dem Fuß wieder auf. Es gab einige, die den „Okocha“ konnten. Aber dieser Junge war sieben. Und seine Füße steckten in Gummistiefeln. Am nächsten Tag hatte Kevin sein erstes Probetraining bei der Hertha.

Quelle: Die Zeit 05/2010

1 Lest die Aufgabe auf S. 204 f. aufmerksam durch. Besprecht dann in Partnerarbeit,
- was die einzelnen Aufgaben von euch verlangen,
- wie ihr bei der Bearbeitung der einzelnen Aufgaben vorgeht und worauf ihr achten müsst.

Den Text verstehen

2 a Lies den Zeitungsartikel (S. 204 f.) dann zweimal sorgfältig durch.
b Welche Aussagen zum Text sind richtig? Schreibe sie in dein Heft.

- Die „Panke“ ist ein Fußballverein in Berlin.
- Treffpunkt der Jugendlichen ist die Brücke am Panke-Kanal.
- Bolzplätze wie die Panke sind in Berlin keine Seltenheit.
- Der Bolzplatz hat die Größe eines Fußballfeldes.
- Die Brüder Boateng besuchen mit den Trainern von Hertha den Bolzplatz.
- Zidane hat als Jugendlicher auf der „Panke“ gedribbelt.
- Um die Bespielbarkeit des Platzes kümmert sich der Bezirk.
- Kevin-Prince Boateng wurde durch einen auffälligen Kopfballtrick entdeckt.

Die Aufgaben zum Text beantworten und den eigenen Text überarbeiten

3 Bearbeite die Aufgaben 1 und 2 von S. 204. Gehe Schritt für Schritt vor.

Aufgabe 1 a:
Schreibe eine Textzusammenfassung mit Einleitung und Hauptteil. Gehe so vor:

a Gliedere den Text in Sinnabschnitte und fasse jeden Abschnitt in Stichwörtern oder kurzen Sätzen zusammen.
- *Die „Panke", ein Bolzplatz in Berlin, ist wie eine kleine Welt, in der sich die fußballbegeisterten Jungen des Viertels treffen.*
- *...*

b Notiere alle Informationen, die für die Einleitung der Textzusammenfassung wichtig sind: Autorin/Autor, Titel des Textes, Textsorte, Quelle sowie Thema des Textes.

c Verfasse mithilfe deiner Vorarbeiten die Zusammenfassung:
- Formuliere eine Einleitung, z. B.: *In der Reportage „...", die in ... erschienen ist, beschreibt die Autorin ...*
- Fasse im Hauptteil die wichtigsten Textinformationen knapp, sachlich und in eigenen Worten zusammen. Formuliere im Präsens und verwende keine wörtliche Rede.

Aufgabe 1 b:
Führe dir noch einmal vor Augen, welche Merkmale eine Reportage hat. Wähle dann zwei Textsortenmerkmale aus, die der vorliegende Zeitungsartikel aufweist, und suche für diese jeweils eine passende Textstelle, mit der du deine Aussage belegen kannst (→ Zitieren, S. 130).

Merkmale einer Reportage:
szenischer Einstieg (Schilderung einer Situation); sachliche Informationen; persönliche Wahrnehmung; schildernde Textpassagen; Zitate von Personen, um die Situation anschaulich zu machen ...

Aufgabe 2:
Der Text nennt mehrere Aspekte, die die „Panke" zu einem besonderen Bolzplatz machen. Welche Lebensläufe verbinden sich mit solchen Plätzen? Wieso können sie für Jugendliche wichtig sein?

4 Überarbeitet eure Texte in Partnerarbeit. Die folgende Checkliste hilft euch dabei.

Checkliste Einen Zeitungstext untersuchen

Aufgabe 1 a (→ S. 204):	– Ist die **Einleitung** deiner Textzusammenfassung vollständig (Autorin, Titel des Textes, Textsorte, Quelle, Thema des Textes)? – Hast du im **Hauptteil** die wichtigsten Informationen knapp, sachlich und in eigenen Worten zusammengefasst?
Aufgabe 1 b (→ S. 204):	– Hast du zwei Merkmale der Reportage genannt und hierfür Belege aus dem vorliegenden Text angeführt (→ Zitieren, S. 130)?
Aufgabe 2 (→ S. 204):	– Hast du erklärt, aus welchen Gründen die Autorin eine Reportage über die „Panke" gemacht hat? – Hast du erklärt, was das Besondere an diesem Bolzplatz ist?

10 Roadmovies
Jugendroman und Film vergleichen

In diesem Kapitel …

- vergleichst du einen spannenden Jugendroman mit einem Film,
- untersuchst du die Figuren, die Handlung und den Erzähler des Romans,
- wendest du Begriffe der Filmanalyse an,
- drehst du selbst eine Filmszene.

1 a Beschreibe das Cover des Romans „Tschick“ und das Szenenbild aus dem Film „vincent will meer“.
b Vergleiche Cover und Filmbild: Erkläre, welche Gemeinsamkeiten du feststellen kannst.

2 a Überlege: Was erwartest du von einem Roman oder einem Film, in dem davon erzählt wird, dass Jugendliche aus ihrer gewohnten Umgebung ausbrechen und auf Reisen gehen?
b Kennst du Jugendbücher oder Filme mit ähnlichem Thema? Berichte davon.

3 Hast du selbst schon mal eine Reise mit Freunden gemacht? Erzähle von deinen Erlebnissen.

10.1 „Tschick"
Einen Roman erschließen

Maik Klingenberg und Tschick Die Hauptfiguren kennen lernen

Wolfgang Herrndorf
Tschick *1*

Neben der Hochsprunganlage saßen die Mädchen, wie gesagt, und hörten Frau Beilcke zu. In Wahrheit hörten sie natürlich nicht zu, sondern guckten zu uns rüber.
Tatjana hockte mit ihrer besten Freundin Natalie ganz am Rand. Sie hockten da und tuschelten. Und ich saß wie auf glühenden Kohlen. Ich wollte unbedingt drankommen, bevor Frau Beilcke mit ihrem Sermon[1] zu Ende war. […]
Als André sich über die Latte gequält hatte, gab es Mädchenjubel, und Frau Beilcke guckte streng. Bei eins fünfundfünfzig rief Natalie: „Das schaffst du, André!" Eine extrem blöde Anfeuerung, denn er schaffte es natürlich nicht. Im Gegenteil, er flog geradezu unter der Latte durch, wie so oft beim Hochsprung, wenn man sich zu viel vornimmt. Er krachte hinten über den Rand und versuchte, sich dann mit einem Witz zu retten, und tat so, als ob er die Latte aus Frust wie einen Speer fortwerfen wollte. Der Witz war aber alt. Keiner lachte. Als Nächstes feuerten sie Kevin an. Mathegenie Kevin. Aber über eins sechzig kam der auch nicht drüber. Und dann war nur noch ich drin. Wolkow ließ eins fünfundsechzig auflegen, und ich merkte schon beim Anlauf, das ist mein Tag. Es war der Tag des Maik Klingenberg. Ich hatte dieses Triumphgefühl schon beim Absprung. Ich sprang überhaupt nicht, ich segelte über die Anlage wie ein Flugzeug, ich stand in der Luft, ich schwebte. Maik Klingenberg, der große Leichtathlet. Ich glaube, wenn ich mir mal selber einen Spitznamen gegeben hätte, wäre es Aeroflot[2] gewesen oder so. Oder Air Klingenberg. Der Kondor von Marzahn[3]. Aber leider darf man sich ja selbst keinen Spitznamen geben. Als mein Rü-

1 der Sermon: Rede, Predigt
2 Aeroflot: russische Fluggesellschaft
3 Marzahn: Stadtbezirk von Berlin

cken in die weiche Matte sank, hörte ich, wie auf der Jungenseite verhalten geklatscht wurde. Auf der Mädchenseite hörte ich nichts. Als mich die Matte wieder hochdrückte, war mein erster Blick zu Tatjana, und Tatjana guckte Frau Beilcke an. Sie hatten meinen Sprung überhaupt nicht gesehen, die blöden Kühe. Keins von den Mädchen hatte meinen Sprung gesehen. Es *interessierte* sie nicht, was die psychotische[4] Schlaftablette sich da zusammensprang. Aeroflot mein Arsch.

Das hat mich noch den ganzen Tag fertiggemacht, obwohl es mich ja selbst nicht interessiert hat. Als ob mich der Scheißhochsprung eine Sekunde lang interessieren würde! Aber wenn André über eins fünfundsechzig gekommen wär oder wenn bei André nur eins fünfundsechzig *aufgelegt* gewesen wären, wären die Mädchen puschelschwenkend über die Tartanbahn gerast. Und bei mir guckte nicht mal eine hin. Ich interessierte niemanden. Wenn mich irgendetwas interessierte, dann auch nur die Frage: Warum guckt keiner hin, wenn Air Klingenberg Schulrekord fliegt, und warum gucken sie hin, wenn ein Mehlsack unter der Latte durchrutscht? Aber so war das eben. Das war die Scheißschule, und das war das Scheißmädchenthema, und da gab es keinen Ausweg. Dachte ich jedenfalls immer, bis ich Tschick kennen lernte. Und dann änderte sich einiges. Und das erzähle ich jetzt.

Ich konnte Tschick von Anfang an nicht leiden. Keiner konnte ihn leiden. Tschick war ein Asi, und genau so sah er auch aus. Wagenbach *schleppte* ihn nach Ostern in die Klasse, und wenn ich sage, er schleppte ihn in die Klasse, dann meine ich das auch so. [...] Und vielleicht ist es nicht wichtig zu erwähnen, was ich dachte in diesem Moment, als ich Tschick zum ersten Mal sah, aber ich will es trotzdem mal dazusagen. Ich hatte nämlich einen extrem unguten Eindruck, wie er da neben Wagenbach auftauchte. Zwei Arschlöcher auf einem Haufen, dachte ich, obwohl ich ihn ja gar nicht kannte und nicht wusste, ob er ein Arschloch war. Er war ein Russe, wie sich dann rausstellte. Er war so mittelgroß, trug ein schmuddeliges weißes Hemd, an dem ein Knopf fehlte, 10-Euro-Jeans von KiK und braune, unförmige Schuhe, die aussahen wie tote Ratten. Außerdem hatte er extrem hohe Wangenknochen und statt Augen Schlitze. Diese Schlitze waren das Erste, was einem auffiel. Sah aus wie ein Mongole, und man wusste nie, wo er damit hinguckte. Den Mund hatte er auf einer Seite leicht geöffnet, es sah aus, als würde in dieser Öffnung eine unsichtbare Zigarette stecken. Seine Unterarme waren kräftig, auf dem einen hatte er eine große Narbe. Die Beine relativ dünn, der Schädel kantig. Niemand kicherte. Bei Wagenbach kicherte sowieso niemand. Aber ich hatte den Eindruck, dass auch ohne Wagenbach keiner gekichert hätte. Der Russe stand einfach da und sah aus seinen Mongolenaugen irgendwohin. Und er ignorierte Wagenbach komplett. Das war auch schon eine Leistung, Wagenbach zu ignorieren. Das war praktisch unmöglich.

„Andrej", sagte Wagenbach, starrte auf seinen Zettel und bewegte lautlos die Lippen. „Andrej Tsch... Tschicha...tschoroff."

Der Russe nuschelte irgendwas.

„Bitte?"

„Tschichatschow", sagte der Russe, ohne Wagenbach anzusehen.

Wagenbach zog Luft durch ein Nasenloch ein. Das war so eine Marotte von ihm. Luft durch ein Nasenloch.

„Schön, Tschischaroff. Andrej. Willst du uns vielleicht kurz was über dich erzählen? Wo du herkommst, auf welcher Schule du bisher warst?"

Das war Standard. Wenn Neue in die Klasse kamen, mussten sie erzählen, wo sie her waren und so. Und jetzt ging die erste Veränderung mit Tschick vor. Er drehte den Kopf ganz leicht

4 die Psychose: schwere psychische Erkrankung

zur Seite, als hätte er Wagenbach erst in diesem Moment bemerkt. Er kratzte sich am Hals, drehte sich wieder zur Klasse und sagte: „Nein." Irgendwo fiel eine Stecknadel zu Boden.

Wagenbach nickte ernst und sagte: „Du willst nicht erzählen, wo du herkommst?"
„Nein", sagte Tschick. „Mir egal."

1 Wie findest du diesen Textauszug aus dem Jugendroman „Tschick"? Beschreibe deine ersten Leseeindrücke und erkläre anhand einzelner Textpassagen, wodurch diese entstanden sind.

2 In dem Text werden zwei verschiedene Ereignisse erzählt. Erkläre, um welche Ereignisse es sich handelt.

3 Stelle dir vor, Maik und Tschick wären Klassenkameraden von dir. Wer von beiden würde dich mehr interessieren? Begründe deine Meinung.

4 Mache dir ein genaues Bild von Maik und Tschick, den Hauptfiguren des Romans. Gehe so vor:
a Schreibe alle Textstellen heraus, die direkt etwas über die Figuren aussagen oder die indirekt Rückschlüsse auf ihren Charakter erlauben.
b Deute die Textstellen, indem du notierst, was diese über die Figuren aussagen.

Maik Klingenberg		Tschick	
Textbeleg	Deutung	Textbeleg	Deutung
„Und ich saß wie auf glühenden Kohlen" (Z. 7). …	Maik ist in Gegenwart von Tatjana nervös.	„Keiner konnte ihn leiden. Tschick war ein Asi, und genau so sah er auch aus" (Z. 69–70).	Tschick ist ein Außenseiter, der …

c Stelle deine Ergebnisse vor, indem du die wesentlichen Charaktereigenschaften von Maik und Tschick benennst. Überlege auch, welche Position die beiden innerhalb der Klasse haben.

5 Stelle Vermutungen an: Wie könnte es dazu kommen, dass Maik und Tschick den Entschluss fassen, in den Sommerferien gemeinsam auf eine Reise zu gehen?

Merkwissen Merkmale und Eigenschaften einer Figur

Die **Merkmale und Eigenschaften einer Figur** können im Text direkt genannt werden, sie können aber auch indirekt dargestellt werden, sodass der Leser sie selbst erschließen muss.

- **Direkt charakterisiert** wird eine Figur durch Textstellen, in denen sie Aussagen über sich selbst macht oder in denen andere Figuren oder der Erzähler ihre Ansichten über diese Figur zur Sprache bringen, z. B.: *„Er war so mittelgroß, trug ein schmuddeliges weißes Hemd, […]"* (Z. 82–83)
- **Indirekt charakterisiert** wird eine Figur z. B. durch die Art und Weise, wie sie spricht, fühlt, denkt und handelt, z. B.: *„[…] wenn ich mir mal selber einen Spitznamen gegeben hätte, wäre es Aeroflot gewesen oder so."* (Z. 32–34) ⟶ Figur ist selbstironisch

Maik und Tschick on the road Den Erzähler untersuchen

Wolfgang Herrndorf
Tschick *2*

Maik soll die ersten beiden Ferienwochen alleine zu Hause verbringen, weil seine Mutter in einer Alkoholentzugsklinik ist und sein Vater mit seiner Sekretärin Urlaub macht. Weil Maik unglücklich in seine Klassenkameradin Tatjana verliebt ist, die ihm jedoch keine Beachtung schenkt, kommt ihm das Angebot von Tschick nach erster Skepsis sehr gelegen: Tschick hat ein Auto geklaut und möchte mit Maik Urlaub machen. Sie machen sich auf den Weg Richtung Rumänien, wo Tschicks Onkel lebt.

Wir waren auf dem direktesten Weg aus Berlin rausgefahren, den Fernverkehr hinter uns lassend, und steuerten durch die Vororte und über abgelegene Wege und einsame Landstraßen. Wobei sich als Erstes bemerkbar machte, dass wir keine Landkarte hatten. Nur einen Straßenplan von Berlin.

„Landkarten sind für Muschis", sagte Tschick, und da hatte er logisch Recht. Aber wie man es bis in die Walachei schaffen sollte, wenn man nicht mal wusste, wo Rahnsdorf ist, deutete sich da als Problem schon mal an. Wir fuhren deshalb erst mal Richtung Süden. Die Walachei liegt nämlich in Rumänien, und Rumänien ist im Süden.

Das nächste Problem war, dass wir nicht wussten, wo Süden ist. Schon am Vormittag zogen schwere Gewitterwolken auf, und man sah keine Sonne mehr. Draußen waren mindestens vierzig Grad. Es war noch heißer und schwüler als am Tag davor. Ich hatte diesen kleinen Kompass am Schlüsselbund, der mal aus einem Kaugummiautomaten gekommen war, aber in dem Auto zeigte er irgendwie nicht nach Süden, und auch draußen zeigte er, wohin er wollte. Wir hielten extra an, um das rauszufinden, und als ich wieder in den Wagen stieg, merkte ich, dass unter meiner Fußmatte etwas lag – eine Musikkassette. Sie hieß *The Solid Gold Collection von Richard Clayderman* und es war eigentlich keine Musik, eher so Klaviergeklimper, Mozart. Aber wir hatten ja nichts anderes, und weil wir auch nicht wussten, was da vielleicht noch drauf war, hörten wir das erst mal. Fünfundvierzig Minuten. Alter Finne. Wobei ich zugeben muss: Nachdem wir ausreichend gekotzt hatten über *Rieschah* und sein Klavier, hörten wir auch die andere Seite, wo genau das Gleiche drauf war,

und es war immer noch besser als nichts. Im Ernst, ich hab's Tschick nicht gesagt, und ich sag's auch jetzt nicht gern: Aber diese Moll-Scheiße zog mir komplett den Stecker. Ich musste immer an Tatjana denken und wie sie mich angeguckt hatte, als ich ihr die Zeichnung geschenkt hatte[1], und dann kachelten wir mit „Ballade pour Adeline" über die Autobahn.
Tatsächlich hatten wir uns irgendwie auf den Autobahnzubringer verirrt, und Tschick, der zwar einigermaßen fahren konnte, aber so was wie deutsche Autobahn auch noch nicht erlebt hatte, war wild am Rumkurbeln. Als er sich unten einfädeln sollte, legte er eine Vollbremsung hin, gab wieder Gas, bremste noch mal und eierte im Schritttempo auf die Standspur, bevor er es endlich nach links rüberschaffte. Zum Glück rammte uns niemand. Ich hielt die Füße mit aller Kraft vorne gegengestemmt, ich dachte, wenn wir jetzt sterben, liegt das an Rieschah und seinem Klavier. Aber wir starben nicht. Das Geklimper setzte zu immer neuen Höhenflügen an, und wir einigten uns darauf, nach der nächsten Ausfahrt nur noch kleine Straßen und Feldwege zu fahren. Ein Problem war auch: Auf der Autobahn war links neben uns ein Mann im schwarzen Mercedes aufgetaucht und hatte zu uns reingeguckt und wie wild Handzeichen gemacht. Er hatte irgendwelche Zahlen mit den Fingern angedeutet und sein Handy hochgehalten und so getan, als ob er sich unser Kennzeichen aufschreiben würde. Mir ging wahnsinnig die Muffe, aber Tschick zuckte einfach die Schultern und tat so, als wäre er dem Mann *dankbar*, dass er uns darauf aufmerksam machte, dass wir noch mit Licht fuhren, und dann hatten wir ihn im Verkehr verloren.
Tatsächlich sah Tschick ein bisschen älter aus als vierzehn. Aber keinesfalls wie achtzehn. Wobei wir ja auch nicht wussten, wie er in voller Fahrt durch die verschmierten Scheiben aussah. Um

das zu testen, machten wir auf einem abgelegenen Feldweg erst mal ein paar Versuche. Ich stellte mich an den Straßenrand, und Tschick musste zwanzigmal an mir vorbeifahren, damit ich gucken konnte, wie er am erwachsensten rüberkam. Er legte beide Schlafsäcke als Kissen auf den Fahrersitz, setzte meine Sonnenbrille wieder auf, schob sie ins Haar, steckte eine Zigarette in seinen Mundwinkel und klebte sich zuletzt ein paar Stücke schwarzes Isolierband ins Gesicht, um einen Kevin-Kurányi-Bart[2] zu simulieren. Er sah allerdings nicht aus wie Kevin Kurányi, sondern wie ein Vierzehnjähriger, der sich Isolierband ins Gesicht geklebt hat. Am Ende riss er alles wieder runter und pappte sich einen kleinen, quadratischen Klebestreifen unter die Nase. Damit sah er aus wie Hitler, aber das wirkte aus einiger Entfernung tatsächlich am besten.

1 Maik hatte Tatjana zum Geburtstag ein selbst gezeichnetes Bild der Sängerin Beyoncé geschenkt.

2 Kevin Kurányi: deutscher Fußballspieler

1 a Beschreibe, welche Probleme Maik und Tschick zu Beginn ihrer Reise lösen müssen.
b Überlege, welche weiteren Probleme auf ihrer Reise auftreten könnten.

2 Erläutere, welchen Eindruck Maik und Tschick auf dich machen. Du kannst aus den folgenden Adjektiven die für dich zutreffenden auswählen. Begründe deine Meinung.

naiv | verantwortungslos | erfinderisch | ängstlich | abenteuerlustig | vergnügt | mutig | entschlossen | draufgängerisch | vorsichtig | sorglos | kriminell

3 Mache dir ein möglichst genaues Bild von dem Erzähler und der Erzählweise.

a Prüfe, welche der folgenden Aussagen zutreffen. Verdeutliche deine Entscheidungen an Textbeispielen.

A Die Geschichte wird aus der Sicht von Tschick erzählt.
B Die Geschichte wird aus der Sicht von Maik erzählt.
C Der Erzähler erscheint gleichzeitig als erlebende und als erzählende Figur.
D Der Erzähler tritt als Figur ganz in den Hintergrund und ist nicht am Geschehen beteiligt.
E Der Erzähler weiß alles und kennt die Gedanken und Gefühle aller Figuren.
F Der Erzähler weiß nur das, was die Figur, aus deren Sicht er erzählt, sehen, hören und wissen kann.
G Der Erzähler erzählt von allen Figuren in der Er-/Sie-Form.
H Der Erzähler stellt die Ereignisse in der Ich-Form dar.

b Beschreibe den Erzähler und seine Art zu erzählen möglichst genau. Verwende dabei auch die folgenden Begriffe: Erzählform, Erzählverhalten.
Tipp: Informationen zum Erzähler findest du auch auf S. 330.

4 a Vergleiche die folgende veränderte Textpassage mit dem Originaltext (→ S. 211, Z. 37–46). Erkläre die Unterschiede: Was wurde verändert und wie wirkt die Textpassage jeweils?

[…] und als Maik wieder in den Wagen stieg, merkte er, dass unter seiner Fußmatte etwas lag – eine Musikkassette. Sie hieß *The Solid Gold Collection von Richard Clayderman* und er fand, dass es eigentlich keine Musik war, sondern eher „Klaviergeklimper". Doch Maik kannte sich mit Mozart und klassischer Klaviermusik nicht wirklich gut aus. Da sie nichts anderes hatten und auch nicht wussten, was auf der Kassette noch drauf war, hörten sie immerhin erst mal fünfundvierzig Minuten lang die Musik.

b Forme die Zeilen 46–53 um und erzähle das Geschehen aus der Sicht eines Er-/Sie-Erzählers. Vergleiche anschließend die Wirkung deines Textes mit der des Originals, z. B.: *Die Musik fanden sie einfach nur furchtbar und …*

5 a Die Geschichte wird zum Teil in Umgangs- bzw. Jugendsprache erzählt. Nenne Beispiele aus dem Text und erläutere, wie dieser Sprachstil auf dich wirkt.

b Forme einige Sätze aus der Umgangs- oder Jugendsprache in Standardsprache um. Vergleiche die Wirkung deiner Sätze mit den Originalsätzen.

c Überlege, inwiefern die Verwendung von Umgangs- bzw. Jugendsprache zum Roman passt.

Isa steigt mit ein Handlung, Figurenbeziehungen und Orte betrachten

Wolfgang Herrndorf
Tschick *3*

Maik und Tschick haben auf einem Müllplatz durch die Hilfe eines fremden Mädchens einen Schlauch organisiert, mit dem sie aus einem Autotank Benzin stehlen wollen. Beim Versuch, auf einem Tankstellenparkplatz Benzin aus einem anderen Auto abzuzapfen, werden sie von dem fremden Mädchen beobachtet.

„Ihr Schwachköpfe!", brüllte jemand hinter uns. Wir schauten in die Dunkelheit, aus der die Stimme gekommen war.
„Eine halbe Stunde macht ihr rum und kriegt's nicht raus, ihr Schwachköpfe! Ihr Vollprofis!"
„Kannst du vielleicht noch etwas lauter schreien?", sagte Tschick und blieb stehen.
„Und dann noch rauchen!"
„Geht's noch lauter? Kannst du bitte über den ganzen Parkplatz schreien?"
„Schon mal was von ansaugen gehört?"
„Und was machen wir hier die ganze Zeit? Los, hau ab!"
„Pschhhht!", sagte ich.
Geduckt standen Tschick und ich zwischen den Autos, nur dem Mädchen war natürlich alles egal. Sie überblickte den ganzen Parkplatz.
„Ist doch eh keiner da, ihr Angsthasen. Wo habt ihr denn den Schlauch?"
Sie zog unsere Gerätschaften unter dem Golf hervor. Dann steckte sie ein Ende vom Schlauch in den Tank und das andere Ende und einen Finger in ihren Mund. Sie saugte zehn-, fünfzehnmal, als würde sie Luft trinken, dann nahm sie den Schlauch mit dem Finger drauf aus dem Mund.
„So. Jetzt, wo ist der Kanister?"
Ich stellte ihr den Kanister hin, sie hielt den Schlauch in die Öffnung, und das Benzin schoss aus dem Tank. Von ganz allein, und es hörte auch überhaupt nicht mehr auf.
„Wieso ging das bei uns nicht?", flüsterte Tschick.
„Das hier muss unter dem Wasserspiegel sein", sagte das Mädchen.
„Ach ja, unter dem Wasserspiegel", sagte ich.

„Ach ja", sagte Tschick, und wir sahen zu, wie der Kanister sich langsam füllte. Das Mädchen kauerte am Boden, und als nichts mehr kam, schraubte sie den Verschluss wieder drauf, und Tschick flüsterte: „Was für ein Wasserspiegel?"
„Frag sie, du Arsch", flüsterte ich zurück.
Und so lernten wir Isa kennen. Die Ellenbogen auf die vorderen Sitzlehnen gelegt, schaute sie von der Rückbank genau zu, wie Tschick den Lada anließ und Gas gab. Und natürlich hatten wir da überhaupt keine Lust drauf. Aber nach dieser Benzinsache war es schwer, sie nicht wenigstens ein Stück mitzunehmen.
Tschick hatte mittlerweile keine Probleme mehr mit der Autobahn, er fuhr wie Hitler in seinen besten Tagen, und Isa saß hinten und quasselte unaufhörlich. Sie war auf einmal ganz aufgekratzt und rüttelte beim Reden an unseren Sitzlehnen. Nicht, dass ich das normal gefunden hätte, aber im Vergleich zu dem Gefluche vorher war es immerhin ein Fortschritt.
Anhand der Schilder an den Ausfahrten versuchten wir rauszufinden, wo wir überhaupt waren. Aber die Städtenamen kannte kein Mensch. Ich hatte den Verdacht, dass wir überhaupt nicht vorangekommen waren mit unseren Landstraßen und Feldwegen. Aber es war auch ziemlich egal. Mir zumindest. Die Autobahn führte auch schon längst nicht mehr nach Süden, und irgendwann bogen wir ab und fuhren wieder Landstraßen und der Sonne nach. Isa verlangte, unsere einzige Musikkassette zu hören, und nach einem Lied verlangte sie, wir sollten sie aus dem Fenster werfen. Dann tauchte eine riesige Bergkette vor uns am Horizont auf, wir fuhren genau darauf zu. Ungeheuer hoch und mit Steinzacken obendrauf. Wir hatten keine Ahnung, was das für Berge waren. Stand auch kein Schild dran. Die Alpen sicher nicht. Aber waren wir überhaupt noch in Deutschland? Tschick schwor, in Ostdeutschland gäbe es keine Berge. Isa meinte, es gäbe schon welche, aber die wären höchstens einen Kilometer hoch. Und ich erinnerte mich, dass wir in Erdkunde zuletzt Afrika durchgenommen hatten. Davor Amerika, davor Südosteuropa, näher waren wir an Deutschland nie gekommen. Und jetzt dieses Gebirge, das da nicht hingehörte. Es dauerte noch ungefähr eine halbe Stunde, dann krochen wir langsam die Serpentinen rauf.
Wir hatten uns die kleinste Straße ausgesucht, und der Lada schaffte die Steigung mit Mühe im ersten Gang. Wie Handtücher auf abschüssigem Gelände lagen die Felder rechts und links. Dann kam der Wald, und als der Wald endete, standen wir über einer Schlucht mit einem glasklaren See darin.
Am Seeufer angekommen schubsen Maik und Tschick Isa mitsamt ihrer Kleidung in den See und baden anschließend selbst.
Als wir an Land kamen, zog Isa sofort Shirt und Hose und alles aus und fing an, sich einzuseifen. Das war ungefähr das Letzte, womit ich gerechnet hatte.
„Herrlich", sagte sie. Sie stand im knietiefen Wasser, schaute in die Landschaft und schäumte ihre Haare ein, und ich wusste nicht, wo ich hingucken sollte. Ich guckte mal hier-, mal dahin. Sie hatte eine wirklich tolle Figur und eine Gänsehaut. Ich hatte auch eine Gänsehaut. Als Letztes kam Tschick zu der flachen Stelle gekrault, und komischerweise gab es überhaupt keine Diskussionen mehr. Keiner sagte etwas, keiner fluchte, und keiner machte einen Witz. Wir wuschen uns nur und keuchten vor Kälte und benutzten alle dasselbe Handtuch.
Mit Blick auf Berge und Täler im Abendnebel aßen wir dann einen Kanister Haribo, der noch von Norma[1] übrig war. Isa hatte ein T-Shirt von mir an und die glänzende Adidas-Hose. Ihre stinkenden Sachen lagen hinten am Ufer und blieben dort auch liegen, für immer.
Wir versuchten an diesem Abend noch mehrfach rauszukriegen, wo sie denn eigentlich herkam und wo sie wirklich hinwollte, aber alles, was sie erzählte, waren wilde Geschichten. Sie

1 Norma: ein Supermarkt

wollte ums Verrecken nicht sagen, was sie auf der Müllkippe gemacht hatte oder was in ihrer Holzkiste drin war, die sie mit sich rumschleppte. Das Einzige, was sie verriet, war, dass sie Schmidt hieß. Isa Schmidt. Das war jedenfalls das Einzige, was wir ihr glaubten.

1 Beschreibe, welchen Eindruck du von Isa hast.

2 In welcher Beziehung stehen Maik, Tschick und Isa am Anfang dieses Textauszugs, in welcher am Ende? Macht dies in zwei Standbildern deutlich.

3 a Untersuche den Handlungsverlauf genauer. Gliedere die Handlung in einzelne Szenen. Notiere, wo die Szene spielt, was passiert, und beschreibe knapp die Figurenbeziehung.

> **1. Szene (→ Z. 1–24):**
> Ort: Tankstellenparkplatz
> Was passiert? Maik und Tschick versuchen, Benzin …
> Figurenbeziehung? Konflikt zwischen Isa auf der einen und Maik und Tschick auf der anderen Seite. Isa beschimpft …

b Beschreibe, wie sich die Beziehung zwischen den Figuren verändert. Belege deine Aussagen anhand von passenden Textstellen.

c „Drei sind einer zu viel." Diskutiert in der Klasse, ob diese Redewendung zur Beziehung von Isa, Maik und Tschick passt.

4 Erläutere anhand von Textstellen die folgende Aussage: Die Handlungsorte geben zwar in erster Linie an, wo die Figuren sich gerade befinden, sie können aber auch für eine ganz bestimmte Stimmung oder Atmosphäre sorgen.

„Tschick" als Roadmovie Filmische Elemente in einem Roman entdecken

Wolfgang Herrndorf
Tschick *4*

Die Straße verlor sich kurz hinter dem verlassenen Dorf, und wir mussten querfeldein. Links lag irgendwo die weggefräste Landschaft, rechts sackte eine riesige, längliche Kiesböschung nach unten, und dazwischen lief eine vierzig bis fünfzig Meter breite Piste, ein schmales Plateau. Als ich mich einmal umdrehte, sah ich in großer Entfernung hinter uns das Dorf, sah das zweistöckige Haus, in dem Schütze Fricke wohnte, und sah – dass vor dem Haus ein Polizeiauto hielt. Ganz winzig, kaum noch zu erkennen, aber doch eindeutig: die Polizei. Sie schienen gerade zu wenden. Ich machte Tschick darauf aufmerksam, und wir nagelten mit fast achtzig Stundenkilometern durchs Gelände. Die Piste wurde immer schmaler, die Abhänge rückten näher an uns ran, und schräg vor uns sahen wir irgendwo die Autobahn, die da unten einen Schlenker an der Kiesböschung vorbeimachte. Ich erkannte eine Parkbucht mit zwei Tischchen, einen Mülleimer und eine Notrufsäule, und man hätte da wahrscheinlich einfach auf die Autobahn fahren können – wenn irgendwo ein Weg nach unten geführt hätte. Aber vom Plateau führte kein Weg hinunter. Das Scheißplateau war da einfach zu Ende. Ich sah verzweifelt durch die Heckscheibe, und Tschick steuerte auf die Böschung zu, einen 45-Grad-Steilhang aus Kies und Geröll.

„Runter oder was?", rief er, und ich wusste nicht, was ich sagen sollte. Er tippte noch auf die Bremse, dann rauschten wir schon über die Kante – und das war's.

Möglicherweise hätten wir es auch geschafft, wenn wir gerade runtergefahren wären, aber Tschick fuhr seitlich auf die Böschung, und da schmierte der Lada sofort ab. Er kam ins Rutschen, blieb hängen und überschlug sich. Drei-, vier-, fünf-, sechsmal – ich weiß es nicht –, überschlug sich und blieb dann auf dem Dach liegen. Ich kriegte kaum was mit. Was ich wieder mitkriegte, war: Die Beifahrertür war aufgesprungen, und ich versuchte rauszukriechen.

Was mir nicht gelang. Ich brauchte ungefähr eine halbe Stunde, um zu merken, dass ich nicht gelähmt war, sondern im Sicherheitsgurt festhing. Dann war ich endlich draußen und sah in dieser Reihenfolge: einen grünen Autobahnmülleimer direkt vor mir, einen umgedrehten Lada, unter dessen Motorhaube es dampfte und zischte, und Tschick, der auf allen vieren durchs Gelände kroch. Er rappelte sich auf, taumelte ein paar Schritte, rief „Los!" und fing an zu rennen.

1 a Wie wirkt dieser Textauszug auf dich? Beschreibe deine Eindrücke und begründe mithilfe des Textes, wodurch diese Wirkung zustande kommt.
b Erkläre, welche Situation in dem Textauszug beschrieben wird.
c Nenne Textstellen, die du spannend findest. Erkläre, wodurch diese Spannung entsteht.

2 a Lies die folgenden Informationen über Roadmovies, also Filme, deren Handlung überwiegend auf der Straße spielt.

> Grundsätzlich geht es in Roadmovies um Flucht und Verfolgung: Der Held wird gehetzt, weil er gegen das Gesetz verstoßen hat, manchmal, weil er ein Gangster ist, meistens aber nur, weil er andere Vorstellungen vom Leben hat als die anderen. Die anderen, das sind z. B. die Eltern, der Sheriff, die Regierung, die Banken, die Exfrau, die Bevölkerung, schlichtweg alle, die sich zwischen den Helden und seine Freiheit stellen. Abgestoßen von einer Gesellschaft, die ihm das Leben schwer macht, springt er ins Auto und gibt Gas: Woanders ist es bestimmt besser! Die Eltern, der Sheriff, die Exfrau und all die anderen brettern hinterher und dann gibt es eigentlich nichts mehr zu sehen außer Auffahrunfällen und Statisten, die im letzten Moment zur Seite springen.

b Diskutiert, ob man den Roman „Tschick" mit einem Roadmovie vergleichen kann.
c Erzählt von ähnlichen Filmen, die ihr kennt.

3 Überlegt, wie ihr euch die Verfilmung des Romans „Tschick" vorstellt. Sammelt für den obigen Romanauszug Ideen, z. B. für Kameraeinstellungen oder Musik.

Ein Jugendbuch vorstellen

1 Mit einer Buchvorstellung macht man Werbung für ein Buch. Sammelt in Partnerarbeit zunächst Argumente, warum ihr Jugendlichen in eurem Alter empfehlen würdet, „Tschick" von Wolfgang Herrndorf zu lesen, und notiert sie.

2 Der wichtigste Bestandteil einer Buchvorstellung ist die Inhaltsangabe (→ S. 131).
a Überprüft, welche der üblichen W-Fragen (Wer? Was? Wann? Wo? Warum? Wie?) zu dem Roman „Tschick" ihr nach dem Lesen der ersten Textauszüge bereits beantworten könnt.
b Verschafft euch einen Überblick über den gesamten Inhalt des Romans, indem ihr das ganze Buch lest oder dazu im Internet recherchiert.
c Verfasst im Anschluss eine Inhaltsangabe des Romans.

3 Beschreibt die wichtigsten handelnden Figuren.
a Sammelt in einer Tabelle Adjektive, die das Äußere und den Charakter Maik Klingenbergs und Tschicks zutreffend beschreiben.
b Wählt aus den Textauszügen eine Stelle aus, in der die Persönlichkeit und der Charakter der beiden Hauptfiguren besonders deutlich beschrieben werden, und stellt diese in einem Rollenspiel nach.
c Auf einer Müllhalde lernen Maik und Tschick Isa kennen, die sie ein Stück in dem gestohlenen Auto mitnehmen. Entscheidet, ob Isa eine der Hauptfiguren in dem Roman ist oder ob sie eine Nebenrolle spielt.

4 Wählt eine besonders witzige, spannende oder interessante Passage aus, die ihr bei eurer Buchvorstellung vorlesen möchtet.

5 a Informiert euch im Internet über den Autor Wolfgang Herrndorf.
b Prüft, welche Informationen über den Autor ihr in eure Buchvorstellung einbauen möchtet, und macht euch entsprechende Notizen.

6 a Bereitet eure Buchvorstellung vor, indem ihr eure Texte und Notizen gut leserlich auf Karteikärtchen übertragt.
b Entscheidet, in welcher Reihenfolge ihr die Informationen präsentieren wollt. Berücksichtigt dabei auch die Hinweise im Methodenkasten unten.
c Übt eure Buchvorstellung mehrmals, bevor ihr sie vortragt.

Methode Ein Jugendbuch vorstellen

1 Nenne die wichtigsten Informationen: die Autorin / den Autor, den Titel des Buches und die handelnden Figuren. Verfasse eine kurze Inhaltsangabe des Buches.
2 Lies eine besonders witzige oder spannende Stelle aus dem Roman vor. Trage dazu vorher Lesehilfen in eine Kopie des Textes ein.
3 Fasse zusammen, warum dir der Roman besonders gut gefallen hat.
4 Veranschauliche deinen Vortrag, z. B. durch das Zeigen des Buches und eines Fotos der Autorin /des Autors.
5 Übe deinen Vortrag mehrmals mithilfe von Karteikarten.

Teste dein Wissen!
Figuren und Handlung untersuchen

Wolfgang Herrndorf
Tschick *5*

Maik und Tschick sind nach ihrem Autounfall im Krankenhaus. Nachdem sie einen Anruf bei einer Tante namens Mona vorgetäuscht haben, behaupten sie, dass diese sie abholen würde.

Wir stellten uns vor den Krankenhauseingang und hielten Ausschau nach Tante Mona. Als wir sicher waren, dass uns keiner beobachtete, rannten wir los. Das heißt, ich rannte und Tschick nicht so. Vor dem Feld stand ein kleiner Zaun. Tschick schmiss die Krücken rüber, dann sich selbst. Nach ein paar Metern auf dem Acker blieb er stecken. Das Feld war frisch gepflügt, und die Krücken versanken darin wie heiße Nadeln in Butter, das ging gar nicht. Er fluchte, ließ die Krücken stecken und humpelte an meiner Schulter weiter. Als wir schätzungsweise ein Drittel vom Acker hatten, drehten wir uns zum ersten Mal um. Die Landschaft hinter uns war blau. Die noch vom Krankenhaus verdeckte Sonne schickte Licht durch Nebel und Baumkronen. […]

Das Dach und die rechte Seite waren einigermaßen eingedetscht. Allerdings nicht so stark, dass man nicht noch bequem drin sitzen konnte. Die Beifahrertür war im Eimer und ließ sich nicht mehr öffnen, aber über die Fahrertür konnte man einsteigen. Im Innenraum sah es aus wie auf einer Müllkippe. Der Unfall, das Umdrehen und Wiederaufrichten hatten alle unsere Vorräte, Konservendosen, Kanister, Papiere, leere Flaschen und Schlafsäcke quer durchs Auto verteilt. Sogar die Richard-Clayderman-Kassette flog noch zwischen den Sitzen rum. Die Kühlerhaube hatte einen leichten Knick, und wo der Lada auf dem Dach gelegen hatte, klebte eine ölverschmierte Sandkruste. „Ende, aus", sagte ich.

Tschick zwängte sich auf den Fahrersitz, schaffte es aber nicht, den Gips aufs Gaspedal zu stellen, der war zu breit. Er nahm den Gang raus, steckte die Kabel zusammen, drehte sich ein bisschen im Sitz herum und tippte mit der linken Fußspitze aufs Gas. Der Lada sprang sofort an. Tschick rutschte rüber auf den Beifahrersitz und ich sagte: „Du hast sie doch nicht alle." […] Und dann legte ich den ersten Gang ein und rollte los. Es war so traurig gewesen, die Nacht über im Krankenhaus zu sitzen und zu denken, alles wäre vorbei, und es war so fantastisch, wieder durch die Windschutzscheibe vom Lada zu gucken und das Steuer in der Hand zu halten. Ich fuhr eine Proberunde auf dem Parkplatz. Die meisten Probleme machte immer noch das Schalten, aber wenn Tschick das übernahm und ich nur auf Kommando die Kupplung treten musste, ging es und dann rollten wir mit einem Schwung auf die Autobahn.

1
a Zu Beginn des Romans sagt Maik über sich: „Es kann sein, dass man langweilig ist *und* keine Freunde hat. Und ich fürchte, das ist mein Problem." Mache anhand von zwei Textstellen Maiks Entwicklung deutlich.
b Suche eine Textstelle, in der man als Leser denken könnte, das Abenteuer von Maik und Tschick sei zu Ende, und eine, in der deutlich wird, dass die abenteuerliche Reise weitergeht.
c Nenne zwei typische Elemente eines Roadmovies, die im Textauszug deutlich werden.
d Vergleicht eure Ergebnisse aus den Aufgaben 1 a bis c in Partnerarbeit.

10.2 „vincent will meer“
Die Sprache des Films untersuchen

Die Exposition

Bei dem Film „vincent will meer“ handelt es sich um ein typisches Roadmovie: Im Mittelpunkt steht Vincent, der am sogenannten Tourette-Syndrom leidet, das dazu führt, dass er plötzlich heftige Bewegungen macht und ungewollt Schimpfwörter, Ausrufe oder Geräusche von sich gibt. Der Film beginnt mit der Trauerfeier für Vincents Mutter.

1 Die Trauerfeier beginnt.

2 Vincent ruft unkontrolliert Schimpfwörter.

3 Er stürmt aus der Kirche.

4 Vincent sitzt vor der Kirchentür.

1 a Sieh dir die Szenenbilder an und beschreibe, in welcher Situation sich Vincent befindet.
b Überlege, wie du dich an Vincents Stelle fühlen würdest. Begründe deine Meinung.

2 a Die ersten Filmszenen (Exposition) geben wichtige Hinweise auf den weiteren Handlungsverlauf. Erkläre anhand der Szenenbilder, welche Konflikte sich bereits abzeichnen.
b In Roadmovies geht es oft um Menschen, die mit ihrer Umgebung nicht mehr zurechtkommen und fliehen. Erkläre, inwiefern bereits in der Exposition dieses Thema angedeutet wird.

3 a Beschreibe die Einstellungsgrößen (→ S. 341) der jeweiligen Bilder, z. B.: Totale, Nah.
b Erkläre die Wirkung, die durch die jeweilige Einstellung der Kamera erzeugt wird.

Merkwissen Die Exposition

Sowohl in literarischen Texten als auch in Filmen wird der Leser bzw. der Zuschauer in den ersten Szenen in Zeit, Ort und Atmosphäre der Handlung eingeführt. Ferner erfolgen die Vorstellung der Hauptfiguren sowie erste Hinweise auf den dramatischen Konflikt. Man spricht hier von der Exposition des literarischen Textes bzw. des Films.

Einstellungsgröße und Kameraperspektive

Nach dem Tod von Vincents Mutter schickt ihn sein Vater in ein Heim, wo sein Tourette-Syndrom behandelt werden soll. Dort trifft er auf die magersüchtige Marie und Alexander, der unter einem Reinlichkeits- und Ordnungszwang leidet. Die drei Jugendlichen reißen aus dem Heim aus und machen sich im geklauten Auto der Heimärztin auf den Weg ans Meer.

1 Vincent rüttelt am Zaun des Heims.

2 Vincent, Marie und Alexander brechen auf.

3 Sie sind unterwegs auf der Autobahn.

4 Die drei fliehen nach unbezahltem Tanken.

5 Sie wandern in den Bergen Richtung Gipfel.

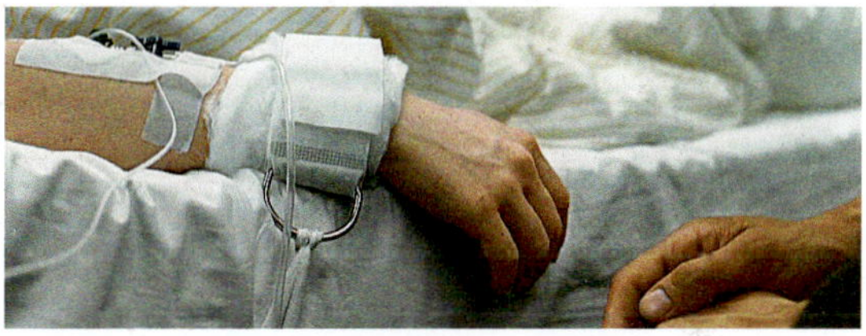

6 Marie ist mit Vincent im Krankenhaus.

1 Begründe: Welches Szenenbild weckt in dir die größte Neugierde auf den Film?

2 a Erkläre, worauf die Aufmerksamkeit bei den einzelnen Bildern gelenkt wird. Erläutere dann, welche Stimmung diese vermitteln.
b Beschreibe die Einstellungsgröße und Kameraperspektive der Bilder und erläutere deren Wirkung (→ Einstellungsgröße und Kameraperspektive, S. 341).

Bild	Einstellungsgröße, Kameraperspektive	Wirkung
1	*Halbnah, Normalperspektive*	*Aufmerksamkeit auf den Zaun und …*

3 Nenne Szenenbilder, die dich an den Roman „Tschick“ erinnern. Berücksichtige auch die Merkmale von Roadmovies, z. B.: Suche nach Freiheit, Unterwegssein, Gesetzesverstöße.

4 a Seht euch den Film gemeinsam an und verteilt folgende Beobachtungsaufgaben: Gründe für den Aufbruch, Probleme und Hindernisse, Entwicklung der Figurenbeziehungen.
b Vergleicht den Film „Vincent will meer“ mit dem Roman „Tschick“.

Schnitt, Montage und Kamerabewegung

Vincents Vater und die Heimärztin haben Vincent, Marie und Alexander nach einer Verfolgung endlich gefunden. Vincents Vater will seinen Sohn sofort wieder ins Heim bringen. Doch die Jugendlichen können durch einen Trick mit dem Auto des Vaters wieder entkommen.

1 a Beschreibe, welche Situation auf den sechs Filmbildern dargestellt ist.
b Betrachte die oberen Filmbilder und notiere, was den Figuren durch den Kopf gehen könnte.
c Erkläre, wie die oberen Filmbilder wirken und welche Stimmung die unteren Bilder vermitteln.

2 a Erläutere, welche Funktion die Schnitte in den Filmbildern oben haben. Welche Wirkung soll durch die Kamerafahrt in der Szene unten erzielt werden? Lies hierzu auch die Informationen im Merkkasten unten.
b Begründe, warum gerade bei einem Roadmovie die Kamerabewegung von Bedeutung ist.

3 Entwickelt Ideen zu einer filmischen Umsetzung des Textauszugs aus „Tschick" (→ S. 219). Wählt Stellen aus, bei denen eine Kamerafahrt sinnvoll wäre, und andere Stellen, die sich für verschiedene Schnitte eignen würden.

Merkwissen Schnitt, Montage und Kamerabewegung

Ein **Schnitt** bezeichnet die Verknüpfung von zwei Einstellungen. Man kann z. B. Handlungen, die zeitgleich an verschiedenen Orten spielen, gleichzeitig zeigen, indem man zwischen den Szenen hin- und herspringt (Parallelmontage), man kann auch in einer Rückblende ein Ereignis aus der Vergangenheit zeigen oder zwischen den Figuren, z. B. in einer Dialogsituation, hin- und herspringen (Schuss-Gegenschuss-Technik).
Montage meint das Zusammenfügen von Bild- und Tonelementen zum gesamten Film.
Bei der **Kamerabewegung** unterscheidet man Kameraschwenk und Kamerafahrt. Beim **Kameraschwenk** steht die Kamera fest (z. B. auf einem Stativ) und dreht oder neigt sich – ähnlich der Kopfbewegung – um einen fixen Punkt. Im Gegensatz dazu bewegt sich die Kamera bei der **Kamerafahrt** durch den Raum, z. B. auf ein Objekt zu oder weg davon oder parallel zu einem sich bewegenden Objekt (Parallelfahrt).

Mise en Scène

Die Jugendlichen machen einen Stopp in den Alpen und beschließen, einen Berg zu ersteigen.

1 a Sieh dir das Filmbild an. Äußere dich dann spontan: Was ist dir als Erstes ins Auge gefallen, wie wirkt das Bild auf dich?
b Beschreibe, welche Situation dargestellt ist und welche Stimmung das Filmbild vermittelt.

2 Formuliere, welche Gedanken und Gefühle Vincent und Alexander bewegen könnten, z. B.:
Wie gewaltig die Natur ist. Was mag da oben sein? Ich spüre …

3 a Untersucht die Bildkomposition nun genauer. Arbeitet im Team.
- Bestimmt die **Kameraeinstellung** und die **Perspektive**.
- Beschreibt den ausgewählten **Schauplatz** (Location) und erklärt, wo und wie die **Figuren** auf dem Bild angeordnet sind. Was ist im Vordergrund, in der Mitte und im Hintergrund zu sehen?
- Macht Angaben zu den **Lichtverhältnissen** und zur **Farbgebung**.
- Gebt die **Stimmung** des Bildes wieder.

b Tauscht euch mit anderen Teams über eure Ergebnisse aus und diskutiert, welche **Wirkung** durch die Bildinszenierung erreicht werden soll.

4 „Eine Kamera kann manchmal mehr sagen als Worte.“ – Nimm Stellung zu dieser Aussage.

Merkwissen Mise en Scène (die Bildinszenierung)

Der Begriff „Mise en Scène“ (frz. „in Szene gesetzt“) beschreibt die **Inszenierung einer Filmszene**, bei der **verschiedene Gestaltungselemente** ineinandergreifen. Um die Gestaltung eines Filmbildes zu beschreiben, können – wie bei der Beschreibung eines Fotos oder eines Gemäldes – folgende Aspekte untersucht werden:
Kameraeinstellung und **-perspektive**; **Location** (Schauplatz); **Beleuchtung** (Licht und Schatten); **Farbgestaltung** (haben die Farben eine bestimmte Wirkung oder eine symbolische Bedeutung?) und **Bildaufbau** (was fällt zuerst ins Auge? Wie sind Figuren und Gegenstände angeordnet?).
Wichtig ist zu beschreiben, welche **Wirkung** durch die Bildinszenierung erreicht wird.

Vertiefen und üben
Eine Filmszene untersuchen

Die folgenden Szenenbilder zeigen, wie zuerst Vincent und anschließend auch Marie und Alexander nach einer langen Bergwanderung das Kreuz auf dem Gipfel des Berges besteigen.

1

2

3

4

●●● 1 Sieh dir die Szene (Bilder 1 bis 4) genau an. Untersuche die filmischen Gestaltungsmittel und ihre Wirkung. Gehe so vor:

a Fasse den Inhalt der Szene (Bilder 1 bis 4) zusammen. Beginne z. B. so:
Bild 1: Vincent sieht von unten …

b Beschreibe die Gestaltung der einzelnen Filmbilder (Mise en Scène) und erkläre, welche Wirkung das jeweilige Bild hat, z. B.:

> **Filmbild 1:**
> - Beschreibung des Filmbildes: Aus der Froschperspektive (Kameraeinstellung Halbnah) wird ein grau-braunes Holzkreuz gezeigt, das einsam in den Himmel ragt. Im Hintergrund ist ein blauer, wolkenloser Himmel zu sehen, der mehrere Lichtreflexe aufweist.
> - Wirkung: Das Gipfelkreuz wirkt majestätisch und eindrucksvoll.

→ Hilfen zu dieser Aufgabe findest du auf S. 225.

●●● 2 Die Szene wird von dem Song „Point of View" von Cargo City begleitet. Sieh dir die Szene (Bilder 1 bis 4) noch einmal an und erkläre, inwieweit die nebenstehende Textpassage aus dem Song zur filmischen Szenengestaltung passt.
→ Hilfen zu dieser Aufgabe findest du auf S. 225.

> Escape from the places you know,
> you would crawl[1] and you would swim,
> as long as you keep moving on just to
> experience something new.
>
> 1 to crawl: kriechen

●●● 3 Erläutere, inwiefern die Szene und ihre Gestaltung gut zu einem Roadmovie passen.
→ Hilfen zu dieser Aufgabe findest du auf S. 225.

1 mit Hilfen

Sieh dir die Szene (Bilder 1 bis 4, S. 224) genau an. Untersuche die filmischen Gestaltungsmittel und ihre Wirkung. Gehe so vor:

a Fasse den Inhalt der Szene (Bilder 1 bis 4) zusammen. Notiere jeweils, was passiert, z. B.:
Bild 1: Vincent sieht zunächst von unten das Kreuz auf dem Gipfel des Berges.
Bild 2: Er steigt als Erster …
Bild 3: Als er oben angekommen ist, setzt er sich auf das Kreuz und …
Bild 4: …

b Beschreibe die Gestaltung der einzelnen Filmbilder (Mise en Scène) und erkläre, welche Wirkung das jeweilige Bild hat, z. B.:

Filmbild 1:
- *Beschreibung des Filmbildes: Aus der Froschperspektive (Kameraeinstellung Halbnah) wird ein grau-braunes Kreuz gezeigt, das einsam in den Himmel ragt. Im Hintergrund ist ein blauer, wolkenloser Himmel zu sehen, der mehrere einen Lichtreflexe aufweist.*
- *Wirkung: Das Gipfelkreuz wirkt majestätisch und eindrucksvoll.*

Filmbild 2:
- *Beschreibung des Filmbildes: Aus leichter Froschperspektive sieht man das obere Drittel des Gipfelkreuzes, das von Vincent bestiegen wird. Im Hintergrund …*
- *Wirkung: Durch das Licht und …*

Filmbild 3:
- *Beschreibung des Filmbildes: Vincent sitzt auf der Spitze des Gipfelkreuzes und zeigt mit einem Arm in die Ferne. Sein Blick ist auf einen Punkt in der Ferne gerichtet, der außerhalb des Bildes liegt. Im Hintergrund …*
- *Wirkung: …*

2 mit Hilfen

Die Szene wird von dem Song „Point of View“ von Cargo City begleitet. Sieh dir die Szene (Bilder 1 bis 4) noch einmal an und erkläre, inwieweit die nebenstehnde Textpassage aus dem Song zur filmischen Szenengestaltung passt.
In dem Liedtext geht es darum, aus einer gewohnten Umgebung auszubrechen („escape from the places you know“), um etwas Neues auszuprobieren („to experience something new“). Das passt gut zu der Szene, denn …

Escape[1] from the places you know,
you would crawl[2] and you would swim,
as long as[3] you keep moving on just to
experience something new.

1 to escape: ausbrechen, flüchten
2 to crawl: kriechen
3 as long as: solange

3 mit Hilfen

Erläutere, inwiefern die Szene und ihre Gestaltung gut zu einem Roadmovie passen. Die Themen eines Roadmovies sind zum Beispiel: Ausbrechen aus einer gewohnten Umgebung, Unterwegssein, Suche nach Freiheit, Verstoß gegen Gesetze und Regeln, Verfolgung.

Eine Rezension schreiben

1 In Tageszeitungen und Kinomagazinen findet ihr Filmrezensionen.
a Recherchiert in einem Fremdwörterlexikon die Bedeutung des Wortes Rezension.
b Überlegt gemeinsam, in welchen anderen Zusammenhängen Rezensionen verfasst werden.
c Wo, außer in Zeitungen und Zeitschriften, begegnen uns Rezensionen außerdem? Nennt weitere Medien.

2 a Sucht aus Zeitungen, Zeitschriften und dem Internet verschiedene Rezensionen heraus und untersucht, wie sie aufgebaut sind.
b Lest das Merkwissen und überprüft, ob eure gesammelten Texte den unten genannten Kriterien entsprechen oder davon abweichen.

3 Bereitet das Schreiben einer Rezension des Films „Vincent will meer" vor.
a Sammelt dazu Stichwörter auf der Grundlage eurer Untersuchungen der Filmsprache auf S. 220–225.
b Erstellt einen Schreibplan nach folgendem Muster, ordnet eure Stichwörter den richtigen Textteilen zu und ergänzt fehlende Informationen:
Datenvorspann: „Vincent will meer"; Regie: Ralf Huettner; …
Einleitung: …
Hauptteil: …
Schluss: …
c Schreibt die Rezension in euer Heft.
d Vergleicht eure Rezensionen anschließend mit anderen Teams und gebt euch gegenseitig eine Rückmeldung.

Merkwissen Die Rezension

Rezensionen **informieren** in Zeitungen, Zeitschriften und auch im Internet über neue Bücher, Filme oder kulturelle Veranstaltungen und bieten darüber hinaus eine **kritisch-wertende Besprechung**.
Über der Rezension steht normalerweise der **Datenvorspann** mit der Nennung wichtiger Eckdaten, wie z. B.: Autor/Filmemacher, Titel, Verlag, Umfang/Dauer, Preis etc.

Aufbau einer Rezension:
Einleitung
- einleitender Satz, der die Neugierde der Leser/Zuschauer entfachen soll, z. B.: eine interessante Frage, eine provokante These oder ein extremes Werturteil
- evtl. Informationen zum Autor, Filmemacher bzw. Regisseur
- knappe Inhaltsangabe des Romans, des Films oder des Theaterstücks

Hauptteil
- je nach Art des Werks Beschreibung der Handlung, der Figuren, der Struktur, der Sprache, der Bilder, der Motive und deren **Bewertung** inkl. Begründung

Schluss
- ein abrundender Gedanke, der die Bewertung des Romans, Films etc. zusammenfasst oder darüber hinausweist

10.3 Projekt
Eine Filmszene drehen: „Wir sind dann mal weg!“

1. Schritt: Ideen sammeln und Drehplan schreiben

1 Bildet Filmteams und dreht eine kurze Szene (nicht länger als drei Minuten) zum Thema: „Wir sind dann mal weg!“ Geht so vor:

a Was fällt euch zum Thema ein? Sammelt Ideen für eure Filmszene. Überlegt zum Beispiel, wie man den Ausbruch aus einem tristen Alltag darstellen kann. Denkt an Stimmungen, Bilder, Orte, Figuren.

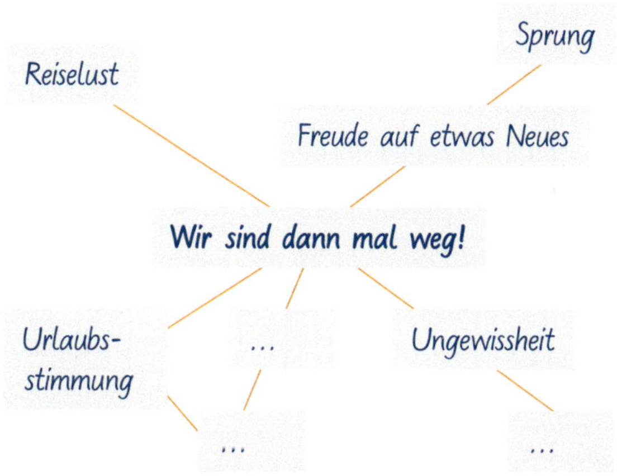

b Entscheidet, welche Ideen ihr ausführen wollt. Beschränkt euch auf eine oder sehr wenige, denn eure Filmszene sollte nicht länger als drei Minuten dauern.

2 a Erstellt einen Drehplan für euren Film, z. B.:

Szene	Drehort und Inhalt (auch Figuren)	Kamera (Einstellung, Perspektive, Bewegung)	Ton (Geräusche, Musik, Texte)
1	*Klassenraum* *Schülerin schaut sehnsuchtsvoll aus dem Fenster; trägt T-Shirt mit Aufdruck „Holt mich hier raus“; andere Schüler/-innen im Hintergrund, eine ...*	*Nah auf Schülerin, Normalperspektive*	*im Hintergrund Stimme eines Lehrers, der eine Aufgabe formuliert*
2	*Klassenraum*	*langsamer Kameraschwenk zum Fenster*	...

b Schreibt die geplanten Texte (Dialoge und Monologe) für eure Filmszene.

2. Schritt: Die Aufgaben im Filmteam verteilen

3 Zum Drehen einer Filmszene gehören verschiedene Aufgaben:
- Regie
- Kamera (Kameraassistenz)
- Schauspielerinnen und Schauspieler
- Mise en Scène, Kostüme, Requisiten
- Ton/Musik
- Schnitt/Montage

Tauscht euch darüber aus, was ihr besonders gut könnt bzw. gerne macht. Verteilt dann die einzelnen Aufgaben in eurem Team.

3. Schritt: Die Filmszene drehen

4 a Macht euch vor dem Dreh noch einmal klar, worauf ihr achten müsst. Formuliert Tipps, um zum Beispiel die folgenden Probleme zu vermeiden:

Mögliches Problem	Tipp
verwackelte Aufnahme	*Konzentration auf eine ruhige Hand oder Nutzung eines Stativs*
ruckhafte, unbeabsichtigte Kameraschwenks; zu viele Zooms	…
unklare, aussagelose Kameraeinstellung	…
störende Umgebungsgeräusche	…

b Dreht nun eure Szene. Probiert unterschiedliche Einstellungen und Perspektiven aus und dreht jede Szene zwei- oder dreimal.

c Sichtet euer Filmmaterial und überlegt, was ihr bei den einzelnen Szenen verbessern könntet. Dreht eure Szene gegebenenfalls neu.

4. Schritt: Schnitt, Montage, Ton

5 Schneidet euer Filmmaterial am Computer mithilfe eines Schnittprogramms. Beachtet:
- Löscht Szenen, die nicht gelungen bzw. überflüssig sind.
- Testet verschiedene Schnitte bzw. Übergänge zwischen den Szenen.
- Überlegt, ob ihr einzelne Szenen oder Teile mit Musik bzw. anderen Geräuschen unterlegen wollt.

6 Präsentiert eure Ergebnisse. Gebt euch gegenseitig ein Feedback darüber, was besonders gut gelungen ist und was ihr noch verbessern könnt.

11 Wörter auf der Goldwaage
Über Sprachgebrauch nachdenken

1 Beschreibe, was du auf dem Foto siehst.

2 a Benenne die Gefühle des Sportlers Björn Otto und die Stimmung in dieser Situation mit Begriffen, z. B.: *Stolz, ...*

b Lies deine Begriffe vor und erkläre, was du mit dem jeweiligen Begriff meinst.

c Überlege, wie du die einzelnen Begriffe definierst bzw. voneinander abgrenzt, z. B.: durch das Erzählen einer typischen Situation, ...

In diesem Kapitel ...

- unterscheidest du die Grundbedeutung (Denotation) eines Wortes von seinen Nebenbedeutungen (Konnotationen),
- lernst du die Funktion von beschönigenden (euphemistischen) Formulierungen kennen und beschäftigst dich mit Wörtern, die in einer übertragenen (metaphorischen) Bedeutung gebraucht werden,
- untersuchst du anhand des Wortes „Opfer" den Bedeutungswandel eines Begriffs,
- unterscheidest du Umgangs-, Jugend- und Standardsprache,
- beschäftigst du dich mit verschiedenen Mundarten,
- untersuchst du in einem Projekt unter anderem bedrohte Wörter.

11.1 „Ehre"

Wörter und ihre Bedeutung klären

Das richtige Wort finden Begriffe definieren

Große Ehre für Natascha Keller

Die 35-Jährige wird bei der Eröffnungsfeier der Olympischen Sommerspiele die deutsche Fahne tragen.

Hamburg – Die Hockeyspielerin Natascha Keller trägt die deutsche Fahne bei der Eröffnungsfeier der 30. Olympischen Sommerspiele am Freitag in London. Dies gab der Deutsche Olympische Sportbund (DOSB) am Mittwoch bekannt. Die 35-Jährige, die 2004 in Athen Gold gewonnen hatte, ist die erste deutsche Hockeyspielerin, der diese Ehre zuteilwird. „Das ist das i-Tüpfelchen auf meiner Karriere. Es ist eine große Wertschätzung, die mir, der ganzen Hockey-Familie und unserer Sportart entgegengebracht wird", sagte Keller.

Theodor Fontane

Es kann die Ehre dieser Welt
Dir keine Ehre geben,
Was dich in Wahrheit hebt und hält,
Muss in dir selber leben.

Wenn's deinem Innersten gebricht[1]
An echten Stolzes Stütze,
Ob dann die Welt dir Beifall spricht,
Ist all dir wenig nütze.

Das flücht'ge Lob, des Tages Ruhm
Magst du dem Eitlen gönnen;
Das aber sei dein Heiligtum:
Vor dir bestehen können.

1 gebricht: fehlt

1 In beiden Texten geht es um den Begriff „Ehre".

a Erkläre, welche Bedeutung der Begriff in dem Zeitungsartikel hat. Gibt es ähnliche Begriffe (Synonyme), die ihn in dem Artikel ersetzen könnten?

b Was versteht der Sprecher in Fontanes Gedicht unter „echter" Ehre und wovon grenzt er diese ab? Arbeitet zu zweit am Text und haltet eure Überlegungen schriftlich fest, z. B.:

„echte" Ehre
– kommt nicht von außen (vgl. Vers 1 f.), sondern muss …

c Vergleiche die Bedeutung des Begriffs „Ehre" in den beiden Texten. Was fällt dir auf?

2 Erkläre, was du unter „Ehre" verstehst. Du kannst z. B. von Situationen erzählen oder „Fälle" erfinden, in denen der Begriff zutrifft. Oder du erklärst deine Vorstellung von „Ehre" durch ähnliche Begriffe (Synonyme), denen du gegensätzliche Begriffe (Antonyme) gegenüberstellst, z. B.:

Ehre
Anerkennung ⟷ Missachtung (auf jemanden hinabschauen)
Wertschätzung (andere mit Respekt …) ⟷ …

3 Überlege, warum abstrakte Begriffe, also Begriffe, die z. B. Gefühle *(Liebe, Angst)* oder Werte *(Stolz, Ehre, Freiheit)* beschreiben, deutlich schwerer zu erklären sind als Begriffe, die etwas Gegenständliches bezeichnen *(Stuhl, Haus)*.

! **Merkwissen** Die Bedeutung von Wörtern und Begriffen definieren

Wörter und Begriffe sind für uns dann verständlich, wenn ihre Bedeutung klar ist. Ist die Bedeutung unklar oder uneindeutig, kann es zu Missverständnissen kommen. Wenn wir einen Begriff definieren, versuchen wir, seine Bedeutung festzulegen, z. B.:

- durch **Merkmale**, die ein Begriff aufweist, z. B.:
  Ein Dreieck ist eine geschlossene, dreiseitige Figur.
- durch ein **Beispiel**, das zur Erklärung eines Begriffs herangezogen wird, z. B.:
  Fair Play bedeutet zum Beispiel, den sportlichen Gegner mit Respekt zu behandeln.
- durch **Synonyme** (Begriffe, die dieselbe oder eine ähnliche Bedeutung haben), z. B.:
  „Motivation“ heißt so viel wie „innerer Antrieb“.

Fair Play auf dem Platz

Wir schreiben die 68. Minute im Bundesliga-Spiel zwischen dem 1. FC Nürnberg und dem VfL Wolfsburg. Die Gastgeber führen mit 2:1, als FCN-Innenverteidiger Per Nilsson nach einem Zusammenprall im eigenen Strafraum benommen liegen bleibt.

Der Befreiungsschlag der Nürnberger Hintermannschaft wird von Wolfsburg abgefangen und umgehend ein neuer Angriff eingeleitet. Doch VfL-Wolfsburg-Stürmer Edin Dzeko, der sich in äußerst aussichtsreicher Position vor dem Nürnberger Tor befindet, bricht den Angriff ab, um sich um den verletzten Gegenspieler zu kümmern.

Diese Szene ist sicherlich ein tolles Beispiel für den Fair-Play-Gedanken im Fußball, denn anstatt möglicherweise den Ausgleich zu erzielen, entschied sich Dzeko dafür, einem anderen zu helfen.

Schlägt man im Lexikon nach, findet man unter dem Begriff „Fair Play“ oftmals die Beschreibung „ehrenhaftes Verhalten“. Der ehemalige Bundespräsident Richard von Weizsäcker umschrieb es einst: „Verlangt ist nicht nur die formelle Beachtung von Regeln. Nie werden geschriebene Regeln die menschliche Haltung des ‚Fair Play‘ ersetzen können. Der Sportler, der das Fair Play beachtet, handelt nicht nach dem Buchstaben, er handelt nach dem Geist der Regeln.“

Auch in der Vergangenheit gab es zahlreiche Beispiele für den Fair-Play-Gedanken. Beispielsweise ereignete sich 1997 im englischen Premier-League-Spiel zwischen dem FC Liverpool und dem FC Arsenal Folgendes: *Reds*-Angreifer Robbie Fowler bekam von Schiedsrichter Ashby einen Elfmeter zugesprochen, da er von Torhüter David Seaman regelwidrig zu Fall gebracht worden sei. Zur allgemeinen Überraschung bat der Angreifer des Gastgeberteams den Unparteiischen, seine Entscheidung zurückzunehmen, da er gar nicht gefoult worden sei. Vergeblich, denn der Referee ließ sich nicht umstimmen. Daraufhin trat Fowler zum Strafstoß an und schoss nur halbherzig aufs Tor, sodass sein Schuss vom Torhüter der *Gunners* ohne größere Mühe pariert werden konnte.

1 Erkläre mit eigenen Worten, warum es sich bei den beiden im Text genannten Beispielen um „Fair Play" handelt.

2 Stelle dir vor: In der Kabine wird nach dem Spiel heftig über das Verhalten Dzekos diskutiert. Improvisiere dieses Streitgespräch mit deinen Mitschülern.

3 a Lies die Informationen im unten stehenden Merkkasten. Erkläre dann, was man unter der Denotation und der Konnotation eines Wortes versteht.
b Erstelle wie im Merkkasten unten eine Grafik zum Begriff „Fair Play". Nimm hierzu die Informationen aus dem Text (→ S. 231 f.) zu Hilfe. Ergänze selbstständig weitere Nebenbedeutungen (Vorstellungen, Empfindungen), die du mit diesem Begriff verbindest.
c Vergleicht eure Schaubilder und erklärt euch die Nebenbedeutungen (Konnotationen).

4 Die Konnotationen eines Wortes, also die Nebenbedeutungen, Empfindungen und Vorstellungen, die die Sprechenden mit einem Wort verbinden, können sehr unterschiedlich sein. Erläutere dies anhand der folgenden Beispiele: *Hund, Flugzeug, Winter.*

5 a Schreibe zu den folgenden Begriffen alle konnotativen Bedeutungen auf, die dir einfallen: *Heimat, Glück, Zeit.*
b Vergleicht eure Ergebnisse und erläutert die Unterschiede bei den Nebenbedeutungen.

Merkwissen Denotation und Konnotation eines Wortes

- **Denotation:** Die Denotation eines Wortes (lat. *denotare* = bezeichnen) ist die klar definierte Grundbedeutung eines Wortes, die man im Wörterbuch oder Lexikon nachschlagen kann.
- **Konnotation:** Die Konnotation (lat. *con* = mit, *notatio* = Bezeichnung, Anmerkung) bezeichnet die Nebenbedeutung eines Wortes, d. h. die Vorstellungen, Erfahrungen, Empfindungen und Assoziationen, die wir mit einem Wort verbinden.

Beispiel: *Nacht*

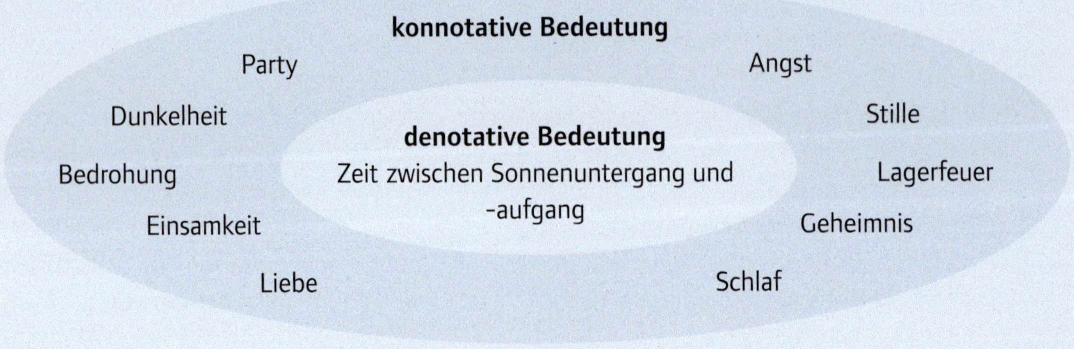

„Das Feld der Ehre ruft alle!“ Euphemismen, Metaphern, Hochwertwörter

Im Westen nichts Neues

In dem Film „Im Westen nichts Neues“ von Lewis Milestone, der auf dem gleichnamigen Roman von Erich Maria Remarque (1898–1970) basiert, werden die Schrecken des Ersten Weltkriegs (1914–1918) und die Brutalität des Kriegsgeschehens dargestellt. Zu Beginn hält der Lehrer Kantorek eine flammende Rede:

„Ich weiß genau, dass unser herrlicher Kaiser auf euch und auf die gesamte Jugend unseres Landes rechnen kann. Es sind vielleicht einige unter euch, die sich fragen: ‚Ja, warum geht er nicht mit gutem Beispiel voran?‘ Glaubt mir, meine lieben Schüler, wenn ich nicht zu alt wäre: Noch heute würde ich mit unserem Feldgrau[1] hinausziehen, um unser geliebtes Vaterland zu verteidigen! Denn das, meine lieben Schüler, das fordert die Pflicht von uns: zuschlagen mit all unserer Macht! Und dazu muss jeder seinen Teil beitragen, damit wir siegen, bevor das Jahr zu Ende geht. Ich verspreche euch, ihr habt eine große Verpflichtung! Von euch jungen Leuten hängt das Leben des Vaterlandes ab! Ihr seid die eiserne Jugend Deutschlands! Ihr seid die jungen Helden, die den Feind zurückschlagen werden, wenn euch die Pflicht ruft.
Ich kann natürlich nicht von euch erwarten, dass jetzt gleich einer vortritt, um freiwillig sein Land zu verteidigen, aber vielleicht hat der eine oder andere schon daran gedacht.
Ich habe von einer Schule gehört, wo die ganze Klasse geschlossen aufgestanden ist, um sich freiwillig zu melden. Und ihr würdet meinen berechtigten Stolz verstehen, wenn das in meiner Klasse auch geschehen würde. Vielleicht würden manche von euch einwenden, dass ihr noch viel zu jung dazu seid. Vielleicht denken viele von euch an ihr Zuhause, an ihre Mütter, die euch nicht fortlassen wollen.
Sind eure Väter so pflichtvergessen, dass sie ihr Vaterland lieber opfern würden als euch? Sind eure Mütter so schwach, dass sie ihre Söhne nicht hinausschicken wollen, um das Land zu verteidigen, in dem sie geboren wurden? Und ist denn schließlich etwas Schlimmes dabei, wenn junge Leute ein wenig Erfahrungen sammeln? Denkt doch nur an die Ehre, die es bedeutet, des Kaisers Rock tragen zu dürfen! Und ist es nicht schön, wenn ein junger, stolzer Krieger von den Töchtern des Landes bewundert wird?
Ich weiß, dass ihr nicht danach strebt, als Helden verehrt zu werden. Das habe ich euch auch nie gelehrt. Wir müssen stets danach trachten, uns zu bewähren, ohne nach dem Beifall zu schielen. Aber auf dem Schlachtfeld, in den vordersten Reihen zu kämpfen, das ist die wahre Mannestugend!
Bestimmt wird der Krieg bald vorbei sein, und, ich glaube, ohne viele Verluste. Und wenn wirklich gewisse Verluste eintreten sollten, dann lasst uns des lateinischen Spruches gedenken: Süß und ehrenvoll ist es, für das Vaterland zu sterben!

1 „Feldgrau“ war die Farbbezeichnung der Uniformen der deutschen Armee bis 1945; metaphorisch steht der Begriff allgemein für das deutsche Militär.

Einige von euch haben vielleicht schon ein bestimmtes Ziel vor Augen ... Aber jetzt ruft euch unser Land! Das Vaterland braucht seine Söhne! Alle persönlichen Wünsche haben jetzt keine Bedeutung mehr für euch! Ihr müsst sie opfern auf dem Altar des Vaterlandes! Man kann sein Leben nicht ruhmreicher beginnen. Das Feld der Ehre ruft alle!"

1 a Beschreibe die Wirkung, die diese Rede auf dich hat.
b Erkläre, was der Anlass der Rede ist und welche Intention (Absicht) der Lehrer mit seiner Rede verfolgt.

2 Untersuche, mit welchen Argumenten und Beispielen der Lehrer versucht, seine Schüler zu überzeugen. Werden dabei auch mögliche Gegenargumente berücksichtigt und widerlegt?

3 Untersuche, mit welchen sprachlichen Mitteln der Lehrer den Krieg verherrlicht bzw. für diesen wirbt.
a Erkläre, welche Konnotationen (Vorstellungen, Empfindungen) mit den folgenden Begriffen verbunden sind. Welche Emotionen und Wertvorstellungen wecken sie bei den Zuhörern?

(geliebtes) Vaterland (→ Z. 15–16) | Pflicht (→ Z. 17) | Verpflichtung (→ Z. 21) | Stolz (→ Z. 33) | Ehre (→ Z. 46) | Helden (→ Z. 51–52) | (wahre) Mannestugend (→ Z. 56–57)

b Suche aus dem Text metaphorische Formulierungen heraus, mit denen der Redner seine Aussagen veranschaulicht. Erkläre die übertragene Bedeutung der Metaphern (→ S. 335) und erläutere ihre Wirkung.
c Überlege, welche Funktion die rhetorischen Fragen in dieser Rede haben.

4 In seiner Rede versucht der Lehrer, den Krieg bzw. die Folgen des Krieges zu verharmlosen. Erläutere, was die folgenden Ausdrücke eigentlich bedeuten und inwiefern sie den Sachverhalt beschönigen bzw. verharmlosen. Lies hierzu noch einmal im Text nach.

ein wenig Erfahrungen sammeln (→ Z. 45–46) | uns zu bewähren (→ Z. 54) | wenn wirklich gewisse Verluste eintreten sollten (→ Z. 59–60) | Süß und ehrenvoll ist es, für das Vaterland zu sterben! (→ Z. 62–63) | Feld der Ehre (→ Z. 70–71)

5 Überlege, was du gegen die Rede des Lehrers bzw. dessen Aussagen einwenden könntest.

Merkwissen Sprachliche Gestaltungsmittel: Euphemismen und Hochwertwörter

Sprachliche Gestaltungsmittel werden in Texten gezielt eingesetzt, um die Aussageabsicht (Intention) zu stützen und eine bestimmte Wirkung bei den Zuhörern bzw. Lesern zu erzielen.

- **Euphemismen** sind Ausdrücke, die einen Sachverhalt oder einen Vorgang beschönigen, z. B.: *Verteidigungsfall* für *Krieg*, *Rentenreform* für *Rentenkürzung*.
  Euphemismen werden vor allem in der Politik und der Wirtschaft verwendet, um unangenehme Sachverhalte zu verharmlosen bzw. zu verschleiern.
- **Hochwertwörter** sind Wörter oder kurze Phrasen, die positiv konnotiert (→ Konnotation, S. 232) sind, d. h. mit denen positive Vorstellungen und Empfindungen verbunden sind, z. B.: *Heimat*, *Mut*. Sie sollen bei den Zuhörern oder bei den Lesern positive Emotionen hervorrufen.

Teste dein Wissen!

Denotation/Konnotation von Wörtern, Euphemismen, Metaphern

Doping im Radsport

„Es ist für mich eine Ehre, als Radprofi für mein Land zu starten“, erklärte der siebenmalige Tour-de-France-Sieger Lance Armstrong immer wieder. Sein Stern begann jedoch schon vor Jahren zu sinken. Jetzt ist er als Dopingsünder endgültig entlarvt und der Radsport steckt in einer tiefen Krise. Schon immer bedienten sich Radsportler unterstützender Hilfsmittel, um die Herausforderungen der schwersten Radrundfahrt der Welt bewältigen zu können. Überführte Dopingsünder gaben zu ihrem Vergehen immer wieder neue Erklärungen ab.

Der belgische Radrennfahrer Frank Vandenbroucke ließ zum Beispiel verlauten, die in seinem Haus sichergestellten Anabolika und Epo seien für seinen Hund bestimmt gewesen. „Der hat Asthma“, sagte der Belgier. Und der Radprofi Matthias Kessler, der positiv auf Testosteron getestet worden war, erklärte, er habe vier mit chinesischen Schriftzeichen versehene Präparate eingenommen, die er für Nahrungsergänzungsmittel hielt.

1 Erkläre, warum es sich bei den markierten Ausdrücken um Euphemismen handelt.

2 Nenne die Denotation (Grundbedeutung) des Begriffs „Stern“ und notiere dann vier mögliche Konnotationen (Nebenbedeutungen). Übertrage hierzu das folgende Schaubild in dein Heft:

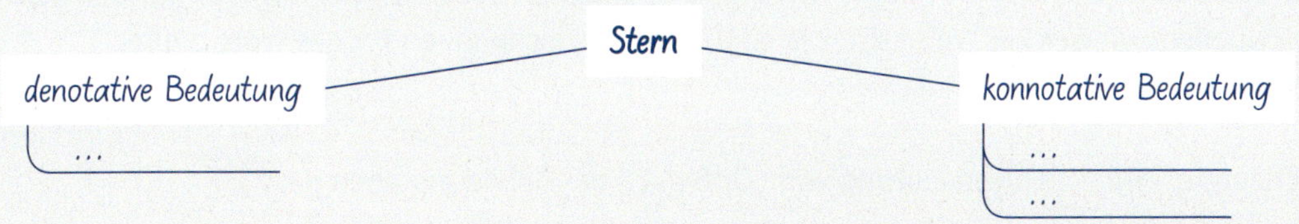

3 Im ersten Absatz (→Z. 1–12) des Textes wird dieses Wort als Metapher verwendet. Suche diese Metapher heraus und erkläre ihre übertragene Bedeutung.

4 Vergleiche deine Ergebnisse mit denen deiner Banknachbarin oder deines Banknachbarn.

11.2 „Du Opfa!“ Sprachentwicklung und Sprachwandel untersuchen

„Opfer“ Wörter verändern ihre Bedeutung

Buddhastatue mit Opfergaben in einem Tempel (Tibet)

opfern: das aus der Kirchensprache stammende Verb (mhd. *opfern*; ahd. *opfarōn*) meint ursprünglich „etwas Gott als Opfergabe darbringen“.

Opfer, das: aus dem Verb „opfern“ ist das Nomen/Substantiv „Opfer“ (mhd. *opfer*; ahd. *opfar*) entstanden.

1. Opfer meint ursprünglich – im Sinne des lat. Begriffs „sacrificium“ – die Hingabe von Lebewesen (z. B. Tieropfer) oder Gegenständen (z. B. Lebensmittel) an eine dem Menschen übergeordnete Macht. Diese Macht können Ahnen, Geister oder eine Gottheit (ein Gott) sein. Ein Opfer ist mit einem Ritual (Opferfest) verbunden und fester Bestandteil einer Religion. Diese Bedeutung von „Opfer“ wird im Englischen als „sacrifice“ (Opfer, Opfergabe) bezeichnet.
2. Der Begriff „Opfer“ meint später aber auch jemanden, der durch jemand anderen oder etwas Schaden erleidet oder umkommt, z. B.: Opfer eines Verkehrsunfalls, eines Verbrechens oder einer Lawine werden. Im Englischen werden Opfer dieser Art als „victim“ (Opfer, Leidtragender, Betroffener) bezeichnet.
3. Etwa seit dem Jahr 2000 wird das Wort „Opfer“ in der Jugendsprache abwertend im Sinne von „Schwächling, Verlierer“ verwendet.

mhd. = mittelhochdeutsch
ahd. = althochdeutsch
lat. = lateinisch

1 a Lies den Lexikonartikel. Erkläre, welche verschiedenen Bedeutungen das Wort „Opfer“ hat.
b Überlege, in welcher Weise sich die englischen Bezeichnungen für das Wort „Opfer“ von den deutschen unterscheiden.

2 Erläutere, welche Wortbedeutung von „Opfer“ zu der Abbildung oben passt.

3 a Lies die Informationen zum Bedeutungswandel im Merkkasten auf S. 237.
b Erläutere, welche Art von Bedeutungswandel bei der jugendsprachlichen Verwendung des Wortes „Opfer“ vorliegt.

Gift, das: mhd., ahd. *gift* „das Geben; Gabe; Übergabe; Gift" ist eine Bildung zu dem Verb *geben*. Die alte Bedeutung „Gegebenes, Gabe" ist im Dt. noch in den Zusammensetzungen „Mitgift" (Heiratsgut) und schweizerisch Handgift (Schenkung) erhalten. Die jetzt allein übliche Bedeutung „Gift" gibt es seit dem Ahd. Präfixableitung „vergiften"; Adjektiv „giftig".

Witz, der: mhd. *witz[e]*, ahd. *wizzī* (entsprechend engl. *wit*) bedeutete ursprünglich „Wissen", woraus sich die Bedeutung „Verstand, Klugheit, Schlauheit" entwickelte. Im 17. Jh. kam im Dt. die Verwendung im Sinne von „Esprit, Gabe des geistreichen Formulierens unter dem Einfluss von frz. *esprit* „Geist, Witz" und engl. *wit* „Geist, Witz" auf. Die Bedeutung „Spott, Scherz, scherzhafte Äußerung" erscheint seit dem 18. Jh.

Frau, die: mhd. *vrouwe*, ahd. *frouwe* sind (wie der altisländische Name der Göttin Freyja) weibliche Bildungen zu einem im Deutschen untergegangenen Wort für „Herr". Dieser Herkunft gemäß ist „Frau" im Dt. lange Zeit vor allem die Bezeichnung der Herrin und der Dame von Stand gewesen, wovon heute noch die Anrede „gnädige Frau" zeugt. Als Standesbezeichnung ist „Frau" seit dem 17. Jh. nicht mehr gebräuchlich; das Wort „Frau" hat seitdem die Bedeutung „erwachsene, weibliche Person".

Hochzeit, die: mhd. *hōchgezīt*, verkürzt *hōchzīt* bedeutete ursprünglich „hohes, kirchliches oder weltliches Fest". Die heutige Bedeutung als „Fest der Eheschließung" ist seit dem 16. Jh. bezeugt.

1 Die Texte stammen aus einem Herkunftswörterbuch. Dieses Wörterbuch erklärt, woher ein Wort stammt und was es ursprünglich bedeutete.

a Erkläre mithilfe der Lexikonartikel die frühere und die heutige Bedeutung der Wörter „Gift", „Witz", „Frau" und „Hochzeit". Formuliere jeweils einen Beispielsatz, der die heutige Bedeutung der Wörter veranschaulicht.

b Welche Art des Bedeutungswandels liegt jeweils vor?

! **Merkwissen** Bedeutungswandel

Im Laufe der Zeit hat sich nicht nur die Schreibweise und die Aussprache der Wörter verändert, sondern auch deren Bedeutung (Bedeutungswandel). Dabei kann sich die Bedeutung eines Wortes in unterschiedlicher Weise verändern.

Beispiele aus dem Mhd.	frühere Bedeutung	heutige Bedeutung	Bedeutungswandel
Muos (Mus)	alle Arten von Speisen	breiartige Speisen	Bedeutungs**verengung**
Horn (Horn)	Horn des Tieres	Horn des Tieres, Musikinstrument	Bedeutungs**erweiterung**
marschalc (Marschall)	Pferdeknecht	hoher militärischer Rang	Bedeutungs**verbesserung**
mehre (Mähre)	Pferd	altes, abgemagertes Pferd	Bedeutungs**verschlechterung**

Ist „Opfer" schlimmer als „Loser"? Netzsprache untersuchen

Xenap Registriert seit: 19.4. | Beiträge: 4012

Tach! War gestern im zug und da liefen n paar jungs vorbei und sagten: schau dir dieses Opfer an, hahaha!!!
HÄÄÄÄÄÄÄÄ? Was soll das heißen? Du Opfer! ich weiß ja was ein Opfer ist, aber wieso werd ich als solches beschimpft? Keinen Plan, was das soll! :-o Und wenn das Jugendsprache ist. Was soll das dann bedeuten? Kapier ich nicht! *kopfkratz*

Jessenw Registriert seit: 15.4. | Beiträge: 1203

Ja, das ist Jugendsprache und heißt frei übersetzt: „Hi, ich hab einen niedrigeren IQ als Senf und höre für mein Leben gern Gangsterrapp!" Is eine Art Outing der Dummen. *g*

Ziska99 Registriert seit: 23.4. | Beiträge: 278

Määänsch, ist doch eigentlich selbsterklärend. Soll so was wie Idiot bedeuten. Das ist einfach ne Bezeichung für ne Person, die einem nich innen Kram passt. Darfst nicht so ernst nehmen. Wird doch heute total oft gesagt.

mr.jogi Registriert seit: 18.12. | Beiträge: 569

: D *lol* Den Vergleich mitm Senf find ich sooooooooooo supa! Opfer heißt so viel wie Versager oder Loser. Dieses Opfergequatsche find ich inzwischen genauso ätzend wie das ständige „schwul". Kotzt mich TOTAL an.

KäptnFidus01 Registriert seit: 01.08. | Beiträge: 129

Mit Opfer wird Schwäche assoziiert, jemand, der einen anderen so bezeichnet, drückt damit aus, dass er selbst kein Opfer ist. Er erniedrigt andere und fühlt sich dabei stark. So einfach is dat!

eireen09 Registriert seit: 28.01. | Beiträge: 376

btg – Ich find Opfa noch schlimma als Verliera oder Loser! Ein Verliera hat 'n Kampf verlorn. Aba auch wenn er der Verliera ist, er hat dennoch gekämpft. Was zumindest eine Form von Gegenwehr ist. Ein Opfa ist dagegen jemand, der ohne Gegenwehr als Verliera aus einer Situation hervorgeht. Damit steht ein Opfa noch unter dem Verliera. Es kennt ja jeder den Spruch: Wer kämpft, kann verlieren – wer nicht kämpft, hat schon verloren (und wäre somit ein Opfa).

1 a In dem Chat werden verschiedene Positionen zur Verwendung des Schimpfwortes „Opfer" genannt. Welcher kannst du dich spontan anschließen? Begründe.

b Diskutiert, wie ihr zur beleidigenden Verwendung des Begriffs „Opfer" steht. Findet ihr diese Bezeichnung eher harmlos oder bewertet ihr sie als besonders schwerwiegende Beleidigung?

2 Die Sprache in Foren unterscheidet sich in vielen Dingen von der Standardsprache (Hochsprache).

a Sucht in Partnerarbeit Beispiele aus dem Chat heraus, die von der schriftlichen Standardsprache abweichen.

b Überlegt, was das Typische der Netzsprache ist.

Voll krass – Jugendsprache im Netz

Hilfe! Meine Schüler können kein Deutsch mehr!!! Viele Deutschlehrerinnen und Deutschlehrer raufen sich die Haare, wenn sie hören, vor allem aber lesen, wie ihre Schutzbefohlenen sich in ihrer Freizeit äußern. Facebook und Co., so die häufig geäußerte Meinung, verderbe die Rechtschreibung und das Ausdrucksvermögen der heutigen Schülergeneration.

Das Auffälligste an der Kommunikation per Chat & Co. ist die sogenannte Mündlichkeit, soll heißen: Der Schreiber tut so, als würde er sprechen. Zu diesem Zweck werden typische Merkmale der mündlichen Kommunikation (Umgangssprache) verschriftlicht, z. B. werden Wörter gemäß ihrer Aussprache geschrieben (*aba* statt *aber*, *Tach* statt *Tag* ...), Buchstaben werden weggelassen (*nu* statt *nun*), dialektale Formen (*Do schwetze se e bisje anners, wenn de wast, woas ich mahn!*) und unvollständige Sätze verwendet. Die Ausdrucksformen einer realen „Face-to-Face-Kommunikation", wie z. B. Mimik, Gestik, Sprechweise, ersetzen chatspezifische Ausdrucksformen: Auslassungspunkte und Bindestriche stehen stellvertretend für Pausen und Abbrüche. Großschreibung aller Buchstaben in einem Wort signalisiert erhöhte Lautstärke. Geräusche oder mimische bzw. gestische Handlungen werden mit den Ausdrucksformen der Comicsprache imitiert (*kopfkratz*) oder durch die Verwendung von Akronymen (*g* = grins) und Emoticons ;-) angezeigt.

Viele sehen diesen Umgang der heutigen Jugend mit Sprache als kreativ an und nutzen den hippen neuen Style für Werbung oder um zu zeigen, wie spießig andere sind. Wo man jedoch auf Seriosität und korrekte Umgangsformen achtet, wird jemand, der sich nicht gepflegt auszudrücken vermag, als Proll gedisst :-(.

1 Der Text beschäftigt sich mit verschiedenen Sprachstilen und Sprachebenen. Nimm das Merkwissen zu Hilfe und zeige dies an verschiedenen Beispielen.

2 Liste die im Text aufgeführten Merkmale der Jugendsprache im Netz in deinem Heft auf und belege sie jeweils mit geeigneten Beispielen aus dem Chat von S. 238.

3 Nimm Stellung zu der Frage, wie die Veränderung der Sprache durch das Internet zu bewerten ist.

Merkwissen Standardsprache, Umgangssprache und Jugendsprache

Die **Hochsprache** (auch: Standardsprache oder Schriftdeutsch) ist die allgemein verbindliche Sprache, wie sie in der Öffentlichkeit, z. B. im Unterricht, verwendet wird.

Die **Umgangssprache** ist die Sprache, die wir bei unserer alltäglichen mündlichen Kommunikation verwenden. Sie orientiert sich an der Hochsprache, wendet deren Regeln und Normen aber nicht streng an. Typisch für die Umgangssprache sind z. B.: unvollständige Sätze (Ellipsen), z. B.: *Du auch?*; umgangssprachliche Wörter und Wendungen, z. B.: *cool*.

Mit ihrer **Jugendsprache** will sich die junge Generation von ihren Eltern absetzen. So werden Wörter und Begriffe in einen neuen Zusammenhang gebracht oder neu erfunden (z. B.: *chillen, hartzen*). Manchmal werden diese Begriffe in den allgemeinen Sprachgebrauch übernommen, andere sterben schnell wieder und werden durch die Begriffe einer neuen Generation von Jugendlichen ersetzt.

Deutsche Dialekte

René Goscinny, Albert Uderzo
Die spinnen, die Deutschen

Wi schrievt dat Johr 50 v. Chr. Heel Gallien is in röömsche Hand … Heel Gallien? Nee! Dor gift dat een Dörp vull mit opsternaatsche Mannslüd un Froons, de sik wehrt un sik vun de Butenlanners nich ünnerkriegen laat. Un dat Leven is nich jüst licht för de röömschen Legionäre, de ehrn Deenst doot achter de Palisaden vun Babaorum, Aquarium, Laudanum un Lüttbonum …

Wa befinden uns im Jahre fuffzich vor seiner Jeburt (50 v. Chr.). Janz Jallien is vonne Röma besetzt. – Mement. Wa wolln nich übatreibn! Et jibbt een Dorf, det dem römischen Aggressor Widerstand; eenen so eklichen Widerstand leistet, det de römischen Lejionäre de Lust am Kämpfen valorn haben und lieba ihre befestichten Laga (Babaorum, Aquarium, Laudanum und Kleinbonum) in Erlebnisparks für Vorschulkinda umwandeln würden; wenn nich; ja wenn nich Zesa, der harte Hunt, se brutal daran hindern würde.

Me sinn im Johre 50 v. Chr. Ganz Gallien es von Reemern belochert … Ganz Gallien? Nich och! E von wedderspent'schen Galliern bevelkertes Dorf heert nich uff un leistet den Eroberern Wedderstand. Un's Läwen is gor nich liecht fer de reemschen Legionäre, die als Besatzer in befestichten Lochern Wipperum, Thieringium, Barbarossum un Schwarzburgium husen …

Mir sin im Jahre 50 v. Chr. 's ganze Gallien is von'dn Römorn besetzt … 's ganze Gallien? Nee! Ä winzsches Nest, wo laudor sture Gallior wohn, lässt sisch von'dn Besatzorn eefach ni kleenekriegn. Und's Läbn is ni leischde für de römschn Legionäre, die in'dn befestischdn Lagorn Babarium, Aquarium, Laudanum und Kleenbonum lieschn …

1 a Lies dir die Texte zunächst leise durch.
b Überlege, welchen Text du am ehesten laut vorlesen könntest. Äußere eine Vermutung, warum dies wohl so ist.

2 Es handelt sich hier um den Einleitungstext zur Asterixausgabe auf Berlinerisch, Niederdeutsch, Sächsisch und Thüringisch. Ordne die Texte den Dialekten zu.
Woran meinst du die Dialekte erkannt zu haben?

3 Lege eine Tabelle in deinem Heft an, in die du Wörter, die in möglichst vielen der Texte vorkommen, einträgst.

Hochdeutsch	Berlinerisch	Niederdeutsch	Sächsisch	Thüringisch
Jahr				
ganz				

Vertiefen und üben
Dialekte untersuchen

Da Asterix is oiwei da Schneidigste in dene Gschichten. A gwappita Bursch, gor net dappig. Immer wenn's brennzlig werd in Kloahausn und um Kloahausn rum, kemmas' zu eahm, weil am Asterix foit oiwei wos ei. Sei unbandigs Schmoiz kriagt er von dem Zauberdopplbock vom Kloahausner Druidn, am Miraculix.

●○○ 1 a Diese Beschreibung von Asterix stammt aus der bayerischen Ausgabe. Welche Laute oder Buchstabenverbindungen sind typisch für diesen Dialekt?
b Lege in deinem Heft eine Vokabeltabelle für die Übersetzung Bairisch – Hochdeutsch an.

●●○ 2 Übersetze den Text ins Hochdeutsche (natürlich ohne den hochdeutschen Originaltext zu verwenden).

●●○ 3 Studiere die Mundartkarte und erkläre deinen Mitschülern, zu welcher Mundartregion dein Wohnort gehört.

●●● 4 Wie müsste der Text in deiner Region heißen? Schreibe eine Textvariante, die möglichst viele regionale Ausdrücke deiner Region enthält.

11.3 Projekt
Wörtern auf der Spur

Werdet selbst zu Sprachforschern und führt in Gruppen oder im Team eigene Sprachuntersuchungen durch. Auf dieser Seite findet ihr hierzu zwei Projektideen.

Projekt 1: Bedrohte Wörter

Das „Lexikon der bedrohten Wörter" (www.bedrohte-woerter.de) versammelt Begriffe, die nur noch selten gebraucht werden und deshalb vom Aussterben „bedroht" sind, wie z. B. *Hagestolz* (heute „Single") oder *Gabelfrühstück* (heute „Brunch"). Die folgenden Wörter wurden beim Wettbewerb „Das bedrohte Wort" prämiert:

Kleinod | blümerant | Dreikäsehoch | Labsal | bauchpinseln | Augenstern | fernmündlich | Lichtspielhaus | hold | Schlüpfer

1 Klärt – evtl. mithilfe eines Wörterbuchs – die Bedeutung dieser bedrohten Wörter.

2 Führt Interviews mit älteren Personen zum Thema Sprachwandel durch.
- Fragt z. B., welche der „bedrohten Wörter" sie kennen und was diese für sie bedeuten.
- Erfragt und sammelt weitere Wörter und Begriffe, die heutzutage kaum oder gar nicht mehr verwendet werden. Erstellt selbst ein „Lexikon der bedrohten Wörter" oder meldet diese Wörter auf der Website www.bedrohte-woerter.de.

Projekt 2: Jugendsprache

„Du bist ja total spackig!" | „Du Opfer!" | „Bist du behindert oder was?"

Solche Formulierungen sind in den Sprachgebrauch vieler Jugendlicher eingeflossen. Sind solche Ausdrücke eigentlich eher harmlos oder beleidigend?

1 Untersucht, inwieweit es in eurem Sprachgebrauch Ausdrücke gibt, die beleidigend sind bzw. andere herabsetzen. Führt hierzu Interviews mit Jugendlichen durch, z. B. an eurer Schule.
a Entwickelt einen Fragebogen zur Untersuchung des Sprachgebrauchs an eurer Schule.
b Führt Umfragen durch. Ihr könnt die Gespräche auch aufnehmen und sie dann auswerten.

2 a Stellt Beispiele für Wörter zusammen, die ihr als Beleidigung empfindet. Erklärt auch, warum.
b Diskutiert, warum diese Wörter nicht mehr verwendet werden sollten.

Fragebogen

1. *Wie bezeichnest du einen Jugendlichen, über den du dich ärgerst?*
2. *Wie bezeichnest du ein Mädchen / einen Jungen, das/den du nicht gut findest?*
3. *Welche Schimpfwörter oder abwertenden Wendungen ...?*
4. *...*

12 Grammatiktraining
Konjunktiv, Passiv und Modalverben

In diesem Kapitel …

- vertiefst du die Verwendung von Konjunktiv I und II,
- unterscheidest du Vorgangs- und Zustandspassiv,
- lernst du verschiedene Funktionen von Modalverben kennen.

1 Stelle dir vor, du könntest Urlaub auf einem fremden Planeten machen.
Wie wäre die Reise? Wen würdest du treffen? Was würdest du erleben?

2 Erkläre, wie in folgenden Sätzen deutlich gemacht wird, dass es sich um ein Gedankenexperiment handelt.
- *Die Reise würde mehrere Monate dauern.*
- *Ich träfe Außerirdische mit drei Beinen und drei Armen.*

12.1 Gedankenexperimente
Konjunktiv II

Der Konjunktiv II und die *würde*-Ersatzform

Krieg der Welten

Orson Welles' Hörspiel „Krieg der Welten" gilt bis heute als das bedeutendste Science-Fiction-Hörspiel, das je im Radio zu hören war. Dass womöglich irgendwann die Außerirdischen landen würden, war für viele US-Bürger Ende der 1930er Jahre durchaus vorstellbar. Allerdings glaubte kaum jemand daran, dass dies so bald passieren würde und dass es sich dabei um mächtige, gefährliche Wesen handeln würde, die die Erde erobern könnten.
Dennoch versetzte das Hörspiel viele Menschen in Angst und Schrecken. Welles inszenierte die Sendung am 30. Oktober 1938 nämlich wie ein gewöhnliches Radioprogramm, das plötzlich durch eine dringende Meldung und mehrere sehr realistisch wirkende „Live"-Berichterstattungen über eine angebliche Invasion von Marsmenschen unterbrochen wurde. Die Radiozuhörer glaubten daher, dass es tatsächlich auf dem Mars Gasexplosionen gäbe und Materie mit enormer Geschwindigkeit auf die Erde zufliegen würde. Kurz darauf beschrieb ein angeblicher Augenzeuge die Landung eines außerirdischen Raumschiffs und die Zuhörer dachten, dass in New Jersey wirklich ein zylinderförmiges Metallobjekt eingeschlagen wäre und einen riesigen Krater hinterlassen hätte. Nun folgte eine Schreckensmeldung auf die nächste.
Als schließlich von Marsmenschen mit Tentakeln und glühenden Augen sowie von Hitzestrahlen, die angeblich Schaulustige in Brand setzen würden, die Rede war, brach bei einigen Radiohörern Panik aus. Sie nahmen an, dass gerade eigenartige Geschöpfe vom Mars mit ihren Maschinen die Erde angreifen würden, und stellten sich vor, dass man sich gegen sie verteidigen müsste. Zahlreiche besorgte Bürger riefen daher bei Polizeistationen an, einige Menschen verließen sogar fluchtartig ihre Häuser.
Als in einem Live-Bericht schließlich von einem menschenleeren Times Square und einer ganzen Armee von Aliens im Central Park berichtet wurde, dachten die Zuhörer, dass Marsmenschen damit beginnen würden, ganz New York zu zerstören. Allerdings realisierten vor allem die New Yorker Bürger aufgrund ihrer eigenen Beobachtungen schon bald, dass die beschriebenen Ereignisse doch nicht real waren.

1 Lies den Text und erkläre, wie es Orson Welles gelang, mit einem Hörspiel so viele Menschen in Angst und Schrecken zu versetzen.

2 a Nenne Beispiele für die Verwendung des Konjunktivs II im Text, z. B.: *könnten (Z. 10), …*
b Erkläre, warum hier der Konjunktiv II verwendet wird.

3 a Untersuche, warum an einigen Stellen statt des Konjunktivs II die *würde*-Ersatzform verwendet wird. Übertrage hierzu die folgende Tabelle in dein Heft und trage die *würde*-Ersatzformen in die linke Spalte ein. Ergänze dann die Verbformen in den übrigen Spalten.

würde-Ersatzform	Konjunktiv II	Indikativ Präteritum
sie würden landen (Z. 4–5)	sie landeten	sie landeten

b Begründe jeweils, warum die *würde*-Ersatzform gewählt wurde. Nimm hierzu die Informationen aus dem Merkkasten unten zu Hilfe.

4 a Schreibe den folgenden Text in dein Heft und füge dabei in die Lücken die entsprechenden Verbformen im Konjunktiv II ein.

b Untersuche noch einmal die Verbformen in deinem Text: Markiere die Verbformen, die du durch die *würde*-Ersatzform ersetzen würdest. Begründe deine Entscheidung.

Außerirdische auf der Erde

Wenn tatsächlich ein Raumschiff auf der Erde ? *(landen)*, ? *(sein)* das für die meisten Menschen eine große Überraschung. Kaum jemand ? *(sein)* auf ein solches Ereignis vorbereitet. Niemand ? *(wissen)*, wie man sich gegenüber den Außerirdischen verhalten sollte. Schließlich ? *(sprechen)* sie nicht unsere Sprache und ? *(haben)* ganz andere Verhaltensweisen und Lebensgewohnheiten. Außerdem ? *(wissen)* man nicht, ob sie mit friedlichen Absichten ? *(kommen)* und Freundschaft mit uns ? *(schließen)* oder einen Krieg gegen die Menschen ? *(führen)*.

Merkwissen Konjunktiv II (Irrealis)

Wenn man eine Aussage als **unwirklich** (irreal), nur vorgestellt, unwahrscheinlich oder gewünscht kennzeichnen möchte, verwendet man den Konjunktiv II. Man bezeichnet den Konjunktiv II daher auch als **Irrealis**.

Bildung des Konjunktivs II

Der Konjunktiv II wird in der Regel abgeleitet vom Indikativ Präteritum. Bei unregelmäßigen Verben werden *a, o, u* im Wortstamm zu *ä, ö, ü*.

Indikativ Präteritum	*er sah*	*er war*	*er hatte*	*er stand*
Konjunktiv II	*er sähe*	*er wäre*	*er hätte*	*er stünde* (Ausnahme)

Anstelle des Konjunktivs II wird die ***würde*-Ersatzform** verwendet, wenn

- der Konjunktiv II (im Textzusammenhang) **nicht vom Indikativ Präteritum zu unterscheiden** ist, z. B.: *Zusammen mit Freunden machte er diese Reise.* (Konjunktiv II)
  Zusammen mit Freunden würde er diese Reise machen. (*würde*-Ersatzform)
- die Konjunktiv-II-Form als besonders **ungebräuchlich** oder unschön empfunden wird, vor allem im mündlichen Sprachgebrauch, z. B.: *ich empföhle* ⟶ *ich würde empfehlen*.

Die Verwendung des Konjunktivs II in Konditionalgefügen

Jules Verne
Reise zum Mittelpunkt der Erde

In Jules Vernes berühmtem Science-Fiction-Roman „Reise zum Mittelpunkt der Erde" aus dem Jahr 1864 findet Professor Lidenbrock eine geheime Notiz, die ihm einen Hinweis darauf gibt, durch welchen Vulkankrater man zum Mittelpunkt der Erde reisen kann. Er möchte die Reise sofort antreten, aber sein Neffe Axel, der Ich-Erzähler des Romans, hat einen Einwand:

„Die Wärme unter der Erdoberfläche nimmt mit siebzig Fuß[1] Tiefe um ein Grad zu. Nehmen wir nun dieses steigende Verhältnis als gleich bleibend an, so muss, da der Erdradius fünfzehnhundert Meilen[2] beträgt, im Zentrum eine Temperatur von mehr als zweihunderttausend Grad herrschen!", gab ich zu bedenken.
„Also, Axel, die Hitze macht dir Sorgen?"
„Allerdings. Kämen wir bis zu einer Tiefe von nur zehn Meilen, wären wir an der Grenze der Erdrinde mit einer Temperatur von über dreizehnhundert Grad."
„Nun denn, ich will dir nur sagen, dass echte Gelehrte wie Poisson Folgendes bewiesen haben: Wenn im Inneren des Erdballs eine Hitze von zweimal hunderttausend Grad existierte, würde das aus den zerschmolzenen Stoffen erzeugte glühende Gas eine enorme Spannkraft erlangen. Das Erdinnere könnte dann keinen Widerstand mehr leisten und müsste zerspringen wie die Wände eines Dampfkessels durch die Ausdehnung des Dampfes."
„Das ist Poissons Ansicht, lieber Onkel, nichts weiter."
„Einverstanden, aber es ist auch die Ansicht anderer ausgezeichneter Geologen: Wenn das Innere des Erdballs aus Gas bestehen würde, würde die Erde ein zweifach geringeres Gewicht haben. Und ich muss sagen, dass die Ansichten der berufensten Männer mit der meinigen übereinstimmen. Im Jahre 1825 sprach ich mit dem berühmten englischen Chemiker Humphry Davy über die Hypothese[3] der Flüssigkeit des inneren Kerns der Erde. Wir waren uns aus einem Grund einig, dass dies nicht möglich ist."
„Und welcher ist das?", fragte ich etwas betroffen.
„Diese flüssige Masse wäre gleich dem Ozean der Anziehung vonseiten des Mondes ausgesetzt. Wenn demzufolge zweimal täglich im Inneren Ebbe und Flut entstehen würden, hätte dies periodische Erdbeben zur Folge."

---

1 der Fuß: Längenmaß; 1 Fuß = ca. 30 cm
2 die Meile: Längenmaß; 1 Meile = ca. 1600 Meter
3 die Hypothese: noch nicht bewiesene Theorie

1 a Erkläre, welche Bedenken Axel bezüglich einer Reise zum Mittelpunkt der Erde hat. Durch welche Argumente versucht sein Onkel, ihn vom Gegenteil zu überzeugen?
b Überzeugen dich die Argumente von Professor Lidenbrock? Diskutiert in der Klasse, ob ihr euch auf diese Reise einlassen würdet.

2 In ihrer Argumentation verwenden Axel und sein Onkel, Professor Lidenbrock, mehrere Satzgefüge mit Konditionalsätzen.

a Schreibe aus dem Text alle Konditionalsatzgefüge heraus und unterstreiche die Verbformen, z. B.:
Kämen wir bis zu einer Tiefe von nur zehn Meilen, ... (Z. 17–20)

b Woran kannst du erkennen, dass Axel und der Professor die Erfüllung der jeweiligen Bedingungen für unwahrscheinlich halten?

c Untersuche das folgende Konditionalsatzgefüge. Woran erkennt man hier, dass der Professor die Erfüllung dieser Bedingung für wahrscheinlich hält?
Wenn wir gleich morgen losfahren, kommen wir pünktlich am Vulkankrater an.

3 a Professor Lidenbrock ist von seinem Plan, das Erdinnere zu erforschen, nicht abzubringen. Überlege, welche anderen Einwände Axel vorbringen könnte, und formuliere Satzgefüge mit Konditionalsätzen. Lies hierzu die Informationen im Merkkasten unten, z. B.:
Wenn wir 1500 Meilen ins Innere der Erde klettern würden, würden wir ...

b Vergleicht eure Sätze in Partnerarbeit.

Was, wenn wir uns verlaufen oder uns verletzen ...?

Der Erdradius beträgt 1 500 Meilen ...

Im Innern der Erde könnten schreckliche Ungeheuer leben ...

4 a Untersuche in den Konditionalsatzgefügen aus dem Text (→ S. 246) die Verwendung des Konjunktivs II und der *würde*-Ersatzform.

b Markiere in deinem Heft die Stellen, an denen du die jeweils andere Verbform verwenden würdest. Begründe deine Meinung.

c Schreibe die veränderten Sätze in dein Heft.

Merkwissen Irreale Konditionalgefüge (Bedingungsgefüge)

In einem Satzgefüge stellt der Konditionalsatz (Nebensatz, der mit *wenn* oder *falls* eingeleitet wird) eine Bedingung dar, die Folge wird im Hauptsatz formuliert. Haupt- und Nebensatz bilden zusammen ein sogenanntes Konditionalgefüge.

1 **Reale Bedingung (Indikativ):** Ist die Bedingung möglich bzw. real, verwenden wir im Hauptsatz und im Nebensatz (Konditionalsatz) den Indikativ, z. B.:
Wenn ich eine Leiter mitnehme, kann ich leichter auf den Baum klettern.

2 **Irreale Bedingung (Konjunktiv II oder *würde*-Ersatzform):** Ist die Bedingung unwahrscheinlich bzw. irreal, verwenden wir im Hauptsatz und im Nebensatz (Konditionalsatz) den Konjunktiv II (Irrealis) bzw. die *würde*-Ersatzform, z. B.:
Wenn ich sehr viel Geld hätte, würde ich Urlaub im All machen.
Hinweis: Irreale Konditionalsätze können auch ohne die Konjunktionen *wenn* oder *falls* gebildet werden. Dann steht das Verb im Nebensatz an erster Stelle. In diesem Fall kann der konditionale Nebensatz nur vor dem Hauptsatz stehen, z. B.:
Wäre ich Astronaut, flöge ich zum Mond.

Vertiefen und üben
Konjunktiv II

Jules Verne
Reise um den Mond

In Jules Vernes 1870 erschienenem Science-Fiction-Roman „Reise um den Mond“ lassen sich die drei Freunde Barbicane, Nicholl und Ardan in einer riesigen Kanonenkugel zum Mond schießen. Allerdings verläuft die Reise anders, als sie es sich vorgestellt haben …

Barbicane hatte in einem Punkt Bedenken; aber er schwieg, um seine Kameraden nicht zu beunruhigen. Der Kurs des Projektils nach der Nordhälfte des Mondes bewies nämlich, dass man von der vorhergesehenen Bahn abgewichen war. Nach mathematischen Berechnungen hätte die Kapsel das Zentrum der Mondscheibe treffen müssen. Woher kam aber dann die Abweichung? Barbicane konnte sich weder die Ursache noch die Bedeutung der Abweichung erklären. Er hoffte immer noch, das Projektil triebe lediglich dem oberen Rand des Mondes entgegen – der zum Landen ohnehin günstigeren Gegend. Er beschränkte sich darauf, den Mond häufig zu beobachten, um jede Richtungsänderung des Projektils zu registrieren; seinen Freunden gegenüber schwieg er weiterhin. Wenn das Projektil sein Ziel verfehlte und über den Mond hinaus in die Unendlichkeit des Planetensystems fiele, wären die Folgen für die drei Astronauten fürchterlich.

Etwas später konkretisieren sich Barbicanes Befürchtungen:

Wenn das Projektil sich schon bis auf 50 km dem Mond genähert hatte – warum konnte es ihn nicht erreichen? Seine Fahrt hatte sich doch so weit verlangsamt, dass sie der Mondanziehung theoretisch nicht mehr hätten widerstehen können. Den Mond würde man wohl kaum mehr betreten; wohin aber würde das Geschoss treiben?

●○○ 1 a Schreibe aus dem Text die Sätze heraus, in denen der Konjunktiv II verwendet wird.
b Erkläre, was der Konjunktiv II jeweils ausdrückt: Ist das, was beschrieben wird, gewünscht, unwahrscheinlich oder vorgestellt?

●●○ 2 a Suche aus dem Text die beiden Sätze heraus, in denen statt des Konjunktivs II die *würde*-Ersatzform verwendet wird, und schreibe sie in dein Heft.
b Formuliere die Sätze um und verwende dabei den Konjunktiv II.
c Erkläre, warum in diesen Sätzen die *würde*-Ersatzform gewählt wurde.

●●● 3 a Im Text gibt es einen Satz, in dem der Konjunktiv II verwendet wird, die *würde*-Ersatzform aber günstiger gewesen wäre. Schreibe diesen Satz heraus und begründe, warum.
b Formuliere den Satz um, indem du die *würde*-Ersatzform verwendest.
c Barbicane fragt: „… wohin aber würde das Geschoss treiben?“ (→ Z. 36–37). Finde mögliche Antworten auf diese Frage. Nutze dabei den Konjunktiv II und die *würde*-Ersatzform.

Teste dein Wissen!

Konjunktiv II

Zeitreisen

- H. G. Wells, der Autor des Romans „Die Zeitmaschine" aus dem Jahr 1895, gibt eine mögliche Antwort auf die Frage, wie es ? , in die Zukunft zu reisen.
- Man ? eine fahrradähnliche Zeitmaschine, um sich auf der Zeitachse zu bewegen.
- Mit dieser ? man in die Zukunft reisen und sehen, wie die Menschheit sich entwickelt hat.
- Allerdings ? man sich darauf einstellen, dass niemand einem hinterher glauben würde, wo man war und was man erlebt hat.
- Außerdem ? die Gefahr, dass man von dieser Zeitreise nicht mehr zurückkehren würde.

D wäre | **Z** sei | **A** sein wird

O brauche | **U** bräuchte | **E** braucht

I konnte | **T** könne | **R** könnte

C müsste | **T** müsse | **A** musste

R besteht | **H** bestünde | **S** bestand

1 Welche der vorgeschlagenen Verbformen müssen in die Sätze eingesetzt werden? Schreibe die Buchstaben der richtigen Verbformen hintereinander in dein Heft.

	Konjunktiv II	***würde*-Ersatzform**
Autoren von Science-Fiction-Romanen und -Filmen überlegen immer wieder, wie man Zeitreisen machen ? ? *(können)*.	Z	R
So schreiben manche Autoren, dass es die Möglichkeit ? ? *(geben)*, durch ein Zeitloch zu laufen oder zu fallen.	A	O
Man ? auch nicht unbedingt in die Zukunft reisen ? *(müssen)*.	U	T
Wenn man stattdessen in die Vergangenheit ? ? *(reisen)*, ? dies allerdings eventuell zu Schwierigkeiten ? *(führen)*.	P R	B E
Was ? ? *(sein)*, wenn das Verhalten des Zeitreisenden in der Vergangenheit zur Folge ? ? *(haben)*, dass er in der Gegenwart nicht mehr ? ? *(existieren)*?	R E L	S A I

2 Prüfe, ob die Verben jeweils im Konjunktiv II oder in der *würde*-Ersatzform eingesetzt werden sollten. Schreibe die zutreffenden Buchstaben hintereinander in dein Heft.
Beachte: Es gibt immer zwei Lücken, aber die Verbform ist in vielen Fällen nur einteilig.

3 Wenn du die Aufgaben 1 und 2 richtig gelöst hast, erfährst du, wie man noch durch die Zeit reisen könnte. Hintereinander gelesen ergeben die Buchstaben die Lösung.

12.2 Beeindruckende Naturereignisse
Konjunktiv I, Passiv und Modalverben

Konjunktiv I in der indirekten Rede

Auszüge aus einem Newsticker zur Hochwasserkatastrophe, 9. Juni 2013

+ + + 17.21: Erstmals leicht sinkende Pegel in Magdeburg + + +

Der Höhepunkt der Elbeflut habe Magdeburg möglicherweise passiert, wie das Landesamt für Hochwasserschutz mitteilte. Für Prognosen sei es aber noch zu früh. Der Leiter des Katastrophenstabes der Stadt, Holger Platz, sagte: „Ich denke, es spricht auch einiges dafür, dass wir jetzt den Scheitel erreicht haben." Dies sei aber noch kein Befreiungsschlag. Deiche könnten auch bei sinkenden Pegelständen noch brechen. „Man kann keine Entwarnung geben, noch nicht."

+ + + 14.44: Magdeburg lässt östliche Stadtteile räumen + + +

Magdeburg lässt Stadtteile mit rund 23.000 Bewohnern östlich der Elbe wegen der Hochwassergefahr räumen. Die Bewohner des Gebiets vom südlichen Stadtrand bis zur Berliner Chaussee seien aufgefordert, ihre Wohnungen zu verlassen, entschied der Katastrophenstab der Stadt am Sonntag. Hintergrund sei, dass der Hochwasserscheitel eine Länge von rund 40 Kilometern habe. Die Wassermassen würden mehrere Tage lang gegen die Deiche drücken, teilte der Krisenstab der Landesregierung weiter mit.

+ + + 13.34: Gewitter können Flüsse wieder ansteigen lassen + + +

„Einigen Hochwasser-Regionen drohen erneut starke und auch unwetterartige Regenfälle", sagte DWD-Experte Herold. Zwar seien die neuen Niederschläge nicht mit den Mengen der vergangenen Woche zu vergleichen, da sie aber in kurzer Zeit fielen und die Böden mit Wasser gesättigt seien, könnte der starke Regen für erhebliche Probleme sorgen. Am Dienstag werde sich dann auch im Süden ein Hochdruckgebiet durchsetzen.

+ + + 06.00: Lage an Elbe weiter angespannt + + +

In Magdeburg (Sachsen-Anhalt) steht die Elbe mittlerweile bei 7,43 Meter. „Bei dem verheerenden Hochwasser in 2002 lag der höchste Pegelstand bei 6,72 Meter", erinnert sich eine Sprecherin des Krisenstabs. „Wie hoch das Wasser in den nächsten Tagen noch steigen wird, kann derzeit wirklich niemand abschätzen."

1 a Lies den Newsticker und erkläre die Hochwasserlage am 9. Juni 2013.
b Prüfe, ob die Informationsquellen genannt werden.

2 a Schreibe die Sätze, in denen indirekte Rede verwendet wird, in dein Heft.
b Markiere alle Verbformen im Konjunktiv I. Markiere in einer weiteren Farbe die Verbformen im Konjunktiv II und die Ersatzform mit *würde*.
c Erkläre, wann bei der indirekten Rede anstelle des Konjunktivs I der Konjunktiv II oder die Ersatzform mit *würde* verwendet wird. Du kannst die Informationen im Merkwissen zu Hilfe nehmen.

3 a Forme die Sätze in wörtlicher Rede im ersten und dritten Text (→ S. 250) in indirekte Rede um. Prüfe jeweils, welche Verbform du verwenden solltest.
b Erkläre, wann man eher direkte Rede und wann eher indirekte Rede verwenden sollte.

4 a Untersuche nun die Sätze in wörtlicher Rede im vierten Text (→ S. 250) in Bezug auf ihr Tempus. Ist das Geschehen vorzeitig oder nachzeitig? Forme die Sätze in indirekte Rede um, indem du den Tipp-Kasten zu Hilfe nimmst.
b Forme in gleicher Weise die folgende Aussage des Einsatzleiters in indirekte Rede um:
„In der Hochwasser führenden Elbe bei Pirna wurde am Donnerstagabend eine Leiche gefunden. Es handelt sich mit großer Wahrscheinlichkeit um einen 74 Jahre alten Bewohner eines nahen Seniorenheims."
c Vergleicht eure Ergebnisse in Partnerarbeit.

Tipp Wenn bei der **indirekten Rede** das Geschehen **vorzeitig** ist (in der Vergangenheit liegt), verwendet man den **Konjunktiv I Perfekt**. Ist das Geschehen **nachzeitig** (liegt es in der Zukunft), so verwendet man den **Konjunktiv I Futur**.

Merkwissen Konjunktiv I in der indirekten Rede

Wenn man wiedergeben möchte, was jemand gesagt hat, verwendet man die indirekte Rede. Das Verb steht dabei im Konjunktiv I, z. B.: *Der Bundespräsident meinte, er sei zuversichtlich.*

Bildung des Konjunktivs I:
Der Konjunktiv I wird durch den Stamm des Verbs (Infinitiv ohne *-en*) und die entsprechende Personalendung gebildet, z. B.:

Indikativ Präsens	Konjunktiv I	Indikativ Präsens	Konjunktiv I
ich wohn-e du wohn-st er/sie/es wohn-t	ich wohn-e du wohn-est er/sie/es wohn-e	wir wohn-en ihr wohn-t sie wohn-en	wir wohn-en ihr wohn-et sie wohn-en

Wenn der Konjunktiv I nicht vom Indikativ Präsens zu unterscheiden ist, wird der Konjunktiv II oder die Ersatzform mit *würde* verwendet, z. B.:

Er sagt, die Wassermassen drücken gegen die Deiche.	Konjunktiv I = Indikativ Präsens
Er sagt, die Wassermassen drückten gegen die Deiche.	Konjunktiv II als Ersatzform
Er sagt, die Wassermassen würden gegen die Deiche drücken.	Umschreibung mit *würde* als Ersatzform

Aktiv und Passiv

Geheimnisvolle singende Dünen

Immer wieder wird von Sandbergen berichtet, die laute Geräusche von sich geben. Schon im 13. Jahrhundert erzählte Marco Polo, dass er in der Wüste Gobi unerklärliche Laute gehört hatte, und Charles Darwin beschrieb 1889 Töne, die in Chile von einer Sandschicht erzeugt worden waren.

Bis heute werden singende Dünen in den Wüsten der Erde entdeckt. Allerdings werden unterschiedliche Erfahrungen geschildert: Manche Sanddünen brummen minutenlang so laut, dass sie kilometerweit zu hören sind, andere summen vielstimmig oder auch einstimmig.

Verursacht werden die Töne von Sandlawinen, die wiederum durch Wind ausgelöst werden. Eigentlich ist es nichts Besonderes, dass von steilen Sanddünen Lawinen abrutschen. Interessant ist die Tatsache, dass nur von manchen Sanddünen hörbare Töne hervorgebracht werden.

Inzwischen ist das Phänomen wissenschaftlich erforscht. Amerikanische Geowissenschaftler untersuchten, wie sich singende und nicht singende Dünen unterscheiden. Sie fanden heraus, dass nur dann Klänge erzeugt werden, wenn die Sandkörner mittelgroß, rund, glatt poliert und extrem trocken sind und sich als Sandlawine von einer hohen, steilen Düne abwärtsbewegen.

1 Lies den Text und erkläre das Phänomen der singenden Dünen.

2 a Untersuche den Text genauer: In welchen Sätzen wird hervorgehoben, wer etwas tut (Aktivsätze)? In welchen Sätzen wird betont, was geschieht (Passivsätze)? Nenne Beispiele.
b Erkläre, wie die Aktiv- und Passivformen gebildet werden.

Merkwissen Aktiv und Passiv

Die Verbformen Aktiv und Passiv zeigen an, ob bei einer Aussage **der Handlungsträger** (Handelnde) oder **die Handlung** / der Vorgang **betont** wird, z. B.:

Sandlawinen verursachen die Töne.	*Die Töne werden von Sandlawinen verursacht.*
→ Der Handlungsträger wird betont.	→ Die Handlung / Der Vorgang wird betont.

Bei der Umwandlung eines Aktivsatzes in einen Passivsatz wird das **Akkusativobjekt** des Aktivsatzes zum **Subjekt** des Passivsatzes.
Im Passivsatz kann der Handlungsträger weggelassen werden, z. B. wenn er
- aus dem Zusammenhang erschlossen werden kann,
- unbekannt ist (Informationsmangel),
- aus bestimmten Gründen verschwiegen werden soll (Informationsriegel).

Vorgangs- und Zustandspassiv

1 Das Phänomen der singenden Dünen ist genauestens erforscht.
2 Die Töne werden nicht durch Luft im Inneren der Düne hervorgerufen.
3 Auch wird ihr Klang nicht durch die Reibung verursacht, die beim Rutschen einer Sandlawine auf der Düne entsteht.
4 Das Singen wird von einer etwa 10 cm dicken, sich bewegenden Sandschicht erzeugt.
5 Inzwischen ist bewiesen, dass die Töne von einer synchronisierten Bewegung der Sandkörner hervorgerufen werden.
6 Über die neuen Erkenntnisse wurde das interessierte Fachpublikum gut informiert.
7 Die Ergebnisse der wissenschaftlichen Untersuchungen sind in detaillierten Forschungsberichten dokumentiert.
8 Aufnahmen von singenden Dünen wurden übrigens im Internet veröffentlicht.

1 a Vergleiche die Passivformulierungen im Text. Welche Sätze beschreiben einen Vorgang, welche einen Zustand?
b Erkläre, wie die jeweiligen Passivkonstruktionen gebildet werden.

2 a Lies die Informationen im Merkwissen.
b Forme die Sätze 1, 5 und 7 vom Zustandspassiv ins Vorgangspassiv um.
c Wandle die Sätze 6 und 8 vom Vorgangspassiv ins Zustandspassiv um.
d Vergleiche deine Sätze mit den Originalsätzen und erkläre, wie sich die Aussage der Sätze jeweils verändert hat.

3 Bilde weitere Sätze, in denen du das Vorgangs- und das Zustandspassiv verwendest. Du kannst die folgenden Stichpunkte zu Hilfe nehmen.

das Phänomen der singenden Dünen – wissenschaftlich untersuchen | der Mechanismus des Gesangs der Dünen – klären | ein synchronisierter Bewegungsablauf der Sandkörner – feststellen | viele singende Dünen – erforschen | eine neue wissenschaftliche Untersuchung – planen

! **Merkwissen** Vorgangs- und Zustandspassiv

Während das Vorgangspassiv den Ablauf eines Vorgangs beschreibt, drückt das Zustandspassiv das Ergebnis eines Vorgangs aus.

Das **Zustandspassiv** wird durch eine Personalform von ***sein*** und das **Partizip II des Verbs** gebildet, z. B.:
Das Phänomen der singenden Dünen ist genauestens untersucht.

Das **Vorgangspassiv** wird durch eine Personalform von ***werden*** und das **Partizip II des Verbs** gebildet, z. B.:
Das Phänomen der singenden Dünen wird genauestens untersucht.

Vertiefen und üben
Konjunktiv I und indirekte Rede

Hagelkorn in den USA bricht gleich zwei Rekorde

Im US-Bundesstaat South Dakota ist am 03.08.2010 das größte Hagelkorn gefunden worden, das jemals auf dem nordamerikanischen Kontinent erfasst wurde. „Mit 875 Gramm Gewicht und einem Durchmesser von 20,32 Zentimetern hat es gleich zwei Rekorde gebrochen", berichtete der Nachrichtensender CNN. „Damit ist es vielleicht sogar das größte bisher bekannte Hagelkorn weltweit." Bisher handelt es sich laut Wikipedia bei einem Eisbrocken aus Nebraska mit einem Durchmesser von 17,8 Zentimetern um das größte Hagelkorn, und das bislang schwerste Hagelkorn beeindruckt mit einem Gewicht von 623 Gramm.

Leslie Scott, ein Farmer aus South Dakota, hatte das Mega-Hagelkorn entdeckt: „Das Eisstück ist etwas kleiner als ein Fußball. Mich hat anfangs die besondere Form des Hagelkorns mit seinen Eis-Fingern fasziniert. Leider sind die Finger nach einem Stromausfall meines Gefrierschranks geschmolzen." „*Die Wissenschaftler in Colorado wollen nun Nachbildungen aus Gips anfertigen*. Diese geben sie dann an Forscher, ein Museum in South Dakota und den Finder des Hagelkorns weiter", sagte Experte Charles Knight.

„Anschließend wollen wir das Original halbieren und dessen innere Ringanordnung fotografieren", berichtete Knight weiter und ergänzte mit einem Grinsen: „Das Hagelkorn wird in der Zwischenzeit in einer Gefriertruhe aufbewahrt. Wir haben unsere Kollegen ermahnt, das eisige Gebilde nicht versehentlich für die Cocktail-Zubereitung zu benutzen."

●○○ 1 Formuliere die wörtliche Rede im ersten Absatz des Textes (→ Z. 4–9) in indirekte Rede um. Verwende dabei immer den Konjunktiv I.

●●○ 2 a Formuliere die wörtliche Rede im zweiten Absatz (→ Z. 16–26) in indirekte Rede um. Verwende bei dem unterstrichenen Satz den Konjunktiv II, bei dem kursiv gedruckten Satz die *würde*-Ersatzform und bei den übrigen Sätzen den Konjunktiv I.

b Erkläre, warum du den Konjunktiv II oder die *würde*-Ersatzform verwenden musstest.

●●● 3 a Formuliere die wörtliche Rede im dritten Absatz in indirekte Rede um. Entscheide dabei jeweils, ob der Konjunktiv I, der Konjunktiv II oder die *würde*-Ersatzform gewählt werden muss.

b Erkläre, warum du den Konjunktiv II oder die *würde*-Ersatzform gewählt hast.

Modalverben

Wenn die Erde bebt

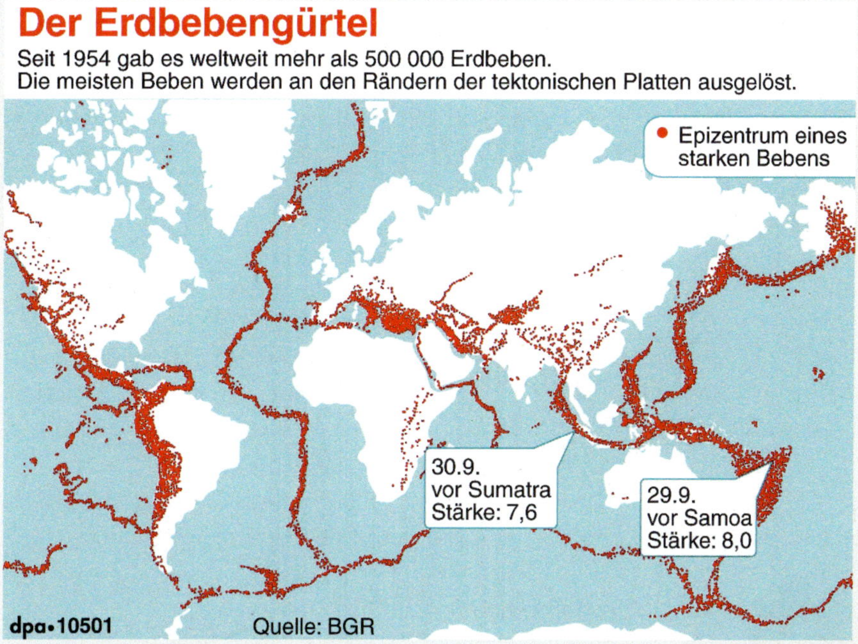

Erdbeben treten auf, wenn an den Grenzen der Erdplatten die Erdkruste bricht und ihre Ränder sich ruckartig verschieben. Man *kann* Erdbeben nicht verhindern, aber man *kann* sie aufgrund von Aufzeichnungen und Druckmessungen vorhersagen. Dennoch werden Menschen immer wieder Opfer von Erdbeben.

Wenn Menschen bei einem Erdbeben unter Trümmern verschüttet werden, müssen sie so schnell wie möglich gefunden werden. Nach einem Erdbeben kann es auch zu Bränden kommen. Die Feuerwehr muss sich dann durch Trümmer und zerstörte Straßen kämpfen, um die Feuer zu löschen. Obdachlos gewordene Erdbebenopfer dürfen sich meist kostenlos in Notunterkünften aufhalten, wo sie auch medizinisch versorgt werden.

In manchen besonders gefährdeten Zonen soll nach Möglichkeit nur noch erdbebensicher gebaut werden. Architekten und Ingenieure wollen durch eine spezielle Bauweise gewährleisten, dass die Häuser die Schwingungen besser abfangen können und nicht einstürzen.

1 Fasse zusammen, worüber der Text informiert.

2 a Formuliere den zweiten Satz (→ Z. 3–6) um, ohne die kursiv gedruckten Verben zu verwenden.
b Vergleiche die beiden Textfassungen und erkläre, welche Bedeutung das Modalverb *können* hier hat.

3 Die Verben *können, sollen, müssen, dürfen, wollen* nennt man Modalverben.
Sucht in Partnerarbeit aus dem Text weitere Modalverben heraus und erklärt jeweils, ob sie eine Möglichkeit, eine Vorschrift, ein Gebot, eine Erlaubnis oder eine Absicht angeben, z. B.:
- *müssen (Z. 9) → Gebot*

Proben für den Ernstfall

In einigen Teilen der Welt gehören Erdbebenübungen zum Schulalltag. Die Lehrer 1 damit erreichen, dass die Schüler im Fall eines Erdbebens gut vorbereitet sind. Japanische Kinder lernen ab dem Kindergartenalter, wie sie sich schützen 2, wenn die Erde bebt. Lehrer haben bunt illustrierte Schautafeln, mit denen sie den Schülern das richtige Verhalten beim Beben gut veranschaulichen 3. Die Schüler lernen an manchen Schulen, dass sie im Fall eines Erdbebens schnell Schutz unter einem Tisch oder einem Türrahmen suchen 4. Schüler an anderen Schulen 5 nicht im Gebäude bleiben. Sie 6 bei Erdbebenübungen feuerfeste Schutzhauben tragen und 7 sich auf den Sportplatz begeben.

1 Mit Modalverben drückt man aus, wie eine Äußerung verstanden werden soll.

a Überlege, welches Modalverb du in welche Lücke setzen würdest, und notiere jeweils in Klammern, welchen Aussagewert das Modalverb hat. Nimm hierzu den Merkkasten unten zu Hilfe, z. B.:
1 = …

b Vergleicht eure Ergebnisse. Erklärt, warum an einigen Stellen unterschiedliche Modalverben passend sind und inwiefern sich dadurch der Aussagewert des Satzes jeweils ändert.

2 Überlege, welche Modalverben in den folgenden Textsorten besonders häufig vorkommen, und formuliere jeweils einen Beispielsatz, der an deiner Schule gelten sollte, z. B.:
Anweisung/Vorschrift: Man soll seinen Müll …

Anweisung/Vorschrift | Regel/Gesetz | Erlaubnis | Appell

3 An deiner Schule gibt es sicherlich keine Erdbebenübungen, aber dafür Feueralarmproben. Formuliere einige Sätze zu diesen Proben und verwende dabei verschiedene Modalverben.

Merkwissen Modalverben

Mit Modalverben verändert man den Aussagewert des Vollverbs. Man zeigt an, ob man z. B. etwas darf oder muss, z. B.: *Hunde müssen draußen bleiben.*

Modalverb	**Aussagewert**	**Beispiel**
können	Möglichkeit, Fähigkeit	*Sie können nebenan parken. Sie kann schwimmen.*
sollen	Vorschrift, Empfehlung	*Besucher sollen auf Parkplatz C parken.*
müssen	Gebot, Zwang	*Fahrzeuge müssen die Fahrbahn benutzen.*
dürfen	Erlaubnis, Möglichkeit	*Gäste dürfen hier parken.*
wollen	Absicht, Bereitschaft	*Wir wollen gleiches Recht für alle haben.*
mögen	Wunsch, Möglichkeit	*Wir möchten Sie bitten …*

Modalverben kommen häufig in folgenden Textsorten vor: Anweisungen und Vorschriften *(sollen)*, Gesetze und Regeln *(müssen)*, Appelle *(wollen, sollen)*.

Vertiefen und üben
Modalverben

Lawinen

Ins Tal donnernde Schneelawinen sind ein großartiges Naturschauspiel, das jedoch schnell zur Lebensgefahr werden kann. Damit eine Lawine abgeht, muss es steil sein und irgendetwas muss die Lawine auslösen. Das Gewicht einer einzelnen Person oder auch nur ein lautes Geräusch kann genügen, um das fragile Gleichgewicht der Schneedecke zu zerstören. Weil Lawinen möglichst kontrolliert abgehen sollen, werden sie in den Alpen meist von Experten gezielt durch Sprengungen ausgelöst. Mit dieser Maßnahme wollen sie größere Schäden verhindern.

Die einzelnen Skigebiete werden mit entsprechenden Lawinenwarnstufen versehen, die sich täglich oder sogar stündlich ändern 1 . Diese 2 die Skifahrer darüber informieren, wo sie sich gefahrlos aufhalten 3 und welche Gebiete sie nicht befahren 4 . Wer sich an diese Warnungen nicht halten 5 , 6 sich mit Lawinen gut auskennen, um das Abenteuer gesund zu überstehen, und 7 eine Notfallausrüstung besitzen.

●○○ 1 Schreibe aus dem ersten Absatz des Textes (→ Z. 1–12) alle Modalverben heraus und notiere jeweils, welchen Aussagewert sie haben.

●●○ 2 Überlege, welches Modalverb du im zweiten Textabsatz (→ Z. 13–22) in welche Lücke setzen würdest, und notiere jeweils in Klammern, welchen Aussagewert das Modalverb hat, z. B.: 1 = …

●●● 3 Formuliere die folgenden Ratschläge für Skifahrer um, indem du Modalverben verwendest. Notiere auch den Aussagewert des jeweiligen Modalverbs.

Verhaltensregeln für Skifahrer
- Vor der Abfahrt unbedingt Informationen über die Schnee- und Wetterlage sowie das Lawinenrisiko einholen.
- Immer nur auf freigegebenen Pisten fahren.
- Auf keinen Fall abgesperrtes Gelände befahren.
- Möglichst nicht quer zum Hang fahren und abrupte Sprünge vermeiden.

Teste dein Wissen!
Konjunktiv I, Passiv und Modalverben

Die längste Sonnenfinsternis des Jahrhunderts

Bei der Sonnenfinsternis in Asien am 22. Juli 2009 handelte es sich um die längste totale Sonnenfinsternis dieses Jahrhunderts.

1 Das spektakuläre Naturereignis ? von Millionen Menschen in ganz Asien ? *(beobachten)*.
2 In Indien sagten damals allerdings viele Menschen, sie ? *(haben)* Angst vor der Sonnenfinsternis, da die verdunkelte Sonne Unglück ? *(bringen)*.
3 Natürlich wollte man bei dieser Gelegenheit auch Geld mit dem Naturereignis verdienen. Der Chef einer Fluggesellschaft erklärte am 10. Juli, die Sitzplätze für einen Sonderflug von Neu-Delhi Richtung Osten mit direktem Blick auf die Sonnenfinsternis ? rund 1.200 Euro ? *(kosten)*.
4 Für viele ? allerdings die Sicht aufgrund einer dichten Wolkendecke ? *(beeinträchtigen)*.
5 In China teilten die Behörden am Morgen des 22. Juli mit, etwa 300 Millionen Menschen ? (können) im Tal des Jangtse das seltene Naturschauspiel leider nicht miterleben, da schlechtes Wetter den Blick auf das Ereignis ? *(behindern)*.
6 In Shanghai schwärmte allerdings zeitgleich ein Geschäftsmann aus den USA, er ? *(sehen)* das beeindruckende Schauspiel durch Lücken im Wolkenhimmel.
7 Die nächste totale Sonnenfinsternis in Mitteleuropa ? am 3. September 2081 ? *(erwarten)*.

1 a Entscheide, welche Verbform du ergänzen musst, und schreibe die Sätze richtig in dein Heft. Verwende in vier Sätzen die indirekte Rede und in drei Sätzen das Passiv.
Tipp: Prüfe bei den Sätzen mit indirekter Rede, ob jeweils klar ist, wessen Rede wiedergegeben wird.
b Vergleicht eure Ergebnisse in Partnerarbeit.

Tipps für die Beobachtung einer Sonnenfinsternis

Damit die Beobachtung einer Sonnenfinsternis die Gesundheit nicht gefährdet, 1 man einige Hinweise unbedingt beachten. Für den direkten Blick in die Sonne 2 man unbedingt eine geeignete Schutzbrille für die Augen verwenden. Dies 3 man auch nicht vergessen, wenn man durch einen Kamerasucher, ein Fernglas oder ein Teleskop schauen 4 . Bei ungeschützter Sicht in die Sonne 5 die Netzhaut nämlich dauerhaft zerstört werden.

2 a Überlege, welches Modalverb du in welche Lücke setzen würdest, und notiere jeweils in Klammern den Aussagewert des Modalverbs, z. B.: 1 = …
b Vergleicht eure Ergebnisse in Partnerarbeit.

12.3 Fit in …
Einen Text überarbeiten

Stelle dir vor, du bekommst folgende Aufgabe:

Julia hat ein Praktikum bei einer Tageszeitung gemacht und durfte das Interview eines Redakteurs mit dem Astrophysiker Harald Lesch verschriftlichen. Allerdings hat sie an einigen Stellen vergessen, den Konjunktiv II zu nutzen.

1. Überarbeite den Text, indem du an den richtigen Stellen den Konjunktiv II bzw. die *würde*-Ersatzform verwendest. Schreibe die überarbeiteten Sätze in dein Heft.
   Tipp: Im ersten Teil des Textes (→ Z. 1–28) sind die Fehler schon unterstrichen.
2. Unterstreiche in deinem Text die *würde*-Ersatzformen und erkläre jeweils, warum du sie anstelle des Konjunktivs II genutzt hast.

Wir sind nicht allein im Universum

Wissenschaftsmoderator Harald Lesch über außerirdisches Leben und die Unmöglichkeit von Zeitreisen

Herr Professor Lesch, glauben Sie an Außerirdische?
Lesch: Ich denke, es gibt jede Menge Planeten, wo einfache Formen des Lebens wie Einzeller vorkommen, und eine ganze Reihe, wo es grünen Urschleim oder Würmer gibt.

Gibt es Ihrer Überzeugung nach auch Planeten mit höher entwickelten Lebewesen?
Lesch: Wenige zwar, aber es gibt sie. Es ist natürlich toll, wenn man mit denen in Kontakt treten kann – das eröffnet ungeahnte Möglichkeiten des Wissens. Man kann die Aliens zum Beispiel fragen, wie sie das mit der Energie machen oder ob sie ihren Müll trennen – lauter solche hochinteressanten Dinge.

In einer Ihrer Sendungen geht es um die Frage, ob Zeitreisen möglich sind.
Lesch: Sie sind physikalisch völlig unmöglich, und zwar aus diesem Grund: Wenn Sie wirklich in der Zeit zurückreisen wollen, dann müssen Sie das ganze Universum in den Zustand versetzen, in dem es zum angepeilten Zeitpunkt war. Dazu müssen Sie mehr Energie zur Verfügung haben, als das Universum selbst zur Verfügung stellt – und das ist absolut unmöglich.

Wenn Zeitreisen trotzdem möglich wären, wohin würde es Sie persönlich verschlagen?

Lesch: Ich bin ein großer Geschichtsfan und reise daher ins beginnende 19. Jahrhundert. Am liebsten lebe ich in Weimar, wo Goethe seinen „Faust" geschrieben hat. Ich bin ein großer Bewunderer Goethes und spreche dann mit ihm über seine Werke.

Und wenn es in die Zukunft ginge?

Lesch: Dann ist die entscheidende Frage, ob ich wieder zurückreisen darf – und wenn das der Fall ist, lerne ich die Zukunft lieber nicht kennen. Vielleicht ist sie ja so schlecht, dass man das gar nicht wissen will. Die Offenheit der Zukunft ist schließlich eine der Grundbedingungen für unser Menschsein.

1 a Lies die Aufgabenstellung auf S. 259 sorgfältig durch.

b Prüfe die folgenden Aussagen und schreibe die Sätze in dein Heft, die erklären, was die Aufgabe von dir verlangt.

- Ich soll das Interview so überarbeiten, dass nur noch der Konjunktiv II bzw. die *würde*-Ersatzform darin vorkommt.
- Damit das Interview für den Leser besser verständlich ist, soll ich es sprachlich überarbeiten.
- Ich soll an den richtigen Stellen den Konjunktiv II bzw. die *würde*-Ersatzform verwenden.
- Ob ich beim Überarbeiten den Konjunktiv II oder die *würde*-Ersatzform verwende, soll ich selbst entscheiden.

c Vergleiche deine Ergebnissse mit denen deiner Banknachbarin oder deines Banknachbarn.

2 Tausche dich mit einer Partnerin oder einem Partner über die folgenden Fragen aus:
- Was drückt man durch die Verwendung des Konjunktivs II aus?
- In welchen Fällen sollte man anstelle des Konjunktivs II die *würde*-Ersatzform verwenden?

3 Überarbeite den Text. Gehe so vor:

a Im ersten Teil des Textes (→ Z. 1–28) sind die Verben, die du überarbeiten musst, schon unterstrichen. Überarbeite die Sätze, indem du die Verbformen in den Konjunktiv II setzt bzw. die *würde*-Ersatzform wählst, z. B.:
Es wäre natürlich toll, wenn man …

b Suche im zweiten Teil des Interviews (→ Z. 29–44) alle Verbformen heraus, die du überarbeiten musst. Formuliere die entsprechenden Sätze neu, z. B.:
Ich bin ein großer Geschichtsfan und würde daher ins beginnende 19. Jahrhundert reisen. Am liebsten …

Tipp Ihr wählt die ***würde*-Ersatzform**,
- wenn der Konjunktiv II (im Textzusammenhang) nicht vom Indikativ Präteritum zu unterscheiden ist, z. B.:
  wir gingen (Konj. II = Präteritum)
  ⟶ *wir würden gehen,*
- wenn der Konjunktiv II ungebräuchlich ist oder unschön klingt, z. B.:
  ich empfähle ⟶ *ich würde empfehlen.*

4 a Unterstreiche bei deinen überarbeiteten Sätzen alle *würde*-Ersatzformen.

b Erkläre jeweils, warum du die *würde*-Ersatzform verwendet hast.

13 Grammatiktraining
Satzgefüge

In diesem Kapitel …

- wiederholst du wichtige Nebensatzarten,
- lernst du die Funktion von Infinitiv- und Partizipgruppen kennen,
- nutzt du Nebensätze, um umständliche Formulierungen zu vereinfachen,
- erfährst du einiges über kuriose Reisen und Reisebeschwerden.

1 Am Flughafen kommt es zu Verzögerungen, da die Startbahnen stark verschneit sind. Reisende, die sich nach ihren Abflugzeiten erkundigen wollen, finden den obigen Hinweis auf der Homepage der Fluggesellschaft.

a Beurteile die Verständlichkeit des Textes.
b Stelle Vermutungen an, warum der Hinweis in dieser Weise formuliert wurde.

2 a Formuliere den Text neu, indem du Satzgefüge aus Haupt- und Nebensätzen nutzt.
b Vergleiche deinen Text mit dem Original: Welche Vorteile hat dein Text? Hat er auch Nachteile?

13.1 Kuriose Reisen
Nebensätze unterscheiden

Subjekt- und Objektsätze Nebensätze als Satzglieder

Im Flugzeug: Pilot und Panik

In Alicante stiegen wir am 15. August mit Verspätung in eine Maschine nach Dortmund ein.

1 Der Pilot sagte sofort, dass wir nicht in Panik verfallen sollten.
2 Warum er dies mitteilte, blieb uns unklar.
3 In der Luft erwähnte er dann eine Bombendrohung und ein überzähliges Gepäckstück.
4 Die auf Entwarnung Hoffenden wurden jedoch enttäuscht. Der Pilot weiter:
5 „Ich kann Ihnen von einem gründlichen Maschinencheck berichten.
6 Er blieb ohne Ergebnis.
7 Ob das nun gut ist oder nicht, werden wir spätestens in Dortmund wissen."

1 Erkläre, wieso die Passagiere diese Reise wohl nicht vergessen werden.

2 Untersuche den Reisebericht nun sprachlich:
a Prüfe, welche Satzgliedfunktionen die Nebensätze in den Sätzen 1 und 2 haben. Erläutere daran die Begriffe Subjekt- und Objektsatz.
b Wandle Satz 2 zu einem Hauptsatz (ohne Nebensatz) um. Vergleiche beide Varianten und erkläre, wie das Subjekt des Satzes jeweils gebildet wird.
c Prüfe, ob es weitere Subjekt- und Objektsätze in dem Text gibt.

3 Manche Sätze des Reiseberichts wirken etwas umständlich. Formuliere sie um. Gehe so vor:
a Wandle die Sätze 3 und 5 zu Satzgefügen mit Objektsätzen um, z. B.:
– *Satz 3: In der Luft erwähnte er dann, dass ...*
b Formuliere Satz 4 mithilfe eines Subjektsatzes in ein Satzgefüge um, z. B.: *Wer nun ..., ...*
c Welche Vor- und Nachteile haben deine Umformulierungen gegenüber den Originalsätzen?

! Merkwissen Nebensätze unterscheiden: Subjektsätze und Objektsätze

Subjektsätze und Objektsätze sind Gliedsätze, weil sie die **Rolle des Subjekts** bzw. **des Objekts** für den Hauptsatz übernehmen. Sie lassen sich wie das Subjekt oder das Objekt mithilfe der Frageproben ermitteln.

Subjektsatz: Das Subjekt eines Satzes kann von einem Nebensatz gebildet werden, z. B.:
Wer eine Reise bucht, muss mit vielem rechnen.
Satzgliedfrage: Wer oder was muss mit vielem rechnen? (⟶ Subjektsatz)

Objektsatz: Das Objekt eines Satzes kann von einem Nebensatz gebildet werden, z. B.:
Man erlebt, was man nicht für möglich hielt.
Satzgliedfrage: Wen oder was erlebt man? (⟶ Objektsatz)

Relativsätze Attribute in Form eines Nebensatzes

Auf dem Schiff: Dame mit Begleitung

A Auf der „Queen Elizabeth 2" fuhr jahrzehntelang eine etwas exzentrische amerikanische Dame, die immer zwei Kabinen buchte.
B Eine Kabine war für sie und die andere für ihre Kuscheltiere vorgesehen. Diese reisten immer mit.
C Die immer in der Kabine speisende Kreuzfahrerin buchte eines Tages einen Tisch im Restaurant für acht Personen.
D Dem die Buchung aufnehmenden Kellner erzählte sie: „Meine Stofftiere sollen doch auch am Mahl teilnehmen." Hier griff der Maître ein:
E „Wir reservieren Ihnen gern den schönsten Tisch, den wir im Speisesaal haben.
F Eine Sache, die ich noch erfragen möchte, ist jedoch:
G Werden sich Ihre Kuscheltiere nicht erschrecken, wenn sie auf so viele unbekannte Menschen stoßen?"
H Die Dame zog die Reservierung sofort zurück.

1 Lies den Text und erkläre, warum die Dame als „exzentrisch" (vgl. Satz 1) bezeichnet wird.

2 a Nenne den Relativsatz in Satz 1. Erläutere, welches Nomen/Substantive er näher erklärt.
b Der Fachbegriff „Relativsatz" leitet sich ab von: *lat. „relativus" = sich auf etwas beziehen.* Erkläre anhand von Satz 1, was dies bedeutet.
c Suche weitere Relativsätze aus dem Text heraus und erläutere ihre Funktion.

3 a Der Text ist an manchen Stellen umständlich formuliert. Überarbeitet ihn im Team, indem ihr
- die beiden Sätze unter B miteinander verbindet,
- in den Sätzen C und D die unterstrichenen Attribute jeweils in einen Relativsatz umformt,
- die Sätze E und F zu Sätzen ohne Relativsatz umformuliert.

b Überlegt: Wann sind Relativsätze hilfreich, wann wirken sie umständlich?

Merkwissen Nebensätze unterscheiden: Relativsätze

Relativsätze sind **Nebensätze, die** ein **vorausgehendes Bezugswort** (Nomen/Substantive oder Pronomen) **näher erklären**. Sie werden mit einem **Relativpronomen** eingeleitet, z. B.: *der, die, das* oder *welcher, welche, welches.*
Ein Relativsatz wird **immer** durch ein **Komma** vom Hauptsatz abgetrennt. Wird er in einen Hauptsatz eingeschoben, dann setzt man vor und hinter den Relativsatz ein Komma.
Die Kabine, die sie gebucht hatte, gefiel ihr nicht.

Vor dem Relativpronomen kann eine Präposition stehen, z. B.:
Die Kabine, in die sie umziehen sollte, gefiel ihr nicht.
Relativsätze nehmen im Satz die **Funktion eines Attributs** ein und werden deshalb auch **Attributsätze** genannt.

Adverbialsätze Adverbiale Bestimmungen als Nebensätze

Im Auto: Navis als echte Autoritäten

1 Südkoreanische Touristen vertrauten, als sie in Australien reisten, blindlings dem Navi ihres Mietwagens.
2 In Befolgung der Anweisungen des Navis entfernten sie sich immer weiter von der Ostküste.
3 Selbst bei der Ankunft im Waldgebiet von Cordalba wurden sie nicht skeptisch.
4 Trotz des Passierens von Warnschildern fuhren sie unbeirrt weiter.
5 Sie räumten selbst einen Felsbrocken aus dem Weg zur Befolgung der Anweisungen ihres Chefs in der schwarzen Box.
6 Erst durch das Versinken im weichen Untergrund nahe Childers endete ihre Fahrt.
7 Der Polizeichef von Childers riet: „Schalten Sie auch bei der Benutzung des Navis weiterhin Ihren Verstand ein. Dann landen Sie nicht im Sumpf."

1 a Erkläre, was aus deiner Sicht die Ursachen dafür sind, dass Menschen blindlings den Anweisungen eines Navigationsgerätes folgen.
b Sammle Ideen: Wie kann man verhindern, von einem Navi in die Irre geführt zu werden?

2 Der erste Satz eines Textes ist besonders wichtig, denn er entscheidet darüber, ob die Leser weiterlesen oder nicht.
a Überarbeite Satz 1 und wandle das Satzgefüge in einen Hauptsatz um. Baue hierzu die Informationen des Nebensatzes in den Hauptsatz ein: *Auf einer Reise in ...*
b Ist der neue Anfangssatz aus deiner Sicht besser als der ursprüngliche? Begründe.
c Beschreibe den Unterschied zwischen den beiden Sätzen mit grammatikalischen Fachbegriffen. Nimm hierzu die Informationen aus dem Merkkasten (→ S. 265) zu Hilfe.

3 a Erprobe weitere Umformulierungen:
- Wandle Satz 2 zu einem Satzgefüge um, indem du die adverbiale Bestimmung zu einem Adverbialsatz umformst.
- Nenne weitere Hauptsätze, die dir umständlich erscheinen, und forme sie zu Satzgefügen mit Adverbialsätzen um.

b Untersuche die Unterschiede zwischen den Originalsätzen und deinen Umformulierungen:
- Worin liegt der Vorteil von Hauptsätzen, die adverbiale Bestimmungen nutzen? Ergänze: *Mit adverbialen Bestimmungen lassen sich nähere Umstände oft in sehr kurzen ...*
- Welche Vorteile siehst du andererseits darin, Satzgefüge mit Adverbialsätzen zu verwenden?

Gibraltar? Gibraltar!

Ein Fernfahrer wollte mit seinem LKW von der Türkei nach Gibraltar an die Südspitze der Iberischen Halbinsel fahren. Sein Navi schlug beim Eintippen vor: Gibraltar in Großbritannien. Der Fahrer bemerkte es nicht und akzeptierte. Ab dann folgte er 2580 Kilometer blind der Tour quer durch Europa.

4 Schreibe zu „Gibraltar? Gibraltar!" eine Geschichte. Verwende dabei unterschiedliche Adverbialsätze.

5 Eine Freundin oder ein Freund kommt am Bahnhof oder an der nächsten Bushaltestelle an und will dich besuchen. Beschreibe den Weg und nutze hierzu Adverbialsätze, z. B.:
Nachdem du den Bahnhof verlassen hast, …

Merkwissen Nebensätze unterscheiden: Adverbialsätze

Adverbialsätze sind Gliedsätze, weil sie die Stelle einer adverbialen Bestimmung einnehmen. Sie werden mit einem **Einleitewort** (Konjunktion, Adverb) angeschlossen und durch Komma vom Hauptsatz getrennt. Wie die adverbialen Bestimmungen können sie mithilfe der Frageprobe näher bestimmt werden:

Adverbialsatz	Frageprobe	Einleitewort	Beispiel
Kausalsatz (Grund, Ursache)	Warum …? Aus welchem Grund …?	*da, weil*	*Ich nutze das Navi, weil ich keine Karte lesen kann.*
Konditionalsatz (Bedingung)	Unter welcher Bedingung …?	*wenn, falls, sofern*	*Wir werden bald da sein, sofern das Navi funktioniert.*
Finalsatz (Ziel, Absicht)	Wozu …? Mit welcher Absicht …?	*damit, dass*	*Fahr schneller, damit wir pünktlich sind.*
Konsekutivsatz (Folge, Wirkung)	Mit welcher Folge …?	*sodass (auch: so …, dass)*	*Die Ampel war rot, sodass ich anhalten musste.*
Konzessivsatz (Einräumung)	Trotz welcher Umstände …?	*obwohl, obgleich, obschon, auch wenn*	*Obwohl ich die Stadt kannte, habe ich das Navi genutzt.*
Temporalsatz (Zeitpunkt/ -dauer)	Wann …? Seit/Bis wann …? Wie lange …?	*nachdem, als, während, bis, bevor, solange, sobald …*	*Nachdem das Navi mich in die Irre geführt hatte, schaltete ich es ab.*
Lokalsatz (Ort, Richtung)	Wo …? Wohin …? Woher …?	*wo, wohin, woher*	*Schließlich kamen wir an, wo wir losgefahren waren.*
Modalsatz (Art und Weise)	Wie …?	*indem, dadurch dass, wie, als (ob) …*	*Ich kam zum Ziel, indem ich einen Passanten fragte.*
Adversativsatz (Gegenüber-stellung)	Was passiert im Gegensatz zu …?	*wohingegen, während*	*Ich fahre mit dem Navi, wohingegen mein Freund mit einer Landkarte reist.*

Vertiefen und üben
Nebensätze

In der Straßenbahn: Afrika-Touristen

1 Kinder folgen eigentlich nicht dem Trend zu Fernreisen. Trotzdem ist die folgende Geschichte tatsächlich passiert:
2 Im Januar 2009 packten ein Junge und ein Mädchen (5 und 6 Jahre) ihre Sonnenbrillen, Badesachen und Luftmatratzen ein. Sie spazierten zur Hannoveraner Straßenbahn.
3 Sie wollten zu ihrem Traumziel Afrika reisen. Sie nahmen die Straßenbahn nach Süden.
4 Die Eltern waren zu Hause. Die Kinder hatten die Tür aufgeschlossen und sich auf den Weg gemacht.
5 Gerade stiegen sie in die Straßenbahn mit der Aufschrift „Afrika-Express" ein. Da erreichte sie ihr Vater.
6 Die Kleinen lagen abends nach der Rückkehr im Bett. Sie träumten vermutlich von Giraffen und Löwen.

●○○ **1** Überarbeite den obigen Entwurf für einen Zeitungsartikel. Gehe so vor:
a Denke dir eine andere Überschrift für den Text aus.
b Verbinde die beiden Hauptsätze hinter den Ziffern 2, 4 und 6 jeweils zu einem Satzgefüge aus Haupt- und Nebensatz. Nutze hierfür die folgenden Konjunktionen: 2 *nachdem*; 4 *obwohl*; 6 *als*.
c Schreibe zu jedem Satzgefüge dazu, um welche Art von Adverbialsatz es sich handelt.
d Kontrolliert eure Lösungen in Partnerarbeit. Achtet auch auf die Kommasetzung.

●●○ **2** Überarbeite den obigen Entwurf für einen Zeitungsartikel. Gehe so vor:
a Verbinde die Hauptsätze hinter den Ziffern 1, 3 und 5 jeweils zu einem Satzgefüge aus Haupt- und Nebensatz.
b Schreibt zu jedem Satzgefüge dazu, um welche Art von Adverbialsatz es sich handelt.
c Kontrolliert eure Lösungen in Partnerarbeit. Achtet auch auf die Kommasetzung.

●●● **3** Überarbeite den obigen Entwurf für einen Zeitungsartikel. Gehe so vor:
a Hinter jeder Ziffer stehen zwei Hauptsätze. Verbinde sie jeweils zu einem Satzgefüge und binde dabei die folgenden Informationen durch weitere Nebensätze ein:
- Satz 1: Die Geschichte hat sich in Hannover ereignet.
- Satz 2: Die Kinder hatten kein Geld für die Fahrkarte.
- Satz 3: Der Straßenbahnfahrer hatte sie ohne Fahrscheinkontrolle einsteigen lassen.
- Satz 4 bis 6: Denke dir weitere Informationen aus und ergänze sie in Nebensätzen.

b Schreibe zu allen Nebensätzen deines Textes dazu, um welche Art von Nebensatz es sich jeweils handelt.
c Kontrolliert eure Lösungen in Partnerarbeit. Achtet auch auf die Kommasetzung.

Teste dein Wissen!
Nebensätze

Vorsicht, Verwechslung

1 Wer das bucht, flucht.
2 Schon mancher weit gereiste Tourist musste am Ziel feststellen, dass er sich verflogen hatte.
3 So bekommt die Stadt Sidney im US-Staat Montana schon einmal Besuch von Reisenden, die eigentlich nach Australien wollten.
4 Der deutsche Segelprofi Alexander Schlonski legte hier einen unfreiwilligen Zwischenstopp ein, nachdem ein Mitarbeiter des Reisebüros sich vertippt hatte.
5 Falls er den Irrtum am Flughafen in Montana nicht sofort bemerkt haben sollte, wird es ihm an der Temperatur aufgefallen sein.
6 Obwohl es in Australien Sommer war, fand er an seinem Zielort klirrende Kälte vor.
7 Auch Reisende nach New York City sollten aufpassen, damit sie nicht im Süden der USA landen.
8 Aber die Gefahr ist nicht groß, weil die Kleinstadt im Bundesstaat Texas keinen Flughafen hat.

1 a Hinter jeder Ziffer steht ein Satzgefüge aus Hauptsatz und Nebensatz. Bestimme in allen acht Satzgefügen die Art der Nebensätze. Nenne bei den Adverbialsätzen den genauen Typ.
b Alles richtig? Unterstreiche in deinen Lösungen folgende Buchstaben des Nebensatznamens:

1 fünfter Buchstabe | **2** vierter Buchstabe | **3** erster Buchstabe | **4** zweiter Buchstabe | **5** vierter Buchstabe | **6** dritter Buchstabe | **7** zweiter Buchstabe | **8** siebter Buchstabe

Wenn alles richtig ist, kannst du aus den acht unterstrichenen Buchstaben das Wort „Reisende" bilden.

Hinweise für die Reise

A Man möchte solche Fehler vermeiden. Deshalb sollte man immer auch das Land prüfen.
B Du willst nach Paris in Frankreich? Achte darauf, dass du nicht in Paris, Texas (USA) landest.
C Prüfe den Ausdruck deiner Buchung genau. So kannst du ein Verfliegen vermeiden.
D Du landest in einer falschen Stadt. Genieße die neue Erfahrung.

2 a Formuliere vier Tipps, indem du die Hauptsätze hinter den Buchstaben A, B, C und D jeweils zu einem Satzgefüge verbindest. Gehe so vor:
- Verbinde die Sätze aus A, indem du einen Subjektsatz nutzt.
- Verbinde die Sätze aus B, indem du einen Konditionalsatz nutzt.
- Verbinde die Sätze aus C, indem du einen Modalsatz nutzt.
- Verbinde die Sätze aus D, indem du einen Konditionalsatz nutzt.

b Nenne mindestens einen Vorteil, den die neuen Sätze gegenüber den ursprünglichen haben.
c Kontrolliert eure Lösungen in Partnerarbeit.

13.2 Skurrile Beschwerden
Partizip- und Infinitivgruppen unterscheiden

Partizipgruppen

Abenteuerurlaub: Gefährliches Essen
(nach einer wahren Begebenheit)

VORSICHT, FEHLER!

Trude Trennscharf – Nordhäuser Straße 44 – 99091 Erfurt

Sonnenreisen GmbH
Fluggasse 12
10117 Berlin

19.10.20XX

Reise nach Tunesien (Buchung 345211)

Sehr geehrte Damen und Herren!

Aus dem Urlaub zurückgekommen, muss ich leider eine Beschwerde an Sie richten. Ansonsten vollkommen gelungen, war das Essen im Hotel doch in einer Hinsicht ein Ärgernis. Stets scharf geschliffen, so führten die Messer zu vielen Verletzungen. Sogar die Gabeln ähnlich scharf gemacht, verletzten mich. Derart verwundet, musste ich mir ein eigenes Besteck kaufen. Noch immer verärgert, bitte ich dafür um Erstattung der Kosten.

Mit freundlichen Grüßen

Trude Trennscharf

1 Eine Freundin hat Trude Trennscharf zu diesem Brief geraten: „Da lässt sich eine Menge Geld rausschlagen.“ Formuliere weitere Forderungen, die sich aus den Besteckverletzungen ableiten ließen.

2 Beschreibe anhand von Beispielen, wie die Formulierungen in dem Brief auf dich wirken. Woran liegt das?

3 a Konstruktionen wie der kursiv gedruckte Beginn des ersten Satzes nennt man „Partizipgruppe“. Nenne das Partizip dieser Partizipgruppe.
b Lies den Brief Satz für Satz. Nenne jeweils die Partizipgruppe und begründe, ob ein Komma gesetzt werden muss. Nimm hierzu die Informationen im Merkkasten auf S. 269 zu Hilfe.

4 a Überarbeitet den Brief, indem ihr die Partizipgruppen durch Relativ- oder Adverbialsätze ersetzt, z. B.: *Nachdem ich aus dem Urlaub …*
b Vergleicht eure Überarbeitung mit dem Original: Wie unterscheidet sich die Wirkung der Briefe? An welchen Stellen sollte man besser weiterhin Partizipgruppen benutzen?

Auf Messers Schneide: Ratschläge für gesundes Essen

Sonnenreisen GmbH – Fluggasse 12 – 10117 Berlin

SONNENREISEN

Trude Trennscharf
Nordhäuser Straße 44
99091 Erfurt

24.10.20XX

Ihr Brief vom 19.10.20XX

Sehr geehrte Frau Trennscharf,

wir bedauern, dass Sie auf Ihrer Reise Verletzungen davongetragen haben, und möchten Ihnen einige Möglichkeiten nennen, solche Verletzungen zu vermeiden:

1. Wenn Sie die Gabel zum Gesicht führen, sollten Sie ohne Umwege auf den Mund zielen.
2. Wenn Sie das Messer in der Hand halten, sollten Sie auf hektische Bewegungen verzichten.
3. Wenn Sie diesen Ratschlägen folgen, könnten Sie zumindest tiefe Fleischwunden vermeiden.

Wir hoffen, Ihnen mit diesen Hinweisen weitere Verletzungen erspart zu haben. Da wir an einer gütlichen Lösung interessiert sind, überweisen wir Ihnen zeitgleich 14,50 Euro.

5 Ein Mitarbeiter hat diesen Antwortbrief an Trude Trennscharf formuliert.
Sein Chef hat den Entwurf als Mailanhang erhalten und gibt noch einen Tipp:
Schöner Entwurf. Gut fände ich, wenn du auch einige Partizipgruppen nutzen würdest. Das klingt etwas „gehobener" ;-)

a Überarbeitet den Brief und nutzt dabei ein sinnvolles Maß an Partizipgruppen.

b Ergänzt weitere sinnvolle Ratschläge zum risikoarmen Essen.
Erklärt: Wo habt ihr Partizipgruppen verwendet, wo vermieden?

6 Mit Partizipgruppen lässt sich manches kürzer sagen.
Verkürze die beiden folgenden Sätze mithilfe von Partizipgruppen:

- Unsere Firma, die stets an einer gütlichen Lösung interessiert ist, sucht Kompromisse.
- Wir sind auf Ausgleich bedacht und überweisen oft sogar unberechtigte Entschädigungen.

! Merkwissen Partizipgruppen

Obwohl Partizipgruppen kein Verb in der Personalform besitzen, können sie im Satz die Funktion von Nebensätzen übernehmen. Man nennt sie darum auch satzwertige Partizipien. Eine Partizipgruppe wird mit einem **Partizip I** (Partizip Präsens: *gehend*) oder einem **Partizip II** (Partizip Perfekt: *gegangen*) gebildet. Sie **bezieht sich auf das Subjekt** des Hauptsatzes, z. B.:
*Den Kopf in den Nacken **legend** genießt er den Fahrtwind.*
Partizipgruppen **darf** man immer durch **Komma** vom Hauptsatz trennen. Ein Komma **muss** stehen,

1 wenn durch ein hinweisendes Wort auf die Partizipgruppe Bezug genommen wird, z. B.:
Den Kopf in den Nacken legend, so genießt er den Fahrtwind.

2 wenn die Partizipgruppe eine nachgestellte Erläuterung ist, z. B.:
Er, den Kopf in den Nacken gelegt, genoss den Fahrtwind.

Infinitivgruppen

Das böse Meer: Urlauber beschweren sich
(nach einer wahren Begebenheit)

Kurt Klugermann – Warnowstraße 19 – 18055 Rostock

Sonnenreisen GmbH
Fluggasse 12
10117 Berlin

12.09.20XX

Urlaub in Zeeland (Buchungsnummer 103978)

Sehr geehrte Damen und Herren,

während meiner Reise vom 24. August bis zum 7. September in Zeeland gab es leider nicht durchgängige Urlaubsgenussmöglichkeiten. Wir gingen an jedem Nachmittag für ein Bad zum Strand. Es bestand aber die Unmöglichkeit des Schwimmens im Meer. Das Meer hatte den Nachteil einer Abwesenheit während mehrerer Tagesstunden. Ein Hinweis auf diesen Umstand in Ihrem Katalog wäre Ihre Pflicht gewesen. Ich bitte darum, mir den Reisepreis vollständig zu erstatten.

Mit freundlichen Grüßen
Kurt Klugermann

1 Überlege, welches Naturphänomen Herrn Klugermann die Urlaubsfreude verdorben hat. Findest du es berechtigt, deshalb eine Preisrückerstattung zu fordern?

2 a Erläutere, wie die sprachliche Gestaltung des Briefes auf dich wirkt. Nenne Beispiele.
b Der letzte Satz des Briefes enthält eine Infinitivgruppe. Nenne die Infinitivgruppe und erkläre die Kommasetzung. Lies hierzu auch die Informationen im Merkkasten auf S. 271.

3 a Überarbeitet den Brief, indem ihr Infinitivgruppen nutzt. Achtet darauf, dass der Inhalt der Sätze erhalten bleibt.
b Unterstreicht in eurer Textüberarbeitung alle Infinitivgruppen. Prüft, ob ihr die Infinitivgruppen immer korrekt mit Komma abgetrennt habt (→ Komma bei Infinitivgruppen, S. 271).
c Vergleicht eure Fassung des Briefes mit dem Original. Welche Unterschiede könnt ihr feststellen? Gibt es auch Nachteile bei den Formulierungen mit Infinitivgruppen?

Ein Meeresversteher antwortet

VORSICHT, FEHLER!

Sonnenreisen GmbH – Fluggasse 12 – 10117 Berlin

SONNENREISEN

Kurt Klugermann
Warnowstraße 19
18055 Rostock

17.09.20XX

Ihr Brief vom 12.09.20XX

Sehr geehrter Herr Klugermann,

wir bedauern, dass Sie mit Ihrer Reise nach Zeeland unzufrieden waren. Leider sehen wir jedoch keine Möglichkeit Ihnen die Reisekosten zu erstatten.
Aus unserer Sicht müssen Sie die unerfreuliche Angewohnheit des Meeres sich von Zeit zu Zeit aus der Badebucht zurückzuziehen hinnehmen.

Anspruch Reisekosten ... besteht daher nicht. | Auch Ihr Hinweis im Katalog sei ... | Wir hoffen ... trotz des entstandenen Ärgers ... als Kunden ... zu können.

4 a In dem Entwurf des Antwortbriefes an Herrn Klugermann spürt man auch Ironie. Erkläre dies.
b Schreibe den Briefanfang ab. Unterstreiche die Infinitivgruppen und setze die fehlenden Kommas.
c Setze den Brief fort. Verwende an geeigneten Stellen Infinitivgruppen.
Du kannst dazu die handschriftlichen Notizen aus dem Kasten oben nutzen, wenn sie dir helfen.
d Kontrolliert eure Briefe gegenseitig auf richtige Kommasetzung.
Prüft auch, ob ihr die Infinitivgruppen sinnvoll genutzt und verständlich formuliert habt.

Merkwissen Infinitivgruppen

Obwohl Infinitivgruppen keine finite Verbform besitzen, können sie im Satz die Funktion von Nebensätzen übernehmen (z. B. die Stelle von Subjekt-, Objekt- oder Adverbialsätzen).
Man nennt sie darum auch satzwertige Infinitive. Eine Infinitivgruppe besteht aus einem Infinitiv mit „zu" und mindestens einem weiteren Wort, z. B.:
Ich habe vor, heute eine Beschwerde zu schreiben.
Infinitivgruppen **darf** man immer durch **Komma** vom Hauptsatz trennen. Ein Komma **muss** stehen,
1 wenn die Infinitivgruppe durch *um, ohne, statt, anstatt, außer, als* eingeleitet wird, z. B.:
*Ich komme, **um** mich zu beschweren. **Statt** zu klagen, sollte man eine Lösung suchen.*
2 wenn die Infinitivgruppe von einem Nomen/Substantiv oder einem hinweisenden Wort wie *daran, darauf* oder *es* im Hauptsatz abhängt, z. B.: *Ich habe die **Absicht**, mich zu beschweren. Ich bedauere **es**, mich beschweren zu müssen.*
Bei einfachen Infinitiven (*zu* + Infinitiv) kann man das Komma weglassen, sofern dadurch keine Missverständnisse entstehen, z. B.: *Wir raten(,) ihm(,) kein Geld zu überweisen.*

Tipp: Bei Infinitivgruppen mit *zu* empfiehlt es sich, immer Kommas zu setzen, weil sie die Gliederung eines Satzes verdeutlichen und niemals falsch sind.

Infinitivgruppen international Sprachen vergleichen

Handtuchkampf um freie Liegen

1 a Erkläre, warum solche Schilder aufgestellt werden.
b Nenne die Sprachen, die du erkennst. Wie erklärst du dir die Reihenfolge der Sprachen?

2 a Vergleiche die Infinitivgruppen in den verschiedenen Sprachen.
Nenne z. B. Unterschiede in der Reihenfolge der Satzglieder, der Wortbildung etc.
b Ein Franzose behauptet:
„Die Deutschen möchten eben immer, dass man ihnen bis zum Ende zuhört."
Erläutere diese Behauptung anhand der Satzgliedstellung im Infinitivsatz.

3 a Suche andere Formulierungsmöglichkeiten für das Plakat. Finde für alle Sprachen, die du sprichst, eine Möglichkeit, diese *Pool Rules* ohne eine Infinitivgruppe zu formulieren.
b Vergleiche deine Umformulierungen mit den vorliegenden Infinitivsätzen.
Welche Formulierung klingt strenger, welche höflicher, welche klarer?

4 Ein Witzbold hat unter das Schild einen weiteren Satz geschrieben: VORSICHT, FEHLER!

It is allowed deckchairs by placing your own body on them to reserve.

a Die Hotelleitung geht davon aus, dass es sich um einen deutschen Spaßvogel handelt.
Wie kommt sie darauf?
b Überlege: Wie muss der Satz richtig lauten? Korrigiere ihn.

Vertiefen und üben
Partizip- und Infinitivgruppen

Einheimische im Urlaub?

1 Vor dem Amtsgericht Aschaffenburg klagte ein Tourist auf Reisekostenerstattung und begründete seine Klage damit, dass er im Urlaub nicht akzeptieren könne, *dass er von Einheimischen gestört werde.*
2 Er, Ruhe suchend, sei in den Urlaub gefahren, um sich zu erholen.
3 Er selbst, *der durchaus an Land und Leuten interessiert sei*, habe den Urlaub wegen der Einheimischen aber überhaupt nicht genießen können.
4 Das Gericht schrieb dem Touristen, dass er die Existenz Einheimischer am Urlaubsort akzeptieren müsse, und wies die Klage ab.

●○○ 1
a Formuliere einen Ratschlag, den du dem Kläger geben würdest.
b Satz 2 enthält eine Partizip- und eine Infinitivgruppe. Schreibe den Satz ab und unterstreiche die Partizipgruppe und die Infinitivgruppe in unterschiedlichen Farben.
c Erkläre, warum die Partizipgruppe in Satz 2 durch Kommas abgetrennt werden muss.
d Überarbeite Satz 1, indem du den kursiv gedruckten Nebensatz in eine Infinitivgruppe umformst. Achte auf die Kommasetzung.
e Kontrolliert eure Ergebnisse in Partnerarbeit.

●●○ 2
a Satz 1 klingt etwas kompliziert. Begründe, woran das liegt.
b Überarbeite Satz 1, indem du den unterstrichenen Nebensatz in eine Infinitivgruppe umformst.
c Formuliere Satz 3 um, indem du den kursiv gedruckten Nebensatz in eine Partizipgruppe umwandelst.
d Begründe die Kommasetzung in Satz 2.
e Kontrolliert eure Ergebnisse in Partnerarbeit.

●●● 3
a Formuliere Satz 4 um, indem du eine Infinitivgruppe nutzt. Begründe, ob in deinem neuen Satzgefüge die Infinitivgruppe durch ein Komma abgetrennt werden muss oder nicht.
b Begründe, warum es bei Satz 3 günstig wäre, eine Partizipgruppe zu nutzen.
c Formuliere die Infinitivgruppe in Satz 2 zu einem Adverbialsatz um.
d Ergänze einen weiteren Satz (Satz 5), in dem du eine Partizipgruppe oder eine Infinitivgruppe verwendest.
e Kontrolliert eure Ergebnisse in Partnerarbeit.

Teste dein Wissen!

Partizip- und Infinitivgruppen

Überhaupt nicht zufrieden ☹ ☹ ★☆☆☆☆ **0,8**

Wir hatten ursprünglich die Absicht zwei Wochen zu bleiben sind dann aber nach fünf Tagen wieder abgereist um unseren Resturlaub auf dem Balkon zu verbringen.
Schon der Mitarbeiter an der Rezeption an allem außer an seiner Kundschaft interessiert ignorierte uns bei der Ankunft. Endlich wahrgenommen konnten wir uns nicht verständlich machen da er kein Deutsch sprach.

29. August 159 Mal gelesen

1 Schreibe den Text ab. Unterstreiche dann die Infinitivgruppen blau und die Partizipgruppen grün und setze die fehlenden Kommas.

Nicht zufrieden ☹ ★☆☆☆☆ **1,2**

A In dem Hotel „Palace" ist es eher hinderlich, wenn Sie sich für Land und Leute interessieren.
B Wenn Sie in den nächsten Ort gelangen wollen, müssen Sie einen Fußmarsch von 10 Kilometern auf sich nehmen.
C Fettige, unappetitliche Fleischgerichte sollten Sie mögen, sofern Sie beim Buffet ordentlich schlemmen wollen.
D Es ist zwar verständlich, wenn Sie in einem Hotel auch einen Zimmerservice erwarten, jedoch sollten Sie Ihre Betten besser gleich selbst machen.

07. September 129 Mal gelesen

2 Formuliere die Bewertung des Hotels „Palace" um, indem du in den Satzgefügen A bis D Infinitivgruppen verwendest. Achte auf die Kommasetzung, z. B.:
In dem Hotel „Palace" ist es eher hinderlich, sich für …

Nicht empfehlenswert ☹ ★☆☆☆☆ **0,8**

A Der Pool, der in einem schattigen Hinterhof lag, war keine 10 qm groß.
B Als wir dort ankamen, bemerkten wir sogleich den Fluglärm über unseren Köpfen.
C Nachdem wir aus dem Urlaub zurückgekehrt waren, fühlten wir uns wirklich urlaubsreif.

17. September 178 Mal gelesen

3 a Ersetze in den Sätzen A, B und C die Nebensätze durch Partizipgruppen.
b Nenne einen Vor- und einen Nachteil der neu formulierten Sätze.

4 Erkläre, warum in den folgenden Sätzen ein Komma stehen muss:
Satz 1: Wir gingen zur Rezeption, um uns zu beschweren.
Satz 2: Man machte uns den Vorschlag, das Zimmer zu wechseln.

5 Vergleiche deine Ergebnisse aus den Aufgaben 1 bis 4 mit dem Lösungsteil auf S.375.

13.3 Fit in …
Einen Text überarbeiten

Stelle dir vor, du bekommst folgende Aufgabe:

1. Der folgende Beschwerdebrief, den der Klassensprecher Ruben Meyer im Namen der 8c formuliert hat, muss noch überarbeitet werden. Überarbeite den Brief sprachlich, indem du die Sätze flüssiger und verständlicher formulierst, ohne den Inhalt zu verändern. **Tipp:** Für die ersten Sätze findest du schon entsprechende Überarbeitungsvorschläge in der Randspalte.
2. Formuliere einen kurzen Antwortbrief des Reiseunternehmens (zwei bis drei Sätze).

Ruben Meyer
Am Walde 15
12345 Waldheim

Reisen für Klassen GmbH
Sonnengasse 12
54321 Südhausen

Buchungsnr. 1234711 12.10.20XX

Sehr geehrte Damen und Herren!

Heute wende ich mich an Sie mit der Bitte um Erstattung eines Teils unserer Reisekosten. Als Klassensprecher muss ich Ihnen mitteilen, dass wir sehr verärgert waren, dass wir auf unserer Reise nicht den uns bekannten Standard vorfanden. Schon das Frühstück wurde uns nicht auf einer zum Grundstandard einer jeden Suite gehörenden Terrasse serviert. Das Wohnen in den allerbesten Hotels gewöhnt, waren wir dieses Mal in Acht-Bett-Zimmern untergebracht. Zudem mussten wir das Nichtvorhandensein eines Zimmerservices feststellen. Es wird Sie nicht wundern, dass wir uns auch ärgerten, dass wir zum Abendessen nicht das gewohnte Fünf-Gänge-Menü erhielten. Das auf einem einfachen Tisch ohne Hummer, Kaviar, Austern und Trüffel angerichtete Büfett entsprach überhaupt nicht unseren Essgewohnheiten.
Zudem vermissten wir im Speisesaal der Jugendherberge die in weißen Anzügen und mit ausgesuchter Höflichkeit uns bedienenden Butler.

Infinitivgruppe nutzen

Infinitivgruppe nutzen

Hauptsatz in Satzgefüge mit Relativsatz umformen

Aufgrund dieser in Ihre Verantwortung fallenden Reisemängel fordern wir Sie zu einer Erstattung der Reisekosten auf.

Mit freundlichen Grüßen

Ruben Meyer

1 a Lies dir die Aufgabenstellung auf S. 275 und den Briefentwurf sorgfältig durch.
b Besprich mit deiner Banknachbarin oder deinem Banknachbarn, was ihr tun sollt.

2 Überarbeite nun den Brief. Gehe so vor:
a Formuliere den Anfang des Briefes um, indem du die Überarbeitungsvorschläge in der Randspalte umsetzt, z. B.: *Heute wende ich mich an Sie mit der Bitte, uns einen Teil …*
b Gehe bei der weiteren Überarbeitung Satz für Satz vor.
Überlege, welche Passagen du flüssiger und verständlicher formulieren willst:
- Wo würdest du Partizipgruppen oder Infinitivgruppen in Nebensätze (z. B. Adverbial- oder Relativsätze) umformen?
- An welchen Stellen willst du Infinitivgruppen nutzen, um verständlicher oder abwechslungsreicher zu formulieren?
- Welche Hauptsätze würdest du in Satzgefüge umwandeln?

Tipp: Achte bei deinen Umformulierungen auf eine korrekte Kommasetzung.

3 Plane nun den Antwortbrief des Reiseunternehmens (zwei bis drei Sätze). Gehe so vor:
a Überlege, ob Rubens Beschwerde und seine Forderung berechtigt sind. Notiere in Stichwörtern, was ein Reiseunternehmen auf einen solchen Brief antworten könnte.
b Formuliere einen kurzen Antwortbrief (zwei bis drei Sätze), in dem du Stellung zu den Forderungen nimmst. Achte darauf, dass Briefkopf, Anrede und Briefschluss korrekt sind.

4 Kontrolliere deinen Text. Gehe so vor:
a Lies deine Überarbeitung des Beschwerdebriefs und prüfe:

1. Lesedurchgang:	Sind die überarbeiteten Sätze verständlich und abwechslungsreich formuliert?
2. Lesedurchgang:	Hast du die Nebensätze durch Komma vom Hauptsatz abgetrennt? Ist die Rechtschreibung korrekt?

b Prüfe deinen Antwortbrief mithilfe der folgenden Fragen:

1. Lesedurchgang:	Beantwortet dein Brief das Beschwerdeschreiben, indem er Stellung zu den Forderungen nimmt?
2. Lesedurchgang:	Sind Briefkopf, Anrede und Briefschluss formal korrekt?
3. Lesedurchgang:	Sind Zeichensetzung und Rechtschreibung korrekt?

14 Rechtschreibtraining
Fehler vermeiden, Regeln sicher anwenden

Freilichtmuseum Ferropolis (bei Dessau) | Deutsches Technikmuseum (Berlin) | Optisches Museum (Jena) | Otto-Lilienthal-Museum (Anklam) | Technoseum (Mannheim) | Johannes-Kepler-Museum (Weil der Stadt)

In diesem Kapitel …

- beschäftigst du dich mit besonderen Regeln der Groß- und Kleinschreibung,
- wendest du Regeln zur Getrennt- und Zusammenschreibung an,
- lernst du, Fremdwörter richtig zu schreiben,
- übst du, Kommas und andere Satzzeichen richtig zu setzen.

1 a Welches Museum ist auf dem Foto zu sehen? Wenn du es nicht kennst, stelle begründete Vermutungen an.
b Überlege: Welche Themengebiete und Ausstellungsobjekte kannst du in einem solchen Museum wohl entdecken?

2 Untersuche die Namen der Museen: Was fällt dir bei der Namensbildung und ihrer Schreibweise auf?

14.1 Technische Höhenflüge
Richtig schreiben

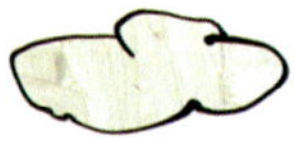

Deutsche Technikmuseen Groß- und Kleinschreibung

Nominalisierungen erkennen

Das alles ist Technik!

Jana: Für mich war die Abteilung zur Textiltechnik das Beeindruckendste. Beim Anschauen der Materialien und Maschinen ist mir klar geworden, wie sich das Modische und Technische, das Handwerkliche und Industrielle verbinden.

ROBERT: AM INTERESSANTESTEN FAND ICH DIE KOFFERPRODUKTION MITHILFE EINER ALTEN MASCHINENANLAGE. ALLE PRODUKTIONSSCHRITTE, ZUM BEISPIEL DAS SCHNEIDEN DER HARTPAPPEN, DAS STANZEN DER EISENBESCHLÄGE UND DAS ZUSAMMENNAGELN UND NIETEN DER EINZELTEILE, WURDEN VOR UNSEREN AUGEN LIVE DURCHGEFÜHRT.

FELICIA: DAS GENIALSTE IST FÜR MICH EINFACH, WIE DER MENSCH ZUM FLIEGEN GEKOMMEN IST. BESONDERS DIE ALTEN FLUGZEUGE HABEN FÜR MICH ETWAS UNGEHEUER FASZINIERENDES.

HANNES: ICH KANN GAR NICHT GENAU SAGEN, WAS MIR AM BESTEN GEFALLEN HAT. ICH HABE BEIM STREUNEN DURCHS MUSEUM IN JEDER ABTEILUNG ETWAS INTERESSANTES ODER ÜBERRASCHENDES ENTDECKT.

1 Werkzeugtechnik – Nachrichtentechnik – Textiltechnik – Luft- und Raumfahrttechnik – Schifffahrtstechnik – Eisenbahntechnik – Automobiltechnik – Fototechnik – Filmtechnik: Welcher Technikbereich interessiert dich besonders? Begründe dein Interesse.

2 a Im ersten Abschnitt (→ Z. 1–5) sind sechs Wörter markiert. Erkläre die Großschreibung dieser Wörter.
b Formuliere eine allgemeine Regel zur Großschreibung von Verben und Adjektiven, z. B.:
Verben und Adjektive schreibt man groß, wenn …
Man erkennt solche Nominalisierungen häufig an …
c Nicht immer wird ein nominalisiertes Wort durch ein Nomensignal angekündigt. Mithilfe welcher Probe kannst du dennoch entscheiden, ob das Wort groß- oder kleingeschrieben wird?

3 a Groß oder klein? Schreibe den restlichen Text (→ Z. 6–25) in der richtigen Schreibweise in dein Heft. Achte dabei besonders auf die Großschreibung der nominalisierten Verben und Adjektive.
b Vergleicht eure Ergebnisse in Partnerarbeit.

4 Formuliere eine Regel zur Schreibweise des Superlativs von Adjektiven mit „am“. Suche dazu zwei Beispiele aus dem Text heraus.

Schreibung von Eigennamen und Herkunftsbezeichnungen

Technikmuseen in Deutschland

Das Berliner Technikmuseum ist keinesfalls das einzige Museum in den deutschen Bundesländern, das Technik als Ausstellungsgegenstand zu bieten hat. Das baden-württembergische Landesmuseum für Technik und Arbeit und das Mannheimer Technoseum gehören ebenfalls zu den großen Technikmuseen in Deutschland, zu denen als viertes schließlich noch das Deutsche Museum in München zu zählen ist, dessen vollständiger Titel „Deutsches Museum von Meisterwerken der Naturwissenschaften und Technik" lautet. Mit rund 28 000 Ausstellungsstücken stellt es die größte naturwissenschaftlich-technische Sammlung der Welt dar.
Weitere Museen zu speziellen Technikbereichen finden sich in vielen sächsischen Städten. Im Sächsischen Industriemuseum in Chemnitz ist die Hauptattraktion eine funktionstüchtige Dampfmaschine der Firma Germania von 1896. Im Dresdener Eisenbahnmuseum können historisch wertvolle Dampf-, Diesel- und Elektrolokomotiven bestaunt werden.
Wer etwas über die Geschichte des Automobilbaus erfahren möchte, lernt im Zwickauer August-Horch-Museum deren Entwicklungslinien kennen, die von Horch über Audi bis hin zum Trabant reichen. Nicht zuletzt sind Technikfans auch vom brandenburgischen Schiffshebewerk Niederfinow und dem Filmpark Babelsberg bei Potsdam begeistert. Im Norden Deutschlands gibt es eine Reihe von Schifffahrtsmuseen, so vor allem das Deutsche Schifffahrtsmuseum in Bremerhaven. Aber auch das Rostocker, das Kieler und das Flensburger Schifffahrtsmuseum sowie das Internationale Maritime Museum Hamburg sind sicherlich einen Besuch wert! Wer sich für Luft- und Raumfahrttechnik interessiert, kann das mecklenburgische Otto-Lilienthal-Museum in Anklam besuchen.

1 a Der Text über Technikmuseen in Deutschland enthält viele Eigennamen und Herkunftsbezeichnungen. Sucht sie aus dem Text heraus, z. B.: *Berliner Technikmuseum, …*
b Übertragt die Tabelle in euer Heft. Ordnet alle Eigennamen und Herkunftsbezeichnungen ein.

Eigennamen	**Herkunftsbezeichnungen**	
	Ableitungen auf *-er*	Ableitungen auf *-isch*
…	*– Berliner Technikmuseum*	…

2 a Versucht, aus der Tabelle Regeln für die Schreibung von Eigennamen und Herkunftsbezeichnungen abzuleiten.
b Vergleicht eure Regeln mit den Informationen im Merkkasten auf S. 280.

Ausstellungsobjekte und wo sie zu sehen sind

DAS GOLDENE KAFFEEZEUG | NIEDERSÄCHSISCHES BAUERNHOF-MODELL DREISEITHOF | RIESENSCHILDKRÖTE UND SÜDSEEFISCHE | PERGAMONALTAR | KLAPPGESTÜHL DES DEUTSCHEN BUNDESTAGES

HISTORISCHES MUSEUM AM HOHEN UFER IN HANNOVER | DRESDENER GRÜNES GEWÖLBE | BERLINER PERGAMONMUSEUM | BONNER HAUS DER GESCHICHTE | DEUTSCHES MEERESMUSEUM STRALSUND

3 Ordne zu: Welche Ausstellungsstücke sind in welchem Museum zu sehen? Schreibe entsprechende Sätze auf. Entscheide dabei über die richtige Groß- und Kleinschreibung, z. B.:
Das Goldene Kaffeezeug ist im Dresdener …

4 Bildet bzw. erfindet in Partnerarbeit weitere mehrteilige Eigennamen und Herkunftsbezeichnungen und schreibt sie auf. Ihr könnt die folgenden Wortspeicher zu Hilfe nehmen, z. B.:
Graf-von-Zeppelin-Museum, …

GRAF VON ZEPPELIN | CARL ZEISS | GEORG BÜCHNER | HAMBURG | MÜNCHEN | FRANKFURT | BERLIN | NEW YORK

PLATZ | ALLEE | STRAßE | PFORTE | MUSEUM | FLUGHAFEN | HAFEN | OLYMPIASTADION

Merkwissen Schreibung von Eigennamen und Herkunftsbezeichnungen

- **Eigennamen** schreibt man **groß**. Sind es Wortgruppen, schreibt man alle Wörter groß, mit Ausnahme der Artikel, Konjunktionen und Präpositionen, z. B.: das *Optische Museum Jena, das Gasthaus zum Goldenen Schwan, Karl der Große, der Erste Mai.*
  Mehrteilige Eigennamen schreibt man mit **Bindestrich**, z. B.: *Otto-Lilienthal-Museum, Rheinland-Pfalz.*
- Für die Schreibung von **Straßennamen**, Plätzen, Brücken etc. gelten dieselben Regeln wie für Eigennamen, z. B.: *Frankfurter Straße, Carl-Maria-von-Weber-Allee, Großer Stern.*
- **Herkunftsbezeichnungen:**
  - Von geografischen Namen abgeleitete **Wörter auf -*er*** schreibt man immer **groß**, z. B.: *das Sinsheimer Automuseum, das Berliner Olympiastadion.*
  - Von geografischen Namen abgeleitete **Adjektive auf -*isch*** werden **kleingeschrieben**, wenn sie nicht Teil eines Eigennamens sind, z. B.: *sächsische Städte,* aber: *die Sächsische Schweiz.*

Schreibung von Tageszeiten und Wochentagen

Otto-Lilienthal-Museum Anklam
von Juni bis September:
täglich: 10.00–17.00 Uhr
von November bis April:
Mi.–Fr.: 11.00–15.30 Uhr; So.: 13.00–15.30 Uhr
im Oktober und im Mai:
Di.–Fr.: 10.00–17.00; Sa., So.: 13.00–17.00 Uhr

Technoseum Mannheim
täglich 9.00–17.00 Uhr

Optisches Museum Jena
Dienstag – Freitag: 10.00–16.30 Uhr
Samstag: 11.00–17.00 Uhr

1 a Lies die folgenden Sätze. Auf welches Museum trifft die jeweilige Aussage zu?

1 Das ? öffnet SAMSTAGMORGENS und schließt am SAMSTAGNACHMITTAG später als WOCHENTAGS.
2 In den Weihnachtsferien können wir das ? SAMSTAGS nicht besuchen, aber SONNTAGNACHMITTAGS gäbe es eine Gelegenheit dazu.
3 Das ? öffnet VORMITTAGS früher als die anderen beiden Museen.

b Groß oder klein? Entscheide, wie die Wörter in Großbuchstaben geschrieben werden. Beachte dabei die Informationen im Merkkasten unten.

c Formuliert selbst Ratesätze mit Tageszeiten und Wochentagen und tauscht sie aus.

Am HEILIGEN ABEND hat das Museum nur VORMITTAGS geöffnet. Am ERSTEN WEIHNACHTSTAG findet am NACHMITTAG eine Lesung statt, bei der ein SPANNENDER WEIHNACHTSKRIMI vorgestellt wird. Im Januar zeigen wir jeden MITTWOCHABEND sowie MONTAGNACHMITTAGS einen Kinofilm. Das Programm finden Sie am Eingang. Am ERSTEN MAI ist das Museum nur NACHMITTAGS geöffnet. Am TAG DER DEUTSCHEN EINHEIT bieten wir ein besonderes Programm.

2 Entscheide, wie die Wörter in Großbuchstaben geschrieben werden, und begründe.

! Merkwissen Schreibung von Tageszeiten und Wochentagen

- **Tageszeiten und Wochentage** werden **großgeschrieben**, wenn sie **Nomen/Substantive** sind. Man erkennt sie häufig an den üblichen Nomensignalen, z. B.: *am Montag, diesen Dienstag.*
- **Tageszeiten und Wochentage** werden **kleingeschrieben**, wenn sie Adverbien sind, z. B.: *heute, morgen, nachmittags, gestern, früh, tagsüber, freitags.*
- Bei **kombinierten Zeitangaben** schreibt man die **Adverbien klein** und die **Nomen/Substantive groß**, z. B.: *heute Abend, gestern Nacht, morgen Mittag.*

Tipp: Auch für **zusammengesetzte Angaben** gilt: Sie werden großgeschrieben, wenn sie Nomen/Substantive sind, und kleingeschrieben, wenn sie Adverbien sind, z. B.: *der Montagnachmittag – montagnachmittags, am Mittwochabend – mittwochabends.*

Industriehistorie erleben Fremdwörter

Ferropolis

Ferropolis ist ein Ort bei Dessau, den es vor wenigen Jahren noch nicht gab. Früher wurde auf dem 260 000 Quadratmeter großen Territorium Braunkohle gefördert. Heute erinnern imposante Maschinen an die Zeit des Bergbaus und laden die Besucher zu einem Trip in die Vergangenheit ein.

Beeindruckende Fahrzeuge, wie der Schwenkbagger „Mad Max", der Schaufelradbagger „Big Wheel", der Raupensäulenschwenkbagger „Mosquito" sowie drei Absetzer, jeder einzelne bis zu 130 Metern lang und 30 Meter hoch, residieren auf einer Halbinsel im Gremminger See: insgesamt 7 000 Tonnen Industriehistorie. Bis 1991 befand sich hier die Zentrale des mittlerweile gefluteten Braunkohletagebaus Golpa-Nord. Dann sollten die Tagebaugroßgeräte – Monumente des Maschinenzeitalters – geschrottet werden. Doch ehemalige Bergleute und Visionäre retteten die stählernen Kolosse und gruppierten sie zu einem beeindruckenden Ensemble. Ferropolis ist nicht nur Industriemuseum, sondern zugleich ein idealer Ort für unterschiedliche Open-Air-Veranstaltungen, wie z. B. Pop-Konzerte oder fotografische Exkursionen, denn die gigantischen Maschinen sorgen für eine einzigartige Atmosphäre.

1 a „Ferropolis": Finde heraus, aus welchen zwei Fremdwörtern der Name besteht und was er bedeuten könnte. Trenne so: *Ferro-polis*.

b Überlege und begründe, welche der folgenden Fremdwörter vom griechischen Wort „polis" abgeleitet sein könnten: Polizei – Politur – Politik.

Tipp: Kläre deine Vermutungen mit einem Fremd- oder Herkunftswörterbuch.

2 a Klärt in Partnerarbeit, was die markierten Fremdwörter im ersten Textabsatz bedeuten (→ Z. 1–7). Formuliert jeweils eine kurze Erläuterung und stellt eine Vermutung auf, aus welcher Sprache das Fremdwort kommt. Prüft eure Ergebnisse anschließend mithilfe eines Fremdwörterbuchs.

b Sucht aus dem restlichen Text (→ Z. 8–27) alle Fremdwörter heraus, notiert zu diesen ebenfalls eine Erläuterung und prüft anschließend eure Ergebnisse.

3 a Erkläre anhand der folgenden Einträge aus einem Fremdwörterbuch, welche Angaben in einem solchen Wörterbuch gemacht werden.

Vi|si|on *die;* –, -en <*lat.*>: a) übernatürliche Erscheinung als religiöse Erfahrung; b) optische Halluzination; c) in jmds. Vorstellung bes. in Bezug auf die Zukunft entworfenes Bild
Event [ɪˈvɛnt] *der* od. *das;* -s, -s <*lat.-altfr.-engl.*>: (Jargon) Veranstaltung, Ereignis

b Vergleiche die Einträge in einem Rechtschreibwörterbuch und in einem Fremdwörterbuch miteinander. Überlege, wann du welches Nachschlagewerk nutzen solltest.

[ˈækʃn̩] in der „Stadt aus Eisen"

Ferropolis ist eine [kuːlə] [lɔˈkeɪʃn] für ein [ˈfestivəl] oder eine [ˈpaːti]. Dafür wurde es auch schon mit einem Preis, dem [entaˈteinmənt əˈwɔːd], ausgezeichnet. Die Stahlkolosse bieten unvergleichliche Möglichkeiten für eine spektakuläre [pəˈfɔːməns]. Dazu werden auch [ˈbækˈsteɪdʒ]-Besuche und ein [ˈkeɪtərɪŋ] angeboten. Von den [ˈkæmpɪŋ]-Plätzen im Umfeld gibt es sogar [ˈʃʌtl̩]-Busse zum Gelände.

4 Die markierten Wörter in Lautschrift sind Fremdwörter aus dem **Englischen** (Anglizismen). Übertragt sie in die korrekte Rechtschreibung.

Souvenir | brillant | Konstrukteur | Etage | Restaurant | Montage | Plateau | Ingenieur

Viel Eisen in der Stadt: Der Eiffelturm

Der *[an einer Hochschule ausgebildete Techniker]* Gustave Eiffel hat vor allem aufgrund des berühmten Bauwerks, des Eiffelturms in Paris, den Ruf eines *[glänzenden] [Erbauers]*. Für *[das Aufstellen und Zusammenbauen]* der 18000 Gusseisenstücke hatten die Arbeiter nur zwei Jahre, von 1887 bis 1889, Zeit. Besucher können zwischen unterschiedlichen *[Stockwerken]* als Aussichtsplattformen wählen. Die höchste *[Plattform]* befindet sich in 276 Metern Höhe. Der Eiffelturm beherbergt auch *[Gaststätten]*, in denen man vorzüglich speisen kann. Mini-Eiffeltürme gehören zu den beliebtesten *[Andenken]* aus Paris.

5
a Schreibe den Text ab und ersetze dabei die eingeklammerten deutschen Angaben durch passende Fremdwörter aus dem **Französischen**.
b Markiere in den Fremdwörtern Merkmale, die typisch für die französische Schreibweise sind.
c Lege eine Tabelle zu diesen Merkmalen an und suche für jedes Merkmal weitere Beispielwörter.

6 In Fremdwörtern aus dem **Griechischen** kommen oft die Buchstabenkombinationen *th*, *ph* oder *rh* vor.
a Ergänze in den nebenstehenden Wörtern die fehlende Buchstabenkombination und den Artikel.
b Erläutere die Bedeutung der Wörter, wenn nötig, mithilfe eines Wörterbuchs.

? ema | ? ysik | ? etorik | ? eorie | ? änomen | A ? let | Atmos ? äre | Eu ? orie | ? y ? mus | Meta ? er | Stro ? e | ? ilharmonie

Merkwissen Fremdwörter

Fremdwörter sind **Wörter**, die aus **anderen Sprachen kommen**, z. B.: *Gymnastik* (griech.), *diskutieren* (lat.), *Garage* (frz.), *Spaghetti* (ital.), *Snowboard* (engl.). Meist erkennt man sie an der Aussprache und der Schreibung, wenn sie den Regeln ihrer Herkunftssprache folgen.
Häufig gebrauchte **Fremdwörter** werden **eingedeutscht**, d. h. in ihrer Schreibweise dem Deutschen angeglichen. In diesen Fällen ist sowohl die eingedeutschte als auch die fremdsprachige Schreibung korrekt, z. B.: *Photographie/Fotografie; Portemonnaie/Portmonee*.
Fremdwörter, die als **Fachbegriffe** verwendet werden, sind **nicht eingedeutscht** worden.
Dies gilt auch für Fachbegriffe aus dem Deutschunterricht, z. B.: *Apposition, Metapher, Strophe*.

usw. bzw. etc. Schreibung von Abkürzungen und Kurzwörtern

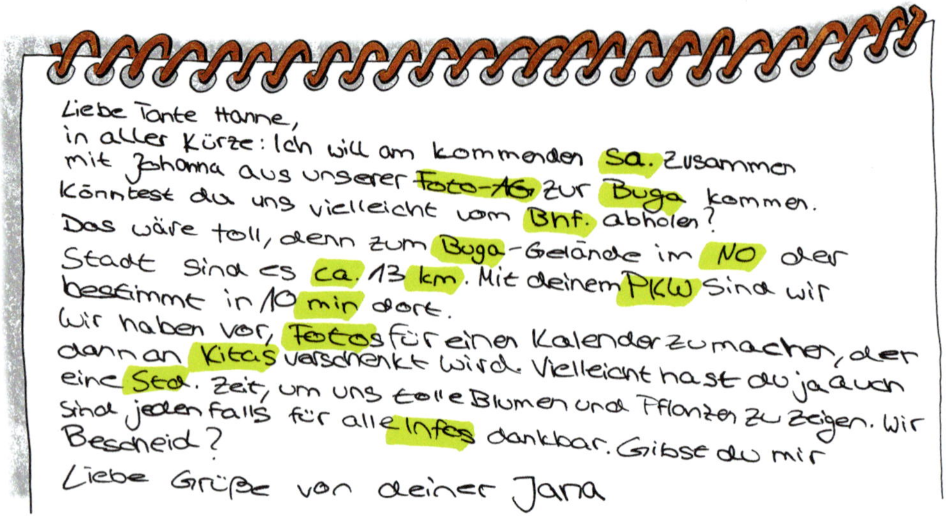
Liebe Tante Hanne,
in aller Kürze: Ich will am kommenden Sa. zusammen mit Johanna aus unserer Foto-AG zur Buga kommen. Könntest du uns vielleicht vom Bhf. abholen? Das wäre toll, denn zum Buga-Gelände im NO der Stadt sind es ca. 13 km. Mit deinem PKW sind wir bestimmt in 10 min dort.
Wir haben vor, Fotos für einen Kalender zu machen, der dann an Kitas verschenkt wird. Vielleicht hast du ja auch eine Std. Zeit, um uns tolle Blumen und Pflanzen zu zeigen. Wir sind jedenfalls für alle Infos dankbar. Gibst du mir Bescheid?
Liebe Grüße von deiner Jana

1 a Der Brief enthält 13 verschiedene Beispiele für Abkürzungen und Kurzwörter. Wie findest du diesen Schreibstil? Begründe deine Meinung.

b Schreibe aus dem Brief die Beispiele für die Abkürzungen und Kurzwörter heraus und bilde die jeweilige Langform, z. B.: *Sa. = Samstag, ...*
Benutze, wenn nötig, ein Wörterbuch.

2 Sortiert Abkürzungen und Kurzwörter nach Gruppen.

a Übertragt die folgende Tabelle in euer Heft und ordnet die Abkürzungen und Kurzwörter aus dem Brief dort ein.

Abkürzungen				**Kurzwörter**
mit Punkt	ohne Punkt	Initialwörter	Silbenwörter	
Sa. *...*	*km* *...*	*AG* *...*	*Buga* *...*	*Foto* *...*

b Stellt mithilfe der Tabelle Regeln für die Schreibweise und Aussprache von Abkürzungen und Kurzwörtern auf. Vergleicht eure Erkenntnisse mit dem Merkwissen auf S. 285.

3 a Bildet aus den folgenden Wörtern und Wortgruppen die entsprechenden Abkürzungen und Kurzwörter und tragt sie in die obere Tabelle ein.

Abitur | allgemein | Allgemeiner Deutscher Automobil-Club | bitte wenden | Bundesrepublik Deutschland | Demonstration | Zentimeter | Kriminalpolizei | Omnibus | Rehabilitation | Schiedsrichter | siehe unten | Sonntag | Transformator | Watt | Zweites Deutsches Fernsehen

b Ergänzt jede Spalte mit zwei eigenen Beispielen.

4 Für welches Wort stehen die folgenden Initialwörter?
Wähle die richtige Lösung und schreibe sie neben die Abkürzung in dein Heft.
Unterstreiche die Buchstaben, die in der jeweiligen Abkürzung vorkommen.
Tipp: Kennst du die Abkürzung nicht, überlege zunächst, welche Lösung die wahrscheinlichste ist, und kontrolliere sie dann mithilfe des Wörterbuchs oder recherchiere im Internet.

VIP	Verband italienischer Paparazzi very important person Verbrecher in Person	**IQ**	Intelligenzquotient Insiderquelle Intensivquarantäne
OB	ohne Ballaststoffe Oberbürgermeister Osmanischer Bund	**FC**	Freizeit-Café Fanclub Fussballclub
EDV	Eisenacher Dönerbudenverzeichnis eigendynamisches Verhalten elektronische Datenverarbeitung	**BGB**	Bürgerliches Gesetzbuch Brandenburger Gartenbund Biogemüsebörse
BKA	Bundeskriminalamt Berliner Kolonialarchiv Breitbandkabelantenne	**MTA**	medizinisch-technische(r) Assistent(in) mazedonisch-türkisches Abkommen mittelgroße tropische Ananasfrucht
StVO	Standbildvideooption Straußenvogel Straßenverkehrsordnung	**EC**	Energie Cottbus Eurocityzug Elterncoach

Merkwissen Schreibung von Abkürzungen und Kurzwörtern

Abkürzungen und **Kurzwörter** sind Schreib- und Leseerleichterungen. Sie dienen der Platzersparnis, z. B. in Zeitungsanzeigen, Fachtexten oder Lexika, und werden mitunter auch in der Umgangssprache verwendet. Unterschieden werden:
- Abkürzungen mit Punkt, z. B.: *S. = Seite, i. A. = im Auftrag, vgl. = vergleiche.*
- Abkürzungen ohne Punkt, z. B.: *km = Kilometer, C = Kohlenstoff, A = Ampere.*
- Abkürzungen mit und ohne Punkt werden als vollständige Wörter oder Wortgruppen gesprochen.
- **Initialwörter** (Buchstabenwörter) bestehen meist aus den Anfangsbuchstaben (Initialen) der Einzelwörter eines Namens oder Begriffs, z. B.: *NOK = Nationales Olympisches Komitee, DRK = Deutsches Rotes Kreuz.* Initialwörter werden buchstabiert, wenn man sie spricht.
- **Silbenwörter** bestehen aus zwei oder drei Silben eines längeren Wortes, z. B.: *Kita = Kindertagesstätte, Azubi = Auszubildender.* Sie werden so gesprochen, wie sie geschrieben werden.
- Ein **Kurzwort** ist ein Teil eines längeren Wortes, z. B.: *Auto* von *Automobil*, *Bus* von *Omnibus*. Es wird so gesprochen, wie es geschrieben wird.

Tipp: Verwende Abkürzungen möglichst nur in Fachtexten.

Hoch hinausfahren Getrennt- und Zusammenschreibung

Katharina Beckmann

Achterbahnen: Rein ins Vergnügen!

Wollt ihr einmal Probe fahren und zusammen johlen, laut lachen? Dann gut sichern, noch einmal tief Luft holen und festhalten, bevor es losgeht. Mit einem Ruck durchstarten, in knapp vier Sekunden auf 206 Stundenkilometer beschleunigen, senkrecht die Schienenstraße emporrasen und – auf dem höchsten Punkt stehen bleiben: 139 Meter über dem Erdboden. Weltrekord!

Ihr befindet euch in der höchsten und schnellsten Achterbahn der Welt! Kurz durch/atmen und dann hinab/stürzen, dass der Hintern hoch/fliegt und das Herz für einen Schlag aus/setzt! Wenn „Kingda Ka“ wieder in ihren Bahnhof in Jackson, New Jersey (USA), ein/fährt und man wieder auf festem Boden sicher/steht, will man kaum wahr/haben, dass die Fahrt nur 50 Sekunden gedauert hat. Kann euch schon bei der Vorstellung an eine solche Achterbahnfahrt schlecht/werden? Angst/haben bräuchtet ihr aber nicht. Die Münchner Konstrukteure von „Kingda Ka“ haben auf mehr als 50 000 Seiten Papier jeden Streckenzentimeter berechnet und sicher/gestellt, dass nichts kaputt/geht und an keiner Stelle ein Passagier Schaden/nimmt. Und Feuerwehrleute üben regelmäßig, wie sie Fahrgäste aus einer Achterbahn heraus/holen, die hoch oben auf der Strecke stehen/geblieben ist.

1 Erzähle von deinen Erfahrungen mit dem Achterbahnfahren.

2 a Arbeitet im Team und ordnet die blau markierten Wortgruppen bzw. Verbindungen aus dem ersten Absatz (→ Z. 1–9) richtig zu:
- Verbindungen aus **Nomen/Substantiv + Verb**, z. B.: ...
- Verbindungen aus **Verb + Verb**, z. B.: ...
- Verbindungen aus **Adjektiv + Verb**, z. B.: ...
- Verbindungen aus **Adverb + Verb**, z. B.: ...
- Verbindungen aus **Präposition + Verb**, z. B.: ...

b Formuliert Regeln zu den Beispielen und vergleicht sie mit den Informationen im Merkkasten auf S. 287.

3 Getrennt oder zusammen? Entscheide, wie die unterstrichenen Verbindungen im zweiten Textabsatz (→ Z. 10–29) geschrieben werden, und schreibe sie richtig in dein Heft.

4 Schlage die Adjektive „hoch“ und „wahr“ in einem Wörterbuch nach. Welche Informationen bekommst du zur Schreibung dieser Adjektive in Verbindung mit Verben?

Im Freizeitpark

In den Sommerferien fährt mein Onkel mit mir in einen Freizeitpark und ich darf es mir den ganzen Tag auf seine Kosten ? lassen. Da kann es einem schon ganz schön ? , sich für die eine oder andere Attraktion zu entscheiden. Achterbahn fahren kann zum Beispiel echt ? . Aber so etwas kann einen auch erst einmal für eine halbe Stunde ? und man sollte sich besser erst danach richtig ? . Wenn wir die Fahrerei auf den Wasser-, Achter- und Gruselbahnen irgendwann ? , gehen wir in eine der Shows, bei denen man sich ? kann.

satt/haben | schwer/fallen | satt/essen | lahm/legen | kaputt/lachen | gut/gehen | spaßig/sein

5 Schreibe den Text ab und ergänze dabei die fehlenden Wörter. Entscheide dich für Getrennt- oder Zusammenschreibung.

6 a Schreibe die folgenden Sätze ab. Prüfe dabei mithilfe der Informationen im Merkkasten unten, ob die Beispiele aus Adverb und Verb getrennt oder zusammengeschrieben werden.
Tipp: Lies die Sätze laut und achte darauf, wo die Betonung liegt.
- Nach der Dunkelfahrt dauert es eine Weile, bis man wieder/sehen kann.
- Ich würde dich gerne wieder/sehen.
- Wir sollten uns zusammen/anstellen, um in die gleiche Bahn zu kommen.
- Freunde sollten immer zusammen/halten.
- Manchmal denkt man, die Passagiere müssten aufeinander/prallen.
- Ihr sollt in eurer Gruppe aufeinander/achten.

b Bilde Beispielsätze für Getrennt- und Zusammenschreibung mit den Adverbien *wieder, zusammen, aufeinander* + *Verb*, z. B.:
Du solltest die T-Shirts ordentlich aufeinanderlegen. Wir müssen aufeinander aufpassen.

Merkwissen Getrennt- und Zusammenschreibung

- Verbindungen aus **Nomen/Substantiv und Verb** sowie Wortgruppen mit ***sein*** werden in der Regel getrennt geschrieben, z. B.: *Rad fahren, reich sein.*
- Verbindungen aus **Verb und Verb** können immer getrennt geschrieben werden, z. B.: *einkaufen gehen, schwimmen lernen.*
- Verbindungen aus **Adjektiv und Verb** werden meist getrennt geschrieben, z. B.: *lange warten, schnell fahren, richtig schreiben.*
  Aber: Entsteht durch die Verbindung von Adjektiv und Verb ein **Wort mit einer neuen Gesamtbedeutung**, schreibt man zusammen, z. B.: *blaumachen* (schwänzen).
- Verbindungen aus **Adverb und Verb** werden in der Regel
  - **zusammengeschrieben**, wenn die Hauptbetonung auf dem Adverb liegt, z. B.: *Wir müssen zusammenhalten.* (eine Bedeutung)
  - **getrennt geschrieben**, wenn Adverb und Verb gleich betont werden, z. B.: *Wir werden das Regal zusammen tragen.* (zwei Bedeutungen)

  Tipp: Macht die Erweiterungsprobe. Wenn ihr ein Wort oder eine Wortgruppe zwischen Adverb und Verb einfügen könnt, schreibt ihr getrennt, z. B.: *Wollen wir das Regal zusammen (in die Küche) tragen?*
- Verbindungen aus **Präposition und Verb** schreibt man in der Regel **zusammen**. Die Hauptbetonung liegt bei der Zusammenschreibung auf der Präposition, z. B.: *Können wir umkehren?*

Vertiefen und üben
Rechtschreibung

Die folgenden Diktattexte haben verschiedene Schwierigkeitsstufen:
- **Level 1:** Das ist eine eher gemütliche Fahrt!
- **Level 2:** Hier wird es schon ein bisschen rasanter!
- **Level 3:** Das wird kein Zuckerschlecken!

1 a Entscheidet euch für einen Diktattext und diktiert euch die Texte als Partnerdiktat (→ S. 360).
b Prüft anschließend, ob ihr alle Wörter richtig geschrieben habt. Achtet dabei besonders auf die markierten Wörter.

Level 1

Für das Malen, Schreiben, Meißeln oder Ritzen von Buchstaben und Zeichen wurden in den zurückliegenden 5 000 Jahren ganz unterschiedliche Materialien verwendet. Heute ist Papier der wichtigste, billigste und am leichtesten verfügbare Schriftträger. Doch lange Zeit war Papier wie vorher Papyrus oder Pergament etwas sehr Wertvolles. Das erste Verfahren zum Herstellen von Papier wurde in China entwickelt. Dort verwendete man schon vor 1 000 Jahren Lettern aus gebranntem Ton zum Bedrucken von Papier. Im Deutschen Technikmuseum in der Trebbiner Straße in Berlin können sich Schulklassen zum Papierschöpfen und Drucken anmelden. Es hat täglich außer montags vom Vormittag bis spätnachmittags geöffnet. *(98 Wörter)*

Level 2

Wusstet ihr, dass Zucker durch Kochen oder Pressen aus dem Zuckerrohr oder der Zuckerrübe extrahiert wird? Das Berliner Zuckermuseum in der Amrumer Straße zeigt nicht nur Maschinen zur Zuckergewinnung oder das Modell der ältesten Rübenzuckerfabrik der Welt. In der Ausstellung werden auch schwierige Prozesse wie die Photosynthese und die alkoholische Gärung einfach demonstriert und es wird klargemacht, wie Chemie, Biologie und Technik bei der Zuckerproduktion zusammenhängen und ineinandergreifen. Auch die historische Dimension des süßen Stoffes wird thematisiert, denn seit der Entdeckung des amerikanischen Kontinents gewann das kostbare Gewürz als Handelsfaktor an Bedeutung. Das Zuckermuseum ist freitags und samstags geschlossen, am Sonntag öffnet es erst am späten Vormittag. *(107 Wörter)*

Level 3

Skijacken mit eingebautem Navigationsgerät, Reiterwesten mit Airbags oder Jogging-Anzüge, die die Atmung und den Blutdruck überwachen? Intelligente Kleidung heißt der neue Trend, der für eine Revolution in der Textilbranche sorgt. Durch das Kombinieren von Textilien und Elektronik soll das textile Produkt intelligent gemacht werden. Alles, was heute die mobilen elektronischen Geräte können, soll in die Kleidung integriert werden. Solche anspruchsvollen Kleidungsstücke werden unter anderem von Textilingenieuren entworfen, die beim Produzieren auch sicherstellen, dass die Elektronik bei einer Wäsche nicht kaputtgeht. Das bedeutet auch, dass diese Kleidungsstücke nicht mit Batterien gespeist werden, sondern mit flexiblen Solarzellen in Millimetergröße. Das „High-Tech-Kabinett" im Augsburger Textil- und Industriemuseum zeigt die modernen Anwendungsbereiche von Textilien und ist täglich außer montags geöffnet. Für Schulklassen kann vormittags ein geführter Rundgang gebucht werden. *(125 Wörter)*

Teste dein Wissen!
Rechtschreibung

1 a In jeder Stationenüberschrift steckt ein Rechtschreibfehler: Hier muss entweder ein Buchstabe gestrichen oder ergänzt werden. Notiere jeweils den Buchstaben, den du streichen oder ergänzen musst, z. B.: *Station 1: …*

b Entscheide bei jeder Station, welche der beiden Aussagen richtig ist, und schreibe die Buchstaben der richtigen Antworten in dein Heft.

c Die zehn Buchstaben aus Aufgabe a und b ergeben den Namen eines Technikmuseums in Deutschland. Dafür musst du die zehn Buchstaben in die richtige Reihenfolge bringen.
Tipp: Das Lösungswort findest du auf S. 375.

Rechtschreib-Rallye durchs Technikmuseum

Station 1: Werkzeugmaschienen

L In mehrteiligen Eigennamen schreibt man alle Wörter groß, auch Artikel, Konjunktionen und Präpositionen.

N Zusammensetzungen aus mehreren oder mehrteiligen Eigennamen schreibt man mit Bindestrich.

Station 2: Oldtimer-Depo

E Tageszeiten und Wochentage werden großgeschrieben, wenn sie Nomen/Substantive sind, und kleingeschrieben, wenn sie Adverbien sind.

B Tageszeiten und Wochentage werden immer großgeschrieben. Man erkennt sie an den üblichen Nomensignalen.

Station 3: Eisenbahn- und Lockschuppen

A Ein Fremdwörterbuch erklärt die Bedeutung und Herkunft von Fremdwörtern, die nach ihren Herkunftssprachen sortiert aufgelistet werden.

O Ein Fremdwörterbuch gibt Informationen zur Aussprache, Herkunft und Bedeutung von Fremdwörtern.

Station 4: Science-Scenter

U Verbindungen aus Adverb und Verb werden zusammengeschrieben, wenn die Hauptbetonung auf dem Adverb liegt.

W Verbindungen aus Adverb und Verb werden zusammengeschrieben, wenn die Hauptbetonung auf dem Verb liegt.

Station 5: Archiv und Bibliotek

T Bei Fremdwörtern aus dem Griechischen mit *th*, *ph* oder *rh* werden diese Buchstabenkombinationen im Deutschen durch *t*, *p* oder *r* ersetzt.

M Häufig gebrauchte Fremdwörter werden eingedeutscht, d. h. der deutschen Schreibweise angepasst.

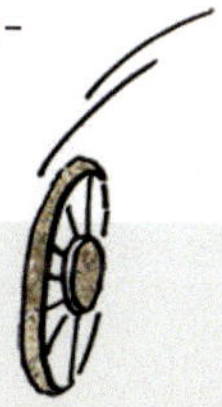

14.2 Gebrauchsanweisungen
Zeichen setzen

Das Komma in Satzreihen/Satzverbindungen und Satzgefügen

Angenehm warm – was ist es?

1 Sobald Sie das Metallplättchen im Beutel ein oder zwei Mal geknickt haben, kristallisiert das Gel und der ? erwärmt sich auf ca. 35° C.

2 Der ? , der zum Beispiel im Winter die Hände warm hält, kühlt innerhalb einer Stunde wieder ab.

3 Legen Sie vor dem nächsten Gebrauch den ? circa acht Minuten in kochendes Wasser, bis sich die Kristalle wieder vollständig verflüssigt haben.

4 Gerade im Winter ist der ? sehr angenehm, denn er hält die Hände einige Stunden warm.

1 a Überlege: Wann hast du schon einmal eine Gebrauchsanweisung genutzt?
b Löse das Rätsel: Um welches Produkt geht es in der Gebrauchsanweisung?

2 a Zeichne zu den Sätzen oben Satzbaupläne. Berücksichtige dabei auch die Kommas.
b Vergleiche deine Ergebnisse: Formuliere dann Regeln zur Kommasetzung in Satzreihen/Satzverbindungen und Satzgefügen. Prüfe die Regeln mithilfe der Informationen im Orientierungswissen (→ S. 357).

Effektive Schutzmaßnahme – was ist es?

Installieren Sie die ? im Schlafzimmer und im Flur sofern es sich bei diesem um einen Fluchtweg handelt. Wenn Sie Kinderzimmer haben bringen Sie auch in diesen jeweils einen ? an. In Küche und Bad sollten Sie auf eine Installation verzichten weil dort durch Wasserdämpfe die zum Beispiel beim Kochen entstehen ein Fehlalarm ausgelöst werden könnte. Wenn die Stärke der Batterie nachlässt gibt der ? 30 Tage lang ein Warnsignal in Form eines kurzen Tons ab sodass genügend Zeit für das Ersetzen der Batterie zur Verfügung steht. Das Anstreichen des ? mit Farbe muss unterbleiben da die Gefahr besteht dass die Farbe die Lufteingangsschlitze verstopft und dann kein Rauch mehr eindringen kann.

3 a Schreibe den Text ab und setze dabei die fehlenden Kommas.
b Vergleicht eure Ergebnisse. Über welches Produkt informiert der Text?

Das Komma bei Infinitiv- und Partizipgruppen

Du hast dir etwas Neues gekauft, 1 um dein Leben zu vereinfachen oder zu verschönern? Nun willst du es in Betrieb nehmen, 2 ohne dich genauer über seine korrekte Handhabung zu informieren? Falsch! Nutze die Möglichkeit, 3 dich köstlich zu amüsieren: Lies die Gebrauchsanweisung, 4 anstatt sie verächtlich beiseitezulegen. Lass dich verblüffen von den unglaublichen Möglichkeiten, 5 einfache Dinge kompliziert zu erklären. Erfreue dich an dem verkrampften Bemühen, 6 sachlich korrekt zu sein. Genieße vor allem bei Übersetzungen kreative Wortneuschöpfungen und waghalsige Wortstellungen, die nur den Zweck erfüllen 7 zu erheitern. Vor allem beachte: Wenn die Gebrauchsanweisung mal wieder überhaupt nicht hilft, ist es immer noch besser 8 zu lachen, 9 als sich zu ärgern!

1 Begründe bei jeder nummerierten Stelle, warum dort ein Komma gesetzt werden muss oder warum das Komma weggelassen werden darf. Nimm hierzu den Merkkasten zu Hilfe.

Sehr geehrte Damen und Herren,
meine Absicht ist es, mich über die Aufbauanleitung zu Ihrem Regal „Bücherfreund" zu beschweren. Dem Rat meiner Freundin erst einmal die Gebrauchsanweisung zu lesen, bin ich leider gefolgt. Andernfalls wäre es mir vielleicht gelungen, mein neues Regal aufzubauen. Das eigentümliche Gebilde aus Brettern und Stangen einem Museum als Kunstwerk anzubieten, das ist jetzt das einzig noch Mögliche! Haben Sie eigentlich Spaß daran, Ihre Kunden so zu ärgern? Ich mache Ihnen den Vorschlag, mir jemanden aus Ihrer Firma vorbeizuschicken. Der hat dann das Vergnügen, sich selbst an der erfolgreichen Umsetzung Ihrer Gebrauchsanweisung zu versuchen.

2 Schreibe den Brief ab. Unterstreiche die Infinitivgruppen mit *zu* und setze die nötigen Kommas.

3 Überprüfe bei den folgenden Sätzen, ob Missverständnisse entstehen können, wenn kein Komma gesetzt wird: *Wir bitten alle zu helfen. Wir bitten euch zu helfen.*

! Merkwissen Komma bei Infinitivgruppen mit *zu*

Infinitivgruppen **darf** man immer durch **Komma** vom Hauptsatz trennen.
Ein Komma **muss** stehen,
- wenn die Infinitivgruppe mit *zu* durch *um, ohne, statt, anstatt, außer, als* eingeleitet wird, z. B.: *Verwenden Sie das Gerät nicht, ohne die Bedienungsanleitung gelesen zu haben.*
- wenn die Infinitivgruppe mit *zu* von einem Nomen/Substantiv oder einem hinweisenden Wort wie *dazu, daran, darauf* oder *es* im Hauptsatz abhängt, z. B.: *Der Knopf dient dazu, das Gerät einzuschalten.*

Bei einfachen Infinitiven (*zu* + Infinitiv) kann man das Komma weglassen, sofern dadurch keine Missverständnisse entstehen, z. B.: *Wir zweifeln nicht daran(,) zu gewinnen.*
Tipp: Bei Infinitivgruppen mit *zu* empfiehlt es sich, immer Kommas zu setzen, weil sie die Gliederung eines Satzes verdeutlichen und niemals falsch sind.

„Auspack und freu!"

Viele Übersetzungen von Gebrauchsanweisungen, um Verständlichkeit bemüht, scheitern an der mangelnden Sprachkompetenz ihrer Verfasser. Womöglich einfach nur ein Wörterbuch benutzend, übertragen unprofessionelle Übersetzer den Ausgangstext. Selten erfüllen die so entstandenen Anleitungen ihre Leser mal erheiternd und mal zur Verzweiflung treibend ihren Zweck. Den Bedarf erkennend spezialisieren sich manche Übersetzungsbüros auf diese Aufgabe. Medien belustigen das Lachmuskel-Potenzial nutzend mit den unfreiwillig komischen Texten ihr Publikum. Ein kleiner, leuchtender Anstecker in Kerzenform bescherte der japanischen Firma einen enormen Absatz seine Käufer mit folgender Bedienungsanleitung beglückend:

Mit Modell GWK 9091 Sie bekommen Weihnachten teutonische Gemütlichkeit für trautes Heim. Zu erreichen Glückseligkeit unter finsterer Tann, ganz einfach Handbedienung von GWK 9091:

1. Auspack und freu. 2. Stippel A abbiegen und verklappen in Gegenstippel B für Illumination. 3. Mit Klammer C in Sakko oder Jacke einfräsen. 4. Für kaputt Batterie beschweren an: Wir, Bismarckstraße 5. Für neue Batterie alt Batterie zurück für Sauberwelt in deutscher Wald.

1 Erkläre anhand von Beispielen: Wie wirkt der erste Textabschnitt (→ Z. 1–16) auf dich, wie der zweite (→ Z. 17–27)?

2 a Konstruktionen wie die unterstrichenen Textpassagen oben nennt man Partizipgruppe. Nenne das Partizip dieser Partizipgruppen. Es kann Partizip I oder II sein.

b Schreibe den ersten Absatz des Textes (→ Z. 1–16) in dein Heft. Unterstreiche die Partizipgruppen und entscheide, ob ein Komma gesetzt werden muss oder nicht. Beachte dazu die Informationen im Merkkasten.

3 Überarbeitet die Gebrauchsanleitung (→ Z. 17–27), sodass ein verständlicher und rechtschreiblich richtiger Text entsteht. Arbeitet im Team.

4 Formt die folgenden Sätze mithilfe von Partizipgruppen um. Achtet auf die Kommasetzung. Beginnt die Sätze mit dem Subjekt.
- Da unser Büro 1966 gegründet wurde, verfügt es über Erfahrungen bei Übersetzungen.
- Weil das Team aus Technikern und Übersetzern besteht, ist es hochkompetent.
- Unsere Übersetzungen, die von den Kunden sehr geschätzt werden, sind verständlich und fehlerfrei.

Merkwissen Komma bei Partizipgruppen

Partizipgruppen **darf** man immer durch **Kommas** vom Hauptsatz trennen.
Ein Komma **muss** stehen,
- wenn durch ein hinweisendes Wort auf die Partizipgruppe Bezug genommen wird, z. B.:
  Jedes Wort einzeln übersetzt, so nützen Bedienungsanweisungen nichts.
- wenn die Partizipgruppe eine nachgestellte Erläuterung ist, z. B.:
  Jens, aus vollem Halse lachend, reichte mir die Bedienungsanleitung.

Das Komma bei Appositionen und nachgestellten Erläuterungen

- Der Helikopter „E-Sky", ein elektrisch angetriebener Modellhubschrauber, ist für den Einsatz in Innenräumen gedacht.
- Das Kickboard, ein bei Kindern und Jugendlichen beliebtes Fortbewegungsmittel, ist bei Dunkelheit nicht geeignet.
- Das sogenannte Hollandrad, ein bequemes, alltagstaugliches Fahrrad, kommt vor allem in der Stadt sinnvoll zum Einsatz.

1 Bestimme bei jedem Satz die Apposition und erläutere, auf welches Wort sie sich bezieht.

- Beim Trampolin ? sollte man auf ein intaktes Sicherheitsnetz achten.
- Auf dem Fußballplatz im Miniaturformat ? ist Handspiel erlaubt – an den Stangen!
- Beim Carambolage ? werden die Kugeln nicht in Löcher versenkt.
- Airhockey ? wird auf einem Spezialtisch mit Luftkissen gespielt.

ein Geschicklichkeitsspiel für zwei Spieler | eine besondere Form des Billardspiels | der Tischkicker | ein Sportgerät zur Sprungunterstützung

2 Schreibe die Sätze ab und füge dabei in die Lücken jeweils eine passende Ergänzung als Apposition ein. Achte auf den richtigen Kasus und die Kommasetzung.

Der Tischtennistisch darf nur für seinen bestimmungsmäßigen Zweck verwendet werden d. h. für das Spiel mit geeigneten Schlägern und Bällen. Weisen Sie Ihre Mitspieler insbesondere Kinder auf mögliche Gefahren vor allem beim Auf- und Abbau des Tisches hin. Durch unsachgemäße Reparaturen und bauliche Veränderungen z. B. Demontage von Originalteilen oder Anbau von nicht zulässigen Teilen können Gefahren für die Benutzer entstehen. Führen Sie bei regelmäßigem Spielbetrieb in angemessenen Abständen Kontrollen aller Geräteteile vor allem der Schrauben durch.

3 Schreibe den Text ab. Unterstreiche die nachgestellten Erläuterungen und setze die Kommas.

! **Merkwissen** Das Komma bei Appositionen und nachgestellten Erläuterungen

1 Die **Apposition** besteht in der Regel aus einem Nomen/Substantiv oder einer Nomengruppe. Sie folgt ihrem Bezugswort, steht im gleichen Kasus wie ihr Bezugswort und wird **durch Kommas** abgetrennt, z. B.: *Robi Clean, Ihr neuer Haushaltsroboter, wird Sie glücklich machen.*

2 Die **nachgestellte Erläuterung** wird oft mit Wörtern wie *nämlich, und zwar, vor allem, das heißt (d. h.), zum Beispiel (z. B.)* eingeleitet. Sie wird **durch Kommas abgetrennt**, z. B.: *Spielplatzgeräte, z. B. Schaukeln und Klettergerüste, erfordern Sicherheitshinweise.*

Das Komma bei Anreden, Ausrufen und Bekräftigungen

VORSICHT, FEHLER!

Was fällt Ihnen zum Thema „Gebrauchsanweisung" ein?

Lili: Guten Tag, dürfen wir Sie etwas fragen? Wir machen eine Umfrage, eine Umfrage zum Thema „Gebrauchsanweisungen". Was fällt Ihnen dazu ein?

Frauke M.: Bitte, erinnert mich nicht daran! Der letzte Versuch mit so etwas endete in heillosem Chaos und einem Wutanfall!

Robert: Mein Herr, welche Erfahrungen haben Sie mit Bedienungsanleitungen gemacht?

Konrad V.: Junge, glaub mir, Papierverschwendung, genau das: Papierverschwendung!

Lili: Und Sie, finden Sie das auch?

Käthe V.: Ja, genauso ist es. Entweder man weiß wie es geht oder man ist verloren.

Robert: Aber bitte, es muss doch auch jemanden geben der Gebrauchsanweisungen gut findet?

Herbert M.: Ach, wisst ihr, natürlich ist so eine Anleitung manchmal auch hilfreich und völlig in Ordnung. Aber die Erinnerung bleibt einfach eher da wo man sich über so eine Anweisung entweder wahnsinnig geärgert oder richtig amüsiert hat.

1 a Untersuche die Kommasetzung an den markierten Stellen. Formuliere Regeln und weitere Beispiele zu deinen Beobachtungen:

- *Eine Anrede wird ..., z.B.: ...*
- *Ausrufe, kommentierende Äußerungen und Bekräftigungen werden ..., z.B.: ...*

b Vergleiche deine Ergebnisse mit den Regeln im Orientierungswissen auf S. 359.

c Im Text fehlen vier weitere Kommas. Suche die Stellen, wo die fehlenden Kommas gesetzt werden müssen, und begründe die jeweilige Kommasetzung.

VORSICHT, FEHLER!

Uwe G.: Gebrauchsanweisung liebes Kind das ist doch dieses vielsprachige unansehnliche Papier. Eine Bleiwüste so muss man es deutlich sagen mit schlechten Abbildungen die man als Allererstes zur Seite legt um nur widerwillig reinzugucken wenn es gar nicht anders geht nicht wahr

2 In der Aussage von Uwe G. fehlen alle Satzzeichen.

a Schreibe den Text ab und setze alle fehlenden Zeichen.

b Begründe jedes Satzzeichen mit einer Regel. Diskutiert, an welchen Stellen unterschiedliche Lösungen möglich sind.

3 a Interviewt selbst Personen zum Thema „Gebrauchsanweisungen". Nehmt euer Interview auf.

b Haltet das Interview schriftlich fest. Achtet dabei auf eine korrekte Rechtschreibung und Zeichensetzung.

Vertiefen und üben
Kommasetzung

VORSICHT, FEHLER!

1 Wenn die Spülmaschine startet wird Wasser auf ca. 60 Grad erhitzt und in die Maschine gepumpt. 2 Um Kalkablagerungen zu verhindern muss das Wasser zuvor enthärtet werden. 3 Das Spülmittel befindet sich in einem Behälter der automatisch zum richtigen Zeitpunkt geöffnet wird. 4 Von Spülmittelresten im Klarspülgang befreit wird das Geschirr danach durch heiße Luft getrocknet. 5 Bei den neueren Modellen den Öko-Geschirrspülmaschinen wird der sorgsame Umgang mit Energie großgeschrieben.

●○○ 1 a Schreibe den Text ab und setze dabei alle fehlenden Kommas.
b Übertrage die Tabelle in dein Heft und trage die Nummern der Sätze in die passende Spalte ein.

Satzgefüge mit Infinitivgruppe	**Satzgefüge mit Partizipgruppe**	**Satzgefüge ohne Infinitiv- oder Partizipgruppe**	**Satz mit Apposition oder nachgestellter Erläuterung**
…	…	…	…

VORSICHT, FEHLER!

1 Als es noch keinen Kühlschrank gab bediente man sich anderer Kühlungsmethoden um Nahrungsmittel über längere Zeit haltbar zu machen: 2 Beliebt war es Fleisch und Fisch einzusalzen oder über schwelenden Hölzern zu räuchern. 3 Das Verfahren des Konservierens nutzend wurden Obst und Gemüse erhitzt und unter Luftabschluss in Gläser oder Flaschen gefüllt eine Methode, die später durch den französischen Chemiker Louis Pasteur perfektioniert wurde. 4 Die Kältemaschinen die Carl Linde ein deutscher Ingenieur entwickelte waren nur für die Industrie geeignet. 5 Heute sind moderne Kühl-Gefrier-Kombinationen sparsam im Stromverbrauch am beliebtesten.

●●○ 2 a Schreibe die Sätze (1 bis 5) ab und setze die fehlenden Kommas.
b Ordne die Nummern der Sätze nach dem obigen Muster in eine Tabelle ein. Manche Sätze gehören in mehrere Spalten.

VORSICHT, FEHLER!

1 Mikrowellenherde erhitzen Speisen ohne einen Kontakt zu einer Wärmequelle z. B. einer heißen Fläche oder heißer Luft zu haben. 2 Durch die Mikrowellenstrahlung elektromagnetische Wellen wie z. B. das Licht werden die Wassermoleküle des Kochguts in Bewegung versetzt und erzeugen so durch Reibung Wärme. 3 Durch eine Vakuumröhre die Magnetron erzeugt werden die Mikrowellen in den Garraum geleitet wo die metallischen Wände des Mikrowellenherdes die Wellen zusätzlich reflektieren sodass eine gleichmäßige Verteilung der Wellen gewährleistet wird. 4 Auch der häufig vorzufindende Drehteller meist aus Glas hergestellt hat den Zweck die Wellen gleichmäßig zu verteilen.

●●● 3 Schreibe den Text ab und setze alle fehlenden Kommas. Begründe jedes Komma mit einer Regel.

Teste dein Wissen!
Kommasetzung

Geschichte der Gebrauchsanweisung

Sie steckt als Beipackzettel in der Hi-Fi-Anlage genauso wie im Überraschungsei – die Gebrauchsanweisung. Nicht wahr liebe Leser Sie haben sich auch schon einmal über ihr Kauderwelsch geärgert wünschend dass ihr Verfasser dafür ewig in der Hölle schmoren möge. Viele Museen vollgestopft mit technischen Geräten zeigen die Entwicklung von der Dampfmaschine bis ins Atomzeitalter. „Doch mit der schriftlichen Vermittlung von technischem Know-how durch Gebrauchsanleitungen hat sich bisher noch kein Museum beschäftigt“, sagt Clemens Schwender wissenschaftlicher Mitarbeiter der TU Berlin. Er wagte gemeinsam mit Kollegen und dem Berliner Museum für Kommunikation einen ersten Versuch. Unter dem Titel „Erst lesen – dann einschalten“ gibt es nun eine Ausstellung in der die Geschichte der Gebrauchsanweisung geschildert wird.

Ohne einteilende Theorien aufzustellen, **1** bringt das Ausstellungsteam Licht in die Vergangenheit der Technikdokumentation. Die Geschichte zwischen Mensch, Betriebsanleitung und Technik zeigend, **2** werden natürlich auch Stilblüten und skurrile Übersetzungen von Gebrauchsanleitungen dokumentiert. Wer wird sich nicht vor Lachen biegen, wenn er zum Beispiel zum Gebrauch einer simplen Luftmatratze liest: „Kaltes Wetter schadet der Unterlage, **3** denn sie wird sich dann nur langsam puffen. Entrollen der Unterlage und Liegen auf ihr, dann wird sie von der Wärme aufschwellen.“ Solche Texte müssen vom Verbraucher mühevoll dechiffriert werden, **4** im schlimmsten Fall ergeben sie überhaupt keinen Sinn. Viele Hersteller sind offenbar nicht in der Lage, **5** verbraucherfreundlich umzusetzen, was die DIN-Bestimmung 8418 fordert, **6** nämlich „die Form und Ausführlichkeit auf die Eigenart des Erzeugnisses und die voraussetzbare Sachkunde des Verwenders“ abzustimmen.

1 Schreibe den ersten Teil des Textes (→ Z. 1–20) ab und setze dabei alle fehlenden Kommas: cEs fehlen acht Stück.

2 a Ordne im zweiten Teil des Textes (→ Z. 21–43) jeder nummerierten Textstelle die passende Regel zu, nach der dort ein Komma gesetzt werden muss, z. B.: 1 = …, 2 = …

Kommaregeln
- **U** Das Komma trennt eine Partizipgruppe von einem Hauptsatz ab.
- **M** Das Komma trennt zwei Hauptsätze in einer Satzreihe/Satzverbindung.
- **U** Das Komma trennt eine Infinitivgruppe, die mit *um, ohne, statt, anstatt, außer* oder *als* eingeleitet wird, vom folgenden Hauptsatz ab.
- **E** Das Komma trennt eine Infinitivgruppe ab, die von einem Nomen/Substantiv im Hauptsatz abhängt.
- **S** Das Komma trennt eine nachgestellte Erläuterung von einem Nebensatz ab.

b Die Buchstaben ergeben ein Lösungswort, wenn ihr sie in die richtige Reihenfolge bringt.

Der Gedankenstrich

Die Packung und ihre Beilage

Aufgeregt – er hielt den Beipackzettel in der Hand – sagte er: „Frau Doktor, Sie haben mir diese Medizin verschrieben, aber ich verstehe die Gebrauchsinformation nicht!“ – „Herr Quengel, lassen Sie sich gesagt sein – das geht nicht nur Ihnen so. Die Beipackzettel – auch Waschzettel genannt, weil die Hersteller damit ihre Hände in Unschuld waschen wollen – sind meist nicht zu gebrauchen. Wenn Sie glauben, ich mache Scherze – das ist leider nicht so. Die Beipackzettel – sie lesen sich häufig wie Pharmazie-Latein – sind leider oft unverständlich, weil sich die Arzneimittelhersteller gegen Klagen absichern wollen. So entstehen – und das ist wirklich eine Schande – Texte, die kein Patient versteht. Aber es ist höchst unwahrscheinlich, dass alle Nebenwirkungen bei einem einzigen Menschen auftreten – und noch unwahrscheinlicher, dass ausgerechnet Sie es sind!“ – „Frau Doktor, das beruhigt mich – ich danke Ihnen!“

1 a Lies den Text laut vor. Erkläre danach, inwiefern dir die Gedankenstriche beim Vortrag des Textes geholfen haben.

b Prüfe, an welchen Stellen der Gedankenstrich durch ein anderes Satzzeichen, z. B. Komma, Doppelpunkt oder Klammern, ersetzt werden könnte.

2 Prüfe anhand der folgenden Sätze, ob es für das Lesen bzw. Vortragen einen Unterschied macht, welche Satzzeichen – Gedankenstriche, Kommas oder Klammern – verwendet werden:
- Der Beipackzettel – die Gebrauchsanweisung für ein Medikament – ist eine wichtige Information.
- Der Beipackzettel, die Gebrauchsanweisung für ein Medikament, ist eine wichtige Information.
- Der Beipackzettel (die Gebrauchsanweisung für ein Medikament) ist eine wichtige Information.

! **Merkwissen** Der Gedankenstrich

Der Gedankenstrich markiert besonders deutlich eine Grenze innerhalb eines Satzes oder zwischen zwei Sätzen. Er steht häufig dort, wo man in der gesprochenen Sprache eine deutliche Pause macht. Der Gedankenstrich
- **kündigt** etwas **Folgendes**, oft etwas Unerwartetes oder Überraschendes, **an**, z. B.:
  Er glaubte, den Roboter programmiert zu haben – ein verhängnisvoller Irrtum.
- kann **Zusätze** oder **Nachträge** deutlich vom übrigen Text **abgrenzen**. Wenn der Zusatz in den Satz eingeschoben ist, steht ein paariger Gedankenstrich, z. B.:
  Kochrezepte sind – so könnte man sagen – eine besondere Form der Gebrauchsanweisung.
- kann zwischen Sätzen den **Wechsel des Themas oder des Sprechers anzeigen**, z. B.:
  „Ich bin mit der Installation fertig.“ – „Kommst du dann bitte zum Essen!“

Tipp: Oft können anstelle des Gedankenstrichs auch andere Satzzeichen wie Kommas, Doppelpunkte oder Klammern gesetzt werden.

14.3 Fit in …
Richtig schreiben

Mit diesem Kapitel kannst du testen, wie fit du bereits in der Rechtschreibung und Zeichensetzung bist. Du gehst so vor:

1 **Textüberarbeitung:** Zuerst überarbeitest du einen Fehlertext.
2 **Fehlerschwerpunkte finden:** Danach wertest du dein Ergebnis aus und stellst fest, in welchen Bereichen du noch Probleme hast.
3 **Training an Stationen:** Auf den Seiten 301–306 übst du gezielt die Bereiche der Rechtschreibung, die für dich noch schwierig sind.

VORSICHT, FEHLER!

Ohne Technik durch den Tag – ein Selbstversuch

Pauline wollte es wissen: Wie abhängig ist sie von der Technik? Einen Tag lang hat sie auf alle technischen Geräte verzichtet und darüber eine Reportage für die Schülerzeitung geschrieben.

1 Gleich Morgens nach dem aufstehen fing es an:
2 Statt der Elektrischen die annaloge Zahnbürste zu nehmen, ist mir nicht so schwer gefallen.
3 Beim frühstücken den Toster nicht zu benutzen, war kein Problem, ich habe einfach Haferflocken mit Milch gegessen.
4 Aber am vormittag in der Schule war ich im Physikunterricht schnell lahm gelegt und vom Matheunterricht wurde ich sogar frei gestellt.
5 An einem normalen Tag hätte ich mir Mittags das Essen im Miekrowellenherd erwärmt, aber so habe ich mich an Brot, Obst und Salat sattgegessen – doch, echt delickat!
6 Die Spülmaschiene war auch tabu, sodass ich das abwaschen mit der Hand machen musste.
7 Das planschen im Spülbecken hat mir als Kind auch mehr spaßgemacht!
8 Für den Klavierunterricht war es dann höchst komplizirt, die Strecke von der düsseldorfer Allee bis zum Bettina-Von-Arnim-Platz ohne Bus zu bewältigen.
9 Ich habe überlegt, blau zu machen, bin dann aber doch Fahrradgefahren, sogar die weitere Strecke über die bergische Landstraße, um noch ein bisschen Fitnes-Training zu machen.
10 Ich war mir nicht ganz sicher ob Duschen verboten ist weil bestimmt auch die Wasserpumpe elektrisch funktioniert.
11 Ich hab's dann doch gemacht aber ohne hinterher die Haare zu föhnen.
12 Eine echte Krise hatte ich abends als meine ganze Familie meine Eltern sowie meine beiden Brüder viel Spaß dabei hatten einen Film im Fernsehen zu schauen.
13 Ich hab dann nach so einem – wie heißt es noch mal – ach ja: Buch gesucht leider vergeblich.
14 Nein liebe Lehrer keine Sorge: Das war natürlich nur ein Scherz ein saublöder!
15 Tatsächlich ging der Abend gemütlich schmökernd im Bett verbracht sehr unspektakulär zu Ende.
16 Das Handy eigentlich mein ständiger Begleiter habe ich an diesem Tag besonders vermisst!
17 Aber viele technische Geräte haben mir obwohl ich sie sonst häufig benutze kaum gefehlt.

1 a Schreibe die Sätze 1–9 ab. Korrigiere dabei alle Fehler (Groß- und Kleinschreibung, Getrennt- und Zusammenschreibung, Schreibung von Fremdwörtern).
b Schreibe die Sätze 10–17 ab. Setze dabei alle fehlenden Kommas.

Die eigenen Fehlerschwerpunkte finden

1 Überprüft in Partnerarbeit eure Lösungen der Aufgaben. Vergleicht sie dazu mit den Lösungen auf S. 375–376. Markiert alle Fehler, die ihr gemacht habt.

2 Stelle fest, wo deine Fehlerschwerpunkte liegen. Gehe so vor:
- a Alle Fehler, die du gemacht hast, markierst du auf einer Kopie des folgenden Fehlerbogens.
- b Zähle, wie viele Fehler du in jedem Kästchen gemacht hast. Trage deine Fehlerzahl in die mittlere Spalte ein.
- c In der rechten Spalte der Tabelle mit dem Namen „Trainingsstationen“ siehst du, bei welchen Stationen du üben solltest. Markiere diese Stationen und die entsprechenden Seitenzahlen.

3 Übe deine Rechtschreibung an deinen Trainingsstationen.

Fehlerbogen

Fehlerschwerpunkte	Fehlerzahl	Trainingsstationen
Sätze 1–9		
Groß- und Kleinschreibung 1 … morgens nach dem Aufstehen … 2 Statt der elektrischen die … 3 Beim Frühstücken … 4 … am Vormittag … 5 … mittags … 6 … das Abwaschen … 7 Das Planschen … Spaß gemacht! 8 … von der Düsseldorfer Allee … zum Bettina-von-Arnim-Platz … 9 … über die Bergische Landstraße, …		Mehr als drei Fehler: → Training an der Station 1, S. 301 → Hilfen im Buch, S. 363–364
Getrennt- und Zusammenschreibung 2 … ist mir nicht so schwergefallen. 4 … schnell lahmgelegt … freigestellt. 5 … satt gegessen … 7 … mehr Spaß gemacht! 9 … blauzumachen … Fahrrad gefahren, …		Mehr als zwei Fehler: → Training an der Station 2, S. 302 → Hilfen im Buch, S. 365
Fremdwörter 2 … analoge … 3 … Toaster … 5 … Mikrowellenherd … delikat! 6 Die Spülmaschine … 8 … kompliziert … 9 … Fitness-Training …		Mehr als zwei Fehler: → Training an der Station 3, S. 303 → Hilfen im Buch, S. 364

Fehlerschwerpunkte	Fehlerzahl	Trainingsstationen
Sätze 10–17		
Kommasetzung in Satzgefügen (ohne Infinitiv- oder Partizipgruppen) 10 … nicht ganz sicher, ob Duschen verboten ist, weil … funktioniert. 12 … hatte ich abends, als meine … 17 … haben mir, obwohl ich sie sonst häufig benutze, kaum gefehlt.		Mehr als drei Fehler: → Training an der Station 4, S. 304 → Hilfen im Buch, S. 357
Kommasetzung bei Infinitiv- und Partizipgruppen 11 … doch gemacht, aber ohne hinterher die Haare zu föhnen. 12 … viel Spaß dabei hatten, einen Film im Fernsehen zu schauen. 15 … der Abend, gemütlich schmökernd im Bett verbracht, sehr unspektakulär …		Ab einem Fehler: → Training an der Station 5, S. 305 → Hilfen im Buch, S. 358
Kommasetzung bei Appositionen, nachgestellten Erläuterungen und Anreden 12 … meine ganze Familie, meine Eltern sowie meine beiden Brüder, viel Spaß … 13 … Buch gesucht, leider vergeblich. 14 Nein, liebe Lehrer, keine Sorge: … nur ein Scherz, ein saublöder! 16 Das Handy, eigentlich mein ständiger Begleiter, habe …		Mehr als zwei Fehler: → Training an der Station 6, S. 306 → Hilfen im Buch, S. 358–359
Andere Fehler:		Sprich mit deiner Lehrkraft über diese Fehler. Sie gibt dir Tipps und Übungen für diese Fehlerbereiche.
Fehler insgesamt:		

Keine oder nur ganz wenige Fehler gemacht?
Bearbeite an den Stationen die Aufgaben „Für Experten".

Training an Stationen

Station 1: Groß- und Kleinschreibung

Break-down der Haushaltstechnik

am montagmorgen fing es an. beim betätigen des rollladenschalters gab es ein kleines feuerwerk, ansonsten blieb es bis zum eintreffen des handwerkers, der hausbesuche leider nur mittwochs nachmittags tätigt, zappenduster. im dunklen stolperte ich über das fernsehkabel, wodurch nicht einfach der stecker aus der Dose, sondern das kabel aus der fernseherrückwand herausgerissen wurde. da bügeln ohne fernsehgucken sowieso langweilig ist, schadete es nicht, dass dienstagabends das bügelbrett unter dem gewaltigen gewicht eines rüschenblüschens zusammenbrach, was das dampfbügeleisen ebenfalls zum aushauchen seines geistes veranlasste. bis freitagnacht passierte seltsamerweise nichts bemerkenswertes, abgesehen davon, dass der gefrierschrank still und heimlich seinen dienst einstellte, was mir erst freitag früh auffiel, als meine füße mir ein kühles nass meldeten. in der nacht von freitag auf samstag schlugen dann die brandmelder alarm, zum glück aber nur aufgrund eines defekts. zu loben bleibt das unverdrossene funktionieren meines radioweckers, der mich diensteifrig auch sonntags früh aus süßen träumen holte, da ich vergessen hatte, ihn auszustellen.

1 a Schreibe den Text in der richtigen Groß- und Kleinschreibung in dein Heft.
b Unterstreiche die nominalisierten Verben und Adjektive in deiner Abschrift.
c Umkreise die Tageszeiten und Wochentage und gleiche ihre Schreibung mit den Regeln auf S. 281 ab.

2 Wo gibt es was? Schreibe die Informationen in der richtigen Groß- und Kleinschreibung auf.
- metzgerschmitzinderstockholmeralleebietetrheinischensauerbraten.
- günstigesmeißnerporzellanimausverkaufaufdembertha-von-suttner-platz.
- holensiesicheingelbestrikotimfahrradladenaufdemwiesenweg.
- besuchensiedienordrhein-westfälischenspezialitätenständebeidergrünenwocheinberlin.
  einebayrischeundmünchnerdirndlkollektionfindensieimgeschäftaufderstraßeandendreieichen.

3 a Für Experten: Begründe, warum die unterstrichenen Adjektive trotz Nomenbegleiter kleingeschrieben werden müssen.
- Die T-Shirts gefallen mir alle sehr gut. Ganz besonders mag ich die gestreiften.
- Das schwarze ist mein Fahrrad.

b Begründe die Schreibweise der folgenden Beispielpaare:
- die Frankfurter Buchmesse – ein spannender Roman
- eine pfälzische Stadt – der Pfälzer Wein
- ein sächsischer Dichter – die Sächsische Schweiz

Station 2: Getrennt- und Zusammenschreibung

Freizeitspaß im Freizeitpark

Spätestens, wenn die Sommerferien bevor/stehen und man endlich frei/hat, ist es nahe/liegend, sich für einen Besuch in einem der zahlreichen Freizeitparks bereit/zu/machen. Im Europa-Park Rust kann man an einem Tag ganz Europa durch/queren. In 16 schön/gestalteten Länderbereichen könnt ihr euch von rund 100 Fahrgeschäften verführen/lassen. Wer dazwischen ein bisschen Ruhe/haben möchte, kann sich in einem der Show-Theater zurück/lehnen. Im Zoo Safaripark Stukenbrock könnt ihr Lamas, Zebras und weißen Löwen nahe/kommen, auf einem Krokodil aus Stahl reiten/üben und euch auf der Wildwasserbahn ordentlich nass/spritzen lassen. Im Serengeti-Park Hodenhagen solltet ihr auf Safari/gehen und euch in Bussen durch den Tierpark fahren/lassen. Affen, Elefanten, Giraffen und – wenn sie gut/gelaunt sind – auch Breitmaulnashörner kommen vorbei, wenn die Busfahrer ihnen Leckerbissen bereit/stellen. Wer nach der Busfahrt aktiv/sein will, kann im Abenteuer-Hochseilgarten klettern/gehen. Im Heide Park Ressort bei Soltau darf es ruhig abwärts/gehen: Bei der größten und längsten Holzachterbahn Europas werden die Wagen aus 52 Metern Höhe hinab/geworfen. Beim Freifallturm „Scream" können sich die Passagiere aus 103 Metern Höhe in die Tiefe stürzen/lassen. Rund 40 solch rasanter Attraktionen sind hier aneinander/gereiht.

1 Getrennt oder zusammen? Entscheide, wie die markierten Wortgruppen geschrieben werden, und schreibe sie in dein Heft.

2 Bilde Sätze, in denen die folgenden Beispiele das eine Mal zusammengeschrieben, das andere Mal getrennt geschrieben werden. Begründe bei jedem Satz die Zusammen- bzw. die Getrenntschreibung.

dabei/haben | davon/kommen | fest/nageln | wieder/sehen | zusammen/schreiben | frei/machen | schön/reden | vorher/sagen | fest/nehmen | zusammen/halten

3 a Für Experten: Überlege, welchen Unterschied es zwischen den markierten Wortgruppen gibt. Leite daraus eine Regel zur Getrennt- und Zusammenschreibung ab.

- Kannst du mir bitte einen Teil abgeben? – An dem Erfolg können alle teilhaben.
- Lasst uns Eis essen gehen! – Ab heute kann man im Park wieder eislaufen.
- Ich will nicht meinen Kopf riskieren. – Hier scheint heute ja alles kopfzustehen!

b Überprüfe die Regel mithilfe des Regelteils eines Wörterbuchs.

Station 3: Fremdwörter

Rasante ['reɪsɪŋ]-[zɛ'zõ] **auf dem Hockenheimring**

Dieser kleine [kræʃ] hätte einfach nicht passieren dürfen! Rahel Frey heftet ihre Augen auf den Asphalt und gibt Gas – 240 km/h! Ihr zierlicher Rücken vibriert im verschwitzten ['oʊvərɔːl]. In der ersten Kurve hat sie ein anderer Wagen gerammt, nun liegt das Auto nicht mehr [pɛr'fɛkt] auf der Straße. Rahel Frey biegt deshalb in die Boxengasse ein, wo sich die [ga'raʒə]n der [tiːm]s aneinanderreihen. In wenigen Sekunden [tʃɛkn̩] die Mechaniker den Wagen. Aber helfen können sie Rahel auf die Schnelle nicht. Pech. Heute rauscht sie als Letzte ins Ziel. Während der Applaus für den Sieger von der Tribüne donnert, will Rahel erst einmal allein sein. Aber schon eine Stunde später ist sie wieder ['poziti:f] gestimmt und gibt ein ['ɪntəvjuː] für ihre [fæn]s. Später wird sie mit dem Renn-[ɪnʒe'ni̯øːɐ̯] ihr Fahrverhalten, das der Bord-[kəm'pjuːtɐ] genau dokumentiert hat, im [de'ta̯i] durchsprechen. Seit anderthalb Jahren ist die 26-Jährige als Rennfahrerin bei den Deutschen [tuːr]en-Wagenmeisterschaft (DTM) dabei. Schon mit zwölf fiel sie beim ['goːkaʁt]fahren auf, einige Jahre später bekam sie die ['ʃãːsə], internationale Rennen mitzufahren, seitdem [trɛniːrt] sie jeden Tag, um bei einem nächsten Rennen auch einmal Siegerin zu sein.

1 a Schreibe die in Lautschrift gesetzten Wörter in korrekter Rechtschreibung in dein Heft.
b Kontrolliere die Schreibweise der Fremdwörter mithilfe eines Wörterbuchs.

2 a Notiere für jedes Wort die Schreibweise(n), die du für richtig hältst.
Tipp: Bei fünf Beispielen sind jeweils zwei Schreibweisen möglich.
b Prüfe dann deine Ergebnisse mithilfe eines Wörterbuchs.

placieren	platzieren	plazieren	platziren
Saxophon	Sacksophon	Saksofon	Saxofon
existentziell	existenziell	existentiell	existenziel
Grafikerin	Graphikerin	Grapfikerin	Graphickerin
Dragee	Dragée	Drajee	Dragé
Rethorik	Rhetorik	Rhethorik	Rhetorick
ortografisch	orthografisch	ortographisch	orthographisch
Download	Downlod	Daunload	Download

3 Für Experten: Aus welchen Sprachen stammen die folgenden Wortbauteile? Übertrage die Tabelle in dein Heft und ergänze sie.

Wortbauteile	Sprache	Beispielwörter
ph, th, rh	…	…
age, eau, eur, ou	…	…
ea, ity, oo, y	…	…
dis, ex, ismus, tion, iv	…	…

Station 4: Kommasetzung in Satzgefügen

VORSICHT, FEHLER!

Vokabeln lernen leicht gemacht

Aufmerksame Leser der Erlebniszeitschrift „GEOlino" entdeckten im Oktoberheft 2013 wie man leichter Vokabeln lernen kann. Eine Englischvokabel die wir nur einmal gelesen oder gehört haben merkt sich unser Gehirn meist nicht. Erst wenn wir sie oft genug wiederholen oder in Sätze einbauen wird die Vokabel für das Gehirn so bedeutend dass sie abgespeichert wird. Sprachwissenschaftler von der Universität im schottischen Edinburgh haben herausgefunden dass man Sätze in einer Fremdsprache schneller lernt wenn man sie singt. Die Methode ist so effektiv dass bereits ein Verlag seinem neuen Englischbuch eine CD beifügen will auf der ein Popstar die Vokabeln singt. Für dieses Projekt konnte der bekannte Sänger Bruno Mars gewonnen werden da er nach eigener Aussage früher auch Probleme beim Lernen von Vokabeln hatte.

1 a Schreibe den Text ab und setze die fehlenden Kommas.
b Unterstreiche die Hauptsätze orange und die Nebensätze grün.
Kennzeichne in den Nebensätzen die Konjunktionen und umkreise die finiten Verbformen.

Hinweise zum Umgang mit einem Buch

1 Sie beginnen mit dem Lesen eines Buches.
2 Verwenden Sie das Buch nicht beim Duschen oder in der Nähe von offenem Feuer.
3 Sie leiden unter Müdigkeit oder Konzentrationsstörungen.
4 Reißen Sie Seiten aus dem Buch heraus.
5 Sie haben einen Bücherwunsch.

A Das Verständnis des Buches kann beeinträchtigt werden.
B Wenden Sie sich bitte an Ihre Bibliothek oder Ihre Buchhandlung.
C Papier kann aufquellen und ist leicht entflammbar.
D Sie sollten das Lesen des Buches vermeiden.
E Beherzigen Sie bitte folgende Hinweise.

2 Bilde Satzgefüge, indem du jeweils zwei Sätze miteinander verbindest. Achte auf die Kommasetzung. Du kannst die nebenstehenden Konjunktionen zu Hilfe nehmen.

bevor | da/weil | wenn | dass | sobald

Erstmaliges Verwenden Ihres Mobiltelefons

Um eine Aktion zu starten, wählen Sie ✓. Um eine Aktion zu überspringen, wählen Sie ✗.
Wenn Sie bereits ein Konto besitzen, geben Sie Ihren Benutzernamen und Ihr Passwort ein. Wenn Sie Ihr Kennwort vergessen haben, können Sie es über eine Mail- oder SMS-Mitteilung anfordern. Verwenden Sie das Programm *Telefonwechsel*, um Ihre Inhalte zu kopieren.

3 Für Experten: Erkläre, wie Gebrauchsanweisungen dieser Art wirken. Beschreibe hierzu die Besonderheiten des Satzbaus und bestimme dabei genau die Art und die Funktion der Nebensätze. Nutze hierzu Fachbegriffe.

Station 5: Kommasetzung bei Infinitiv- und Partizipgruppen

- Hilf mir lieber mal.
- Ich erwarte nichts weiter von Gebrauchsanweisungen.
- Da bleibt uns wohl nichts anderes übrig.
- Diese Anleitung besteht nur aus Bildern.

- … dich lustig zu machen.
- … ganz von vorne anzufangen.
- … in jedem Land verständlich zu sein.
- … hilfreich zu sein.

1 Bilde Satzgefüge aus Hauptsatz und Infinitivgruppe mit *zu*. Verwende dazu jeweils eine passende Konjunktion und achte auf die Kommasetzung.

um | (an)statt | außer | ohne | als

VORSICHT, FEHLER!

Forschungsprojekt „Bedienungsanleitung"

Das Ziel einer wissenschaftlichen Studie zu Bedienungsanleitungen ist es deren unverzichtbare Funktion als Mittler zwischen Mensch und Technik zu erforschen. Ein Team von Sprach- und Kulturwissenschaftlern aus allen Kontinenten arbeitet daran universale und kulturspezifische Merkmale von Bedienungsanleitungen herauszufinden. Die Forscher haben es sich zur Aufgabe gemacht der Menschheit endlich die Bedeutung dieser ganz besonderen Textsorte deutlich zu machen. Eine Möglichkeit sich auch der historischen Dimension des Themas zu nähern bietet eine Sammlung von Faltzetteln, Handbüchern und Hinweisschildern aus fünfhundert Jahren.

2 Schreibe den Text ab. Unterstreiche die Infinitivgruppen mit *zu*, umkreise das Wort im Hauptsatz, das auf die Infinitivgruppe hinweist, und setze die Kommas.

VORSICHT, FEHLER!

Unverhofft

Gestern brauchte ich dringend Support für mein die Mitarbeit verweigerndes Handy. Den PC startend griff ich gleichzeitig nach dem Telefonhörer. Ich wartete eine Mail schreibend fünf Minuten vergebens auf ein Durchkommen bei der Service-Hotline. So zwei Medien gleichzeitig nutzend qualmte mir nach kürzester Zeit der Kopf. Entnervt knallte ich das Handy auf den Tisch ihm damit unverhofft ein Lebenszeichen entlockend.

3 a Schreibe den Text ab und trenne dabei alle Partizipgruppen vom Hauptsatz ab.
b Klammere die Kommas, die auch entfallen könnten, ein.

4 a Für Experten: Schreibe selbst eine – möglichst witzige – Anleitung zu einer der folgenden Situationen. Verwende dabei mindestens drei Infinitiv- und zwei Partizipgruppen und setze entsprechend den Regeln Kommas.
- Wie benutze ich die kalte Dusche im Freibad?
- Hinweise zum Verhalten bei Tanten- und Onkel-Besuch
- In fünf Minuten fertig für die Schule sein – so geht's!

b Diktiert euch gegenseitig eure Anleitungen und korrigiert sie in Partnerarbeit.

Station 6: Kommasetzung bei Appositionen und nachgestellten Erläuterungen

Musikinstrumente

Saiteninstrumente ? werden entweder gezupft oder mit einem Bogen gestrichen. Beim Klavier ? werden beim Anschlagen der Tasten Hämmerchen gegen Saiten im Inneren des Instruments geschlagen. Ein nur hinsichtlich der Tastatur ähnliches Instrument ? wird mit Händen und Füßen gespielt. Bei der Orgel wird der Klang durch Pfeifen ? erzeugt. Durch eine besondere Technik des Anblasens entlockt man auch der Querflöte ? Töne. Bei der Blockflöte ? bläst man einfach in die Mundöffnung hinein.

nämlich die Orgel | in gewisser Weise auch ein Saiteninstrument | einem Holzblasinstrument | ihrer senkrecht zu haltenden Verwandten ohne Klappen | wie zum Beispiel die Geige oder die Gitarre | angeblasen durch einen „Orgelwind“ genannten Luftstrom

1 a Schreibe den Text „Musikinstrumente“ ab und fülle dabei die Lücken mit passenden Appositionen bzw. nachgestellten Erläuterungen aus dem Kasten. Setze auch die erforderlichen Kommas.
b Unterstreiche die Appositonen blau und die nachgestellten Erläuterungen grün.

Wurfring

Der Wurfring dem Frisbee verwandt ist ein wunderbares Spiel- und Sportgerät bestens geeignet für den Urlaub am Strand! Der Ring fliegt perfekt eingestellt und flach geworfen gerade und stabil. Die besondere Konstruktion ein zweiteiliges Profil aus Polycarbonat-Kern und Weichgummi-Polster sorgt für eine enorme Flugweite und komfortables Fangen. Die Flugeigenschaften können beeinflusst werden zum Beispiel durch ein vorsichtiges Biegen nach oben oder nach unten. Der Ring ist flach und trocken gelagert sowie vor Sonnenlicht und Hitze geschützt robust und haltbar und bietet umsichtig und sachgemäß verwendet ein perfektes Sportvergnügen.

2 a Für Experten: Schreibe den Text ab und entscheide, wo möglich, ob du Kommas, Gedankenstriche oder Klammern zur Abgrenzung der nachgestellten Erläuterungen verwenden willst.
b Unterstreiche die nachgestellten Erläuterungen, bei denen es sich um Partizipgruppen handelt.

15 Glücklich sein
Texte auswerten, Lernstrategien anwenden

Gl*ck h*ngt n*cht d*v*n *b, w*r d* b*st *d*r w*s d* h*st.
*s h*ngt n*r d*v*n *b, w*s d* d*nkst.
Dale Carnegie

D*s G*h**mn*s d*s Gl*cks l**gt n*cht *m B*s*tz,
s*nd*rn *m G*b*n.
W*r and*r* gl*ckl*ch m*cht, w*rd gl*ckl*ch.
André Gide

D*s V*rgl**ch*n *st d*s End* d*s Gl*cks
*nd d*r *nf*ng d*r *nzufr**d*nh**t.
Søren Kierkegaard

In diesem Kapitel …

- lernst du unterschiedliche Lesetechniken kennen und wendest sie an,
- erschließt du Sachtexte und literarische Texte,
- übst du den Umgang mit verschiedenen Aufgabenformaten,
- entnimmst du Hörtexten Informationen.

1 a Mit einiger Übung kannst du die Sätze oben sicherlich lesen. Versuche es.
b Erkläre, warum man die Wörter lesen kann, obwohl sie unvollständig sind.

2 Diskutiert: Welcher Aussage zum Thema „Glück" könnt ihr euch anschließen? Was bedeutet Glück für euch?

3 a Gib Beispiele dafür an, wann du Texte überfliegst und wann du Texte gründlich und mehrmals liest.
b Es gibt unterschiedliche Ziele beim Lesen. Beschreibe, wie du vorgehst,
- wenn du wissen willst, ob ein Text zu einem bestimmten Thema passt (z. B. bei Suchergebnissen im Internet),
- wenn du einen Text liest, den du interpretieren sollst oder zu dem du eine Stellungnahme schreiben möchtest.

15.1 Lesetechniken anwenden

Informationen entnehmen und bewerten

Texte überfliegen

Die Sehnsucht nach Glück

Jeder will glücklich sein. Und jeder wünscht sich, dass dieses schöne Gefühl möglichst lange anhält. Diese Sehnsucht nach Glück gibt es auf der ganzen Welt.

Verschiedene Auffassungen von Glück

Einig sind sich alle darin, dass Glück ein angenehmes und schönes Gefühl ist. Unterschiedlich sind aber die Auffassungen davon, was Glück genau ist. So spricht man von Glück, wenn der Zufall im Spiel war und jemand im Lotto gewonnen hat.

Etwas geschafft zu haben, wofür man geübt oder sich angestrengt hat, wie z. B. einen guten Aufschlag beim Tennis oder das Spielen eines schwierigen Musikstücks, kann ebenfalls glücklich machen. Auch besonders schöne Situationen oder Erlebnisse wie ein Sonnenuntergang am Meer können Glücksgefühle auslösen. Der Traum von einem glücklichen Leben erfüllt sich wahrscheinlich nur dann, wenn man mit sich selbst im Einklang und mit seinem Leben zufrieden ist.

Der Begriff Glück

Glück kann offenbar für jeden Menschen in verschiedenen Situationen und Lebensphasen etwas anderes bedeuten. Im Deutschen gibt es nur für die unterschiedlichen Bedeutungen von Glück, z. B. als positiver Zufall, freudige Gemütsverfassung usw., nur ein Wort. Andere Sprachen, wie zum Beispiel das Englische, unterscheiden auch sprachlich zwischen luck *(= das Zufallsglück)*, pleasure *(= ein aktuelles Glückserlebnis)* oder happiness *(= ein dauerhafter Glückszustand)*.

Gibt es eine Glücksformel?

Glücksratgeber gehören heute zu den Bestsellern. Und es gibt viele Wissenschaften, z. B. die Philosophie und die Psychologie, die sich mit dem Thema „Glück" beschäftigen und erforschen, was Glück ist und wie es entsteht. Eine Glücksformel hat noch niemand entdeckt. Forscher haben aber herausgefunden, dass es offenbar Faktoren gibt, die Glück begünstigen. Dazu gehören ein stabiles soziales Umfeld, das Ausüben einer befriedigenden Tätigkeit, z. B. im Beruf, als Ehrenamt oder Hobby, physische und psychische Gesundheit, persönliche Freiheit, genug Geld zur Abdeckung der Grundbedürfnisse (Essen, Trinken, Wohnen), vor allem aber auch eine positive innere Haltung, eine Art Lebensphilosophie. Vielleicht kommt man dem Glück auf die Spur, wenn man auf ein weiteres Forschungsergebnis achtet: Die Untersuchungen zeigen nämlich, dass vor allem die Menschen glücklich sind, die das Gemeinwohl über ihre eigenen Interessen und Leistungen stellen.

Glück: Was ist das?

In jeder Kultur und zu jeder Zeit beschäftigten sich Menschen mit den Fragen, was Glück ist und wie man es erreichen kann. Früher waren das vor allem Philosophen. So sah der Chinese Lao Tse (6. Jahrhundert vor Christus) das wahre Glück in der Untätigkeit. Wenn der Mensch aufhöre, so Lao Tse, dem Glück oder anderen Zielen hinterherzulaufen, dann sei er wirklich glücklich. Für die griechischen Philosophen Sokrates, Platon und Aristoteles (5./4. Jahrhundert vor Christus) führte eine tugendhafte Lebensweise zum Glück.

Heute hat die Suche nach dem Glück das Haus der Philosophen verlassen. Soziologen wollen herausfinden, wo die glücklichsten Menschen leben. Der Niederländer Ruut Veenhoven hat die weltgrößte Glücksdatenbank gegründet und herausgefunden, dass unter den Bewohnern von 97 Ländern die Dänen am glücklichsten sind, es folgen die Schweizer, dann die Isländer.

Auch die Psychologen beschäftigen sich mit dem Glück und untersuchen, wie positive Emotionen entstehen und welche Rahmenbedingungen in der Gesellschaft positive Gefühle unterstützen.

Auch die Hirnforschung leistet einen wichtigen Beitrag zur Glücksforschung, indem sie versucht, das Bewusstsein von Emotionen (z. B. „Ich bin glücklich“) hirnphysiologisch zu erklären. Vor allem der amerikanische Hirnforscher Richard Davidson hat sich durch seine Experimente einen Namen gemacht, indem er die Gehirnaktivität seiner Versuchspersonen maß. So fand Davidson heraus, dass die linke vordere Gehirnhälfte für positive Gefühle zuständig ist, während die rechte vordere Gehirnhälfte negative Emotionen entstehen lässt.

Die Glücksforschung ist also ein Feld, das in den verschiedensten Wissenschaften diskutiert und erforscht wird.

1 Prüfe durch überfliegendes Lesen, welcher der beiden Texte dir Informationen zu folgender Fragestellung liefert: Welche Faktoren fördern das Glücklichsein?
Lasse dazu die Augen schnell über die Texte gleiten: Lies nur die Überschriften und die ersten Zeilen der Absätze. Achte auf Signalwörter zum Thema.

2 a Lies nun beide Texte durch. Fasse dann zusammen, worum es in den Texten jeweils geht.
b Vergleiche anschließend deine Ergebnisse und überprüfe diese am Text.

3 Diskutiert, welche Informationen für euch interessant waren oder was euch überrascht hat.

Methode Texte überfliegen

Das überfliegende Lesen hilft dir, aus einer größeren Anzahl von Texten, z. B. aus dem Internet oder aus einem Sachbuch, diejenigen herauszufiltern, die dir wichtige Informationen zu einem bestimmten Thema oder einer bestimmten Frage liefern.

1 **Kläre**, zu welcher **Fragestellung** oder zu welchem **Thema** du dich informieren möchtest.
2 Lies die **Überschrift** (evtl. auch die Zwischenüberschriften) des Textes und die ersten Zeilen der Textabsätze. Oft gibt es auch einen Vorspann (Einleitungssatz), der Auskunft über den Inhalt des Textes gibt.
3 **Überfliege** den gesamten **Text**, indem du mit den Augen zügig über den Text gleitest und nach vorher festgelegten **Signalwörtern** Ausschau hältst.
4 **Notiere**, **ob** der **Text** für dein Anliegen **geeignet** ist und deshalb genau gelesen werden muss.

Sachtexte erschließen, zusammenfassen und bewerten

Bhutan: Glück als Staatsziel
Wie ein König seine Untertanen erzieht

Wo liegt Bhutan? → erklären!

von Christina Krätzig

In Bhutan wurde bereits vor mehr als 30 Jahren festgelegt: Nicht Wirtschaftswachstum soll das wichtigste Entwicklungsziel des Landes sein, sondern „Bruttonationalglück". Diesen Begriff prägte der damals regierende bhutanische König Jigme Singye Wangchuck Anfang der 1970er Jahre. Gemeint ist: Jeder Mensch in Bhutan soll so glücklich wie möglich leben können; die Regierung soll das ermöglichen und die Rahmenbedingungen dafür schaffen.

→ Definition! Was heißt das?

Anders als ihm internationale Berater empfahlen, setzte der König zunächst auf den Ausbau des Gesundheits- und Bildungssektors, um seine Untertanen glücklich zu machen – und nicht auf den Bau von Fabriken oder eine schnelle wirtschaftliche Entwicklung. Damals gab es in ganz Bhutan zwei Ärzte und die Lebenserwartung lag bei unter 40 Jahren. Heute hat sich die Lebenserwartung mit 65,5 Jahren enorm gesteigert. Das Netz von Krankenhäusern und Ärzten ist engmaschig, die Krankenversorgung nach wie vor kostenlos. So gut wie alle jungen Bhutaner gehen zur Schule. 60 Prozent der Bevölkerung können inzwischen lesen und schreiben.

2006 übernahm der Sohn des früheren Königs die Macht. Der junge König Jigme Khesar Namgyel Wangchuck war beim Amtsantritt erst 26 Jahre alt. Er wurde in den USA, England und Indien ausgebildet und hat unter anderem in Oxford studiert. Gleich in seiner ersten Ansprache hat der „Fünfte Drachenkönig" (so sein offizieller Titel) erklärt, dass er die demokratische Entwicklung des Landes voranbringen wolle. 2008 fanden in Bhutan die ersten Wahlen statt. Seitdem gibt es auch eine Verfassung, in der Bruttonationalglück als Staatsziel verankert ist. Darin heißt es in Artikel 9, Absatz 2: Der Staat bemüht sich, jene Bedingungen zu fördern, die das Streben nach Bruttonationalglück ermöglichen. Der junge König hat die Prämissen seines Vaters, die zu mehr Glück der Untertanen führen sollen, weitestgehend übernommen. Dazu gehört neben einer „guten Regierungsführung" ein nachhaltiges und

gerechtes Wirtschaftswachstum, der Erhalt der bhutanischen Kultur und Umweltschutz. 60 Prozent des Landes stehen unter Naturschutz, insbesondere die einzigartigen Himalajawälder, die in Nepal oder Tibet rücksichtslos abgeholzt wurden. Wer in Bhutan einen Baum fällt, muss dafür zwei nachpflanzen. Allerdings gab und gibt es auch viele Vorschriften: Zu offiziellen Anlässen müssen die Menschen traditionelle Kleidung tragen. Häuser dürfen nur im bhutanischen Stil gebaut werden. Rauchen, Werbung und Plastiktüten sind untersagt.

Dass ausgerechnet der König des kleinen Himalajastaates eine so menschenfreundliche Politik verfolgt, liegt auch an der buddhistischen Tradition des Landes. Nächstenliebe und Toleranz stehen seit jeher im Zentrum der Religion. Die Überwindung von Gier und anderen Schwächen soll zu innerer Ausgeglichenheit und Glück führen. Nach buddhistischer Vorstellung ist ein Zustand des Glücks sogar der ursprüngliche Zustand, in dem sich jeder Mensch befindet, der nicht von bösen Gedanken beherrscht wird. Durch Meditation und andere religiöse Praktiken kann er diesen Zustand wieder erreichen – als dauerhaften Zustand. Damit ist Glück nicht nur ein Moment kurzer Euphorie, wie wir uns im Westen dies meistens vorstellen. Der Besitz materieller Güter macht nach buddhistischen Vorstellungen nicht glücklich, wird aber auch nicht kategorisch abgelehnt. Vielmehr geht es darum, materielle und spirituelle Bedürfnisse in Einklang zu bringen.

2008 hat der „Fünfte Drachenkönig" das Glück seiner Untertanen erstmals erforschen lassen. Dafür hat er Interviewer in alle Landesteile geschickt und seine Untertanen befragen lassen. Die Interviews dauerten manchmal einen ganzen Tag lang. Die Forscher vom Institut für Bhutan-Studien wollten beispielsweise wissen, ob die Menschen genug zu essen haben, ihren Nachbarn trauen oder wie oft sie meditieren. Die Ergebnisse dieser Forschung wurden allerdings nicht publiziert. Weitere Befragungen sind geplant, derzeit mangelt es jedoch an Geld.

1 a Überfliege den Text (→ Texte überfliegen, S. 309) unter der folgenden Fragestellung: Welche Bedingungen wurden geschaffen, um das Glück der Bhutaner zu fördern?
b Vergleiche deine Antworten auf die obige Fragestellung und überprüfe sie am Text.

2 Lies den gesamten Text zügig durch, ohne dich an Einzelheiten aufzuhalten. Kläre die Bedeutung unbekannter Wörter aus dem Textzusammenhang oder durch Nachschlagen.

3 a Arbeite mit einer Kopie des Textes. Lies den Text sorgfältig und bearbeite ihn so:
- Markiere Schlüsselwörter – wie in den ersten Zeilen bereits geschehen – farbig.
- Notiere Fragen am Rand, wenn dir etwas unklar ist.

b Sprecht über eure Fragen und klärt sie.
c Gliedere den Text in Sinnabschnitte und halte die wichtigsten Informationen in Stichwörtern oder kurzen Sätzen fest.

4 Fasse die wichtigsten Informationen des Textes zusammen. Gehe so vor:

a Formuliere eine Einleitung, in der du über die Autorin/den Autor, den Titel, die Textsorte (ggf. Quelle) und das Thema des Textes informierst, z. B.: *In dem Bericht … von … geht es um …*

b Fasse im Hauptteil die wichtigsten Informationen des Textes mit eigenen sachlichen Worten zusammen. Mache die Zusammenhänge (Ursache, Wirkung, Gründe) durch passende Satzverknüpfungen deutlich.

c Bewerte zum Schluss den Text. Notiere z. B., was dir am Text gut bzw. weniger gut gefallen hat, oder äußere dich zu einer Textaussage, z. B.:
- *Durch den vorliegenden Text ist mir deutlich geworden, wie wichtig …*
- *Einerseits finde ich es gut, dass … Auf der anderen Seite gibt es in diesem Land viele Vorschriften …*

5 a Strukturiert in Partnerarbeit die gewonnenen Informationen grafisch, z. B. in Form eines Flussdiagramms oder einer Mindmap.

König von Bhutan ⟶ Jigme Singye Wangchuck
↓
1970: „Bruttonationalglück" als Staatsziel ⟶ Jeder Mensch in Bhutan soll so glücklich wie möglich leben.
↓
Mittel: …

b Vergleicht eure Skizze mit eurer Zusammenfassung aus Aufgabe 4. Welche Vor- und Nachteile haben die beiden Arten der Informationsdarstellung?

Methode Einen Sachtext erschließen und zusammenfassen

1. Schritt: Lies die Überschrift(en), hervorgehobene Wörter und die ersten Zeilen des Textes, betrachte die Abbildungen.
2. Schritt: Arbeite mit einer Kopie des Textes. Lies den gesamten Text zügig durch und kreise unbekannte Wörter ein. Mache dir klar, was das Thema des Textes ist.
3. Schritt: Kläre unbekannte Wörter und Textstellen durch Nachdenken oder Nachschlagen.
4. Schritt: Markiere die Schlüsselwörter farbig, gliedere den Text in Sinnabschnitte, notiere Fragen am Rand, wenn dir etwas unklar ist.
5. Schritt: Fasse die Informationen des Textes zusammen.
Tipp: Häufig ist es sinnvoll, die aus Texten gewonnenen **Informationen grafisch** zu **strukturieren**, z. B. in Form eines Flussdiagramms oder einer Mindmap. Ein Flussdiagramm eignet sich besonders gut, um Abläufe darzustellen.

Für die **Zusammenfassung eines Sachtextes** gelten grundsätzlich die gleichen Regeln wie für die Inhaltsangabe eines literarischen Textes (→ S. 328):
- In der **Einleitung** informierst du über die Autorin / den Autor, den Titel, die Textsorte (sofern bekannt), ggf. über die Quelle sowie über das Thema des Textes.
- Im **Hauptteil** fasst du die wichtigsten Textinformationen sachlich und in eigenen Worten zusammen und machst dabei die Zusammenhänge (Ursache, Wirkung, zeitliche Zusammenhänge etc.) durch passende Satzverknüpfungen deutlich.
- Zum **Schluss** bewertest du den Text oder nimmst Stellung zu einer Textaussage.

Grafiken entschlüsseln und auswerten

Abb. 1: Glücksskala

Frage: „Wie glücklich sind Sie zurzeit in Ihrem Leben?“ Bitte bewerten Sie es mit einer Zahl zwischen „1“ und „10“. „1“ bedeutet, dass Sie überhaupt nicht glücklich sind, und „10“ bedeutet, dass Sie sehr glücklich sind. Mit den Werten dazwischen können Sie Ihre Meinung abstufen.

n = 1004 **Durchschnitt: 7,4**

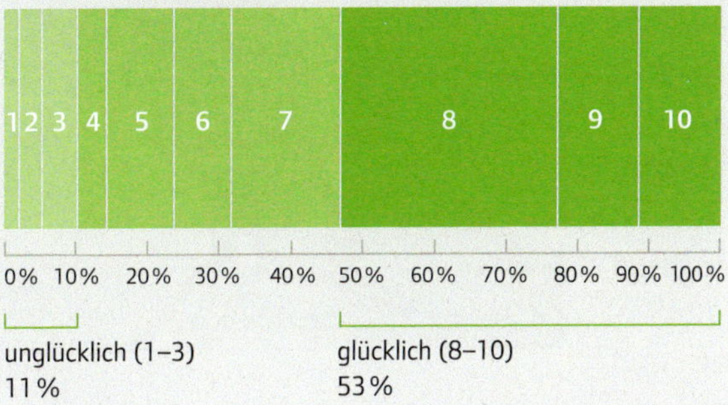

Abb. 2:

Frage: „Was bedeutet für Sie Glück?“ Ich lese Ihnen nun einige Aussagen dazu vor, und Sie sagen mir bitte jeweils, ob das auf Sie sehr zutrifft, eher zutrifft, eher nicht zutrifft oder gar nicht zutrifft. Glück ist, …

n = 1004 **Übersicht: Nennungen „trifft sehr zu“**

1 Untersucht in Partnerarbeit das Diagramm links. Geht so vor:

a Lest die Überschrift und die übrigen Erklärungen. Untersucht, was die Farbgebung und die Zahlen zwischen „1“ und „10“ sowie die Prozentangaben bedeuten.

b Notiert, worüber das Diagramm informiert und welche Angaben gemacht werden.
Das Diagramm mit dem Titel … zeigt, dass die Mehrheit der Befragten … Immerhin 11 Prozent … Circa 47 Prozent der Befragten ordnen sich auf einer Glücksskala von … bis … unter …

2 a Sieh dir die Grafik rechts genau an.

b Überlege, was sich aus den Angaben ablesen lässt, und formuliere eine passende Überschrift für die Grafik.

c Erkläre, warum die angegebenen Prozentzahlen über 100% ergeben, wenn man sie zusammenzählt.

3 Fasse zusammen, was die beiden Grafiken über Glück in Deutschland aussagen.

4 Stelle einen Bezug zwischen den Grafiken oben und dem Text „Bhutan: Glück als Staatsziel“ (→ S. 310–311) her. Prüfe z. B., für wie wichtig die befragten Deutschen und die Bewohner von Bhutan den Besitz von Geld für ihr Glücksempfinden einschätzen.

Methode Diagramme verstehen und auswerten

Um ein Diagramm auszuwerten, gehst du so vor:

1 Sieh dir das Diagramm genau an. Lies die Überschrift und die übrigen Angaben und Erklärungen.

2 Stelle fest, worüber das Diagramm informiert. Welche Maßeinheiten werden verwendet, z. B. Prozent (%), Kilo (kg), Euro (€)?

3 Vergleiche die Angaben miteinander (höchster und niedrigster Wert, gleiche Werte).

4 Fasse zusammen, was im Diagramm gezeigt wird. Was lässt sich ablesen?

Literarische Texte erschließen

Hermann Hesse (1877–1962)
Chinesische Legende

Ein alter Mann mit Namen Chunglang, das heißt „Meister Felsen“, besaß ein kleines Gut in den Bergen. Eines Tages begab es sich, dass er eins von seinen Pferden verlor. Da kamen die Nachbarn, um ihm zu diesem Unglück ihr Beileid zu bezeigen.
Der Alte aber fragte: „Woher wollt ihr wissen, dass das ein Unglück ist?“
Und siehe da: Einige Tage darauf kam das Pferd wieder und brachte ein ganzes Rudel Wildpferde mit. Wiederum erschienen die Nachbarn und wollten ihm zu diesem Glücksfall ihre Glückwünsche bringen.
Der Alte vom Berge aber versetzte: „Woher wollt ihr wissen, dass es ein Glücksfall ist?“
Seit nun so viele Pferde zur Verfügung standen, begann der Sohn des Alten eine Neigung zum Reiten zu fassen, und eines Tages brach er sich das Bein. Da kamen sie wieder, die Nachbarn, um ihr Beileid zum Ausdruck zu bringen.
Und abermals sprach der Alte zu ihnen: „Woher wollt ihr wissen, dass dies ein Unglücksfall ist?“
Im Jahr darauf erschien die Kommission der „Langen Latten“ in den Bergen, um kräftige Männer für den Stiefeldienst des Kaisers und als Sänftenträger zu holen. Den Sohn des Alten, der noch immer seinen Beinschaden hatte, nahmen sie nicht. Chunglang musste lächeln.

1 a Gib deine ersten Leseeindrücke wieder.
b Fasse zusammen, worum es in der Geschichte geht.

2 Überlege, warum Chunglang am Schluss der Geschichte lächeln muss (→ Z. 28).

3 a Überlegt euch in Partnerarbeit für die Geschichte einen neuen Titel.
b Stellt eure Überschriften vor und begründet, warum ihr diese treffend findet.

4 a Untersuche, wie die Handlung der Geschichte aufgebaut ist:
- Gliedere den Text in Sinnabschnitte, denen du treffende Überschriften gibst. Notiere mit Zeilenangaben, z. B.: *Z. 3–4: Chunglang verliert ein Pferd …*
- Benenne den Höhe- oder Wendepunkt (Pointe) der Geschichte.

b Du kannst den Handlungsaufbau auch grafisch darstellen.

Ausgangssituation (Z. 1–6): vermeintliches Unglück durch verlorenes Pferd, Nachbarn …
→ *ungewöhnliche Reaktion …*
→ *…*

5 a Beschreibe, wie die Figuren auf dich wirken. Welche Rolle spielt es hierbei, dass im Text keine innere Handlung erzählt wird?
b Die Eigenschaften Chunglangs können nur aus seinem Verhalten erschlossen werden. Nenne zwei Adjektive, die zu Chunglang passen.
c Überlege, was die Nachbarn im Laufe des Geschehens und am Schluss über Chunglang denken könnten.

6 Untersuche, welche sprachlichen Auffälligkeiten die Geschichte hat.
a Die Geschichte wird im Titel als „Legende“ bezeichnet, eine Textsorte, die dem Märchen verwandt ist. Suche märchenhafte Wendungen in der Geschichte und beschreibe ihre Wirkung.
b Notiere, welche Wirkung durch die Verwendung der wörtlichen Rede erzielt wird, z. B.: Erzählung lebendig machen, Spannung steigern, Figuren glaubwürdig darstellen, eine Textstelle besonders betonen. Begründe deine Entscheidung.

7 Verfasse zur Geschichte „Chinesische Legende“ von Hermann Hesse eine kurze Inhaltsangabe. Begründe im Anschluss, ob es sich um eine Geschichte über Glück oder Unglück handelt. Belege deine Meinung anhand des Textes (→ Aussagen mit Zitaten belegen, S. 328).

Methode Einen Erzähltext erschließen und interpretieren

Folgende Leitfragen helfen dir, einen literarischen Text zu erschließen:

Thema/Inhalt:
- Was ist das Thema des Textes? Enthält er eine Lehre? Gibt es zentrale Motive?

Aufbau der Handlung:
- Wie sind Ausgangssituation und Schluss (offen/geschlossen) gestaltet?
- Gibt es einen Höhe- bzw. Wendepunkt (Pointe)? Wird Spannung erzeugt?
- Wird linear (fortlaufend) erzählt oder gibt es Rückwendungen und/oder Vorausdeutungen?

Figuren:
- Welche Figuren kommen vor? In welcher Beziehung stehen sie zueinander?
- Erfährst du etwas über die Gedanken und Gefühle der Figuren (innere Handlung) oder liegt der Schwerpunkt auf der Darstellung der äußeren Handlung?

Erzähler:
- In welcher Erzählform (Ich-Erzähler/-in oder Er-/Sie-Erzähler/-in) ist der Text geschrieben?
- Welches Erzählverhalten (auktorial oder personal) liegt vor?

Sprache:
- Gibt es Besonderheiten im Satzbau, z. B. einfache, kurze Sätze oder längere Satzgefüge?
- Werden Sätze oder Wörter wiederholt? Wird wörtliche Rede verwendet (häufige oder gezielte Verwendung an bestimmten Stellen)?
- Werden sprachliche Bilder (Personifikationen, Metaphern, Vergleiche) gebraucht?

Tipp: Beschreibe nicht nur, sondern erkläre auch die Wirkung und die Funktion der erfassten Merkmale.
Mehr Informationen zur Erschließung literarischer Texte findest du auf S. 330–333.

Gedichte verstehen und interpretieren

Hermann Hesse
Blauer Schmetterling

Flügelt ein kleiner blauer
Falter vom Wind geweht,
Ein perlmutterner Schauer,
Glitzert, flimmert, vergeht.
So mit Augenblicksblinken,
So im Vorüberwehn
Sah ich das Glück mir winken,
Glitzern, flimmern, vergehn.

1 a Wie wirkt das Gedicht auf dich? Beschreibe deine ersten Eindrücke mit treffenden Adjektiven.
b Begründe anhand des Textes, wodurch diese Wirkung entsteht.

2 Erkläre, welche Situation beschrieben wird. Verwende dabei auch den Begriff „lyrisches Ich".

3 a Bestimme die Reimform des Gedichts.
b Das Gedicht hat keine Strophen, aber es gibt einen Einschnitt (eine Zäsur). Untersuche, wo diese Zäsur liegt und wodurch sie sprachlich gekennzeichnet wird.
c Erkläre, inwieweit man auch von einer inhaltlichen Zäsur sprechen kann. Erläutere dabei den Vergleich in Vers 5 und 6.

4 Beschreibe weitere sprachliche Auffälligkeiten und erläutere ihre Wirkung. Achte auf die Verwendung bestimmter Wortarten, Neologismen (Wortneuschöpfungen) und den Klang der Wörter durch helle (e, i) bzw. dunkle (a, o, u) Vokale.

5 Verfasse eine Gedichtinterpretation, in der du auch erläuterst, welche Auffassung vom Glück in dem Gedicht deutlich wird. Beziehe dabei deine Ergebnisse aus den vorangegangenen Aufgaben mit ein.

Methode Ein Gedicht erschließen

Folgende Leitfragen helfen dir, ein Gedicht zu erschließen:
- **Inhalt:** Worum geht es in dem Gedicht? Was bedeutet der Titel?
- **Sprecher/-in:** Gibt es einen lyrischen Sprecher (lyrisches Ich/Wir)?
- **Formaler Aufbau:** Ist das Gedicht in Strophen und Verse gegliedert? Werden Verse oder Strophen wiederholt? Ist das Gedicht gereimt (Reimform)? Lässt sich ein Metrum erkennen?
- **Sprachliche Gestaltung:** Welche sprachlichen Bilder (Metaphern, Personifikationen, Vergleiche) werden verwendet? Werden Wörter auffällig wiederholt? Herrscht eine bestimmte Wortart vor (z. B. Adjektive, Verben)? Gibt es Neologismen (Wortneuschöpfungen)? Fallen Alliterationen oder eine Häufung von Wörtern mit hellen/dunklen Vokalen auf?

Tipp: Beschreibe nicht nur, sondern erkläre auch die Wirkung und die Funktion der erfassten Merkmale. Mehr Informationen zur Erschließung von Gedichten findest du auf S. 334–337.

15.2 Wie bereite ich mich vor?
Aufgabenformate kennen lernen

Glück hinterlässt Spuren

Was ist Glück? Wie entsteht Glück? Bis vor wenigen Jahren wurden diese Fragen in der Philosophie, der Soziologie und der Psychologie erforscht. Heute untersuchen auch die Hirnforscher, wie das Glück in unserem Kopf zustande kommt. Eine wichtige Erkenntnis der Hirnforschung lautet: Der Mensch ist nicht darauf angelegt, dauerhaft Glück zu empfinden.
Was Glücksgefühle auslöst, ist bei jedem Menschen verschieden. Schon der Genuss von einem Stückchen Schokolade oder das Lesen eines guten Buches kann viele glücklich machen. Bei anderen stellt sich das Hochgefühl bei besonderen Tätigkeiten oder Ereignissen ein, z. B. beim Bergsteigen, Feiern, Musikmachen, Zusammensein mit Freunden, Shoppen oder bei einem Erfolgserlebnis. In jedem Fall lassen sich aber Spuren im Gehirn nachweisen, wenn man Glück empfindet.

Glück findet im Gehirn statt

Bereits Ende der 1950er Jahre fand James Olds, Psychologe an der University of Michigan, heraus, dass Ratten die elektrische Stimulation eines bestimmten Gehirnareals mögen. Die Ratten konnten diese Gehirnregion selbst per Knopfdruck stimulieren und drückten den Knopf immer wieder. So lange, bis sie vor Durst, Hunger und Erschöpfung beinahe gestorben wären. Für sie zählte nur noch der „Glückskick".
Olds hatte das Belohnungszentrum im Gehirn entdeckt, eine Ansammlung von Neuronen (Nervenzellen) im Mittelhirn. Sie werden aktiv, wenn etwas passiert, was besser ist als erwartet. Dann stoßen sie Dopamin aus und leiten es weiter: zum einen in das untere Vorderhirn, zum anderen direkt ins Frontalhirn. Wenn Dopamin im Vorderhirn ankommt, produzieren die dortigen Neuronen Endorphine. Das sind körpereigene, opiumähnliche Stoffe, die angenehme Gefühle auslösen und für ein Stimmungshoch sorgen. Man ist glücklich! Dopamin ist ein Botenstoff (Neurotransmitter), der Signale zwischen den Nervenzellen überträgt. Weil Dopamin an der Entstehung von Glücksgefühlen beteiligt ist, wird es auch als „Glückshormon" bezeichnet. Übrigens produzieren unsere Nervenzellen schon beim Gedanken an etwas Beglückendes Dopamin. Hat man beispielsweise schon einmal erfahren, wie lecker Schokolade schmeckt, wird schon in Vorfreude darauf Dopamin ausgeschüttet. Damit es uns mit einer Überdosis Glück nicht geht wie den Ratten, ist es wichtig, dass unser Glücksempfinden auch wieder abflaut. Deswegen sorgt das Gehirn dafür, dass unser Glücksgefühl nach einiger Zeit wieder nachlässt.

Auswirkungen von zu viel oder zu wenig Dopamin im Hirn

Möglicherweise beeinflusst die Konzentration von Dopamin auch, ob Menschen eher temperamentvoll oder ruhig, eher ängstlich oder mutig sind. Versuche am Berliner Universitätsklinikum Charité ergaben, dass Menschen mit einer hohen Dopaminmenge im Gehirn ängstlicher reagierten als Menschen mit einer geringen Konzentration. Bei den Versuchen wurden den Teilnehmern Bilder gezeigt, die positive oder negative Reize auslösen. Bei Fotos mit negativen Reizen, z. B. Fotos von einem Autounfall oder einem Raubüberfall, waren die Hirnregionen, die Angst auslösen, bei Menschen mit hoher Dopaminkonzentration viel aktiver. Wer relativ viel Dopamin im Gehirn habe, so die Forscher, reagiere auf bestimmte Reize vermutlich generell ängstlicher als andere.

Ob sich die Dopaminkonzentration eines Menschen im Laufe seines Lebens verändert, ist noch unklar. Möglicherweise sinkt sie im Alter, was auch erklären könnte, warum ältere Menschen allgemein als ruhiger und weiser gelten.

Im Folgenden findest du verschiedene Aufgabenformate zu dem Text, mit denen dein Textverständnis getestet werden kann. Bearbeite sie.

Auswahlaufgaben (Multiple-Choice-Aufgaben)

1 Was ist Dopamin? Eine der folgenden Antworten ist richtig. Welche ist es? Schreibe den Buchstaben der zutreffenden Antwort und den zugehörigen Satz in dein Heft.

A Dopamin ist ein körpereigener, opiumähnlicher Stoff.
B Dopamin ist ein Botenstoff, der Signale zwischen Nervenzellen überträgt.
C Dopamin ist ein Teil des Belohnungszentrums, das im Mittelhirn liegt.
D Dopamin ist ein Glücksgefühl.

Richtig/Falsch-Aufgaben (True/False-Aufgaben)

2 Welche der folgenden Aussagen zum Text treffen zu, welche nicht? Notiere in deinem Heft hinter jedem Buchstaben ein *r* für richtig oder ein *f* für falsch.

A Nervenzellen schütten Dopamin aus.
B Dopamin stimuliert das Belohnungssystem im Gehirn.
C Endorphine entstehen bei Angst.
D Die Menge an Dopamin ist bei jedem Menschen unterschiedlich.
E Der Genuss von Schokolade löst bei allen Menschen Glücksgefühle aus.
F Schon beim Gedanken an etwas, was uns glücklich macht, produziert das Gehirn Dopamin.

Zuordnungsaufgaben (Matching-Aufgaben)

3 Bilde Satzgefüge, sodass zutreffende Aussagen zum Inhalt des Textes „Glück hinterlässt Spuren" entstehen. Schreibe die vollständigen Sätze in dein Heft.

Menschen reagieren auf Reize ängstlicher,

wenn sie ständig ein starkes Glücksgefühl hätten.

Menschen würden lebensnotwendige Dinge wie Nahrungsaufnahme und Schlaf vernachlässigen,

wenn sie älter werden.

Im Gehirn von Menschen finden sichtbare Prozesse statt,

wenn sie Glück empfinden.

Möglicherweise sinkt bei Menschen der Dopaminspiegel,

wenn sie eine hohe Dopaminkonzentration im Gehirn haben.

Lückentexte

4 Schreibe den folgenden Text ab und fülle dabei die Lücken mit passenden Wörtern aus dem Wortspeicher, sodass korrekte Aussagen entstehen.
Tipp: Du musst die Nomen/Substantive deklinieren (beugen).

Auch wenn wir Glück im ganzen Körper empfinden, entsteht dieses Gefühl im ? . Wenn uns etwas Schönes passiert, wird im ? des Gehirns ? ausgestoßen, ein Botenstoff, der die Nervenzellen erregt. Weil Dopamin an der Entstehung von ? beteiligt ist, wird es auch ? genannt. Forscher meinen, dass die Menge von ? im Gehirn auch darüber entscheidet, ob Menschen eher ruhig und gelassen oder gestresst und ängstlich reagieren.

Glücksgefühl | Belohnungszentrum | Dopamin (2x) | Gehirn | Glückshormon

Kurzantworten

5 a Welche Wissenschaften beschäftigen sich mit der Erforschung von Glück? Notiere deine Antwort in einem Satz.
b Warum sorgt unser Gehirn dafür, dass unser Glücksgefühl nach einiger Zeit wieder abklingt? Beantworte diese Frage in ein bis zwei Sätzen.

6 Kontrolliere deine Ergebnisse mithilfe der Lösungen auf S. 376.

7 Im Deutschunterricht, aber auch in den anderen Fächern, gibt es unterschiedliche Aufgabenformate. Einige hast du auf S. 318–319 kennen gelernt.
a Diskutiert, welche Arten von Aufgaben ihr bevorzugt, z. B.:
- Aufgaben, bei denen ihr selbst einen Text relativ frei verfassen könnt, z. B. eine Inhaltsangabe, eine Stellungnahme, oder
- Aufgaben, bei denen die Antworten festgelegt sind (→ vgl. Aufgaben S. 318–319).

b Tauscht euch über eure Strategien aus, die unterschiedlichen Aufgaben zu lösen.

! Merkwissen Verschiedene Aufgabenformate

Neben den Aufgaben, bei denen du selbst Texte relativ frei verfassen kannst (Inhaltsangabe, Gedichtinterpretation etc.), gibt es andere Aufgabenformate, mit denen man prüfen kann, ob jemand einen Text verstanden hat. Hier sind die Lösungen relativ festgelegt, z. B.:
- **Auswahlaufgaben** (Multiple-Choice-Aufgaben, → S. 318): Zu einer Frage werden verschiedene Antwortmöglichkeiten vorgegeben, du wählst die richtige Antwort aus.
- **Richtig/Falsch-Aufgaben** (True/False-Aufgaben, → S. 318): Du musst entscheiden, welche der vorgegebenen Aussagen (z. B. zu einem Text) richtig oder falsch sind.
- **Zuordnungs-Aufgaben** (Matching-Aufgaben, → S. 318): Hier ordnest du vorgegebene Informationen einander zu, z. B. indem du jeweils richtige Aussagen miteinander verbindest.
- **Lückentextaufgaben** (Einsetzaufgaben, → S. 319): In einen vorgegebenen Text mit Lücken setzt du die richtigen Wörter oder Wortgruppen ein.
- **Kurzantwort** (→ S. 319): Zu einer Frage formulierst du eine kurze Antwort oder Stellungnahme.

Glück kann man trainieren

Wer gezielt Dankbarkeit, Optimismus und Humor trainiert, geht zufriedener durchs Leben. Das ist das Ergebnis einer Studie aus der Schweiz.

Sie kamen, weil sie sich besser fühlen wollten. Und sie gingen mit höherer Lebenszufriedenheit. 180 Männer und Frauen in der Schweiz trainierten zehn Wochen lang bestimmte Charakterstärken. Das reichte aus, um ihr Wohlbefinden zu steigern, zeigte eine Studie der Universität Zürich.

Mehr positive Gefühle erleben

Dahinter steht die Theorie, dass Menschen, die Charakterstärken wie Dankbarkeit, Humor, Neugier, Freundlichkeit und Liebe zum Lernen einsetzen, mehr positive Gefühle erleben. Außerdem sehen sie mehr Sinn im Leben und haben bessere Beziehungen zu anderen. Das alles führe letztlich dazu, dass sie sich besser fühlen. Die Frauen und Männer in Zürich trafen sich alle zwei Wochen, bekamen eine Stärke vorgestellt und übten sie in der Gruppe. „Als es um Dankbarkeit ging, mussten sie sich zum Beispiel mit ihrem Sitznachbarn darüber austauschen, wie sie in einer bestimmten Situation Dankbarkeit erlebt hatten", erzählt René Proyer, Psychologe an der Uni Zürich. Als Hausaufgabe sollten die Teilnehmer einem Menschen einen Dankesbrief schreiben, ihm diesen vorlesen und die Reaktion beobachten. Um Neugier zu fördern, schlugen die Forscher verschiedene Aktivitäten vor, etwa, sich über die Küche eines anderen Landes zu informieren und ein Gericht nachzukochen. „Die Leute sollten etwas Neues kennen lernen und beobachten, ob es ihnen Spaß macht", sagt Proyer. Die Männer und Frauen mit dem Stärketraining fühlten sich anschließend besser – sie waren heiterer, glücklicher und positiverer Stimmung.

Ist es so einfach, glücklich und zufrieden zu werden? „Sie werden durch so ein Training nicht plötzlich von einem unglücklichen Menschen zu einem glücklichen", sagt Prof. Michael Eid, Psychologe an der Freien Universität Berlin. Aber es gebe Effekte. Das heißt: Man wandert auf der Glücksleiter ein, zwei Sprossen nach oben.

Negative Gefühle gehören genauso zum Leben

Doch auch ein bisschen glücklicher und zufriedener zu werden, gelingt nicht von heute auf morgen. „Man muss dranbleiben und seine Stärken immer wieder einsetzen", sagt Renate Frank. Ein Stärkentraining kann also nur der Einstieg sein. Üben und anwenden muss man das Gelernte hinterher selbst.

Und auch wer fleißig übt, wird nicht ständig auf rosaroten Wolken schweben. „Es geht nicht darum, ein Glücksroboter zu sein", sagt Proyer. Menschen, die immer mal wieder unzufrieden sind, machen nichts falsch, denn negative Gefühle gehörten genauso zum Leben dazu. Wer seine eigenen Stärken kennt und sie trainiert, könne aber auf Dauer den Blickwinkel etwas verschieben und ein „positiveres Grundgefühl entwickeln".

1 Lies den Text sorgfältig. Kläre anschließend die Bedeutung unbekannter Wörter oder Textstellen, die dir unklar sind.

2 Bildet Gruppen und entwickelt zu diesem Text selbst Aufgaben. Nutzt dabei die fünf verschiedenen Aufgabenformate (→ S. 318–319).

3 a Testet euch gegenseitig mithilfe eurer Aufgaben.
b Prüft anschließend eure Lösungen.

15.3 Zuhören trainieren
Hörtexte verstehen

Glück macht Schule

Schülerinnen und Schüler des Humboldt-Gymnasiums haben in diesem Jahr ein Projekt zum Thema „Glück“ durchgeführt. Wir sprachen mit dem Schulleiter, Herrn Becker, und einigen Schülern über ihre Erfahrungen.

REPORTERIN: Wie seid ihr auf die Idee gekommen, ein Projekt zum Thema „Glück“ durchzuführen?

ANGELA: Wir hatten gehört, dass es Schulen gibt, in denen Schüler Unterricht im Fach Glück haben. Da sind wir neugierig geworden und haben das Thema „Glück“ für unsere Projektwoche vorgeschlagen.

REPORTERIN: Herr Becker, waren Sie denn gleich einverstanden mit dem Projektthema?

HERR BECKER: Ja, ich fand die Idee wirklich gut. Ich hatte einen Beitrag im Fernsehen über eine Leipziger Schule gesehen, an der Glück als Unterrichtsfach eingeführt worden war. Der dortige Schulleiter Ernst Fritz-Schubert hatte das Fach mit Bildungsforschern und Sportwissenschaftlern entwickelt. Ich war von diesem Konzept beeindruckt, die Schülerinnen und Schüler rannten sozusagen mit ihrem Vorschlag bei mir offene Türen ein.

REPORTERIN: Was lag Ihnen bei diesem Projekt besonders am Herzen?

HERR BECKER: Ich finde es schlimm, wenn ich höre, dass Schüler nicht gerne in die Schule gehen. Stellen Sie sich mal vor, es gibt eine Umfrage, da steht Schule bei den Schülern auf der Beliebtheitsskala noch hinter Zahnarztpraxis! Das will ich ändern.

REPORTERIN: Wie meinen Sie das denn genau? Was ist das Ziel des Projekts?

HERR BECKER: In der Projektwoche ging es erst einmal darum, die Schüler für das Thema zu sensibilisieren. Man muss ja erst einmal erkennen, was ein Glücksmoment sein kann.

REPORTERIN: Was wurde in der Projektwoche konkret angeboten?

ANGELA: Das war ganz abwechslungsreich. Es gab zum Beispiel Informationsveranstaltungen, in denen erklärt wurde, welche Sicht die Hirnforschung, die Philosophie und die Psychologie auf das Thema „Glück“ haben. Es wurden aber auch praktische Übungen angeboten. Zum Beispiel gab es spezielle Theaterkurse, in denen Vertrauensübungen durchgeführt wurden, Sportkurse, in denen man sich beim Klettern gegenseitig sichern musste oder gemeinsam einen Langstreckenlauf machte. Auch Meditationsübungen und Kunstcollagen zum Thema „Glück“ wurden durchgeführt und eine Filmgruppe hat einen Videoclip dazu gedreht.

REPORTERIN: Und was hat euch besonders gut gefallen?

SVEN: Mir hat die „Honigdusche“ am besten gefallen. Einer sitzt mit dem Rücken zur Gruppe und die ganze Gruppe sagt positive Sachen über ihn. Man soll loben und nur gute Dinge sagen, z. B.: „Ich finde es toll, dass du sportlich und hilfsbereit bist.“ Man hört diese netten Sachen in einer großen Gruppe und denkt dann wirklich: So schlecht sind meine Eigenschaften doch gar nicht. Klar, am Anfang war mir das Ganze schon ein bisschen unangenehm.

HERR BECKER: Ja, solche Übungen wie die „Honigdusche“ stärken das Gemeinschaftsgefühl und fördern das Selbstbewusstsein. Die Schüler entdecken ihre Stärken durch die Rückmeldung ihrer Mitschüler.

1 Lies die Überschrift und den Vorspann zum Interview. Notiere: Welche Erwartungen hast du an den Inhalt des Textes?

2 a Lest das Interview mit verteilten Rollen langsam und deutlich vor. Die anderen hören aufmerksam zu und notieren sich beim Hören Stichpunkte zu den Kernaussagen des Textes. Schreibt auch Wörter auf, die ihr nicht versteht.
b Formuliere in einem Satz, wovon der Text handelt.
c Kläre Wörter, die du nicht verstehst.

3 a Lass dir den Text ein zweites Mal vorlesen. Überprüfe und korrigiere deine Notizen, wenn nötig.
b Prüfe dein Hörverständnis, indem du die zutreffenden Antworten in dein Heft schreibst.
Tipp: Bei manchen Aufgaben treffen mehrere Antworten zu.

A Der Schulleiter befürwortete sogleich das Projekt zum Thema „Glück", ...
- weil er etwas Neues ausprobieren wollte.
- weil er den Schülern zeigen wollte, was Glücksmomente sind.
- weil er zuvor einen Fernsehbeitrag über das Unterrichtsfach Glück gesehen hatte.
- weil er wollte, dass die Schüler/-innen nicht nur Glück im Konsumieren empfinden.

B In der Projektwoche zum Thema „Glück" gab es ...
- Unterricht, der lustig war.
- Informationsveranstaltungen zum Thema „Glück".
- spezielle Theater- und Sportkurse.
- Tanzveranstaltungen zum Thema „Glück".

C Bei der Übung „Honigdusche" geht es darum, ...
- einander zu kritisieren.
- zu lernen, miteinander respektvoll umzugehen.
- über andere positive Dinge zu sagen.
- das Gemeinschaftsgefühl und das Selbstbewusstsein zu stärken.

4 Überprüfe deine Ergebnisse mithilfe der Lösungen auf S. 376.

5 Diskutiert: Was haltet ihr von einer Projektwoche zum Thema „Glück"?

6 Trainiere dein Hörverständnis. Entwickle dabei selbst Aufgaben zu einem Text, mit denen du das Hörverständnis prüfen kannst. Nutze verschiedene Aufgabenformate (→ S. 318–319).

Methode Hörtexten Informationen entnehmen

- Kläre deine Erwartungen an den Text, z. B. anhand des Titels.
- Höre dir den Text einmal ganz an. Notiere dabei Stichwörter zu wichtigen Textaussagen. Notiere auch Wörter, deren Bedeutung du nicht kennst.
- Kläre Wörter, die du nicht verstehst.
- Höre dir den Text ein zweites Mal an. Prüfe deine Notizen und korrigiere sie gegebenenfalls.

Orientierungswissen

Sprechen und zuhören

Argumentieren

→ S. 40–42

Beim Argumentieren versucht man, seine Meinung überzeugend zu begründen.
Man formuliert einen Standpunkt (Meinung, Wunsch, Forderung), den man durch Argumente und Beispiele stützt.

- **Standpunkt (Meinung):** *Ein Leben ohne digitale Medien ist heute nicht mehr denkbar.*
- **Argument:** *…, weil die moderne Welt den schnellen Zugang zu Informationen und auch die digitale Kommunikation verlangt.*
- **Beispiel:** *Bei der Vorbereitung eines Referats gehört die Internetrecherche z. B. selbstverständlich dazu.*

Überzeugende Beispiele können sein:

- ein überzeugendes **Beispiel** aus eurem eigenen **Erfahrungsbereich** oder eine **nachvollziehbare Erläuterung**, warum etwas sinnvoll oder nicht sinnvoll ist, z. B.:
  In unserer Schule haben wir eine Medien-AG, in der wir einen Kurzfilm gedreht haben. Für ein solches Projekt braucht man zum Beispiel auch den Computer, mit dem man das Film- und Audiomaterial bearbeiten kann.
- ein **Beleg aus der Zeitung** oder ein **Zitat von einer Expertin/einem Experten**, z. B.:
  Der Medienpädagoge Thomas Welsch hat die Erfahrung gemacht, dass Medien Jugendliche zum Mitdenken anregen, ihre Kreativität fördern und sie sogar aufnahmefähiger machen können.

So kannst du ein Gegenargument entkräften oder widerlegen:

Beim Argumentieren überzeugst du noch mehr, wenn du auch auf ein Argument eingehst, das gegen deinen Standpunkt spricht (Gegenargument), und dieses entkräftest. Erkläre zum Beispiel, warum dich das Argument nicht überzeugt, und nenne ein Argument, das für deinen Standpunkt spricht, z. B.:
Es ist zwar nachvollziehbar, wenn …, aber viel entscheidender ist doch …;
Gegen … spricht, dass …

Schreiben

Zu einer Streitfrage schriftlich Stellung nehmen

→ S. 46–49; 57–60

Beim Argumentieren nimmst du Stellung zu einer Streitfrage (z. B.: *Findet ihr es sinnvoll, Hausaufgabenportale zu nutzen?*), indem du deine Meinung überzeugend begründest.

Einleitung:
- Führe in das Thema ein: Nenne zum Beispiel den Anlass oder die Absicht deiner Argumentation oder wecke Interesse für das Thema.
- Leite dann zum Hauptteil über, indem du die Diskussionsfrage nennst *(Im Folgenden möchte ich zu der Frage Stellung nehmen, …)* oder kurz deinen Standpunkt darlegst *(Ich bin der Meinung, dass …, und habe hierfür folgende Gründe: …)*.

Hauptteil:
Im Hauptteil begründest du deinen Standpunkt, indem du Argumente und Beispiele anführst, die deine Meinung stützen (→ überzeugende Beispiele finden, Merkkasten S. 42).
- Mache den Zusammenhang deiner Argumentation deutlich, indem du die **Argumente** und **Beispiele sprachlich geschickt einleitest** und **miteinander verknüpfst**.
- Beim Argumentieren überzeugst du noch mehr, wenn du ein **Gegenargument** (Argument, das gegen deinen Standpunkt spricht) nennst und dieses **entkräftest** oder widerlegst, z. B.: Erkläre zum Beispiel, warum dich das Argument nicht überzeugt, und nenne ein Argument, das für deinen Standpunkt spricht, z. B.: *Es ist zwar nachvollziehbar, wenn … Aber viel entscheidender ist doch …; Gegen … spricht, dass …*
- Achte auf eine sinnvolle Anordnung der Argumente: So kann z. B. das erste oder das letzte Argument, das du nennst, besonders schlagkräftig sein.

Schluss:
Bekräftige zum Schluss noch einmal deinen Standpunkt oder formuliere einen Vorschlag, eine Forderung oder einen Wunsch für die Zukunft. Du kannst auch eine Bedingung nennen, die eingehalten werden müsste *(Wenn …, fände ich es …; Falls …, könnte ich mir vorstellen, …)*.

Setze zur besseren Übersichtlichkeit zwischen Einleitung, Hauptteil und Schluss Absätze.

Formulierungshilfen für die Argumentation:
Ein Argument für/gegen … ist, dass … | Darüber hinaus … | Ein weiteres Argument … | Es gibt noch ein wichtigeres Argument für/gegen … | Besonders wichtig ist … | Außerdem spielt eine Rolle, dass … | Bedenken muss man auch, … | Wenn …, dann … | Dafür spricht … | … berichtet zum Beispiel, dass … | Wenn man zum Beispiel … | denn | weil | da | deshalb | daher | außerdem | wenn | um … zu | sodass | aber | darum

Informieren

Ein Protokoll anfertigen

→S. 21–23

Das Protokoll ist eine Sonderform des Berichts. Es gibt **knapp und sachlich** das Wichtigste einer Unterrichtsstunde, einer Diskussion, einer Sitzung oder eines Versuchs wieder.
Protokolle haben eine **feste äußere Form**:

1 **Protokollkopf:**
Der Protokollkopf enthält folgende Angaben: Anlass (Titel der Veranstaltung), Datum/Zeit, Ort, Anwesende/Abwesende, Name der Protokollantin / des Protokollanten, Thema (z. B. der Unterrichtsstunde) oder Auflistung der Tagesordnungspunkte (TOPs).

2 **Hauptteil:**
Im Hauptteil werden die wichtigsten Informationen sachlich, knapp und übersichtlich wiedergegeben.

3 **Schluss:**
Der Schluss des Protokolls enthält Ort und Datum der Abfassung sowie die Unterschrift der Protokollantin / des Protokollanten.

Das **Tempus** des Protokolls ist in der Regel das **Präsens**. Wichtige Gesprächsbeiträge einzelner Teilnehmer/-innen werden in der **indirekten Rede** (→S. 349) mit Angabe des Namens der Sprecherin oder des Sprechers wiedergegeben.

Einen Informationstext verfassen

→S. 24–28; 37–38

In einem Informationstext fasst du für bestimmte Leser **das Wichtigste über einen Sachverhalt** knapp und in gut verständlicher Weise zusammen. Du gibst dabei Informationen aus verschiedenen Materialien übersichtlich wieder und beschreibst und erklärst Zusammenhänge.

- Gib deinem Text eine **klare gedankliche Struktur** (roter Faden), in die du die Informationen einordnest, z. B.: *Ursache ⟶ Wirkung ⟶ Folgen; Vergangenheit ⟶ Gegenwart ⟶ Zukunft; Problem ⟶ Lösung ⟶ Umsetzung; Frage ⟶ Antwort ⟶ Folgerung.*
- **Gliedere** deinen Text in **Überschrift**, **Einleitung** (Thema, W-Fragen), **Hauptteil** (Beschreibung und Erklärung der Sachverhalte in einer klaren gedanklichen Struktur) und **Schluss** (Zusammenfassung, Ausblick).
- Mache durch Absätze die Gliederung deines Textes deutlich.
- Nutze **eigene Worte** und formuliere **sachlich** ohne persönliche Wertungen.
- Schreibe vorwiegend im **Präsens** und verwende die **indirekte Rede**, wenn du Äußerungen anderer wiedergibst.
- Mache die **Zusammenhänge** der Informationen (Ursache, Wirkung etc.) auch sprachlich deutlich, z. B. durch **Satzverknüpfungen** (*weil, daher, denn, sodass* etc.).

Beschreiben

Eine Person beschreiben

→ S. 62–63

- **Einleitung:** Mache in der Einleitung allgemeine Angaben zur Person (z. B. Geschlecht und Alter).
- **Hauptteil:** Beschreibe im Hauptteil das Aussehen der Person in einer geordneten Reihenfolge, z. B. von oben nach unten.
- **Schluss:** Hier kannst du beschreiben, wie die Person auf dich wirkt.
- Suche **aussagekräftige Adjektive**, z. B.: *fahlgrau, gertenschlank.*
- Verwende anstelle der Wörter *ist, sind, hat* und *haben* **treffende Verben**, z. B.: *tragen, aussehen, besitzen, aufweisen, wirken, umgeben.*
- **Vermeide persönliche Wertungen** wie *schön, süß, lieb* oder *hässlich.*
- Schreibe im **Präsens**.

Einen Ort beschreiben

→ S. 64–65; 70

- **Einleitung:** Benenne den Ort und mache allgemeine Angaben, z. B. zur Größe, Lage.
- **Hauptteil:** Beschreibe den Ort in einer geordneten Reihenfolge, z. B. vom Wesentlichen zum weniger Wichtigen, von vorne nach hinten, von links nach rechts oder im Uhrzeigersinn. Benenne wichtige Elemente der Raumgestaltung und Einrichtungsgegenstände.
- **Schluss:** Hier kannst du beschreiben, wie der Ort insgesamt auf dich wirkt.
- Nutze möglichst **treffende Begriffe** (auch Fachbegriffe) zur Bezeichnung einzelner Gegenstände, z. B.: *Leinwand, Scheinwerfer.*
- Suche **treffende Adjektive** (z. B.: *grasgrün*) und **Verben** (z. B.: *hängen, stehen*).
- Beschreibe die genaue Lage **der einzelnen Gegenstände**, z. B.: *links, oben, davor.*
- Eine Ortsbeschreibung wird im **Präsens** und in einer **sachlichen Sprache** verfasst.

Einen Arbeitsablauf beschreiben

→ S. 66–67

- **Einleitung:** Benenne notwendige Materialien und/oder Vorbereitungen.
- **Hauptteil:** Beschreibe den Arbeitsablauf Schritt für Schritt.
- **Schluss:** Hier kannst du einen weiterführenden Hinweis geben.
- Erkläre möglichst die **Fachbegriffe**, die du verwendest.
- Wähle passende Wörter, die die **Reihenfolge** der einzelnen Arbeitsschritte **deutlich machen**, z. B.: *zuerst, dann, danach, zum Schluss.*
- Wechsle zwischen **Aktiv- und Passivformulierungen**, dann wird deine Beschreibung abwechslungsreicher, z. B.: *Flüssigkeitsbehälter werden … verpackt. Danach legt man …*
- Schreibe im **Präsens**, um das Allgemeingültige des Vorgangs auszudrücken.

Ein Bild beschreiben

- **Einleitung:** Mache Angaben zum Titel, zur Künstlerin oder zum Künstler, zum Entstehungsjahr, zur Technik (z. B.: Aquarell, Öl auf Leinwand), zum Format des Bildes (Hochformat oder Querformat) sowie allgemeine Angaben zum Bildinhalt.
- **Hauptteil:** Gehe vom **Gesamteindruck** des Bildes oder von dem **Hauptmotiv** aus (was ist abgebildet?). Dann erwähnst du die **Einzelheiten**. Gehe dabei geordnet vor, ohne zu springen: von der linken zur rechten Bildhälfte, von oben nach unten oder von vorne (Vordergrund) über die Mitte (Mittelgrund) nach hinten (Hintergrund). Mache auch genaue Angaben zur **Farbgestaltung** (überwiegen helle oder dunkle Farbtöne? Welche Farben liegen vor und wie sind sie verteilt?) und eventuell zu den **Formen** (z. B.: *rund, eckig, weich*).
- **Schluss:** Hier kannst du beschreiben, wie das Bild insgesamt auf dich wirkt.

Die Bildbeschreibung wird im **Präsens** und in einer **sachlichen Sprache** verfasst.

Schildern

Schildern

→ S. 81–86; 91–94

Schildern bedeutet, eine Situation oder eine Atmosphäre so **anschaulich und detailliert** zu beschreiben, dass deine Leser diese genau vor Augen haben. Schilderungen sind **handlungsarm** und geben **Wahrnehmungen**, **Sinneseindrücke** (sehen, hören, fühlen, riechen/schmecken) sowie **persönliche Gedanken und Empfindungen** wieder. Sie beruhen auf genauen Beobachtungen.

Folgende **Gestaltungsmittel** helfen dir, besonders anschaulich zu schildern:
- **anschauliche Adjektive** und **Partizipien**, z. B.: *klebrig, ohrenbetäubend*
- **ausdrucksstarke Verben**, z. B.: *schieben, drängeln*
- **sprachliche Bilder wie**
  - Vergleiche, z. B.: *leuchtet grell wie die riesige Neonreklame*
  - Metaphern, z. B.: *die Sonne ist von einer Wolkenmauer verdeckt*
  - Personifikationen, z. B.: *ein Geruch von … kriecht mir in die Nase*
- Aufzählungen und Wiederholungen (als Mittel der Hervorhebung), z. B.: *Alles ist eng, überfüllt, dicht gedrängte Menschen …*

Texte zusammenfassen

Eine erweiterte Inhaltsangabe eines literarischen Textes schreiben

→ S. 126–138

Bei der erweiterten Inhaltsangabe fasst du den Inhalt eines Textes knapp und sachlich zusammen (Inhaltsangabe) und bearbeitest zusätzlich eine weiterführende Aufgabe zum Text.

Aufbau der Inhaltsangabe

- In der **Einleitung** nennst du die Art des Textes (z. B.: Kurzgeschichte, Erzählung, Ballade), den Titel, den Namen der Autorin/des Autors und das Thema des Textes.
- Im **Hauptteil** fasst du die wichtigsten Ereignisse der Handlung (Handlungsschritte) in der zeitlich richtigen Reihenfolge zusammen. Mögliche Rückblenden oder Vorausdeutungen werden zeitlich richtig in den Handlungsverlauf eingeordnet und zusammengefasst.
  - Verzichte auf die Darstellung von Einzelheiten und beschränke dich auf das Wesentliche.
  - Mache die Zusammenhänge der Handlung (z. B. zeitliche Zusammenhänge) durch passende Satzverknüpfungen und Satzanfänge deutlich.
  - Schreibe **sachlich** und **nüchtern**, vermeide ausschmückende Formulierungen.
  - Formuliere **in eigenen Worten** und verwende als Zeitform das **Präsens** (bei Vorzeitigkeit das Perfekt).
  - Verwende **keine wörtliche Rede**. Besonders wichtige Äußerungen von Figuren werden in der indirekten Rede (→ S. 349) wiedergegeben oder umschrieben.

Textdeutung – Bearbeitung der weiterführenden Aufgabe

Im Anschluss an die Inhaltsangabe bearbeitest du eine Aufgabe zum Text. Diese Aufgabe kann sich zum Beispiel beziehen auf: die Figuren und ihre Beziehung zueinander (→ S. 333), die sprachliche Gestaltung eines Textes (→ S. 333) oder auf die Textsorte (z. B. die Merkmale einer Kurzgeschichte anhand des Textes nachweisen, S. 119), z. B.:
Bei diesem Text handelt es sich um eine Kurzgeschichte. Dies ist anhand der folgenden Merkmale zu erkennen: Die Handlung der Geschichte beginnt unvermittelt, ohne eine ausführliche Einleitung: „Als der Wolkenbruch […], stand das ganze Land unter Wasser" (Z. 1–4).
Die Aufgabe zum Text wird in einem zusammenhängenden Text beantwortet. Die Aussagen, die du über den Text machst, belegst du anhand von Zitaten aus dem Text (→ unten).

Aussagen mit Zitaten belegen

Wenn du Aussagen zu einem Text machst, musst du sie durch Zitate belegen. Es gibt zwei Möglichkeiten des Zitierens:
Beim **wörtlichen (direkten) Zitat** übernimmst du ein Wort, eine Textstelle oder einen ganzen Satz wortwörtlich aus dem Text. Das Zitat steht in Anführungszeichen, z. B.:
Der Landarbeiter „wäre bedenkenlos dem Farmer um die Erde gefolgt" (Z. 109–110).
Der Schlusspunkt steht erst nach der Zeilenangabe.
Beim **sinngemäßen (indirekten) Zitat** gibt man den Inhalt einer Textstelle mit eigenen Worten wieder. Hier werden keine Anführungszeichen gesetzt, sondern es wird nur die Textstelle genannt, auf die man sich bezieht, z. B.:
Der Landarbeiter hat seine Frau und seine Hütte durch das Hochwasser verloren (vgl. Z. 13–23).

Zusammenhänge deutlich machen
Mache die Zusammenhänge der Handlung durch Verknüpfungen und Satzanfänge deutlich, z. B.:
nachdem – als – solange – bevor – weil – da – denn – damit – deshalb – sodass – obwohl – um – indem – aber – jedoch – nun – daraufhin – um – einerseits … andererseits – anfangs – zuerst – daraufhin – anschließend – am Ende

Hinweise zur Umwandlung von wörtlicher Rede in die indirekte Rede
Auch Gedanken können in indirekte Rede verwandelt werden, z. B.:
Sollte er springen? ⟶ Er fragt sich, ob er springen solle.
Bei der Umwandlung in die indirekte Rede werden auch Zeitangaben und Personalpronomen verändert, z. B.: *„Morgen will ich da sein." ⟶ Er kündigte an, er wolle am nächsten Tag da sein. „Gestern waren wir noch bei ihm." ⟶ Sie beteuerten, noch am Tag zuvor bei ihm gewesen zu sein.*

Einen Sachtext analysieren und zusammenfassen

→S. 189–192; 310–312

Für die Zusammenfassung eines Sachtextes gelten grundsätzlich die gleichen Regeln wie für die Inhaltsangabe eines literarischen Textes (→S. 328).

- In der **Einleitung** nennst du den Titel, den Namen der Verfasserin / des Verfassers (evtl. auch die Quelle, z. B. Name der Zeitung) und das Thema des Textes.
- Im **Hauptteil** fasst ihr die wichtigsten Textinformationen knapp, sachlich und in eigenen Worten zusammen. Verwende als Zeitform das **Präsens** (bei Vorzeitigkeit das Perfekt).
  - Verzichte auf die Darstellung von Einzelheiten und beschränke dich auf das Wesentliche.
  - Macht die **Zusammenhänge** der Information (Ursache, Wirkung, zeitliche Zusammenhänge) durch passende Satzverknüpfungen und Satzanfänge deutlich.
  - Formuliere in eigenen Worten und übernimm keine Passagen aus dem Originaltext.
  - Verwende **keine wörtliche Rede** (falls in der Textvorlage vorhanden), sondern gib wichtige Äußerungen in der indirekten Rede (→S. 349) oder in einem Aussagesatz wieder.

Textanalyse – Bearbeitung der weiterführenden Aufgabe
Im Anschluss an die Inhaltsangabe bearbeitest du eine Aufgabe zum Text. Diese Aufgabe kann sich zum Beispiel auf die Textsorte beziehen (z. B. die Merkmale einer Reportage anhand des Textes nachweisen) oder du nimmst zu einer zentralen Textaussage Stellung.
Die Aufgabe zum Text wird in einem zusammenhängenden Text beantwortet. Interpretierende Aussagen, die du über den Text machst, musst du anhand des Textes belegen (→Aussagen mit Zitaten belegen, S. 328), z. B.:
Dass dieser Text eine Reportage ist, kann man anhand einiger Merkmale begründen. Zum einen beginnt der Text mit der Schilderung einer Szene aus der Notaufnahme, die die Leser direkt ins Geschehen hineinzieht: „Es ist ‚Primetime' in der Notaufnahme. [...] Jetzt stehen vier Krankenwagen auf dem Hof des Marien-Hospitals und warten darauf, zum überdachten Eingang der Notfallambulanz vorfahren zu können" (Z. 6–14).

Lesen Umgang mit Texten und Medien

Erzählende Texte (Epik)

→ S. 95–138; 207–219

Die erzählenden Texte (Epik) sind neben den Gedichten (Lyrik) und den dramatischen Texten (Dramatik) eine der drei Gattungen der Dichtung (Epik, Lyrik, Dramatik). Erzählende Texte gliedern sich in eine Vielzahl von Textsorten auf, z. B.: Märchen, Fabel, Erzählung, Anekdote, Kalendergeschichte, Roman etc.
Folgende Elemente sind für erzählende Texte kennzeichnend:

Die Erzählerin / der Erzähler

→ S. 98

Das **wesentliche Merkmal** eines erzählenden (epischen) Textes ist **die Erzählerin / der Erzähler**, die/der nicht mit der Autorin / dem Autor gleichgesetzt werden darf. Ein erwachsener Autor kann zum Beispiel eine Geschichte von einem Kind, ein männlicher Autor eine Geschichte von einer Frau erzählen lassen oder umgekehrt. Immer ist die Erzählerin / der Erzähler eine vom Autor erfundene Figur und gehört zur Welt der erzählten Geschichte.

Die Erzählform

→ S. 98

Die Autorin oder der Autor einer Erzählung entscheidet sich für eine Erzählform:
- Der **Ich-Erzähler** (oder die Ich-Erzählerin) ist selbst als handelnde Figur in das Geschehen verwickelt. Er/Sie schildert die Ereignisse aus seiner/ihrer persönlichen Sicht, z. B.: *Aus der Ferne sah ich ein kleines Boot.*
- Der **Er-/Sie-Erzähler** ist nicht am Geschehen beteiligt und erzählt von allen Figuren in der Er-Form bzw. in der Sie-Form, z. B.: *Aus der Ferne sah sie das kleine Boot.*

Das Erzählverhalten

→ S. 98

Der Erzähler kann seine Geschichte auf ganz unterschiedliche Weise vermitteln:
- **auktoriales Erzählverhalten:** Der Erzähler erscheint als freier Schöpfer der erzählten Welt und **steht außerhalb der Handlung**. Er kennt die Gedanken und Gefühle aller Figuren und greift mit Kommentaren, Vorausdeutungen, Urteilen über die Figuren oder Ansprachen an den Leser in den Erzählvorgang ein.
- **personales Erzählverhalten:** Der Erzähler erzählt **aus der Sicht einer Figur oder** wechselnd aus der Sicht **mehrerer Figuren**. Hierbei tritt der Erzähler nicht unmittelbar auf, kommentiert nicht, sondern bleibt in der Sichtweise der Figur bzw. der Figuren verhaftet.

Die Zeitgestaltung in einer Erzählung

→ S. 88; 118

In erzählenden Texten kann die Zeit ganz unterschiedlich gestaltet werden. Das **Erzähltempo** ergibt sich aus dem **Verhältnis von Erzählzeit** (Zeitspanne, die der Leser für die Lektüre eines Textes braucht) und **erzählter Zeit** (Zeitraum, über den erzählt wird bzw. über den sich die Handlung erstreckt). Es gibt verschiedene Möglichkeiten der Zeitgestaltung:

1 **Zeitdehnung:** Das **Geschehen**/die Handlung wird **gedehnt** und läuft quasi in **Zeitlupe** ab bzw. kommt fast zum Stillstand (= Zeitlupenaufnahmen im Film). Zeitdehnung erfolgt durch die ausführliche Schilderung von Wahrnehmungen, Gedanken und Gefühlen während eines Geschehens, z. B.: ausführliche Beschreibung, wie ein Glas zerbricht.
Bei der Zeitdehnung ist die Erzählzeit länger als die erzählte Zeit.

2 **Zeitraffung:** Das **Geschehen**/die Handlung wird **gerafft**, indem längere Zeiträume zusammengefasst werden (= Zeitrafferaufnahmen im Film), z. B.: Ein über Jahre dauernder Vorgang wird in einem Satz wiedergegeben *(Vier Jahre lang ging er jeden Morgen zur Arbeit.)*.
Die extremste Form der Zeitraffung ist der **Zeitsprung** *(Zehn Jahre später …)*.
Bei der Zeitraffung ist die Erzählzeit kürzer als die erzählte Zeit.

3 **Zeitdeckung:** Erzählzeit und erzählte Zeit sind identisch (gleich lang), z. B. bei der Wiedergabe von Dialogen.

Darüber hinaus kann sich der Erzähler streng an die zeitliche Reihenfolge der Ereignisse halten, also **chronologisch erzählen**. Er kann aber auch die aktuelle Handlung unterbrechen und in **Rückblenden** von vergangenen Ereignissen erzählen oder in **Vorausdeutungen** Ereignisse vorwegnehmen.

Die Figuren einer Geschichte

→S. 100–101

Die **Personen**, die in einer **Geschichte** vorkommen bzw. handeln, **nennt man Figuren**. Sie haben ein bestimmtes Aussehen, bestimmte Eigenschaften, Gefühle, Gedanken und Absichten. In vielen Geschichten gibt es eine **Hauptfigur**, über die der Leser besonders viel erfährt. Um eine Geschichte zu verstehen, solltest du dir ein klares Bild von den einzelnen Figuren machen. Auch Tiere können handelnde Figuren in Erzähltexten sein, z. B. in einem Märchen.

Eine literarische Figur charakterisieren

→S. 99–101

1. Schritt: Die Charakterisierung vorbereiten
Sammle Informationen über die Figur, z. B.: Aussehen, Lebensumstände, Verhaltensweisen, Eigenschaften, Gefühle, Gedanken und ihr Verhältnis zu anderen Figuren.

2. Schritt: Die Charakterisierung schreiben
- **Einleitung:** Nenne allgemeine Informationen zur Figur, z. B.: Name, Alter, Aussehen.
- **Hauptteil:** Beschreibe wichtige Eigenschaften und Verhaltensweisen der Figur sowie ihr Verhältnis zu anderen Figuren.
- **Schluss:** Erkläre in einer persönlichen Stellungnahme, wie die Figur auf dich wirkt.

Verwende als Tempus das Präsens. Formuliere sachlich und anschaulich. Belege die Aussagen, die du über die Figur machst, anhand des Textes durch Zitate (→S. 130, 328).

Leitmotive in literarischen Texten

→S. 124

Als Leitmotiv bezeichnet man einen **Baustein** (z. B.: eine einprägsame Aussage/Wendung oder ein Sprachbild, einen besonderen Ort, ein Handlungselement, einen Gegenstand oder eine Farbe), **der in einem literarischen Text wiederkehrt** und dadurch eine besondere Bedeutung erhält. Ein Leitmotiv stellt inhaltliche Verknüpfungen her, indem es dem Leser bestimmte Ereignisse, Situationen und Figuren wieder ins Gedächtnis ruft.

Literarische Textsorten

Erzählende Texte (→ S. 330–331) gliedern sich in eine Vielzahl von Textsorten auf, z. B.: Kurzgeschichte, Novelle, Anekdote, Kalendergeschichte etc.

Die Anekdote

Eine Anekdote ist eine **kurze Geschichte** über eine **bekannte Persönlichkeit**. Auf humorvolle Weise verdeutlicht sie das Verhalten oder die Eigenarten dieses Menschen. Wie der Witz enthält die Anekdote am Ende eine **Pointe (überraschende Wendung)**.
Das, was über die Person erzählt wird, muss nicht unbedingt wahr sein. Wichtig ist vielmehr, dass in der Anekdote **das Typische einer Person** erkennbar wird.

Die Erzählung

„Erzählung" ist ein **Sammelbegriff für unterschiedliche Kurzformen des Erzählens**, die nicht genauer durch bestimmte Textmerkmale gekennzeichnet sind. Im Unterschied zum Roman ist die Erzählung knapper und überschaubarer.

Die Kalendergeschichte

Eine Kalendergeschichte ist eine **kurze Geschichte**, die **unterhalten und belehren** soll und **meist** mit einer **Pointe (überraschenden Wendung)** endet. Bis ins 19. Jahrhundert wurden diese Geschichten in Jahreskalendern abgedruckt. Neben der Bibel waren diese sogenannten Kalendergeschichten für viele Familien oft die einzige Lektüre. Ab dem 20. Jahrhundert erschienen die Kalendergeschichten nur noch in Buchform. Der bekannteste Autor von Kalendergeschichten ist Johann Peter Hebel (1760–1826).

Die Kurzgeschichte

→ S. 113–138

Die Kurzgeschichte ist eine **knappe**, **moderne Erzählung**, die **eine Momentaufnahme**, einen krisenhaften Ausschnitt oder eine **wichtige Episode aus dem Alltagsleben** eines oder mehrerer Menschen zeigt. Kurzgeschichten haben meist folgende Merkmale:
- geringer Umfang
- Ausschnitt aus einem alltäglichen Geschehen, der für die dargestellten Figuren von besonderer Bedeutung ist
- **unmittelbarer Einstieg** in das Geschehen, der schlagartig eine Situation aufreißt
- zielstrebiger Handlungsverlauf hin zu einem **Höhe- oder Wendepunkt**
- **offener Schluss**, der viele Deutungsmöglichkeiten zulässt
- meist Alltagssprache mit einfachem Satzbau und umgangssprachlichen Elementen in der direkten Rede (passend zur alltäglichen Thematik der Kurzgeschichte)

Die ersten deutschen Kurzgeschichten, die sich an dem Vorbild der amerikanischen „short story" orientierten, entstanden nach dem Zweiten Weltkrieg (1939–1945) und behandelten Themen der Kriegs- und Nachkriegszeit. Später kamen andere, aus dem Alltagsleben entnommene Themen hinzu.

Die Novelle

→ S. 95–112

Eine **Novelle** (ital. novella = Neuigkeit) ist eine kurze Erzählung mit folgenden Merkmalen:
- im Mittelpunkt steht ein Ereignis, das für das Leben der Hauptfigur einen Wendepunkt darstellt,
- straffe Handlungsführung um einen zentralen **Konflikt** wie im Drama,
- gradlinige Zuspitzung auf einen **Höhe- und Wendepunkt**,
- Verwendung von **Dingsymbolen**, die wie ein Motiv an entscheidenden Stellen der Handlung auftauchen, wie z. B. der Falke,
- **keine Nebenhandlungen**, dafür ist das Geschehen oft in einen Rahmen eingebettet, in dem der **Erzähler** eine fiktive Erzählsituation entwerfen oder das Erzählte kommentieren kann.

Die Novelle erlebte in Deutschland ihre **Blütezeit** im 19. Jahrhundert, bekannte Autoren waren Theodor Storm, E. T. A. Hoffmann, Joseph von Eichendorff. Im 20. Jahrhundert schrieben z. B. Thomas Mann, Günter Grass oder Christoph Hein moderne Novellen.

Einen Erzähltext erschließen und interpretieren

→ S. 95–112, 113–138, 207–219, 314–315

Folgende Leitfragen helfen dir, einen literarischen Text zu erschließen:

Thema/Inhalt:
- Was ist das Thema des Textes? Enthält er eine Lehre? Gibt es zentrale Motive?

Aufbau der Handlung:
- Wie sind Ausgangssituation und Schluss (offen/geschlossen) gestaltet?
- Gibt es einen Höhe- bzw. Wendepunkt (Pointe)? Wird Spannung erzeugt?
- Wird linear (fortlaufend) erzählt oder gibt es Rückwendungen und/oder Vorausdeutungen?

Figuren:
- Welche Figuren kommen vor? In welcher Beziehung stehen sie zueinander?
- Erfährst du etwas über die Gedanken und Gefühle der Figuren (innere Handlung) oder liegt der Schwerpunkt auf der Darstellung der äußeren Handlung?

Erzähler:
- In welcher Erzählform (Ich-Erzähler/-in oder Er-/Sie-Erzähler/-in) ist der Text geschrieben?
- Welches Erzählverhalten (auktorial oder personal) liegt vor?

Sprache:
- Gibt es Besonderheiten im Satzbau, z. B. einfache, kurze Sätze oder längere Satzgefüge?
- Werden Sätze oder Wörter wiederholt? Wird wörtliche Rede verwendet (häufige oder gezielte Verwendung an bestimmten Stellen)?
- Werden sprachliche Bilder (Personifikationen, Metaphern, Vergleiche) gebraucht?

Tipp: Beschreibe nicht nur, sondern erkläre auch die Wirkung und die Funktion der erfassten Merkmale. Erläutere auch die Textsorte.

Den Inhalt eines literarischen Textes zusammenfassen und interpretieren

→ S. 328

Gedichte (Lyrik)

→S. 139–158

Die Gedichte (Lyrik) sind neben den erzählenden Texten (Epik) und den dramatischen Texten (Dramatik) eine der drei Gattungen der Dichtung (Lyrik, Epik, Dramatik).
Folgende Gestaltungsmittel sind häufig kennzeichnend für Gedichte:

Das lyrische Ich

→S. 141

Wie zu jedem Erzähltext ein Erzähler gehört, so gehört auch zu jedem Gedicht **ein Sprecher**, der nicht mit dem Autor gleichzusetzen ist. Oft stellt sich dieser Sprecher als ein „Ich" vor. Dieses sogenannte **lyrische Ich** teilt seine **Gefühle**, **Beobachtungen** und **Gedanken** mit. Deutlich wird dies an den Pronomen (*ich, mein, mir* etc.). Der Leser kann auf diese Weise mitempfinden und mitdenken.
Manchmal geht der Sprecher in einem „Wir" auf, das in dem Gedicht spricht. Oder der Sprecher tritt überhaupt nicht in Erscheinung, sondern es wird etwas beobachtet, beschrieben oder über etwas nachgedacht. In einigen Gedichten wendet sich der Sprecher direkt an ein „Du", hier wird also eine Adressatin / ein Adressat in das Gedicht einbezogen.

Der Vers: Die Zeilen eines Gedichts heißen Verse.

Die Strophe: Eine Strophe ist ein Gedichtabschnitt, der aus mehreren Versen besteht. Die einzelnen Strophen eines Gedichts sind durch eine Leerzeile voneinander getrennt. Häufig bestehen Gedichte aus mehreren, gleich langen Strophen.

Der Reim

Oft werden die einzelnen Verse eines Gedichts durch einen Reim miteinander verbunden. Die regelmäßige Abfolge von Endreimen ergibt verschiedene Reimformen. Dabei werden Verse, die sich reimen, mit den gleichen Kleinbuchstaben gekennzeichnet, z. B.:

- **Paarreim:** Wenn sich zwei aufeinanderfolgende Verse reimen, sprechen wir von einem Paarreim (aa bb):
  … Katertier a
  … Kavalier a
  … Garten b
  … erwarten b
- **Kreuzreim:** Reimen sich – über Kreuz – der 1. und der 3. sowie der 2. und der 4. Vers, dann nennt man das Kreuzreim (a b a b):
  … verschieden a
  … Bauch b
  … zufrieden a
  … auch b
- **umarmender Reim:** Wird ein Paarreim von zwei Versen umschlossen (umarmt), die sich ebenfalls reimen, heißt dies umarmender Reim (a bb a):
  … springen a
  … Traum b
  … Raum b
  … singen a

Das Metrum (Versmaß)

In den Versen (Zeilen) eines Gedichts wechseln sich häufig betonte (x́) und unbetonte Silben (x) regelmäßig ab. Wenn die **Abfolge von betonten und unbetonten Silben** (Hebungen und Senkungen) einem bestimmten Muster folgt, nennt man dies **Metrum** (Versmaß). Die wichtigsten Versmaße sind:

Der Jambus (x x́):
x x́ x x́ x x́ x x́
Die linden Lüfte sind erwacht (Ludwig Uhland)

Der Trochäus (x́ x):
x́ x x́ x x́ x x́ x
O du Ausgeburt der Hölle! (Johann Wolfgang Goethe)

Der Daktylus (x́ x x):
x x́ x x x́ x x x́ x x x́
Sie lachten und kreischten mit jubelndem Schall (Emanuel Geibel)

Der Anapäst (x x x́):
x x x́ x x x́
Wie mein Glück, ist mein Lied (Friedrich Hölderlin)

Manchmal werden auch zwei Versmaße miteinander kombiniert, z. B.: *Er hát uns gerétttet, er trä́gt die Krón'* (Kombination aus Jambus und Anapäst; Theodor Fontane).
Beim Vortrag musst du die Abfolge von betonten und unbetonten Silben beachten, dies gibt deinem Vortrag einen besonderen Rhythmus. Du darfst aber nicht leiern.
Häufig bildet eine unbetonte Silbe am Versanfang den Auftakt.

Sprachliche Bilder

→ S. 142–143

In lyrischen Texten werden häufig Bilder durch Sprache entfaltet (z. B. durch Vergleiche, Metaphern oder Personifikationen) oder einzelne Wörter klanglich hervorgehoben (Lautmalerei). Solche sprachlichen Mittel sind besonders geeignet, um Gefühle und Stimmungen auszudrücken oder eine bestimmte Atmosphäre entstehen zu lassen. So werden zur Darstellung von Liebe, Freude, Angst oder Einsamkeit z. B. oft Bilder aus dem Bereich der Natur verwendet.

- **Der Vergleich:** Bei einem Vergleich werden zwei verschiedene Vorstellungen durch *wie* oder *als (ob)* miteinander verknüpft, z. B.: *Das Meer glänzte schwarz wie die Nacht. In meinem Zimmer sah es aus, als ob ein Orkan durchgezogen wäre.*
- **Die Metapher:** In einer Metapher wird ein **Wort** nicht wörtlich, sondern **in einer übertragenen (bildlichen) Bedeutung** gebraucht, z. B.: *Nussschale* für *kleines Boot, Suppe* für *Nebel.* Im Unterschied zum direkten Vergleich fehlt bei der Metapher das Vergleichswort *wie,* z. B.: *Wolken sind (wie) flockige Länder.*
- **Die Personifikation:** Die Personifikation (Vermenschlichung) ist eine besondere Form der Metapher. Gegenstände, Begriffe oder die Natur werden vermenschlicht, d. h., ihnen werden menschliche Verhaltensweisen und Eigenschaften zugesprochen, z. B.: *die Natur schläft, das Glück lacht, der Tag verabschiedet sich, das Veilchen träumt.*
- **Die Lautmalerei:** Mit den Klängen von Wörtern werden Naturlaute oder Geräusche nachgeahmt, z. B.: *klirren, rascheln, zischen.*

Gedichtformen

Neben den thematischen Schwerpunkten, die es in der Lyrik gibt (z. B.: Liebeslyrik, Naturlyrik), haben sich im Laufe der Zeit auch verschiedene Gedichtformen (Gedichtarten) entwickelt, die sich in ihren Gestaltungselementen voneinander unterscheiden, z. B.:

Die Ballade

Die Ballade ist ein meist **längeres Gedicht** über ein **ungewöhnliches oder spannendes Ereignis**. Dieses Ereignis kann erfunden oder wirklich passiert sein. Im Mittelpunkt der Ballade steht oft eine Figur, die eine gefahrvolle Situation meistern muss.

- Wie andere Gedichte sind auch Balladen meist in **Strophen** (→S. 334) gegliedert, besitzen eine **Reimform** (→S. 334) und haben ein bestimmtes **Metrum** (→S. 335).
- Viele Balladen haben einen Aufbau, den man mithilfe einer **Spannungskurve** darstellen kann: Nach der Einleitung spitzt sich die **Handlung dramatisch** bis zum **Höhepunkt** zu, zum Schluss folgt die Auflösung.
- Balladen enthalten oft **wörtliche Rede** der Figuren (Monologe, Dialoge), die an die Szenen eines Theaterstücks erinnern.

In ihrer Wirkung setzen Balladen auf Spannung, sie können aber auch belehrend oder lustig sein.

Die Ballade enthält **Elemente** aus

- der **Lyrik** (Metrum, Strophe, Reim),
- der **Epik** (abgeschlossene Geschichte wird erzählt) und
- der **Dramatik** (dramatischer Handlungsverlauf, Dialoge und Monologe der Figuren).

Deshalb bezeichnete Goethe (1749–1832) sie als Ur-Ei der Dichtkunst, weil sie alle Gattungen (Lyrik, Epik, Dramatik) in sich vereint.
Viele Balladen sind vertont worden. Die Tradition der gesungenen Ballade hat in der Rock- und Popmusik ihre Fortsetzung gefunden.

Das Sonett

Das Sonett ist eine vierstrophige Gedichtform, die aus zwei Quartetten (zwei vierzeiligen Strophen) und zwei Terzetten (zwei dreizeiligen Strophen) besteht. Während in den Quartetten der umarmende Reim (abba) vorherrscht, variiert in den Terzetten das Reimschema. Häufig findet man auch eine inhaltliche Zäsur (Einschnitt) zwischen den Quartetten und den Terzetten, also zwischen dem achten und dem neunten Vers.

Der Song

Eine oft politisch aktuelle, zeitkritische bzw. **lehrhafte Liedgattung** ist der Song, im angloamerikanischen Sprachgebrauch gleichbedeutend mit „Lied" (Folksong, Protestsong etc.). Typisch sind der **Aufbau aus Strophe und Refrain** sowie die Aufnahme von Elementen aus Bänkelsang, Moritat, Schlager, Jazz etc.
Oft wird der Song nicht melodisch gesungen, sondern in einer Art Sprechgesang vorgetragen.
Bekannte Songschreiber sind: Kurt Weill (1900–1950) und Bertolt Brecht (1898–1956), die gemeinsam an der „Dreigroschenoper" arbeiteten (Musik: Kurt Weill; Text: Bertolt Brecht), Franz Josef Degenhardt (1931–2011), Wolf Biermann (* 1936), Bob Dylan (* 1941).

Ein Gedicht untersuchen

→ S. 139–158

1 Inhalt

- **Thema:** Worum geht es in dem Gedicht? Wird eine Handlung, eine Situation/Szene beschrieben oder werden Gefühle, Eindrücke, Gedanken oder eine Stimmung dargestellt? Kann man eine Entwicklung im Gedicht feststellen? Gibt es Brüche?
- **Titel:** Was bedeutet der Titel des Gedichts? Welchen Bezug hat er zum Thema?

2 Der Sprecher/Die Sprecherin (→ das lyrische Ich, S. 334)

- Tritt ein lyrischer Sprecher (lyrisches Ich/Wir) in Erscheinung oder ist der Sprecher nicht direkt im Text greifbar? Gibt es einen Adressaten oder eine Adressatin?

3 Formaler Aufbau (→ Strophe, Vers, Reimform, Metrum, S. 334–335)

- **Strophen und Verse:** Wie viele Strophen hat das Gedicht? Sind sie alle gleich gebaut? Werden einzelne Strophen oder Verse wiederholt (Refrain)?
- **Reim** (→ S. 334): Ist das Gedicht gereimt? Welche Reimform liegt vor?
- **Metrum** (→ S. 335): Lässt sich ein Metrum erkennen? Gibt es Abweichungen?

4 Sprachliche Gestaltung (→ S. 335)

- **Sprachliche Bilder:** Welche sprachlichen Bilder (Metaphern, Personifikationen, Vergleiche, S. 335) werden verwendet? Was bedeuten sie? Wie wirken sie?
- **Wortwahl:** Welche Wörter fallen auf? Gibt es Wörter, die wiederholt werden? Herrscht eine bestimmte Wortart (z. B. Nomen/Substantive, Adjektive) vor? Gibt es Neologismen (Wortneuschöpfungen)? Welche Wirkung wird durch die Verwendung bestimmter Wörter erzeugt?
  Tipp: Benennt nicht nur die formalen und die sprachlichen Mittel, sondern beschreibt ihre Wirkung und Funktion, z. B.: *… wirken bedrohlich / verstärken den Eindruck von … / betonen … / veranschaulichen … / führen dazu, dass … / durch … kann man sich … vorstellen*

Ein Gedicht schriftlich interpretieren

→ S. 146–150; 156–158

- In der **Einleitung** nennst du die Art des Gedichts, den Titel, den Namen der Autorin / des Autors, das Entstehungsjahr und das Thema des Textes.
- Im **Hauptteil** fasst du die wichtigsten Ergebnisse deiner Analyse in einer geordneten Reihenfolge zusammen: Beginne mit einer **kurzen Inhaltsangabe** (am besten strophenweise). Beschreibe dann den **formalen Aufbau** des Gedichts (Strophen, Verse, Reimform, Metrum) und die **sprachlichen Gestaltungsmittel** (sprachliche Bilder, Wortwahl etc.). Erläutere die Funktion und die Wirkung der Gestaltungsmittel und stelle immer wieder einen Bezug zum Inhalt und zur Aussage des Gedichts her.
  Belege deine Untersuchungsergebnisse mit Zitaten (→ Zitieren, S. 328).
- Fasse zum **Schluss** die wesentlichen Ergebnisse deiner Gedichtanalyse zusammen oder nimm Stellung zum Gedicht.

Dramatik

→ S. 159–182

Die dramatischen Texte (Theaterstück/Drama) sind neben den Gedichten (Lyrik) und den erzählenden Texten (Epik) eine der drei Gattungen der Dichtung (Lyrik, Epik, Dramatik).
In einem Theaterstück gibt es Rollen, die von Schauspielerinnen und Schauspielern gespielt werden. Die Handlung wird durch die Gespräche zwischen den Personen auf der Bühne (Dialoge) oder durch das Selbstgespräch (Monolog) einer Figur dargestellt. Im Theater sprechen die Schauspieler ihren Text nicht nur, sondern sie gebrauchen auch ihre Stimme in besonderer Weise (Sprechweise und Betonung), ihre Körpersprache (Gestik) und ihren Gesichtsausdruck (Mimik), um Gefühle und Stimmungen auszudrücken.

Wichtige dramentechnische Begriffe:
- **Der Akt:** Hauptabschnitt eines Dramas, dessen Schluss früher durch das Fallen des Vorhangs angezeigt wurde (auch Aufzug genannt, weil bei Beginn eines neuen Aktes der Bühnenvorhang wieder aufgezogen wurde). Ein Akt ist eine geschlossene Handlungseinheit, die meist aus mehreren Szenen besteht.
- **Der Dialog:** Gespräch zwischen zwei oder mehr Figuren. Sein Gegensatz ist der Monolog.
- **Die Exposition:** Die Exposition umfasst im klassischen Drama meist den ersten Akt und ist eine Art Einleitung, die in die Handlung einführt. Hier wird der Zuschauer über Zeit und Ort des Geschehens informiert und er lernt die Hauptfiguren (Protagonisten) kennen. Gleichzeitig wird der zentrale Konflikt des Dramas angekündigt.
- **Der Monolog:** Selbstgespräch einer Figur (im Gegensatz zum Dialog).
- **Die Regieanweisungen:** Von der Autorin / Vom Autor im Dramentext zusätzlich zu den Rollentexten bereits mitgelieferte Anregungen, wie sich die Figuren bewegen, wie sie schauen und sprechen sollten, wie die Handlung auf der Bühne insgesamt dargestellt werden sollte.
- **Die Rolle:** Rolle nennt man die Figur, die eine Schauspielerin oder ein Schauspieler in einem Theaterstück verkörpert, z. B.: die Rolle des Löwen, die Rolle des Ritters etc.
- **Die Szene:** Eine Szene ist ein kurzer, abgeschlossener Teil eines Theaterstücks. Eine Szene endet, wenn neue Figuren auftreten und/oder Figuren abtreten oder wenn ein Schauplatzwechsel stattfindet. Meistens erlischt am Ende einer Szene auch die Bühnenbeleuchtung.

Der Aufbau des klassischen Dramas

→ S. 161

Die klassische Form des Dramas, die bis zum Ende des 18. Jahrhunderts eine große Rolle spielte, weist einen strengen Aufbau auf (Fünf-Akt-Schema):

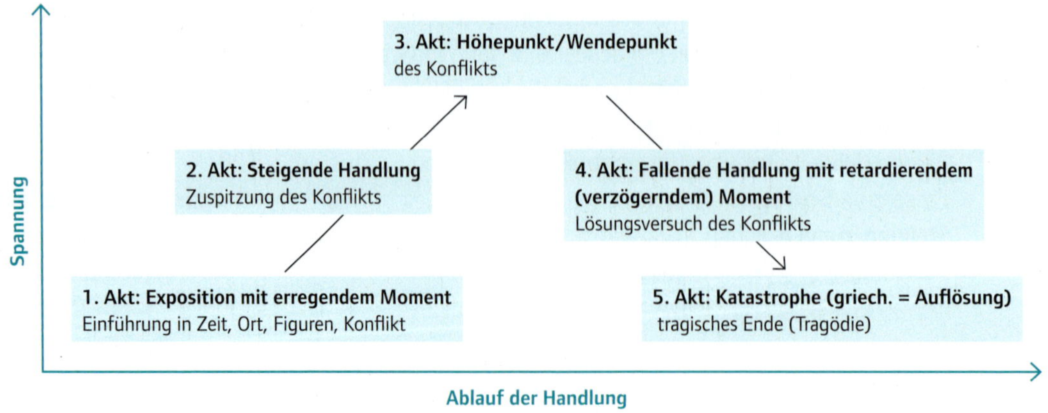

Sachtexte

→S. 183–206; 308–313

Einen Sachtext lesen (Fünf-Schritt-Lesemethode)

→S. 312

1. Schritt: Einen Überblick gewinnen
Lies die Überschrift(en), hervorgehobene Wörter und die ersten Zeilen des Textes, betrachte die Abbildungen.

2. Schritt: Den Text zügig lesen
Lies den gesamten Text zügig durch, ohne dich an Einzelheiten aufzuhalten. Mache dir klar, was das Thema des Textes ist.

3. Schritt: Unbekannte Wörter und Textstellen klären
Lies den Text ein zweites Mal sorgfältig durch. Kläre unbekannte Wörter aus dem Textzusammenhang, durch Nachdenken oder Nachschlagen.

4. Schritt: Den Text sorgfältig lesen und bearbeiten
Arbeite mit einer Kopie des Textes:
- Markiere die Schlüsselwörter farbig.
- Gliedere den Text in Sinnabschnitte ⌈ und gib jedem Sinnabschnitt eine treffende Überschrift.
- Notiere ein Fragezeichen ? am Rand, wenn dir eine Textstelle unklar ist.

5. Schritt: Informationen zusammenfassen
Fasse die Informationen des Textes in Stichwörtern oder wenigen Sätzen zusammen.

Grafiken entschlüsseln

Beim Entschlüsseln einer Grafik kannst du so vorgehen:
1. Stelle fest, worum es in der Grafik geht. Hierbei hilft dir die Überschrift, wenn es eine gibt.
2. Untersuche, was in der Grafik dargestellt wird: Erklärt sie einen Vorgang, den Aufbau oder die Funktion von etwas oder verdeutlicht sie eine Lage, wie z. B. eine Landkarte?
3. Prüfe, ob die Grafik Farben, Beschriftungen oder Symbole enthält, die erklärt werden.
4. Fasse zusammen, worüber die Grafik informiert.

Diagramme verstehen und auswerten

→S. 192, 313

Ein **Diagramm** ist eine **bildliche Darstellung von Daten und Informationen**. Um ein Diagramm auszuwerten, gehst du so vor:
- Sieh dir das Diagramm genau an. Lies die Überschrift und die übrigen Angaben und Erklärungen.
- Stelle fest, worüber das Diagramm informiert. Welche Maßeinheiten werden verwendet, z. B. Prozent (%), Kilo (kg), Euro (€)?
- Vergleiche die Angaben miteinander (höchster und niedrigster Wert, gleiche Werte).
- Fasse zusammen, was im Diagramm gezeigt wird. Was lässt sich ablesen?

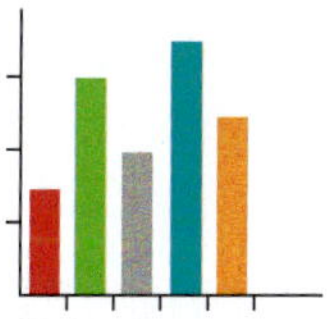
Säulendiagramm

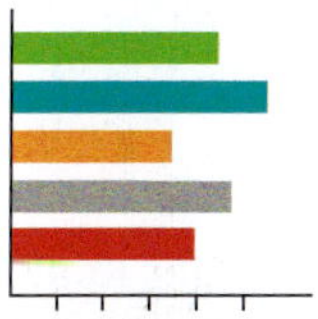
Balkendiagramm

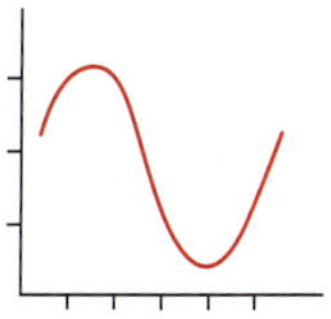
Kurvendiagramm

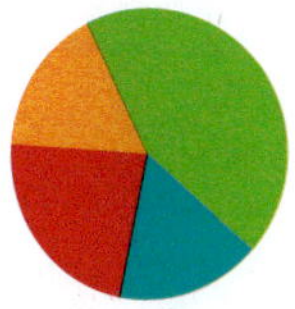
Kreisdiagramm

Einen Sachtext analysieren und zusammenfassen

→S. 329

Journalistische Textsorten/Zeitungstexte

→ S. 183–206

Der Bericht

→ S. 187–188

Ein Zeitungsbericht **informiert knapp und sachlich über ein aktuelles Ereignis**. Er beantwortet zu Beginn die wichtigsten W-Fragen und berichtet dann über die näheren Einzelheiten des Ereignisses (z. B. über Hintergründe, Zusammenhänge oder die Vorgeschichte). Diesen Aufbau nennt man **Lead-Stil**, d. h.: Die **wichtigsten Informationen stehen am Textanfang** (Vorspann oder Lead), dann folgen weitere Detailinformationen. Ein Zeitungsbericht kann Zitate von Experten oder Betroffenen wiedergeben, die dann namentlich genannt werden. Sie sollen die Glaubwürdigkeit einer Aussage unterstreichen und/oder den Bericht lebendiger gestalten.

Die Nachricht

→ S. 188

Die Nachricht oder Meldung ist die „kleine Schwester" des Berichts. Sie informiert – wie der Bericht – sachlich und knapp über ein Ereignis und beantwortet die wichtigsten W-Fragen. Im Unterschied zum Bericht verzichtet sie aber auf weiterführende Detailinformationen. Auch Nachrichten sind im Lead-Stil verfasst.

Die Reportage

→ S. 189–194

Eine Reportage **informiert in besonders anschaulicher und lebendiger Weise über ein Ereignis**. Sie ist ein **Erlebnisbericht**, denn bei einer Reportage schreibt ein Reporter über ein Geschehen, das er selbst als Augenzeuge miterlebt hat.

- Reportagen **führen direkt in eine interessante Szene ein** (szenischer Einstieg, Schilderung einer Situation), sodass die Neugier der Leser geweckt wird.
- Eine Reportage enthält **sachliche Informationen** (Beantwortung der W-Fragen), gibt aber auch die **Eindrücke und die persönliche Sichtweise des Verfassers** wieder.
- Die Reportage will den Lesern das Gefühl geben, dass sie live (mit allen Sinnen) bei dem Geschehen dabei sind. Deshalb beschreibt der Reporter anschaulich die **Atmosphäre** und **Stimmung vor Ort** und **schildert seine Wahrnehmungen**. Zitate von Personen und eine bildhafte Sprache (ausdrucksstarke Verben, treffende Adjektive sowie sprachliche Bilder) sorgen für **Anschaulichkeit**.
- Die Zeitformen wechseln, häufig wird das Präsens verwendet, um dem Leser den Eindruck zu vermitteln, direkt vor Ort dabei zu sein.

Der Kommentar

→ S. 195–196

Ein Kommentar ist ein **wertender Text, in dem ein Autor** zu einem aktuellen Thema Stellung bezieht und **seine persönliche Meinung äußert**.
Der Autor informiert über das Thema, erläutert seine Bedeutung, erklärt dem Leser die Zusammenhänge und setzt sich mit unterschiedlichen Meinungen auseinander. In einem Kommentar begründet der Autor seine Meinung mit Argumenten und Beispielen. Ziel des Kommentars ist es, den Leser dazu anzuregen, sich eine eigene Meinung zum Thema zu bilden. Die Autorin/der Autor eines Kommentars wird immer mit Namen genannt.

Film, Fernsehen, Radio

→ S. 220–228

Die Einstellungsgrößen

→ S. 221

Die Einstellungsgröße legt die Größe des Bildausschnitts fest. Je kleiner der Bildausschnitt ist, desto näher scheint der Betrachter am Geschehen zu sein. Je nachdem, wie nah die Kamera an das Geschehen heranführt oder wie weit sie entfernt bleibt, entstehen unterschiedliche Wirkungen.

Totale

Eine Einstellung, in der die Dinge/Figuren in einer größeren Umgebung gezeigt werden. Man erhält einen Überblick über den gesamten Schauplatz.

Halbnah

Gegenstände werden aus mittlerer Nähe, Figuren etwa vom Knie an aufwärts gezeigt. Die unmittelbare Umgebung ist erkennbar.

Nah

Man sieht Kopf und Schultern von Figuren. Die Einstellung wird häufig bei Dialogen verwendet.

Groß

Der Kopf einer Figur wird bildfüllend dargestellt. So kann man die Gefühle an der Mimik genau ablesen.

Die Kameraperspektiven

→ S. 221

Der Standpunkt der Kamera und damit verbunden ihr Blickwinkel wird als Kameraperspektive bezeichnet. Man unterscheidet:

Vogelperspektive

Normalperspektive

Froschperspektive

- **Vogelperspektive** (Aufsicht): Kamera von oben
- **Normalperspektive** (Normalsicht): Kamera auf Augenhöhe
- **Froschperspektive** (Untersicht): Kamera von unten

Schnitt, Montage und Kamerabewegung

→ S. 222

Ein **Schnitt** bezeichnet die Verknüpfung von zwei Einstellungen. Man kann z. B. Handlungen, die zeitgleich an verschiedenen Orten spielen, gleichzeitig zeigen, indem man zwischen den Szenen hin- und herspringt (Parallelmontage), man kann auch in einer Rückblende ein Ereignis aus der Vergangenheit zeigen oder zwischen den Figuren, z. B. in einer Dialogsituation, hin- und herspringen (Schuss-Gegenschuss-Technik).
Montage meint das Zusammenfügen von Bild- und Tonelementen zum gesamten Film.
Bei der **Kamerabewegung** unterscheidet man Kameraschwenk und Kamerafahrt. Beim **Kameraschwenk** steht die Kamera fest (z. B. auf einem Stativ) und dreht oder neigt sich – ähnlich der Kopfbewegung – um einen fixen Punkt. Im Gegensatz dazu bewegt sich die Kamera bei der **Kamerafahrt** durch den Raum, z. B. auf ein Objekt zu oder weg davon oder parallel zu einem sich bewegenden Objekt (Parallelfahrt).

Mise en Scène

→ S. 223

Der Begriff „Mise en Scène" (frz. „in Szene gesetzt") beschreibt die **Inszenierung einer Filmszene**, bei der **verschiedene Gestaltungselemente** ineinandergreifen. Um die Gestaltung eines Filmbildes zu beschreiben, können – wie bei der Beschreibung eines Fotos oder eines Gemäldes – folgende Aspekte untersucht werden:
Kameraeinstellung und **-perspektive**; **Location** (Schauplatz); **Beleuchtung** (Licht und Schatten); **Farbgestaltung** (haben die Farben eine bestimmte Wirkung oder eine symbolische Bedeutung?) und **Bildaufbau** (was fällt zuerst ins Auge? Wie sind Figuren und Gegenstände angeordnet?).
Wichtig ist zu beschreiben, welche **Wirkung** durch die Bildinszenierung erreicht wird.

Das Hörspiel

Beim **Hörspiel** wird der zugrunde liegende Text wie ein Bühnenstück dramatisiert (d. h. durch Sprechtexte dargestellt). Im Unterschied zu einem Bühnenstück erfahren die Zuhörerinnen und Zuhörer nur das, was zu hören ist. Durch die **Dialoge** (Gespräche), die **Monologe** (Selbstgespräche) der Figuren sowie durch **Geräusche** und **Musik** erhalten die Hörer/-innen alle notwendigen Informationen, um der Handlung folgen zu können. Die Figuren in einem Hörspiel können auch laut überlegen, fragen oder laut beobachten, um die Situation für die Hörer verständlich zu machen.

Das Radio-Feature

→ S. 68–69

Ein Radio-Feature (englisch: „Sonderbeitrag") ist eine **lebendig gestaltete, nicht fiktionale Hörfunk-Sendung**. Ein Feature beleuchtet ein Thema von unterschiedlichen Seiten und besteht daher aus **verschiedenen Elementen** wie eingesprochenen Texten (z. B.: Beschreibungen, Berichte), Original-Tönen (z. B.: Interviews, Umfragen, Geräusche) und Musik.

Nachdenken über Sprache

Wortarten

Das Nomen (Plural: die Nomen) / **das Substantiv** (Plural: die Substantive)

Die meisten Wörter in unserer Sprache sind Nomen/Substantive.
Nomen/Substantive bezeichnen:
- Lebewesen/Eigennamen, z. B.: *Frosch, Baum, Susanne*
- Gegenstände, z. B.: *Haus, Schreibtisch, MP3-Player*
- Begriffe (Gedanken, Gefühle, Zustände …), z. B.: *Angst, Mut, Freude, Ferien, Freundschaft*

Nomen/Substantive werden immer **großgeschrieben**.
Sie werden häufig von **Wörtern begleitet**, an denen wir sie erkennen können, z. B. von einem **Artikel** *(der Hase, eine Uhr)* oder einem **Adjektiv** *(blauer Himmel, fröhliche Menschen)*.

Das Genus (grammatisches Geschlecht; Plural: die Genera)

Jedes Nomen/Substantiv hat ein Genus (ein grammatisches Geschlecht), das man **an** seinem **Artikel erkennen** kann. Ein Nomen/Substantiv ist entweder
- ein **Maskulinum** (männliches Nomen/Substantiv), z. B.: *der Stift, der Regen, der Hund,*
- ein **Femininum** (weibliches Nomen/Substantiv), z. B.: *die Uhr, die Sonne, die Katze,* oder
- ein **Neutrum** (sächliches Nomen/Substantiv), z. B.: *das Buch, das Eis, das Kind*.

Das **grammatische Geschlecht** eines Nomens/Substantivs stimmt **nicht immer** mit dem **natürlichen Geschlecht** überein, z. B.: *das Mädchen, das Kind*.

Der Numerus (Anzahl; Plural: die Numeri)

Nomen/Substantive haben einen Numerus, d. h. eine Anzahl. Sie stehen entweder im
- **Singular** (Einzahl), z. B.: *der Wald, die Jacke, das Haus,* oder im
- **Plural** (Mehrzahl), z. B.: *die Wälder, die Jacken, die Häuser*.

Der Kasus (Fall; Plural: die Kasus, mit langem *u* gesprochen)

In Sätzen erscheinen Nomen immer in einem bestimmten Kasus, das heißt in einem grammatischen Fall. **Im Deutschen gibt es vier Kasus.** Nach dem Kasus richten sich die Form des Artikels und die Endung des Nomens. Man kann den **Kasus** eines Nomens **durch Fragen ermitteln**:

Kasus	Kasusfrage	Beispiele
1. Fall: **Nominativ**	Wer oder was …?	*Der Junge liest ein Buch.*
2. Fall: **Genitiv**	Wessen …?	*Das Buch des Jungen ist spannend.*
3. Fall: **Dativ**	Wem …?	*Ein Mädchen schaut dem Jungen zu.*
4. Fall: **Akkusativ**	Wen oder was …?	*Sie beobachtet den Jungen genau.*

Meist ist der Kasus am veränderten Artikel des Nomens/Substantivs erkennbar, manchmal auch an der Endung des Nomens/Substantivs, z. B.: *des Mannes, des Mädchens, den Kindern.*
Wenn man ein Nomen/Substantiv in einen Kasus setzt, nennt man das **deklinieren** (beugen).

Der Artikel (Plural: die Artikel)

Das Nomen/Substantiv wird häufig von einem Artikel begleitet. Man unterscheidet zwischen dem bestimmten Artikel *(der, die, das)* und dem unbestimmten Artikel *(ein, eine, ein)*, z. B.:
männlich: *der Stift / ein Stift;* weiblich: *die Uhr / eine Uhr;* sächlich: *das Buch / ein Buch.*

Das Pronomen (Fürwort; Plural: die Pronomen)

- **Das Personalpronomen** (persönliches Fürwort)
  Mit den Personalpronomen *(ich, du, er, sie, es, wir, ihr, sie)* kann man **Nomen/Substantive und Namen ersetzen**, z. B.:
  Die Katze möchte ins Haus. Sie miaut. Schnell lassen wir sie herein.

  Paul rennt zum Bus. Er hat verschlafen und weiß, dass der Busfahrer nicht auf ihn wartet.

  Personalpronomen werden wie Nomen/Sustantive dekliniert (gebeugt):

	Singular			**Plural**		
	1. Pers.	**2. Pers.**	**3. Pers.**	**1. Pers.**	**2. Pers.**	**3. Pers.**
1. Fall: **Nominativ**	*ich*	*du*	*er/sie/es*	*wir*	*ihr*	*sie*
2. Fall: **Genitiv**	*meiner*	*deiner*	*seiner/ihrer/seiner*	*unser*	*euer*	*ihrer*
3. Fall: **Dativ**	*mir*	*dir*	*ihm/ihr/ihm*	*uns*	*euch*	*ihnen*
4. Fall: **Akkusativ**	*mich*	*dich*	*ihn/sie/es*	*uns*	*euch*	*sie*

- **Das Possessivpronomen** (besitzanzeigendes Fürwort)
  Possessivpronomen *(mein/meine – dein/deine – sein/seine, ihr/ihre – unser/unsere – euer/eure – ihr/ihre)* **geben an, wem etwas gehört**, z. B.:
  mein Buch, deine Tasche, unsere Lehrerin.
  Possessivpronomen begleiten meist Nomen/Substantive und stehen dann im gleichen Kasus (Fall) wie das dazugehörige Nomen/Substantiv, z. B.:
  Ich gebe meinen Freunden eine Einladungskarte. (Wem? ⟶ Dativ)
- **Das Demonstrativpronomen** (hinweisendes Fürwort)
  Demonstrativpronomen *(der, die, das/dieser, diese, dieses/jener, jene, jenes/solcher, solche, solches/derselbe, dieselbe, dasselbe)* **weisen besonders deutlich auf eine Person oder Sache hin,** z. B.: *Von allen Jacken gefällt mir diese am besten.*
- **Interrogativpronomen** (Fragefürwort) (*wer, was, wen, wem, welcher, wessen* etc.) **leiten Fragen ein**, z. B.: *Was hatte Houdini gegen die sogenannten Spiritisten?*
- **Das Indefinitpronomen** (unbestimmtes Fürwort)
  Indefinitpronomen **geben eine ungefähre Menge oder Anzahl an**, z. B.: *etwas, manches, alles, nichts, einige, kein, viel, (ein) paar.* Indefinitpronomen stehen **häufig vor nominalisierten Adjektiven**, z. B.: *etwas Neues, viel Witziges, alles Gute, nichts Sinnvolles.*

Das Adjektiv (Eigenschaftswort; Plural: die Adjektive)

Adjektive drücken aus, wie etwas ist. Mit Adjektiven können wir die **Eigenschaften** von Lebewesen, Dingen, Vorgängen, Gefühlen und Vorstellungen genauer beschreiben, z. B.: *der starke Wind, der schwache Wind, der eiskalte Wind.*
Adjektive werden **kleingeschrieben**. Adjektive, die vor einem Nomen/Substantiv stehen, haben den gleichen Kasus wie das Nomen/Substantiv, z. B.: *der kalte See, die kalten Seen, des kalten Sees.*

Steigerung der Adjektive
Adjektive kann man steigern (z. B.: *schön – schöner – am schönsten*). So kann man z. B. Dinge oder Lebewesen miteinander vergleichen. Es gibt eine Grundform und zwei Steigerungsstufen:

Positiv (Grundform)	**Komparativ (1. Steigerungsstufe)**	**Superlativ (2. Steigerungsstufe)**
Lars ist groß.	*Stefan ist größer.*	*Fabian ist am größten.*

Vergleiche mit *wie* und *als*
- Vergleiche mit dem Positiv werden mit *wie* gebildet, z. B.: *Tim ist genauso groß wie Yvonne.*
- Vergleiche mit dem Komparativ werden mit dem Vergleichswort *als* gebildet, z. B.: *Meine Schuhe sind kleiner als deine.*

Die Präposition (Verhältniswort; Plural: die Präpositionen)

Präpositionen wie *in, auf, unter* drücken **Verhältnisse und Beziehungen** von Gegenständen und Personen aus. Oft beschreiben sie ein **örtliches** Verhältnis *(auf dem Dach)* oder ein **zeitliches** Verhältnis *(bis Mitternacht)*. Sie können aber auch einen **Grund** *(wegen der Hitze)* angeben oder die **Art und Weise** *(mit viel Energie)* bezeichnen.

Beispiele:
- örtliches Verhältnis: *auf, in, hinter, neben, unter, vor, über, zwischen*
- zeitliches Verhältnis: *nach, vor, seit, um, während, bis, in*
- Angabe des Grundes: *wegen, trotz, aufgrund*
- Angabe der Art und Weise: *ohne, mit*

Präpositionen sind nicht flektierbar (nicht veränderbar). Die Präposition steht in der Regel vor einem Nomen/Substantiv (mit oder ohne Begleiter) oder Pronomen. Sie bestimmt den Kasus des nachfolgenden Wortes (oder der nachfolgenden Wortgruppe), z. B.: *mit dir, wegen des Regens, bei dem Schnee.*

Die Konjunktion (Bindewort; Plural: die Konjunktionen)

Konjunktionen **verbinden Satzteile oder Teilsätze** miteinander, z. B.: *Es gab Donner und Blitz. Er konnte nicht an der Wanderung teilnehmen, weil er sich den Fuß verstaucht hatte.*
Die häufigsten Konjunktionen sind: *und, oder, weil, da, nachdem.*

Das Verb (Plural: die Verben)

Mit Verben gibt man an, **was jemand tut** (z. B.: *laufen, reden, lachen*), **was geschieht** (z. B.: *regnen, brennen*) oder was ist (z. B.: *haben, sein, bleiben*). Verben werden **kleingeschrieben**.

- Der Infinitiv (die Grundform) eines Verbs endet auf *-en* oder *-n*, z. B.: *rennen, sagen, antworten, rudern, lächeln.*
- Wenn man ein Verb in einem Satz verwendet, bildet man die **finite Verbform** (Personalform des Verbs). Das nennt man **konjugieren** (beugen), z. B.: *such-en* (Infinitiv) ⟶ *Ich such-e den Schlüssel* (1. Person Singular). Die finite Verbform wird aus dem Infinitiv des Verbs gebildet. An den Stamm des Verbs wird dabei die passende Personalendung gehängt, z. B.: *sprech-en* (Infinitiv) ⟶ *ich sprech-e* (1. Person Singular), *du sprich-st* (2. Person Singular) etc.

Der Imperativ (Befehlsform des Verbs; Plural: die Imperative)

Die Aufforderungsform oder **Befehlsform eines Verbs** nennt man Imperativ. Man kann eine Aufforderung oder einen Befehl an eine Person oder an mehrere Personen richten. Dementsprechend gibt es den Imperativ Singular *(„Bitte komm!", „Lauf weg!")* und den Imperativ Plural *(„Bitte kommt!", „Lauft weg!")*.

- Der **Imperativ Singular** besteht aus dem Stamm des Verbs *(schreiben ⟶ schreib!)*, manchmal wird die Endung *-e* angehängt *(reden ⟶ rede!)* oder es ändert sich der Stammvokal von *e* zu *i (geben ⟶ gib!)*.
- Der **Imperativ Plural** wird in der Regel durch den Stamm des Verbs mit der Endung *-t* oder *-et* gebildet *(schreiben ⟶ schreibt!, lesen ⟶ lest!, reden ⟶ redet!)*.

Die Tempora (Zeitformen) **des Verbs**

Verben kann man in verschiedenen Zeitformen (Tempora) verwenden.

Das Präsens (die Gegenwartsform)

- Das Präsens wird verwendet, wenn etwas **in der Gegenwart** (in diesem Augenblick) geschieht, z. B.: *Er schreibt gerade einen Brief.*
- Im Präsens stehen auch **Aussagen, die immer gelten**, z. B.: *Suppe isst man mit dem Löffel.*
- Man kann das Präsens auch verwenden, **um etwas Zukünftiges auszudrücken**. Meist verwendet man dann eine Zeitangabe, die auf die Zukunft verweist, z. B.: *Morgen gehe ich ins Kino.*

Das Präsens wird gebildet mit dem Stamm des Verbs und den entsprechenden Personalendungen, z. B.: *ich schreib-e, du schreib-st, …*

Das Futur (die Zukunftsform)

- **Das Futur I** wird verwendet, um ein zukünftiges Geschehen auszudrücken, z. B.: *In den Sommerferien werde ich häufig ins Freibad gehen.* Es wird mit der finiten Verbform von *werden* im Präsens und dem Infinitiv des Vollverbs gebildet.
- **Das Futur II** nutzt man, um Zukunftsdeutungen oder Vermutungen über die Vergangenheit zu formulieren, z. B.: *Unser Team wird das Basketballspiel gewonnen haben.* Das Futur II wird mit der finiten Verbform von *werden* im Präsens, dem Partizip II des Vollverbs und *haben* oder *sein* gebildet.

Das Perfekt

Wenn man mündlich von etwas Vergangenem erzählt oder berichtet, verwendet man häufig das Perfekt, z. B.: *Ich habe gerade etwas gegessen. Er ist nach Hause gekommen.*
Das Perfekt ist eine **zusammengesetzte Vergangenheitsform,** weil es mit einer Form von *haben* oder *sein* im Präsens (z. B.: *hast, sind*) und dem **Partizip II des Verbs** (z. B.: *gesehen, aufgebrochen*) gebildet wird.

- Das Partizip II beginnt meist mit der Vorsilbe *ge-*, z. B.: *lachen ⟶ gelacht; gehen ⟶ gegangen.*
- Wenn das Verb schon eine Vorsilbe hat (z. B.: *ge-, be-* oder *ver-*), bekommt das Partizip II keine weitere, z. B.: *gelingen ⟶ gelungen; beschweren ⟶ beschwert; verlieren ⟶ verloren.*

Das Präteritum

Das Präteritum ist eine **einfache Zeitform der Vergangenheit**. Diese Zeitform wird vor allem in schriftlichen Erzählungen (z. B. in Märchen und Geschichten) und in Berichten verwendet, z. B.: *Das Training fiel aus, denn es regnete in Strömen.*
Man unterscheidet:

- **regelmäßige (schwache) Verben:** Bei den regelmäßigen Verben ändert sich der Vokal *(a, e, i, o, u)* im Verbstamm nicht, wenn das Verb ins Präteritum gesetzt wird, z. B.: *ich lache* (Präsens) ⟶ *ich lachte* (Präteritum).
- **unregelmäßige (starke) Verben:** Bei den unregelmäßigen Verben ändert sich im Präteritum der Vokal *(a, e, i, o, u)* im Verbstamm, z. B.: *ich singe* (Präsens) ⟶ *ich sang* (Präteritum); *ich laufe* (Präsens) ⟶ *ich lief* (Präteritum).

Das Plusquamperfekt

Wenn etwas vor dem passiert, wovon im Präteritum oder im Perfekt erzählt wird, verwendet man das Plusquamperfekt, z. B.: *Nachdem es geregnet hatte, erholten sich die Pflanzen.*
Das Plusquamperfekt ist wie das Perfekt eine **zusammengesetzte Vergangenheitsform,** weil es mit einer Form von *haben* oder *sein* im Präteritum (z. B.: *hatte, war*) und dem **Partizip II des Verbs** (z. B.: *gelesen, aufgebrochen*) gebildet wird, z. B.: *Nachdem wir etwas gegessen hatten, gingen wir in den Zoo. Nachdem wir alle pünktlich angekommen waren, ging es los.*

Partizip I und II

Das **Partizip I** (Partizip Präsens) setzt sich aus **Verbstamm + *(e)nd*** zusammen, z. B.: *singend.*

- Mithilfe des Partizips I können **gleichzeitig ablaufende Handlungen** beschrieben werden, z. B.: *Die Frau sitzt lesend im Sessel.*
- Das Partizip I kann vor einem Nomen/Substantiv wie ein Adjektiv verwendet werden. Es passt sich dann in Genus, Numerus und Kasus an das Nomen/Substantiv an, das es begleitet, z. B.: *Die lesende Frau sitzt im Sessel. Ein dampfender Tee steht neben ihr auf dem Tisch.*

Das **Partizip II** (Partizip Perfekt) setzt sich meistens aus ***ge* + Verbstamm + *(e)t*** oder ***en*** zusammen, z. B.: *gezittert, gelaufen.*

- Das Partizip II wird für die **Bildung von zusammengesetzten Zeitformen (Perfekt und Plusquamperfekt)** verwendet, z. B.: *ich habe gelacht* (Perfekt), *ich bin angekommen* (Perfekt); *ich hatte gelacht* (Plusquamperfekt), *ich war angekommen* (Plusquamperfekt).
- Viele Perfektpartizipien können vor einem Nomen/Substantiv wie ein Adjektiv verwendet werden. Sie passen sich dann in Genus, Numerus und Kasus an das Nomen/Substantiv an, das sie begleiten, z. B.: *Die verblühten Rosen stehen auf dem Tisch.*

Aktiv und Passiv

→S. 252–253

Aktiv und Passiv der Verben

- Das Aktiv und das Passiv sind zwei Verbformen, die man bei der Darstellung von Handlungen und Vorgängen unterscheidet. Man kann aus zwei Perspektiven schauen:
- **Aktiv:** Der Handlungsträger (Handelnde) wird betont, z. B.: *Der Zauberer hält einen Kochlöffel in der Hand.*
- **Passiv:** Die Handlung / Der Vorgang wird betont, z. B.: *Der Kochlöffel wird in der Hand gehalten.*
- Im **Aktiv** ist wichtig, **wer** handelt/etwas tut. Im **Passiv** wird betont, **was geschieht**.
- Das **Passiv** wird meist mit einer Form von ***werden*** und dem **Partizip II des Verbs** gebildet, z. B.: *wird gehalten; werden aufgeteilt.*
- Im Passivsatz kann der Handlungsträger ergänzt werden, z. B.: *Der Kochlöffel wird von dem Zauberer in der Hand gehalten.*

Sätze, in denen der Handlungsträger als Subjekt des Satzes erscheint, stehen in der Verbform Aktiv. Bei der Umwandlung eines Aktivsatzes in einen Passivsatz wird das **Akkusativobjekt** des Aktivsatzes zum **Subjekt** des Passivsatzes, z. B.:

Aktiv: *Silke führt einen Zaubertrick vor.* (einen Zaubertrick: Akkusativobjekt) ⟶ Passiv: *Der Zaubertrick wird (von Silke) vorgeführt.* (Der Zaubertrick: Subjekt)

Zustands- und Vorgangspassiv

Während das Vorgangspassiv den Ablauf eines Vorgangs beschreibt, drückt das Zustandspassiv das Ergebnis eines Vorgangs aus.

1 Das **Zustandspassiv** (*sein*-Passiv) wird durch eine Personalform von *sein* und das **Partizip II des Verbs** gebildet, z. B.: *Die Tür ist geschlossen.*

2 Das **Vorgangspassiv** (*werden*-Passiv) wird durch eine Personalform von *werden* und das **Partizip II des Verbs** gebildet, z. B.: *Die Tür wird geschlossen.*

Zeitformen im Aktiv und Passiv

	Aktiv: Verb *(bewundern)* in der entsprechenden Tempusform	**Passiv:** *werden* in der entsprechenden Tempusform + Partizip II des Verbs *(bewundern)*
Präsens	*Jens bewundert den Zauberer.*	*Der Zauberer wird bewundert.*
Futur I	*Jens wird … bewundern.*	*… wird bewundert werden.*
Präteritum	*Jens bewunderte …*	*… wurde bewundert.*
Perfekt	*Jens hat … bewundert.*	*… ist bewundert worden.*
Plusquamperfekt	*Jens hatte … bewundert.*	*… war bewundert worden.*

Ersatzformen für das Passiv	Beispiele:
– *Man*-Form	– *Man löst die Schlaufe des Seils.*
– *Sie*-Form/*Du*-Form	– *Sie lösen / Du löst die Schlaufe des Seils.*
– Imperativform	– *Lösen Sie / Löse die Schlaufe des Seils.*
– *sich lassen* + Infinitiv	– *Die Schlaufe des Seils lässt sich lösen.*
– Verbform von *sein* + Infinitiv mit *zu*	– *Die Schlaufe des Seils ist zu lösen.*
– Verbform von *sein* + Adjektiv mit der Endung *-bar, -lich* oder *-fähig*	– *Die Schlaufe des Seils ist lösbar.*

Die Aussageweisen des Verbs: Indikativ und Konjunktiv

→ S. 244–251

Verben haben einen Modus (eine Aussageweise): Indikativ oder Konjunktiv. Der Modus zeigt an, wie wirklich und sicher eine Aussage ist.

Konjunktiv I in der indirekten Rede

→ S. 250–251

Wenn man wiedergeben möchte, was jemand gesagt hat, verwendet man **die indirekte Rede**. Das Verb steht dann im **Konjunktiv I**, z. B.: *Christoph sagt, das Gewitter tobe sich über Berlin aus.*

Bildung des Konjunktivs I
Der Konjunktiv I wird durch den Stamm des Verbs (Infinitiv ohne *-en*) und die entsprechende Personalendung gebildet, z. B.:

Indikativ Präsens	Konjunktiv I	Indikativ Präsens	Konjunktiv I
ich komm-e	*ich komm-e*	*wir komm-en*	*wir komm-en*
du komm-st	*du komm-est*	*ihr komm-t*	*ihr komm-et*
er/sie/es komm-t	*er/sie/es komm-e*	*sie komm-en*	*sie komm-en*

Wenn der Konjunktiv I nicht vom Indikativ Präsens zu unterscheiden ist, wird der **Konjunktiv II** oder die ***würde*-Ersatzform** verwendet, z. B.:

Konjunktiv I = Indikativ Präsens	~~*Er sagt, viele wissen nichts über Tornados*~~.
Konjunktiv II als Ersatzform	*Er sagt, viele wüssten nichts über Tornados.*
Umschreibung mit *würde* als Ersatzform	*Er sagt, viele würden nichts über Tornados wissen.*

Konjunktiv II (Irrealis)

→ S. 244–245

Wenn man eine Aussage als **unwirklich** (irreal), nur vorgestellt, unwahrscheinlich oder gewünscht kennzeichnen möchte, verwendet man den Konjunktiv II. Man bezeichnet den Konjunktiv II daher auch als **Irrealis**.

Bildung des Konjunktivs II
Der Konjunktiv II wird in der Regel abgeleitet vom Indikativ Präteritum. Bei unregelmäßigen Verben werden **a**, **o**, **u** im Wortstamm zu **ä**, **ö**, **ü**.

Indikativ Präteritum	*er sah*	*er war*	*er hatte*	*er stand*
Konjunktiv II	*er sähe*	*er wäre*	*er hätte*	*er stünde* (Ausnahme)

Anstelle des Konjunktivs II wird die ***würde*-Ersatzform** verwendet, wenn
- der Konjunktiv II (im Textzusammenhang) **nicht vom Indikativ Präteritum zu unterscheiden** ist, z. B.: *Zusammen mit Freunden machte er diese Reise.* (Konjunktiv II)
  Zusammen mit Freunden würde er diese Reise machen. (*würde*-Ersatzform)
- die Konjunktiv-II-Form als besonders **ungebräuchlich** oder **unschön** empfunden wird, vor allem im mündlichen Sprachgebrauch, z. B.: *ich empfähle* ⟶ *ich würde empfehlen.*

Irreale Konditionalgefüge (Bedingungsgefüge)

→ S. 246–247

In einem Satzgefüge stellt der Konditionalsatz (Nebensatz, der mit *wenn* oder *falls* eingeleitet wird) eine Bedingung dar, die Folge wird im Hauptsatz formuliert. Haupt- und Nebensatz bilden zusammen ein sogenanntes Konditionalgefüge.

1 **Reale Bedingung (Indikativ):** Ist die Bedingung möglich bzw. real, verwenden wir im Hauptsatz und im Nebensatz (Konditionalsatz) den Indikativ, z. B.:
Wenn wir eine Leiter mitnehmen, können wir leichter auf den Baum klettern.

2 **Irreale Bedingung (Konjunktiv II oder *würde*-Ersatzform):** Ist die Bedingung unwahrscheinlich bzw. irreal, verwenden wir im Hauptsatz und im Nebensatz (Konditionalsatz) den Konjunktiv II (Irrealis) bzw. die *würde*-Ersatzform, z. B.:
Wenn ich sehr viel Geld hätte, würde ich Urlaub im All machen.
Hinweis: Irreale Konditionalsätze können auch ohne die Konjunktionen *wenn* oder *falls* gebildet werden. Dann steht das Verb im Nebensatz an erster Stelle. In diesem Fall kann der konditionale Nebensatz nur vor dem Hauptsatz stehen, z. B.:
Wäre ich Astronaut, flöge ich zum Mond.

Modalverben

→ S. 255–258

Mit Modalverben **verändert man den Aussagewert des Vollverbs**. Man zeigt an, ob man z. B. etwas darf oder muss, z. B.: *Hunde müssen draußen bleiben.*

- *können* (Möglichkeit, Fähigkeit), z. B.: *Sie können nebenan parken. Sie kann Englisch sprechen.*
- *sollen* (Vorschrift, Empfehlung), z. B.: *Besucher sollen auf Parkplatz C parken.*
- *müssen* (Gebot, Zwang), z. B.: *Fahrzeuge müssen die Fahrbahn benutzen.*
- *dürfen* (Erlaubnis, Möglichkeit), z. B.: *Gäste dürfen hier parken.*
- *wollen* (Absicht, Bereitschaft), z. B.: *Wir wollen gleiches Recht für alle haben.*
- *mögen* (Wunsch, Möglichkeit), z. B.: *Wir möchten Sie bitten …*

Das Adverb (Umstandswort; Plural: die Adverbien)

Adverbien (z. B.: *dort, oben, hier, jetzt, kürzlich, heute, kaum, sehr, vergebens, gern, leider, deshalb, nämlich*) **machen nähere Angaben zu einem Geschehen**. Sie erklären genauer, **wo, wann, wie und warum** etwas geschieht, z. B.: *Hier sitze ich gern. Dieser Platz gefällt mir nämlich am besten.*

- Adverbien werden **kleingeschrieben**.
- Die Wortart des Adverbs kann man leicht mit dem Adjektiv verwechseln. Das **Adverb** ist aber im Gegensatz zum Adjektiv **nicht veränderbar** (nicht flektierbar).

Satzglieder

Satzglieder erkennen: Die Umstellprobe

Mit der **Umstellprobe** kannst du feststellen, wie viele Satzglieder ein Satz hat. Wörter und Wortgruppen, die bei der Umstellprobe immer zusammenbleiben, bilden ein Satzglied, z. B.:

Die Kinder geben der Polizei den entscheidenden Hinweis.
Den entscheidenden Hinweis geben die Kinder der Polizei.

Das Prädikat (Plural: die Prädikate)

Das Prädikat bildet zusammen mit dem Subjekt den **Satzkern**. Prädikate werden mithilfe von Verbformen gebildet. In einem Aussagesatz steht die **finite Verbform** (die Personalform des Verbs) **immer an zweiter Satzgliedstelle**, z. B.:
Oft zeichnen Piraten eine Schatzkarte. So finden sie später ihre Beute.
Das Prädikat kann mehrteilig sein, z. B.: *Die Piraten haben das Schiff überfallen.*

Das Prädikativ

Das Verb *sein* verlangt neben dem Subjekt ein weiteres Satzglied, das **Prädikativ**. Es kann ein **Nomen/Substantiv** oder ein **Adjektiv** sein, z. B.: *Er ist Klassensprecher. Ich bin sportlich.*
Das Prädikativ ergänzt das Prädikat und bezieht sich zugleich auf das Subjekt des Satzes. Weitere Verben, die häufig ein Prädikativ verlangen, sind: *bleiben, werden, heißen.*

Das Subjekt (Plural: die Subjekte)

Das Satzglied, das in einem Satz angibt, wer oder was etwas tut, veranlasst …, heißt **Subjekt**, z. B.: *Der Pirat versteckt auf der Insel einen Schatz.*

- Du kannst das Subjekt mit der Frage: **Wer oder was …?** ermitteln, z. B.:
  Wer oder was versteckt auf der Insel einen Schatz? ⟶ Der Pirat versteckt auf der Insel einen Schatz.
- Das Subjekt eines Satzes kann aus einem oder aus mehreren Wörtern bestehen, z. B.:
  Wer oder was liegt unter der Erde? ⟶ Die alte, verwitterte Schatztruhe liegt unter der Erde.
- Das Subjekt eines Satzes **steht immer im Nominativ.**

Die Objekte

- **Akkusativobjekt:** Das Objekt, das im Akkusativ steht, heißt Akkusativobjekt.
  Du ermittelst es mit der Frage: **Wen oder was ...?**, z. B.:
  Wen oder was suchen die Piraten? ⟶ Die Piraten suchen den Schatz.
- **Dativobjekt:** Das Objekt, das im Dativ steht, heißt Dativobjekt.
  Du ermittelst es mit der Frage: **Wem ...?**, z. B.:
  Wem stehlen die Piraten den Schatz? ⟶ Die Piraten stehlen ihren Opfern den Schatz.
- **Genitivobjekt:** Das Genitivobjekt ist ein Satzglied, das man mit der Frage **Wessen ...?** ermittelt, z. B.: *Er wird des Diebstahls angeklagt. ⟶ Wessen wird er angeklagt?*
  Das Genitivobjekt wird heute nur noch selten verwendet. Es gibt nur wenige Verben, die ein Genitivobjekt fordern, z. B.: *gedenken (der Toten gedenken), sich rühmen (sich des Sieges rühmen), sich bedienen (sich einer guten Ausdrucksweise bedienen).*
- **Präpositionalobjekt:** Das Präpositionalobjekt steht nach Verben, die fest mit einer Präposition verbunden sind, z. B.: *lachen über, achten auf, denken an, sich fürchten vor.*
  Diese Präposition ist auch im jeweiligen Fragewort enthalten, z. B.:
  *Die Einbrecher hoffen **auf** eine reiche Beute. ⟶ Wor**auf** hoffen die Einbrecher?*
  *Sie fürchten sich **vor** der Polizei. ⟶ Wo**vor** fürchten sie sich?*
  Nach den Präpositionalobjekten fragt man z. B. mit: *Wofür ...? Wonach ...? Womit ...? Wovon ...? Worüber ...? Woran ...?*

Objekte können aus einem oder aus mehreren Wörtern bestehen.

Die adverbialen Bestimmungen

- Adverbiale Bestimmungen sind Satzglieder, die man z. B. mit den Fragen **Wann ...?, Wo ...?, Warum ...?, Wie ...?** ermittelt. Sie liefern zusätzliche **Informationen über den Ort** (lokal), **über die Zeit** (temporal), **über den Grund** (kausal) und **über die Art und Weise** (modal) eines Geschehens oder einer Handlung.
- Adverbiale Bestimmungen können aus einem oder aus mehreren Wörtern bestehen.
- Durch die Frageprobe kann man ermitteln, welche adverbiale Bestimmung vorliegt.

Frageprobe	Satzglied	Beispiel
Wann? Wie lange? Seit wann? Wie oft?	**adverbiale Bestimmung der Zeit (Temporalbestimmung)**	*Wann fand das Konzert statt?* *Das Konzert fand um 19 Uhr statt.*
Wo? Wohin? Woher?	**adverbiale Bestimmung des Ortes (Lokalbestimmung)**	*Wo versteckte der Dieb das Geld?* *Der Dieb versteckte das Geld im Geigenkasten.*
Warum? Weshalb?	**adverbiale Bestimmung des Grundes (Kausalbestimmung)**	*Warum stahl der Dieb?* *Der Dieb stahl aus Geldgier.*
Wie? Auf welche Weise? Womit?	**adverbiale Bestimmung der Art und Weise (Modalbestimmung)**	*Wie öffnete der Dieb den Tresor?* *Der Dieb öffnete den Tresor gewaltsam.*

Das Attribut (Beifügung; Plural: die Attribute)

Attribute **bestimmen ein Bezugswort** (meist ein Nomen/Substantiv) **näher**. Sie sind **immer Teil eines Satzglieds** und bleiben bei der Umstellprobe fest mit ihrem Bezugswort verbunden, z. B.:
Der große Mann / stiehlt / die Tasche.
Die Tasche / stiehlt / der große Mann.

Attribut Bezugswort

Attribute stehen **vor oder nach** ihrem **Bezugswort**.
Man kann sie mit **Was für ...?** erfragen.
Was für ein Mann? ⟶ *ein großer Mann* ⟶ *ein Mann mit schwarzen Haaren*

Attribut Bezugswort Bezugswort Attribut

Formen des Attributs

Es gibt verschiedene Formen des Attributs:
- **Adjektivattribut**, z. B.: *die große Tasche*
- **präpositionales Attribut**, z. B.: *das Versteck hinter dem Baum*
- **Genitivattribut**, z. B.: *der Komplize des Erpressers*
- **Apposition** (nachgestelltes Nomen/Substantiv im gleichen Kasus wie das Bezugswort), z. B.: *Herr Schummel, der Geldfälscher, tauchte unter.*

Proben

Umstellprobe: Satzanfänge abwechslungsreich gestalten

Durch die Umstellprobe kannst du deine Texte abwechslungsreicher gestalten. Du stellst z. B. die Satzglieder so um, dass die Satzanfänge nicht immer gleich sind, z. B.:
Ich habe mir heute eine Überraschung ausgedacht. Ich will eine Schatzsuche veranstalten.
⟶ *Heute habe ich mir eine Überraschung ausgedacht. Ich will eine Schatzsuche veranstalten.*

Ersatzprobe: Wortwiederholungen vermeiden

Mit der Ersatzprobe kannst du Satzglieder, die sich in deinem Text häufig wiederholen, durch andere Wörter ersetzen, z. B.:
Ich kenne ein Spiel. ~~Das Spiel~~ (⟶ Es) kommt aus Indien.
Zuerst zeichnet man ein Spielbrett. Danach ~~zeichnet~~ (⟶ erstellt) man die Spielsteine.

Weglassprobe: Texte straffen, Wiederholungen vermeiden

Mit der Weglassprobe kannst du prüfen, welche Wörter in einem Text gestrichen werden sollten, weil sie überflüssig sind oder umständlich klingen, z. B.:
Als wir den Schatz fanden, jubelten wir vor Freude ~~über den gefundenen Schatz~~.

Erweiterungsprobe: Genau und anschaulich schreiben

Mit der Erweiterungsprobe kannst du prüfen, ob eine Aussage genau oder anschaulich genug ist oder ob du noch etwas ergänzen solltest, z. B.:
V *Ich wünsche mir ein Buch* V. ⟶ *Zum Geburtstag wünsche ich mir ein Buch über Piraten.*
Wann? Worüber?

Sätze

Satzarten

Je nachdem, ob wir etwas aussagen, fragen oder jemanden zu etwas auffordern wollen, verwenden wir unterschiedliche Satzarten: Aussagesatz, Fragesatz oder Aufforderungssatz. In der gesprochenen Sprache erkennen wir die verschiedenen Satzarten oft an der Stimmführung, in der geschriebenen Sprache an den unterschiedlichen Satzschlusszeichen: Punkt, Fragezeichen und Ausrufezeichen.

- Nach einem **Aussagesatz** steht ein **Punkt**, z. B.: *Ich gehe jetzt ins Schwimmbad.*
- Nach einem **Fragesatz** steht ein **Fragezeichen**, z. B.: *Hast du heute Nachmittag Zeit?*
- Nach einem **Ausrufe- oder Aufforderungssatz** steht meist ein **Ausrufezeichen**, z. B.: *Vergiss die Sonnencreme nicht! Beeilt euch!*

Die Satzreihe/Satzverbindung: Hauptsatz + Hauptsatz

- Ein **Hauptsatz** ist ein selbstständiger Satz. Er enthält mindestens zwei Satzglieder, nämlich Subjekt und Prädikat, z. B.: *Peter schwimmt.*
  Die finite Verbform (Personalform des Verbs) steht im Hauptsatz an zweiter Satzgliedstelle, z. B.: *Peter schwimmt im See.*
- Ein **Satz**, der **aus zwei oder mehr Hauptsätzen** besteht, wird **Satzreihe oder Satzverbindung** genannt. Die einzelnen Hauptsätze einer Satzreihe/Satzverbindung werden durch ein **Komma** voneinander getrennt, z. B.: *Peter schwimmt im See, Philipp kauft sich ein Eis.*
- Häufig werden die Hauptsätze durch die nebenordnenden **Konjunktionen** *und, oder, aber, sondern, denn, doch* verbunden, z. B.: *Peter schwimmt im See, denn es ist sehr heiß.*
  Nur vor den Konjunktionen *und* bzw. *oder* darf das Komma wegfallen, z. B.: *Peter schwimmt im See und Philipp kauft sich ein Eis.*

Das Satzgefüge: Hauptsatz + Nebensatz

Einen **Satz**, der **aus** mindestens einem **Hauptsatz und** mindestens einem **Nebensatz** besteht, nennt man **Satzgefüge**. Zwischen Hauptsatz und Nebensatz muss **immer ein Komma** stehen, z. B.:

Weil die Sonne scheint, gehen wir heute ins Schwimmbad.
Nebensatz — Hauptsatz

Der Regen, der seit Stunden fällt, war nach der Hitze nötig.
Hauptsatz — Nebensatz — Hauptsatz (Fortsetzung)

Nebensätze haben folgende Kennzeichen:

- Ein Nebensatz kann **nicht ohne** einen **Hauptsatz** stehen.
- Der Nebensatz **ist dem Hauptsatz untergeordnet**.
- **Nebensätze** werden fast immer **mit** einer unterordnenden **Konjunktion** (z. B.: *weil, da, obwohl, damit, dass, sodass, nachdem, während*) oder einem **Relativpronomen** *(der, die das, welcher, welche, welches)* **eingeleitet**.
- Die **finite Verbform** (die Personalform des Verbs) steht im Nebensatz immer **an letzter Satzgliedstelle**.

Formen von Nebensätzen

Der Relativsatz

→ S. 263

Relativsätze sind **Nebensätze, die** ein **vorausgehendes Bezugswort** (Nomen/Substantiv oder Pronomen) **näher erklären**. Sie werden mit einem **Relativpronomen** eingeleitet, z. B.: *der, die, das* oder *welcher, welche, welches.*

Ein Relativsatz wird **immer** durch ein **Komma** vom Hauptsatz abgetrennt. Wird er in einen Hauptsatz eingeschoben, dann setzt man vor und hinter den Relativsatz ein Komma, z. B.:
Daniel Düsentrieb ist eine Comicfigur, die von Carl Barks erfunden wurde.

Adverbialsätze

→ S. 264–267

Adverbialsätze sind Gliedsätze, weil sie die Stelle einer adverbialen Bestimmung einnehmen. Sie werden mit einer **Konjunktion** oder auch einem **Adverb** eingeleitet und durch Komma vom Hauptsatz getrennt.

Adverbialsatz	**Frageprobe**	**Konjunktion/ Adverb**	**Beispiel**
Kausalsatz (Grund, Ursache)	Warum …? Aus welchem Grund …?	*da, weil*	*Ich nutze das Navi, weil ich beim Fahren keine Karte lesen kann.*
Konditionalsatz (Bedingung)	Unter welcher Bedingung …?	*wenn, falls, sofern*	*Wir werden bald da sein, sofern das Navi uns richtig führt.*
Finalsatz (Ziel, Absicht)	Wozu …? Mit welcher Absicht …?	*damit, dass*	*Fahr schneller, damit wir pünktlich sind.*
Konsekutivsatz (Folge, Wirkung)	Mit welcher Folge …?	*sodass (auch: so …, dass)*	*Die Ampel war rot, sodass ich anhalten musste.*
Konzessivsatz (Einräumung)	Trotz welcher Umstände …?	*obwohl, obgleich, obschon, auch wenn*	*Obwohl ich die Stadt kannte, habe ich das Navi genutzt.*
Temporalsatz (Zeitpunkt/ -dauer)	Wann …? Seit/Bis wann …? Wie lange …?	*nachdem, als, während, bis, bevor, solange, sobald …*	*Nachdem das Navi mich in die Irre geführt hatte, schaltete ich es ab.*
Lokalsatz (Ort/Richtung)	Wo ….? Wohin ….? Woher ….?	*wo, wohin, woher*	*Ich konnte mich nicht daran erinnern, wohin diese Straße führte.*
Modalsatz (Art und Weise)	Wie …?	*indem, dadurch dass, wie, als (ob) …*	*Ich kam zum Ziel, indem ich einen Passanten fragte.*
Adversativsatz (Gegenüber-stellung)	Was passiert im Gegensatz zu …?	*wohingegen, während*	*Ich fahre mit dem Navi, wohingegen mein Freund mit einer Landkarte reist.*

Subjektsätze und Objektsätze

→S. 262

Subjektsätze und Objektsätze sind Gliedsätze, weil sie die **Rolle des Subjekts bzw. des Objekts** für den Hauptsatz übernehmen. Sie lassen sich wie das Subjekt oder das Objekt mithilfe der Frageproben ermitteln.

- **Subjektsatz:** Das Subjekt eines Satzes kann von einem Nebensatz gebildet werden, z. B.:
  Wer eine Reise bucht, muss mit vielem rechnen.
  Satzgliedfrage: Wer oder was muss mit vielem rechnen? (⟶ Subjektsatz)
- **Objektsatz:** Das Objekt eines Satzes kann von einem Nebensatz gebildet werden, z. B.:
  Man erlebt, was man nicht für möglich hielt.
  Satzgliedfrage: Wen oder was erlebt man? (⟶ Objektsatz)

Infinitivgruppen

→S. 270–274

Obwohl Infinitivgruppen keine finite Verbform besitzen, können sie im Satz die Funktion von Nebensätzen übernehmen (z. B. die Stelle von Subjekt-, Objekt- oder Adverbialsätzen). Man nennt sie darum auch satzwertige Infinitive. Eine Infinitivgruppe besteht aus einem Infinitiv mit „zu" und mindestens einem weiteren Wort, z. B.:
Ich habe vor, heute eine Beschwerde zu schreiben.
Infinitivgruppen **darf** man immer durch **Komma** vom Hauptsatz trennen. Ein Komma **muss** stehen,

1 wenn die Infinitivgruppe durch *um, ohne, statt, anstatt, außer, als* eingeleitet wird, z. B.:
  *Ich komme, **um** mich zu beschweren. **Statt** zu klagen, sollte man eine Lösung suchen.*
2 wenn die Infinitivgruppe von einem Nomen/Substantiv oder einem hinweisenden Wort wie *daran, darauf* oder *es* im Hauptsatz abhängt, z. B.: *Ich habe die Absicht, mich zu beschweren. Ich bedauere es, mich beschweren zu müssen.*

Bei einfachen Infinitiven (*zu* + Infinitiv) kann man das Kommas weglassen, sofern dadurch keine Missverständnisse entstehen, z. B.: *Wir raten(,) ihm(,) kein Geld zu überweisen.*

Tipp: Bei Infinitivgruppen empfiehlt es sich, immer Kommas zu setzen, weil sie die Gliederung eines Satzes verdeutlichen und niemals falsch sind.

Partizipgruppen

→S. 268–269, 273–274

Obwohl Partizipgruppen keine finite Verbform besitzen, können sie im Satz die Funktion von Nebensätzen übernehmen. Man nennt sie darum auch satzwertige Partizipien. Eine Partizipgruppe wird mit einem **Partizip I** (Partizip Präsens: *gehend*) oder einem **Partizip II** (Partizip Perfekt: *gegangen*) gebildet. Sie **bezieht sich auf das Subjekt** des Hauptsatzes, z. B.:
*Den Kopf in den Nacken **legend** genießt er den Fahrtwind.*
Partizipgruppen **darf** man immer durch **Komma** vom Hauptsatz trennen. Ein Komma **muss** stehen,

1 wenn durch ein *hinweisendes Wort* auf die Partizipgruppe Bezug genommen wird, z. B.:
  Den Kopf in den Nacken legend, so genießt er den Fahrtwind.
2 wenn die Partizipgruppe eine nachgestellte Erläuterung ist, z. B.:
  Er, den Kopf in den Nacken gelegt, genoss den Fahrtwind.

Zeichensetzung

Satzschlusszeichen

- Nach einem **Aussagesatz** steht ein **Punkt**, z. B.:
  Ich gehe jetzt ins Schwimmbad.
- Nach einem **Fragesatz** steht ein **Fragezeichen**, z. B.:
  Hast du heute Nachmittag Zeit?
- Nach einem **Ausrufe- oder Aufforderungssatz** steht meist ein **Ausrufezeichen**, z. B.:
  Vergiss die Sonnencreme nicht! Beeilt euch!

Das Komma zwischen Sätzen

→ S. 290

Die einzelnen **Hauptsätze einer Satzreihe/Satzverbindung** werden durch ein **Komma** voneinander getrennt, z. B.:
Peter schwimmt im See, Philipp kauft sich ein Eis.
Nur vor den Konjunktionen *und* bzw. *oder* darf das Komma wegfallen, z. B.:
Peter schwimmt im See und Philipp kauft sich ein Eis.
Zwischen Hauptsatz und Nebensatz (Satzgefüge) muss **immer ein Komma** stehen, z. B.:
Wir gehen heute ins Schwimmbad, weil die Sonne scheint.

Der Nebensatz kann vor oder nach dem Hauptsatz stehen oder in den Hauptsatz eingeschoben werden. Zwischen Hauptsatz und Nebensatz muss **immer ein Komma** stehen, z. B.:
Wenn wir verreisen, möchte ich nicht allzu lange im Auto sitzen.
Die Sommerferien, die ich in diesem Jahr zu Hause verbracht habe, waren schon.

Ein **Satzgefüge kann mehrere Nebensätze** enthalten. Alle Nebensätze werden mit einem **Komma** abgetrennt, z. B.:
Weil ich gerne reise, fahre ich weg, wann immer es geht.
Ich glaube, dass man auch zu Hause schöne Urlaubstage verbringen kann, weil ich zu den Leuten gehöre, die gerne lesen und ins Freibad gehen.

Folgende Wörter können Nebensätze einleiten:

unterordnende **Konjunktionen**	*nachdem, wenn, obwohl, weil, dass, indem …*	***Weil** die Sonne scheint, gehen wir ins Freibad.*
Fragewörter und *ob*	*wann, woher, warum, weshalb, wie, wo …; ob*	*Ich weiß nicht genau, **wann** er kommen wird.*
Relativpronomen	*der, die, das; welcher, welche, welches*	*Der Junge, **der** dort vorne steht, heißt Peter.*

Infinitivgruppen mit *zu*

→ S. 295–296

Infinitivgruppen **darf** man immer durch **Komma** vom Hauptsatz trennen.
Ein Komma **muss** stehen,

- wenn die Infinitivgruppe mit *zu* durch *um, ohne, statt, anstatt, außer, als* eingeleitet wird, z. B.: *Verwenden Sie das Gerät nicht, **ohne** die Bedienungsanleitung gelesen zu haben.*
- wenn die Infinitivgruppe mit *zu* von einem Nomen/Substantiv oder einem hinweisenden Wort wie *dazu, daran, darauf* oder *es* im Hauptsatz abhängt, z. B.: *Der Knopf dient **dazu**, das Gerät einzuschalten.*

Bei einfachen Infinitiven (*zu* + Infinitiv) kann man das Komma weglassen, sofern dadurch keine Missverständnisse entstehen, z. B.: *Wir zweifeln nicht daran(,) zu gewinnen.*
Tipp: Bei Infinitivgruppen mit *zu* empfiehlt es sich, immer ein Komma zu setzen, weil sie die Gliederung eines Satzes verdeutlichen und niemals falsch sind.

Komma in Partizipgruppen

→ S. 291–292, 295–296

Partizipgruppen **darf** man immer durch **Kommas** vom Hauptsatz trennen.
Ein Komma **muss** stehen,

- wenn durch ein hinweisendes Wort auf die Partizipgruppe Bezug genommen wird, z. B.: *Jedes Wort einzeln übersetzt, so nützen Bedienungsanweisungen nichts.*
- wenn die Partizipgruppe eine nachgestellte Erläuterung ist, z. B.: *Jens, aus vollem Halse lachend, reichte mir die Bedienungsanleitung.*

Das Komma bei Aufzählungen

Wörter und Wortgruppen in Aufzählungen werden **durch Kommas abgetrennt**, z. B.:
Mit Wolle, Garn, Stoffen, Perlen kann man immer etwas anfangen.
Dies gilt auch, wenn das Wort oder die Wortgruppe durch eine einschränkende Konjunktion wie *aber, jedoch, sondern, doch* eingeleitet wird, z. B.: *Dieses Spiel ist kurz, aber sehr lustig.*
Achtung: Kein Komma steht vor den nebenordnenden Konjunktionen *und, oder, sowie, entweder … oder, sowohl … als auch, werder … noch,*
z. B.: *Hier gibt es sowohl Sportkleidung als auch Sportgeräte.*

Das Komma bei Appositionen und nachgestellten Erläuterungen

→ S. 293

1 Die **Apposition** ist eine besondere Form des Attributs und besteht in der Regel aus einem Nomen/Substantiv oder einer Nomengruppe. Sie folgt ihrem Bezugswort (meist einem Nomen/Substantiv), steht im gleichen Kasus wie ihr Bezugswort (hier: Nominativ) und wird **durch Kommas abgetrennt,** z. B.: *Berlin, unsere Hauptstadt, ist ein beliebtes Reiseziel für Schulklassen.*

2 Die **nachgestellte Erläuterung** wird oft mit Wörtern wie *nämlich, und zwar, vor allem, das heißt (d. h.), zum Beispiel (z. B.)* eingeleitet. Sie wird **durch Kommas abgetrennt,** z. B.: *Das Reichstagsgebäude, also der Sitz des Bundestags, besitzt eine Kuppel aus Glas.*

Das Komma bei Anreden, Ausrufen und Bekräftigungen

→ S. 294

- Eine **Anrede** wird durch Komma vom übrigen Satz abgetrennt, z. B.: *Henry, fahr bitte langsamer.*
- **Ausrufe, kommentierende Äußerungen** und **Bekräftigungen** werden durch Komma abgetrennt, z. B.: *Ach, das ist aber schade! Wie eklig, igitt! Sie hatte keine Zeit, leider!* Das Komma entfällt jedoch, wenn keine Hervorhebung gewollt ist, z. B.: *Ach du Schreck! Sie hatte leider keine Zeit für uns.*

Zeichensetzung bei der wörtlichen Rede

Die wörtliche Rede steht in einem Text in Anführungszeichen. Die Satzzeichen ändern sich, je nachdem, ob der Redebegleitsatz vor oder nach der wörtlichen Rede steht oder in diese eingeschoben wird.

- Der **Redebegleitsatz vor der wörtlichen Rede** wird durch einen Doppelpunkt von der wörtlichen Rede abgetrennt, z. B.: *Ich fragte: „Wohin sollen wir verreisen?“*
- Der **Redebegleitsatz nach der wörtlichen Rede** wird durch ein Komma von der wörtlichen Rede abgetrennt, z. B.: *„Ich würde gerne ans Meer fahren!“, rief Jana. „Sollen wir ans Meer fahren?“, fragte Jana. „Ich möchte ans Meer“, sagte Jana.*
- Der **eingeschobene Redebegleitsatz** wird durch Kommas von der wörtlichen Rede abgetrennt, z. B.: *„Oh weh“, rief Tina, „der Papagei!“*

Der Gedankenstrich

→ S. 297

Der Gedankenstrich markiert besonders deutlich eine Grenze innerhalb eines Satzes oder zwischen zwei Sätzen. Er steht häufig dort, wo man in der gesprochenen Sprache eine deutliche Pause macht. Der Gedankenstrich

- **kündigt** etwas **Folgendes**, oft etwas Unerwartetes oder Überraschendes, **an**, z. B.: *Er glaubte, den Roboter programmiert zu haben – ein verhängnisvoller Irrtum.*
- kann **Zusätze** oder **Nachträge** deutlich vom übrigen Text **abgrenzen**. Wenn der Zusatz in den Satz eingeschoben ist, steht ein paariger Gedankenstrich, z. B.: *Kochrezepte sind – so könnte man sagen – eine besondere Form der Gebrauchsanweisung.*
- kann zwischen Sätzen den **Wechsel des Themas oder des Sprechers anzeigen**, z. B.: *„Ich bin mit der Installation fertig.“ – „Kommst du dann bitte zum Essen!“*

Tipp: Oft können anstelle des Gedankenstrichs auch andere Satzzeichen wie Kommas, Doppelpunkte oder Klammern gesetzt werden.

Tipps zum Rechtschreiben

Verwandte Wörter suchen (Ableitungsprobe)

- Wenn du unsicher bist, wie ein Wort geschrieben wird, hilft oft die Suche nach einem verwandten Wort. Der Wortstamm (= Grundbaustein) wird in allen verwandten Wörtern gleich oder ähnlich geschrieben, z. B.: *reisen: abgereist, verreisen, die Reise.*
- Du schreibst ein Wort mit **ä** oder **äu**, wenn es ein verwandtes Wort mit **a** oder **au** gibt, z. B.:
  e oder **ä**? ⟶ *Gläser – Glas* **eu** oder **äu**? ⟶ *Träume – Traum*
  Gibt es kein verwandtes Wort mit **a** oder **au**, schreibt man das Wort meistens mit **e** oder **eu**.

Wörter verlängern (Verlängerungsprobe)

Am Wortende klingt **b** wie **p** *(das Lob)*, **g** wie **k** *(der Tag)* und **d** wie **t** *(der Hund)*.
Wenn du die Wörter verlängerst, hörst du, welchen Buchstaben du schreiben musst.
So kannst du Wörter verlängern:
- Bilde bei Nomen/Substantiven den Plural, z. B.: *der Tag ⟶ die Tage,* oder ein Adjektiv, z. B.: *der Sand ⟶ sandig.*
- Steigere die Adjektive oder ergänze ein Nomen/Substantiv, z. B.: *wild ⟶ wilder; ein wildes Tier.*
- Bilde bei Verben den Infinitiv oder die Wir-Form, z. B.: *er lobt ⟶ loben; wir loben.*

Im Wörterbuch nachschlagen

- Die Wörter sind im Wörterbuch **nach dem Alphabet sortiert**. Wenn der erste, zweite … Buchstabe gleich ist, wird die Reihenfolge nach dem zweiten, dritten … Buchstaben entschieden, z. B.: *Flamme, Fleiß, Floß.*
- Die Wörter sind in ihrer **Grundform** verzeichnet.
  - **Verben** findest du im **Infinitiv** (Grundform), z. B.: *ich habe gewusst ⟶ wissen.*
  - **Nomen/Substantive** findest du im **Nominativ Singular** (1. Fall, Einzahl), z. B.: *die Hände ⟶ Hand.*

Silbentrennung

Mehrsilbige Wörter trennt man nach Sprechsilben, die man beim deutlichen und langsamen Vorlesen hören kann, z. B.: *Spa-zier-gang*. Ein einzelner Vokalbuchstabe wird nicht abgetrennt, z. B.: *Igel* (nicht ~~*I-gel*~~). Beachte: Einsilbige Wörter kann man nicht trennen, z. B.: *Tisch, blau.*

Partnerdiktat

- Lies zuerst den gesamten Text durch und achte auf schwierige Wörter.
- Diktiert euch abwechselnd den Text, und zwar Abschnitt für Abschnitt.
- Jeder überprüft am Ende seinen eigenen Text auf Rechtschreibfehler und korrigiert sie.
- Tauscht dann eure Texte aus und korrigiert sie gegenseitig.
- Verbessert zum Schluss die Fehler in euren Texten.

Rechtschreibregeln

Kurze Vokale – doppelte Konsonanten

Nach einem **betonten kurzen Vokal** folgen fast immer **zwei** oder mehr **Konsonanten**. Beim deutlichen Sprechen kannst du sie meist gut unterscheiden, z. B.: *kalt, Pflanze, trinken.* Wenn du bei einem Wort mit einem betonten kurzen Vokal nur einen **Konsonanten** hörst, dann wird er in der Regel **verdoppelt**, z. B.: *Tasse, Schiff, wissen, treffen, sonnig, satt.* Beachte: Statt *kk* schreibt man **ck** und statt *zz* schreibt man **tz**, z. B.: *verstecken, Decke, Katze, verletzen.*

Lange Vokale (a, e, i, o, u)

Lange Vokale als einfache Vokale

In den meisten Wörtern ist der betonte lange Vokal ein einfacher Vokal. Danach folgt meist nur ein Konsonant, z. B.: *die Flöte, die Hose, der Besen, geben, tragen, er kam.* Das gilt besonders für einsilbige Wörter, z. B.: *zu, los, so, wen.*

Lange Vokale mit h

Das **h** nach einem **langen Vokal** steht besonders häufig vor den Konsonanten **l, m, n, r**, z. B.: *kahl, nehmen, wohnen, bohren.* Man hört dieses **h** nicht.

h am Silbenanfang

Bei manchen Wörtern steht am Anfang der zweiten Silbe ein **h**, z. B.: *ge-hen*. Dieses **h** kannst du hören. Das **h** bleibt in verwandten Wörtern erhalten. Verlängere einsilbige Wörter, dann hörst du dieses **h**, z. B.: *er geht* ⟶ *gehen*.

Wörter mit Doppelvokal

Es gibt nur wenige Wörter, in denen der lang gesprochene Vokal durch Verdopplung gekennzeichnet ist. Merke sie dir gut.

- **aa:** *der Aal, das Haar, paar, das Paar, der Saal, die Saat, der Staat, die Waage*
- **ee:** *die Beere, das Beet, die Fee, das Heer, der Klee, das Meer, der Schnee, der See*
- **oo:** *das Boot, doof, das Moor, das Moos, der Zoo*

Die Vokale **i** und **u** werden nie verdoppelt.

Wörter mit langem i

- **Wörter mit ie:** Mehr als drei Viertel aller Wörter mit lang gesprochenem **i** werden mit **ie** geschrieben. Das ist also die häufigste Schreibweise, z. B.: *das Tier, lieb, siegen, viel, hier.*
- **Wörter mit i:** Manchmal wird das lang gesprochene **i** durch den Einzelbuchstaben **i** wiedergegeben, z. B.: *mir, dir, wir, der Igel, das Klima, das Kino, die Maschine.*
- **Wörter mit ih:** In den folgenden Wörtern wird der lange i-Laut als **ih** geschrieben: *ihr, ihm, ihn, ihnen, ihre.*

Das stimmhafte s und das stimmlose s

- **Das stimmhafte s (= weicher, gesummter s-Laut):** Manchmal spricht man das **s** weich und summend wie in *Sonne, tausend* oder *seltsam*. Dann nennt man das **s** stimmhaft.
- **Das stimmlose s (= harter, gezischter s-Laut):** Manchmal spricht man das **s** hart und zischend wie in *Gras* oder *küssen* oder *schließen*. Dann nennt man das **s** stimmlos.

Die Schreibung des s-Lauts: s, ss oder ß?

- Das **stimmhafte s wird immer mit einfachem s** geschrieben, z. B.: *eisig, der Riese, die Sonne.*
- Das stimmlose **s** wird mit **einfachem s** geschrieben, **wenn sich beim Verlängern des Wortes** (→ S. 360) **ein stimmhaftes s ergibt**, z. B.: *das Gras ⟶ die Gräser; uns ⟶ unser.*
  Für einige Wörter mit einfachem **s** am Wortende gibt es keine Verlängerungsmöglichkeit – es sind also Merkwörter, z. B.: *als, aus, bis, es, was, etwas, niemals, alles, anders, morgens.*
- **Doppel-s nach kurzem Vokal**
  Der stimmlose s-Laut wird **nach einem betonten kurzen Vokal** meist mit **ss** geschrieben, z. B.: *essen, die Klasse, wissen.*
- **ß nach langem Vokal oder Diphthong (Doppellaut)**
  Der stimmlose s-Laut wird **nach einem langen Vokal oder Diphthong** (ei, ai, au, äu, eu) mit **ß** geschrieben, wenn er bei der Verlängerungsprobe stimmlos bleibt, z. B.:
  heiß ⟶ heißer; der Kloß ⟶ die Klöße.

Groß- und Kleinschreibung

Großgeschrieben werden

- alle Satzanfänge, z. B.: *Er tanzt gern.*
- alle Nomen/Substantive und nominalisierten Wörter, z. B.: *die Liebe, der Buchhändler, das Schwimmbad, etwas Neues, aufmerksames Zuhören.*
- die Höflichkeitsanrede (z. B. in einem Brief): *Sie, Ihnen* etc.

Nomen/Substantive und Nomenmerkmale

- **Nomen/Substantive** werden **großgeschrieben**. Wörter, die auf *-heit, -keit, -nis, -schaft, -tum, -in, -ung* enden, sind immer Nomen/Substantive, z. B.: die *Gesundheit, die Tapferkeit, das Ereignis, die Verwandtschaft, der Irrtum, die Sängerin, die Handlung.*
- **Nomen/Substantive kann man meist an den Begleitwörtern (Nomensignalen) erkennen**, die ihnen vorausgehen. Begleitwörter sind:
  - **Artikel** (bestimmter/unbestimmter), z. B.: *der Hund, ein Hund*
  - **Pronomen**, z. B.: *unser Hund, dieser Hund*
  - **Präpositionen,** die mit einem Artikel verschmolzen sein können, z. B.: *bei Nacht, am (= an dem) Fluss*
  - **Adjektive**, z. B.: *große Hunde*
  - **Zahlwörter**, z. B.: *zwei Tage, drei Stunden*

Nominalisierungen: Großschreibung von Verben, Adjektiven und Partizipien

› S. 278

Verben, **Adjektive** und **Partizipien** schreibt man **groß**, wenn sie im Satz **als Nomen/Substantiv** gebraucht werden, z. B.: *das Lernen, das Neue, das Spannende*.
Man erkennt solche Nominalisierungen an ihren **Nomensignalen**:

- an einem **Artikel**, z. B.: *das Arbeiten, ein Lärmen*
- an einem **Pronomen** (Possessivpronomen, Demonstrativpronomen, Indefinitpronomen), z. B.: *dein Nachdenken, dieses Lernen, etwas Ungewöhnliches.*
  Tipp: Indefinitpronomen geben eine ungefähre Menge oder Anzahl an, z. B.: *etwas, manches, alles, nichts.* Sie stehen häufig vor nominalisierten Adjektiven, z. B.: *etwas Neues.*
- an einem **Adjektiv**, z. B.: *konzentriertes Lernen*
- an einer **Präposition**, die mit einem Artikel verschmolzen sein kann, z. B.: *vor Lachen, beim (bei dem) Unterrichten, bis zum (zu dem) Äußersten*

Schreibung von Eigennamen und Herkunftsbezeichnungen

→ S. 279–280

- **Eigennamen** schreibt man **groß**. Sind es Wortgruppen, schreibt man alle Wörter groß, mit Ausnahme der Artikel, Konjunktionen und Präpositionen, z. B.: das *Optische Museum Jena, das Gasthaus zum Goldenen Schwan, Karl der Große, der Erste Mai.*
  Mehrteilige Eigennamen schreibt man mit **Bindestrich**, z. B.: *Otto-Lilienthal-Museum, Rheinland-Pfalz.*
- Für die Schreibung von **Straßennamen**, Plätzen, Brücken etc. gelten dieselben Regeln wie für Eigennamen, z. B.: *Frankfurter Straße, Carl-Maria-von-Weber-Allee, Großer Stern.*
- **Herkunftsbezeichnungen:**
  - Von geografischen Namen abgeleitete **Wörter auf *-er* schreibt man** immer **groß**, z. B.: *das Sinsheimer Automuseum, das Berliner Olympiastadion.*
  - Von geografischen Namen abgeleitete **Adjektive auf *-isch* werden kleingeschrieben**, wenn sie nicht Teil eines Eigennamens sind, z. B.: *sächsische Städte,* aber: *die Sächsische Schweiz.*

Schreibung von Tageszeiten und Wochentagen

→ S. 281

- **Tageszeiten und Wochentage** werden **großgeschrieben**, wenn sie **Nomen/Substantive** sind. Man erkennt sie häufig an den üblichen Nomensignalen, z. B.: *am Montag, diesen Dienstag.*
- **Tageszeiten und Wochentage** werden **kleingeschrieben**, wenn sie Adverbien sind, z. B.: *heute, morgen, nachmittags, gestern, früh, tagsüber, freitags.*
- Bei **kombinierten Zeitangaben** schreibt man die **Adverbien klein** und die **Nomen/Substantive groß**, z. B.: *heute Abend, gestern Nacht, morgen Mittag.*

Tipp: Auch für **zusammengesetzte Angaben** gilt: Sie werden großgeschrieben, wenn sie Nomen/Substantive sind, und kleingeschrieben, wenn sie Adverbien sind, z. B.: *der Montagnachmittag – montagnachmittags, am Mittwochabend – mittwochabends.*

Schreibung von Fremdwörtern

→ S. 282–283

Fremdwörter sind **Wörter**, die aus **anderen Sprachen kommen**, z. B.: *Gymnastik* (griech.), *diskutieren* (lat.), *Garage* (frz.), *Spaghetti* (ital.), *Snowboard* (engl.). Meist erkennt man sie an der Aussprache und der Schreibung, wenn sie den Regeln ihrer Herkunftssprache folgen.
Häufig gebrauchte **Fremdwörter** werden **eingedeutscht**, d. h. in ihrer Schreibweise dem Deutschen angeglichen. In diesen Fällen ist sowohl die eingedeutschte als auch die fremdsprachige Schreibung korrekt, z. B.: *Photographie/Fotografie; Portemonnaie/Portmonee.*
Fremdwörter, die als **Fachbegriffe** verwendet werden, **sind nicht eingedeutscht worden**. Dies gilt auch für Fachbegriffe aus dem Deutschunterricht, z. B.: *Apposition, Metapher, Strophe.*

Getrennt- und Zusammenschreibung

Verbindungen aus Nomen/Substantiv + Verb

→ S. 286–287

Verbindungen aus **Nomen/Substantiv + Verb** werden in der Regel **getrennt geschrieben**, z. B.: *Rad fahren, Handball spielen, Schlange stehen.*
Achtung: Werden sie nominalisiert, schreibt man sie zusammen und groß, z. B.: *Ich hole dich zum Fußballspielen ab. Das Radfahren macht mir Spaß.*

Verbindungen aus Verb + Verb

→ S. 286–287

Verbindungen aus **Verb + Verb** können immer **getrennt geschrieben** werden, z. B.: *kennen lernen, einkaufen gehen, liegen lassen, gesagt bekommen, gelobt werden.*
Achtung: Werden sie nominalisiert, schreibt man sie zusammen und groß, z. B.: *Das Spazierengehen im Wald ist eine schöne Abwechslung.*

Verbindungen mit *sein*

→ S. 286–287

Wortgruppen mit *sein* werden **immer getrennt geschrieben**, z. B.: *froh sein, zufrieden sein, zusammen sein, vorhanden sein.*

Verbindungen aus Adverb + Verb, Präposition + Verb

→ S. 286–287

1 Wenn **Adverb + Verb zusammengeschrieben werden**, liegt die **Hauptbetonung** in der Regel vorn **auf dem Adverb** (eine Bedeutung), z. B.: *Wir müssen als Freunde zusámmenhalten.*
Bei der **Getrenntschreibung** werden **Adverb + Verb in der Regel gleich betont** (zwei Bedeutungen), z. B.: *Wir beide müssen die lange Stange zusámmen hálten.*
2 **Verbindungen aus Präposition + Verb** schreibt man in der Regel **zusammen.**
Die Hauptbetonung liegt bei der Zusammenschreibung auf der Präposition, z. B.: *Können wir úmkehren? Möchtest du mítkommen?*

Verbindungen aus Adjektiv + Verb

→ S. 286–287

Verbindungen aus **Adjektiv + Verb** werden **meist getrennt geschrieben,** z. B.: *laut singen, schnell rennen, bequem sitzen.*
Aber: Entsteht durch die Verbindung von Adjektiv + Verb ein **Wort mit einer neuen Gesamtbedeutung, schreibt man zusammen,** z. B.:
schwarzfahren (= ohne Fahrschein fahren), *schwerfallen* (= Mühe bereiten), *blaumachen* (= schwänzen).

Wortbildung

Umgang mit Begriffen

Ober- und Unterbegriffe unterscheiden

Ein **Oberbegriff** fasst mehrere Gegenstände, Eigenschaften, Begriffe zusammen, die gemeinsame Merkmale haben, z. B.: **Oberbegriff:** *Wassersportarten*

Unterbegriffe: *Schwimmen, Tauchen, Surfen, Rudern, Segeln …*

Oft lassen sich die Unterbegriffe weiter unterteilen: → *Regattasegeln, Fahrtensegeln …*

Die Über- und Unterordnung von Begriffen kann man zum Beispiel in einer Mindmap darstellen. Von einem Ast (Oberbegriff) können mehrere Zweige (Unterbegriffe) abgehen.

Zusammensetzungen

Die **Zusammensetzung von Wörtern** ist in der deutschen Sprache eine wichtige **Methode, um neue Wörter zu bilden**. Mithilfe dieser neu gebildeten Wörter kann man Dinge und Sachverhalte genauer und oft auch unkompliziert beschreiben, z. B.:

das Kupfer + der Kessel = der Kupferkessel (Nomen/Substantiv + Nomen/Substantiv),
bunt + der Specht = der Buntspecht (Adjektiv + Nomen/Substantiv),
der Blitz + schnell = blitzschnell (Nomen/Substantiv + Adjektiv),
tief + rot = tiefrot (Adjektiv + Adjektiv),
schneiden + das Brett = das Schneidebrett (Verb + Nomen/Substantiv).

Die Teile einer **Zusammensetzung** heißen **Grundwort** und **Bestimmungswort**. Das Grundwort steht immer an letzter Stelle, z. B.: *der Suppenlöffel, der Teelöffel, der Rührlöffel.* Das Grundwort wird durch das Bestimmungswort näher beschrieben. Die **Wortart** der Zusammensetzung wird durch das **Grundwort bestimmt.**

Ableitungen

Mit Präfixen (Vorsilben) und **Suffixen** (Nachsilben) kann man aus vorhandenen Wörtern **neue Wörter** ableiten. Diese neuen Wörter haben auch eine **neue Bedeutung** und helfen daher dabei, sich genau auszudrücken.

- **Neue Verben** bildet man z. B. mit den Präfixen *be-, ent-, er-, ge-, miss-, ver-, zer-.*
- **Neue Adjektive** bildet man z. B. mit den Suffixen *-ig, -bar, -lich, -sam, -isch.*
- **Neue Nomen/Substantive** bildet man z. B. mit den Suffixen *-nis, -heit, -keit, -ung, -schaft, -tum.*

Wortfamilie

Wörter, die den **gleichen Wortstamm** (Grundbaustein) haben, gehören zu einer **Wortfamilie**, z. B.: *fahren, Fahrbahn, befahren, verfahren.*

Wörter einer Wortfamilie werden durch Ableitungen *(befahren, fahrbar)* und Zusammensetzungen *(Fahrbahn)* gebildet.

Der Wortstamm wird in allen verwandten Wörtern gleich oder ähnlich geschrieben, z. B.:
reisen → abgereist, verreisen, die Reise.

Wortbedeutung

Synonyme und Antonyme

→ S. 230–231

Synonyme: Wörter mit **(fast) gleicher Bedeutung** bezeichnet man als Synonyme. Mithilfe von Synonymen können wir **Wiederholungen** (z. B. in einem Text) **vermeiden**, indem wir ein anderes, ähnliches Wort verwenden, z. B.: statt *sagen: reden, mitteilen, sprechen.*
Antonyme: Wörter, die in ihrer Bedeutung **gegensätzlich** sind, nennt man Antonyme, z. B.: *groß – klein, stark – schwach.*

Wortfeld

Wörter oder Wendungen, die eine **ähnliche Bedeutung** haben, bilden ein Wortfeld. Je mehr Wörter eines Wortfeldes man kennt, desto größer ist der eigene Sprachschatz.

Homonyme

Wörter, die **gleich lauten, aber unterschiedliche Bedeutungen** haben, nennt man **Homonyme**. Ihre Bedeutung kann nur im Sinnzusammenhang geklärt werden, z. B.:
Bank (Sitzgelegenheit, Geldinstitut): Ich sitze auf einer Bank. Ich bin in der Bank.

Denotation und Konnotation eines Wortes

→ S. 231–232, 235

- **Denotation:** Die Denotation eines Wortes (lat. *denotare* = bezeichnen) ist die klar definierte Grundbedeutung eines Wortes, die man im Wörterbuch oder Lexikon nachschlagen kann.
- **Konnotation:** Die Konnotation (lat. *con* = mit, *notatio* = Bezeichnung, Anmerkung) bezeichnet die Nebenbedeutung eines Wortes, d. h. die Vorstellungen, Erfahrungen, Empfindungen und Assoziationen, die wir mit einem Wort verbinden, z. B.: *Nacht:*
  denotative Bedeutung: Zeit zwischen Sonnenuntergang und -aufgang
  konnotative Bedeutung: Dunkelheit, Angst, Stille, Schlaf, Party, Einsamkeit etc.

Euphemismen und Hochwertwörter

→ S. 233–235

Sprachliche Gestaltungsmittel werden in Texten gezielt eingesetzt, um die Aussageabsicht (Intention) zu stützen und eine bestimmte Wirkung bei den Zuhörern bzw. Lesern zu erzielen.

- **Euphemismen** sind Ausdrücke, die einen Sachverhalt oder einen Vorgang beschönigen, z. B.: *Verteidigungsfall* für *Krieg*, *Rentenreform* für *Rentenkürzung*.
  Euphemismen werden vor allem in der Politik und der Wirtschaft verwendet, um unangenehme Sachverhalte zu verharmlosen bzw. zu verschleiern.
- **Hochwertwörter** sind Wörter oder kurze Phrasen, die positiv konnotiert (→ Konnotation, s. oben) sind, d. h. mit denen positive Vorstellungen und Empfindungen verbunden sind, z. B.: *Heimat, Mut.* Sie sollen bei den Zuhörern oder bei den Lesern positive Emotionen hervorrufen.

Sprachvarianten

In einer Sprachgemeinschaft werden neben der Hochsprache (= Standardsprache) unterschiedliche Sprachvarianten verwendet.

Standardsprache und Umgangssprache

→ S. 239

- Die **Hochsprache** (auch: Standardsprache) ist die allgemein verbindliche Form unserer Sprache, wie sie in der Öffentlichkeit (besonders im Schriftlichen), z. B. in der Schule, verwendet wird.
- Die **Umgangssprache** ist die Sprache, die wir bei unserer alltäglichen mündlichen Kommunikation verwenden. Sie orientiert sich an der Hochsprache, wendet deren Regeln und Normen aber nicht streng an. Typisch für die Umgangssprache sind z. B.: unvollständige Sätze (Ellipsen), z. B. *Du auch?*; umgangssprachliche Wörter und Wendungen, z. B.: *doof.*

Jugendsprache

→ S. 236–239, 242

Die **Jugendsprache** unterscheidet sich durch bestimmte Wörter, Wendungen oder den Satzbau von der **Standardsprache**, z. B.: *fett* (Jugendsprache) = *gut* (Standardsprache).
Sie ist sehr unterschiedlich, denn je nach Jugendgruppe finden sich ganz verschiedene Äußerungsformen, z. B.: *die Sprache der Computerfreaks, der Raver, der Skater* etc.
Zudem ist die Jugendsprache sehr schnelllebig und verändert sich oft innerhalb weniger Jahre oder Monate.
Die Jugendsprache ist häufig durch bestimmte **sprachliche Merkmale** geprägt, z. B.:

- Anglizismen (Übernahmen aus dem Englischen), z. B.: *chillen, Connections.*
- Metaphern/bildhafte Ausdrücke, z. B.: *ätzend, null Bock haben.*
- Neologismen (Wortneubildungen), z. B.: *Achselmoped* (für *Deoroller*).
- Abkürzungen, z. B.: *Spezi* (für *Spezialist*).
- Wortverstärker/Übertreibungen, z. B.: *krass, fett.*

Dialekte

→ S. 240–241

Dialekte (auch Mundarten genannt) sind Sprachvarianten, die an eine bestimmte geografische Region gebunden sind und von der **Standardsprache** (auch Hochdeutsch genannt) unterschieden werden.
Man teilt die Dialekte grob in das **Niederdeutsche** (Dialekte in Norddeutschland, auch „Plattdeutsch" genannt), das **Mitteldeutsche** (Dialekte in Mitteldeutschland) und das **Oberdeutsche** (Dialekte in Süddeutschland) ein.

Arbeitstechniken und Methoden

Informationen beschaffen

Wenn du Informationen über ein bestimmtes Thema suchst oder etwas nachschlagen willst, stehen dir verschiedene Informationsquellen zur Verfügung.
Die wichtigsten **Informationsquellen** sind **Bücher** (Lexika, Sach- oder Fachbücher), **Zeitschriften** und das **Internet**.

1 In Büchern und Zeitschriften recherchieren

Bücher und Zeitschriften findest du in der Bibliothek (Bücherei), z. B.: in der Schul-, der Stadt- oder der Gemeindebibliothek.
So kannst du mithilfe des Computers in einer Bibliothek nach Büchern und anderen Medien suchen:

1. **Schritt:** Gib in das entsprechende Feld der Suchmaske einen Suchbegriff ein, z. B.: den Namen der Autorin/des Autors, den Titel des Buches, einen Sachbegriff/ein Schlagwort (z. B.: *Dinosaurier, Abenteuerbuch*). Verfeinere, wenn möglich, die Suche, indem du eine bestimmte Medienart (z. B.: Buch, CD, DVD) auswählst.
2. **Schritt:** Starte die Suche, indem du die Enter-Taste des Computers drückst oder mit einem Mausklick das Feld für die Suche anklickst.
3. **Schritt:** Du erhältst nun Angaben zu dem gesuchten Titel oder eine Liste mit Suchergebnissen. Klicke den Titel an, über den du genauere Informationen haben willst, z. B.: eine Kurzbeschreibung des Inhalts, Angaben darüber, ob das Buch vorhanden oder ausgeliehen ist.
4. **Schritt:** Wenn du den gesuchten Titel gefunden hast, musst du dir die Signatur aufschreiben, z. B.: *Ab 24 Tw.* Sie gibt dir den Standort des Buches, der CD etc. in der Bibliothek an.
5. **Schritt:** Orientiere dich in der Bibliothek, in welchem Regal du dein Buch, die CD etc. findest, z. B.: *Ab 24 Tw* (Ab = Abenteuer; 24 = Regalstellplatz; Tw = Autor, hier *Mark Twain*).

2 Im Internet recherchieren

Um im Internet gezielt nach Informationen zu suchen, verwendet man sogenannte Suchmaschinen, z. B.: www.google.de; www.bing.de. Für Jugendliche gibt es spezielle Suchmaschinen, z. B.: www.fragfinn.de; www.helles-koepfchen.de.
Um die richtigen Informationen zu finden, musst du dir geeignete Suchbegriffe überlegen. Es gibt verschiedene Möglichkeiten:

- Eingabe eines Suchbegriffs, z. B.: *Biber.* Internetseiten, die dieses Wort enthalten, werden angezeigt.
- Eingabe mehrerer Suchbegriffe, z. B.: *Biber Lebensraum.* Die Suche beschränkt sich auf die Seiten, die beide Begriffe enthalten.
- Eingabe eines Themas oder eines Namens in Anführungszeichen, z. B.: *„europäischer Biber“*. Der genaue Wortlaut oder der vollständige Name wird gesucht.

Rechercheergebnisse beurteilen

→ S. 19

1 Verschaffe dir einen Überblick über die Ergebnisse deiner Recherche:
  - Stammt das Material aus dem **öffentlichen Bereich** (z. B.: Zeitung, Werbung), dem **fachlichen** (z. B.: Lehrbuchtexte, Grafiken) oder aus dem **privaten** (z. B.: Brief)?
  - Um welche **Textsorte** handelt es sich (z. B.: Lexikoneintrag, Nachricht, Interview etc.)?

2 **Überfliege** den **Inhalt** des Materials und entscheide, ob dir der Beitrag tatsächlich brauchbare Informationen zum Thema oder zu deinen Fragen liefert.

3 Beim **Recherchieren im Internet** kannst du so vorgehen:
  - **Prüfe** die **Internetadresse**. Scheint der Betreiber der Seite zuverlässig zu sein? Weist die Seite auf einen Onlineshop (z. B.: eBay) hin, findest du keine geeigneten Informationen.
  - Wenn du sicher bist, dass die Informationen auf der Seite hilfreich sind, nimmst du sie in deine Materialsammlung auf. Hierzu kannst du die Seite ausdrucken oder speichern.

Internetseiten speichern: Lesezeichen oder Favoriten anlegen

Wenn du eine Internetseite gefunden hast, die du später noch einmal aufrufen möchtest, legst du sie als „Lesezeichen" oder „Favoriten" ab. Gehe so vor:

1 **Klicke oben im Browser auf „Favoriten" oder „Lesezeichen".**

2 Hier findest du die Funktion „Zu Favoriten hinzufügen" (beim Browser Internet Explorer) oder „Lesezeichen hinzufügen" (beim Browser Mozilla Firefox).
  - **Lesezeichen hinzufügen:** Klicke auf den Pfeil neben dem Fenster „Ordner" ⟶ dann auf „Wählen" ⟶ „Neuer Ordner". Gib dem Ordner einen aussagekräftigen Namen, z. B.: „Klimaschutz Maßnahmen", und klicke dann auf „Fertig".
  - **Zu Favoriten hinzufügen:** Klicke auf „Neuer Ordner" und gib dem Ordner einen aussagekräftigen Namen, z. B.: „Klimaschutz Maßnahmen". Klicke dann auf „Erstellen", danach auf „Hinzufügen".

Quellenangaben machen

Es ist wichtig, zu allen Materialien Quellenangaben zu machen, damit man die Informationen noch einmal nachlesen oder überprüfen kann:

- **Buch:** Autor/-in, Buchtitel, Seitenangabe, z. B.: *Edwin Klein: Die Olympischen Spiele, S. 33.*
- **Zeitung/Zeitschrift:** Verfasser/-in, Titel des Textes, Name der Zeitschrift/Zeitung, Ausgabe (z. B.: Nr. 2/2013), Seitenangabe, z. B.: *Felix Muster: Zwischenfälle bei den Olympischen Spielen. In: Olympiade heute, Nr. 33/2012, S. 33–36.*
- **Internet:** Internetadresse und Datum, an dem du die Seite aufgerufen hast, z. B.: *www.helles-koepfchen.de/artikel/2673.html (15. 3. 2013).*

Rechercheergebnisse auswerten

→ S. 19

1 **Markiere** auf einer Kopie / einem Textausdruck die wichtigsten Informationen.
Notiere am Textrand, zu welchen Fragen, Oberbegriffen oder Teilthemen die markierten Informationen gehören, z. B.: *Biografie, Auszeichnungen, Engagement für …*

2 **Überlege**, welche Informationen du nutzen willst und welche eher überflüssig sind.

3 **Fasse** die wichtigsten Informationen – geordnet nach Oberbegriffen – **zusammen**.

Ein Referat halten

→ S. 18–20

1 Das Referat vorbereiten

Ein gelungenes Referat muss gut vorbereitet werden:
- Ordne die Informationen für dein Referat, z. B. nach Unterthemen, und bringe sie in eine sinnvolle Reihenfolge.
- Notiere zu jedem Unterthema wichtige Stichworte, z. B. auf Karteikarten.
- Nummeriere die Karteikarten in der entsprechenden Reihenfolge.
- Überlege, zu welchen Informationen deines Vortrags du welches Anschauungsmaterial zeigen kannst, und suche nach geeignetem Material, z. B.: Bilder, Fotos, Grafiken.

2 Das Referat gliedern

Gliedere die Informationen. Diese Struktur ist der „rote Faden" deines Referats.

Einleitung: Wecke das Interesse deiner Zuhörerinnen und Zuhörer und führe in das Thema ein, z. B. durch Bilder/Fotos, treffende Zitate oder persönliche Bemerkungen zum Thema. Gib einen Überblick über die Gliederung deines Referats.

Hauptteil: Den Hauptteil solltest du besonders sorgfältig planen. Ordne deine Informationen nach sachlichen Gesichtspunkten. Lege Oberbegriffe und Unterpunkte fest. Streiche überflüssige Informationen, die vom Thema wegführen.

Schluss: Der Schluss rundet das Referat ab. Du kannst wichtige Informationen zusammenfassen, deine persönliche Meinung zum Thema formulieren oder einen Ausblick auf weitere Entwicklungen geben.

Eine Schreibkonferenz durchführen

- Setzt euch in kleinen Gruppen (höchstens zu viert) zusammen.
- Einer liest seinen Text vor, die anderen hören gut zu.
- Anschließend geben die anderen eine Rückmeldung, was ihnen besonders gut gefallen hat.
- Nun wird der Text in der Gruppe Satz für Satz besprochen. Die Überarbeitungsvorschläge werden abgestimmt und schriftlich festgehalten.
- Korrigiert auch die Rechtschreibung und die Zeichensetzung.
- Zum Schluss überarbeitet die Verfasserin oder der Verfasser den eigenen Text.

Vortragen / Sinngestaltendes Vorlesen

→ S. 144–145

Vortragen oder sinngestaltendes Vorlesen bedeutet, dass du einen Text (z. B.: eine Geschichte, ein Theaterstück oder ein Gedicht) ausdrucksvoll vorträgst und deine Stimme dem Geschehen anpasst. Überlege, wie du welche Textstelle sprechen willst, welche Wörter du besonders betonen willst und wo es sinnvoll ist, eine Pause zu machen. Markiere dann den Text mit entsprechenden Betonungszeichen.

Betonungszeichen

◄ (lauter)	→ (schneller)	‖ (lange Pause)	___ (Betonung)
► (leiser)	← (langsamer)	| (kurze Pause)	⤵ (Zeilensprung)

Mit dem Schreibprogramm des Computers umgehen

Eine Datei anlegen

Wenn man einen Text am Computer schreiben möchte, muss man zunächst eine Datei anlegen, und das geht so:

- Computer starten, Textprogramm (z. B.: Word) auswählen,
- in der Menüleiste auf **Datei** und **Neu** klicken,
- Text schreiben und die Datei unter einem Namen speichern (in der Menüleiste **Datei** anklicken und **Speichern unter** auswählen).

Einen Text am Computer gestalten

In der Menüleiste deines Computers findest du die folgenden Befehle, mit denen du einen Text gestalten kannst:

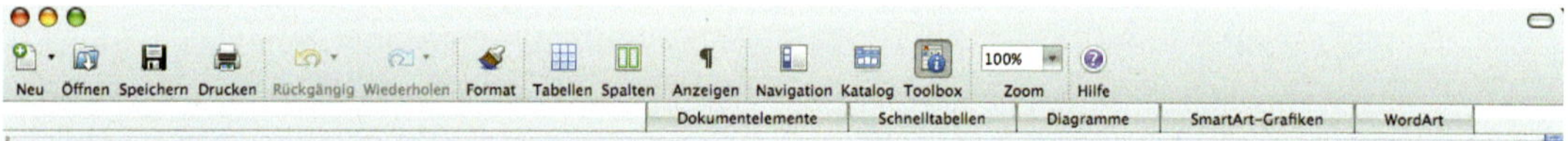

Ausschneiden und einfügen: Text mit der Maus markieren, auf die Schaltfläche Ausschneiden klicken und an anderer Stelle wieder einfügen (Symbol Einfügen).

Kopieren: Text markieren, auf die Schaltfläche Kopieren klicken und an anderer Stelle wieder einfügen (Symbol Einfügen).

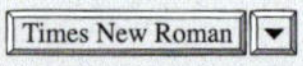

Schriftart verändern: Text/Textstelle markieren, auf den Pfeil neben dem Auswahlfeld für Schriftarten klicken und Schriftart durch Anklicken auswählen.

Schriftgröße verändern: Text/Textstelle markieren, auf den Pfeil neben dem Auswahlfeld für Schriftgröße klicken und Schriftgröße durch Anklicken auswählen oder eingeben.

Fett, *kursiv* schreiben und unterstreichen: Text/Textstelle markieren, dann auf die Schaltfläche für fette, kursive oder unterstrichene Schrift klicken.

Textausrichtung festlegen: Text markieren, dann auf die Schaltfläche für linksbündige, zentrierte oder rechtsbündige Textausrichtung klicken oder Blocksatz auswählen.

Schriftfarbe festlegen: Text markieren, dann auf die Schaltfläche für die Schriftfarbe klicken und die Farbe durch Anklicken auswählen.

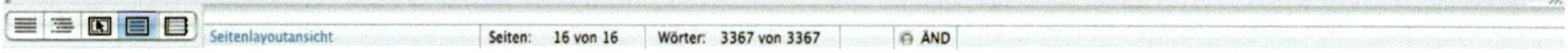

Die Rechtschreibprüfung am Computer nutzen

Das Textverarbeitungsprogramm „Word" hilft dir auch, in einem Text falsch geschriebene Wörter zu finden und zu korrigieren:

- Aktiviere das Rechtschreib- und Grammatikprogramm des Computers. Wähle hierzu im Menü Extras das Werkzeug Rechtschreibung und Grammatik aus. Das Programm markiert nun mögliche Rechtschreibfehler rot und mögliche Grammatikfehler grün.
- Überprüfe bei den rot und grün markierten Wörtern, ob diese tatsächlich falsch geschrieben wurden. Wähle dann aus dem Fenster Vorschläge das richtige Wort aus und klicke auf Ändern. Das Wort wird korrigiert und „Word" springt dann automatisch zum nächsten falsch geschriebenen Wort.

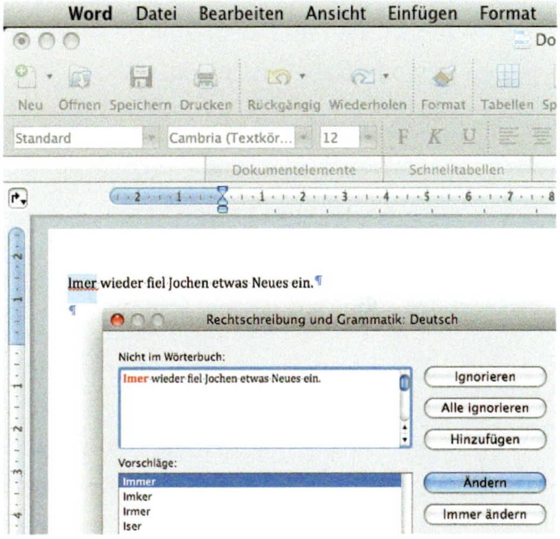

Beachte: Das Programm kann nicht alle Fehler finden und ist nicht immer zuverlässig. Zeichensetzungsfehler sind z. B. mit dem Programm nicht aufzuspüren und auch „das/dass-Fehler" werden nicht gefunden. Umgekehrt kann es vorkommen, dass korrekt geschriebene Wörter (z. B.: Eigennamen) als Fehler markiert werden. Schlage in Zweifelsfällen in einem Wörterbuch nach.

Den Thesaurus am Computer nutzen

Der „Thesaurus" (griech. = Wortschatz) ist eine Art Wörterbuch sinnverwandter Wörter, mit dessen Hilfe man häufig benutzte Wörter wie „sagen" durch sinnverwandte Wörter ersetzen kann:

- Markiere das Wort, zu dem du bedeutungsähnliche Wörter ermitteln willst. Aktiviere dann den Thesaurus, du findest ihn im Menü Extras ⟶ Sprache ⟶ Thesaurus.
- Um das markierte Wort zu ersetzen, klickst du mit der rechten Maustaste auf ein Wort, das das Programm vorschlägt.

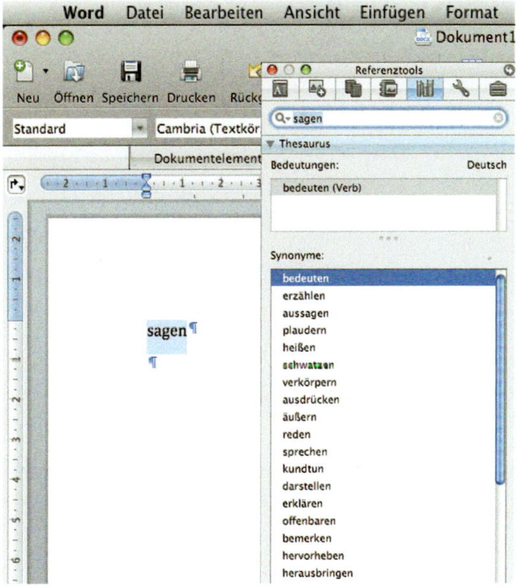

Beachte: Nur manche Wörter, die das Programm vorschlägt, entsprechen dem Wort, das du ersetzen willst. Überprüfe genau, ob das Wort wirklich passt.

Eine Bildschirmpräsentation erstellen

Präsentationsprogramme

Präsentationsprogramme wie „Impress“ oder „PowerPoint“ arbeiten mit Folien.
Auf diesen Arbeitsflächen kannst du dein Thema nennen, wichtige Informationen in Stichwörtern hinzufügen und anschauliche Grafiken oder Tabellen zeigen.

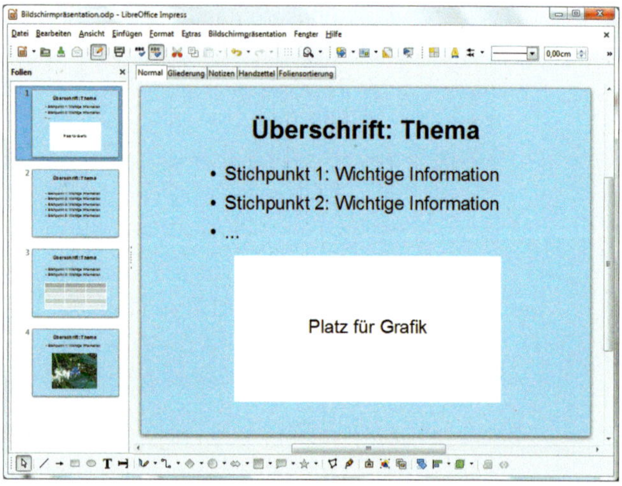

Folieninhalt

Folien dienen **zur Unterstützung** deines Vortrags. Sie geben ihm Struktur und ergänzen ihn um visuelle Inhalte wie Grafiken und Bilder, die man mündlich nicht darstellen kann.

- Bei einer Präsentation solltest du **nur das Wesentliche** auf der Folie festhalten, z. B.: Thema und wenige, knapp formulierte Stichpunkte (maximal 5). Alle weiteren Informationen kannst du im Notizenfeld unter den einzelnen Folien oder auf Karteikarten festhalten.
- **Lies** die Folien bzw. deine Notizen **nicht einfach ab**, sondern erläutere die Stichpunkte durch einen lebendigen, ausführlichen Vortrag.

Folienlayout

- Vortragsfolien sollen gut lesbar sein. Deshalb **verzichtet** man am besten **auf ablenkende** oder **mehrfarbige Hintergründe**.
- Achte bei der Auswahl der **Schriftfarbe** auf einen guten **Kontrast zum Hintergrund**. Nimm eine **gut lesbare Schrift** (z. B.: Arial). Die **Schriftgröße** solltest du so wählen, dass jeder im Raum die Stichpunkte mühelos lesen kann **(mindestens 22 Punkt)**.
- **Tabellen**, **Bilder** und andere Abbildungen müssen **klar erkennbar** bzw. **gut lesbar** sein.
- Präsentationsprogramme bieten nur grundlegende Funktionen zur Bildbearbeitung an. Gegebenenfalls musst du das grafische Material vorher in einem Bildbearbeitungsprogramm für die Präsentation vorbereiten.

Lösungen zu einzelnen Aufgaben

274 **1** Wir hatten ursprünglich die Absicht, zwei Wochen zu bleiben, sind dann aber schon nach fünf Tagen wieder abgereist, um unseren Resturlaub auf dem Balkon zu verbringen.
Schon der Mitarbeiter an der Rezeption, an allem außer an seiner an Kundschaft interessiert, ignorierte uns bei der Ankunft. Endlich wahrgenommen(,) konnten wir uns nicht verständlich machen, da er kein Deutsch sprach.

2 A: In dem Hotel „Palace" ist es eher hinderlich, sich für Land und Leute zu interessieren.
B: Um in den nächsten Ort zu gelangen, müssen Sie (nämlich) einen Fußmarsch von zehn Kilometern auf sich nehmen.
C: Sie sollten fettige, unappetitliche Fleischportionen mögen, um am Buffet ordentlich zu schlemmen (schlemmen zu können).
D: Es ist zwar verständlich, in einem Hotel auch einen Zimmerservice zu erwarten, jedoch sollten Sie Ihre Betten besser gleich selbst machen.

3 A: Der Pool, in einem schattigen Hinterhof gelegen, war keine 10 qm groß.
B: Dort angekommen(,) bemerkten wir sogleich den Fluglärm über unseren Köpfen.
C: Aus dem Urlaub zurückgekehrt(,) fühlten wir uns wirklich urlaubsreif.

4 Satz 1: Vor einem Infinitivsatz mit „um" steht ein Komma.
Satz 2: Bezieht sich der Infinitivsatz auf ein Nomen/Substantiv im übergeordneten Satz, so steht ein Komma vor dem Infinitivsatz.

289 **1 c** Lösungswort: Technoseum

299 Hier findet ihr den Text in der richtigen Schreibweise:
1: Gleich morgens nach dem Aufstehen fing es an:
2: Statt der elektrischen die analoge Zahnbürste zu nehmen, ist mir nicht so schwergefallen.
3: Beim Frühstücken den Toaster nicht zu benutzen, war kein Problem, ich habe einfach Haferflocken mit Milch gegessen.
4: Aber am Vormittag in der Schule war ich im Physikunterricht schnell lahmgelegt und vom Mathe-Unterricht wurde ich sogar freigestellt.
5: An einem normalen Tag hätte ich mir mittags das Essen im Mikrowellenherd erwärmt, aber so habe ich mich an Brot, Obst und Salat satt gegessen – doch, echt delikat!
6: Die Spülmaschine war auch tabu, sodass ich das Abwaschen mit der Hand machen musste.
7: Das Planschen im Spülbecken hat mir als Kind auch mehr Spaß gemacht!
8: Für den Klavierunterricht war es dann höchst kompliziert, die Strecke von der Düsseldorfer Allee bis zum Bettina-von-Arnim-Platz ohne Bus zu bewältigen.
9: Ich habe überlegt, blauzumachen, bin dann aber doch Fahrrad gefahren, sogar die weitere Strecke über die Bergische Landstraße, um noch ein bisschen Fitness-Training zu machen.
10: Ich war mir nicht ganz sicher, ob Duschen verboten ist, weil bestimmt auch die Wasserpumpe elektrisch funktioniert.
11: Ich hab's dann doch gemacht, aber ohne hinterher die Haare zu föhnen.

12: Eine echte Krise hatte ich abends, als meine ganze Familie, meine Eltern sowie meine beiden Brüder, viel Spaß dabei hatten, einem Film im Fernsehen zu schauen.
13: Ich hab dann nach so einem – wie heißt es noch mal – ach ja: Buch gesucht, leider vergeblich.
14: Nein, liebe Lehrer, keine Sorge: Das war natürlich nur ein Scherz, ein saublöder!
15: Tatsächlich ging der Abend, gemütlich schmökernd im Bett verbracht, auch sehr unspektakulär zu Ende.
16: Das Handy, eigentlich mein ständiger Begleiter, habe ich an diesem Tag besonders vermisst!
17: Aber viele technische Geräte haben mir, obwohl ich sie sonst häufig benutze, kaum gefehlt.

318 **1** Aussage B ist korrekt.

2 A: Nervenzellen schütten Dopamin aus. *r*
B: Dopamin stimuliert das Belohnungssystem im Gehirn. *f*
C: Endorphine entstehen bei Angst. *f*
D: Die Menge an Dopamin ist bei jedem Menschen unterschiedlich. *r*
E: Der Genuss von Schokolade löst bei allen Menschen Glücksgefühle aus. *f*
F: Schon beim Gedanken an etwas, was uns glücklich macht, produziert das Gehirn Dopamin. *r*

3
- Menschen reagieren auf Reize ängstlicher, wenn sie eine hohe Dopaminkonzentration im Gehirn haben.
- Menschen würden lebensnotwendige Dinge wie Nahrungsaufnahme und Schlaf vernachlässigen, wenn sie ständig ein starkes Glücksgefühl hätten.
- Im Gehirn von Menschen finden sichtbare Prozesse statt, wenn sie Glück empfinden.
- Möglicherweise sinkt bei Menschen der Dopaminspiegel, wenn sie älter werden.

319 **4** Auch wenn wir Glück im ganzen Körper empfinden, entsteht dieses Gefühl im Gehirn. Wenn uns etwas Schönes passiert, wird im Belohnungszentrum des Gehirns Dopamin ausgestoßen, ein Botenstoff, der die Nervenzellen erregt. Weil Dopamin an der Entstehung von Glücksgefühlen beteiligt ist, wird es auch Glückshormon genannt. Forscher meinen, dass die Menge von Dopamin im Gehirn auch darüber entscheidet, ob Menschen eher ruhig und gelassen oder eher gestresst und ängstlich reagieren.

5 a Die Philosophie, die Soziologie, die Psychologie und die Hirnforschung beschäftigen sich mit der Erforschung von Glück.
b Wenn unser Glücksgefühl nicht abklingen würde, würden wir lebensnotwendige Dinge, z. B. das Essen, Trinken und Schlafen, vernachlässigen.

322 **3** A: Der Schulleiter befürwortete sogleich das Projekt zum Thema „Glück“, weil er zuvor einen Fernsehbeitrag über das Unterrichtsfach „Glück“ gesehen hatte.
B: In der Projektwoche zum Thema „Glück“ gab es
- Informationsveranstaltungen zum Thema „Glück“.
- spezielle Theater- und Sportkurse.

C: Bei der Übung „Honigdusche“ geht es darum,
- über andere positive Dinge zu sagen.
- das Gemeinschaftsgefühl und das Selbstbewusstsein zu stärken.

Textartenverzeichnis

Autoren- und Quellenverzeichnis

Ani, Friedrich (*1959)
Wie Licht schmeckt 87
aus: Wie Licht schmeckt. Carl Hanser Verlag, München 2002, S. 88 f.
Becker, Jürgen (*1932)
Natur-Gedicht 141
aus: Das Ende der Landschaftsmalerei. Suhrkamp, Frankfurt/M 1974, S. 34
Beckmann, Katharina
Achterbahnen: Rein ins Vergnügen! 286
nach: Geolino Nr. 4/2007, S. 56–61
Blasberg, Anita
Der Nabel ihrer Welt (gekürzt) 204
aus: www.zeit.de/2010/20/DOS-Bolzplatz (Download-Datum 31.01.14)
Boccaccio, Giovanni (1313–1375)
Die Falkennovelle 96
aus: Giovanni Boccaccio, Das Dekameron, Erstdruck: Venedig 1470. Hier nach der Übersetzung von Karl Witte, Winkler Verlag, München 1964
Bonstein, Julia
Abschreiben 2.0 46
nach: http://www.spiegel.de/spiegel/print/d-58852980 (Download-Datum 31.01.14)
Brecht, Bertolt (1898–1956)
Der Blumengarten 140
aus: Buckower Elegien, B. B. Gesammelte Werke in zehn Bänden. Gedichte 3. Suhrkamp Verlag, Frankfurt/M 1967, S. 1009
Eberle, Ute
Die Schule kommt nach Hause (gekürzt) 57
aus: http://www.zeit.de/2001/40/200140_c-internetschule.xml (Download-Datum 31.01.14)
Ege, Andrea
Pippi Langstrumpf der Meere 16
aus: Frankfurter Rundschau v. 20.8.2011
Fallada, Hans (1893–1947)
Jeder stirbt für sich allein (1) 30
Jeder stirbt für sich allein (2) 33
aus: Jeder stirbt für sich allein. Aufbau Verlag, Berlin 2011, S. 181–184 (1), S. 192–194 (2)
Fontane, Theodor (1819–1898)
Es kann die Ehre dieser Welt 230
aus: Sämtliche Werke, hrsg. von E. Gross und K. Schreinert. Nymphenburger Verlagsbuchhandlung. Bd. 13, München 1969, S. 290
Franck, Julia (*1970)
Streuselschnecke 136
aus: Bauchlandung. Geschichten zum Anfassen. DuMont Verlag, Köln 2000
Funk, Janina
Hirnforscher warnt vor „digitaler Demenz" 40
aus: http://www.augsburger-allgemeine.de/panorama/Hirnforscher-warnt-vor-Digitaler-Demenz-id21479261.html (Download-Datum 31.01.14)
Gennies, Sidney / Funk, Albert / Schlegel, Matthias / Dehmer, Dagmar
Hochwasser-Bilanz 2013. Wie schlimm war die Flut wirklich? (gekürzt) 187
aus: http://www.tagesspiegel.de/politik/hochwasser-bilanz-2013-wie-schlimm-war-die-flut-wirklich/8416770.html (Download-Datum 31.01.2014)
Gernhardt, Robert (1937–2006)
Lehrmeisterin Natur 140
aus: Robert Gernhardt: Besternte Ernte. Gedichte aus fünfzehn Jahren. Zweitausendeins, Frankfurt/M. 1976.
Tagesbefehl 152
aus: Robert Gernhardt: Achterbahn. Ein Lesebuch, Insel Verlag, Frankfurt/M. 1990, S. 37
Goethe, Johann Wolfgang (1749–1832)
„Denn was ist eine Novelle anders …" 108
aus: Eckermann: Gespräche mit Goethe in den letzten Tagen seines Lebens, hrsg. von Fritz Bergemann, Insel Verlag, 10. Auflage, Frankfurt/M., 1981
Meeresstille 144
Glückliche Fahrt 144
aus: Goethes Werke Band 1, Hamburger Ausgabe, C. H. Beck Verlag, München 1996 S. 242
Goll, Yvan (1891–1950)
Ich möchte diese Birke sein 142
aus: Yvan Goll: Die Lyrik in vier Bänden, Band II, Liebesgedichte 1917–1950, hrsg. und kommentiert von Barbara Glauert-Hesse, Argon Verlag, Berlin 1996, S. 117
Goscinny, René (1926–1977), **Uderzo, Albert** (*1927)
Wi schrievt dat Johr … 240
aus: Asterix Mundart, Bd. 2 Plattdeutsch, De Törn för nix, Asterix snackt platt 2, übersetzt von Hartmut Cyriacks und Gudrun Penndorf, Egmont Ehapa Verlag, Stuttgart 1996, S. 4
Wa befinden uns im Jahre … 240
aus: Asterix Mundart, Bd. 49, Berlinerisch *II*, Asterix balinat, Asterix und det Pyramidenluda, übersetzt von Dieter Hallervorden, Kalle Scherfling und Gudrun Penndorf, Egmont Ehapa Verlag, Stuttgart 2002, S. 3
Me sinn im johre … 240
aus: Asterix Mundart, Bd. 33, Thüringerisch, Cäsarn sinn Jeschenke, Asterix schwatzt thieringsch 1, übersetzt von Gudrun Penndorf, Egmont Ehapa Verlag, Stuttgart 2000, S. 3
Mir sin im Jahre 240
aus: Asterix Mundart, Bd. 6, Sächsisch *I*, De Rose und's Schwärd, Asterix off säggssch, übersetzt von Kirsten Locke, Matthias Locke und Gudrun Penndorf, Egmont Ehapa Verlag, Stuttgart 1997, S. 4
Haffner, Peter
Wir sind zusammen allein 52
aus: Süddeutsche Zeitung Magazin. Nr. 30/2012
Heine, Heinrich (1797–1856)
XXXVII. 142
aus: H. H. Werke und Briefe, hrsg. von Hans Kaufmann, Bd. 1, Aufbau Verlag, Berlin und Weimar 1972. S. 231 f.
Herrndorf, Wolfgang (1965–2013)
Tschick (1) 208
Tschick (2) 211
Tschick (3) 214
Tschick (4) 216
Tschick (5) 219
aus: Tschick. Rowohlt Verlag, Berlin 2010
Herr Sorge (*1977)
Zukunft Vorbye (2012) 153
aus: http://www.lyricsmania.com/zukunft_vorbye_-_gedicht_lyrics_herr_sorge.html (Download-Datum: 31.01.2014)
Hesse, Hermann (1877–1962)
Chinesische Legende 314
aus: China. Weisheit des Ostens, hrsg. von Volker Michels. Suhrkamp Verlag, Frankfurt/M. 2009, S. 98
Blauer Schmetterling 316
aus: Gesammelte Werke. Bd. 1. Suhrkamp Verlag, Frankfurt/M. 1970, S. 95
Heyse, Paul (1830–1914)
Federigo degli Alberighi … 108
aus: Deutscher Novellenschatz, hrsg. von Paul Heyse und Hermann Kurz. Bd. 1. Oldenbourg Verlag, München 1871
Huchel, Peter (1903–1981)
Unter Ahornbäumen 156
aus: Peter Huchel. Gesammelte Werke in zwei Bänden. Bd. 1, hrgs. von A. Vieregg, Suhrkamp Verlag, Frankfurt/M. 1984. S. 93
Kaléko, Mascha (1907–1975)
Ein welkes Blatt … 150
aus: Verse für Zeitgenossen. Rowohlt Verlag, Reinbek © 1975 Gisela Zoch-Westphal
Kaminer, Wladimir (*1967)
Schönhauser Allee im Regen 132
aus: Schönhauser Allee im Regen. Gildmann Verlag, München 2001.
Krätzig, Christina
Bhutan: Glück als Staatsziel (gekürzt) 310
aus: http://www.wdr.de/tv/quarks/sendungsbeitraege/2010/0504/002_glueck.jsp (Download-Datum 31.01.14)

Kunert, Günter (*1929)
Über einige Davongekommene 151
aus: Günter Kunert: So und nicht anders. Ausgewählte und neue Gedichte, Carl Hanser Verlag München/Wien, 2002, S. 7
Lakotta, Beate
Die Stimme erheben 24
aus: Der Spiegel Nr. 11/2013, S. 62
Lesch, Harald / Weber, Martin
Wir sind nicht allein im Universum (gekürzt) 259
aus: http://www.wz-newsline.de/home/gesellschaft/leute/harald-lesch-wir-sind-nicht-allein-im-universum-1.1112188 (Download-Datum 31.01.14)
Logau, Friedrich von (1605–1655)
Des Krieges Buchstaben 151
aus: Sämtliche Sinngedichte, hrsg. von G. Eitner, Tübingen 1872
Lossau, Norbert
Marslandung 195
aus: http://www.welt.de/debatte/kommentare/article108495549/Curiosity-Forschen-fuer-die-naechste-Generation (Download-Datum 31.01.14)
Rech, Matthias
Auf Leben und Tod in der Notaufnahme (gekürzt) 189
aus: http://www.wz-newsline.de/lokales/duesseldorf/reportage-auf-leben-und-tod-in-der-notaufnahme-1.963058 (Download-Datum 31.01.14)
Rhue, Morton (*1950)
Asphalt Tribe 89
aus: Asphalt Tribe. Aus dem Englischen von Stefani Kampmann. Ravensburger Verlag, Ravensburg 2003, S. 7 f. u. 113 f.
Röder, Marlene (*1983)
Schwarzfahren für Anfänger 120
aus: Melvin, mein Hund und die russischen Gurken. Erzählungen. Ravensburger Buchverlag, Ravensburg 2011, S. 105–111
Sandig, Ulrike Almut (*1979)
habe sagen gehört 154
aus: Ulrike Almut Sandig: Dickicht. © Schöffling & Co. Verlagsbuchhandlung GmbH, Frankfurt/M 2011
Schiller, Friedrich (1759–1805)
Wilhelm Tell 160
aus: Sämtliche Werke, hrsg. von G. Fricke, H. Göpfert, H. Stubenrauch, Carl Hanser Verlag, München 1958
Schlegel, August Wilhelm (1767–1845)
„Um eine Novelle gut zu erzählen …“ 108
aus: August Wilhelm Schlegel: Über die Novelle. in: Theorie der Novelle, hrsg. von Herbert Krämer, Reclam Verlag, Stuttgart 1976, S. 18–23
Schmidt, Jan
Die fliegende Intensivstation (gekürzt) 193
aus: http://www.kreiszeitung.de/lokales/bremen/1402-die-fliegende-intensivstation-rettungshubschrauber-629764 (Download-Datum 31.01.14)
Schwerdtfeger, Malin (*1972)
Mein erster Achttausender 114
aus: Leichte Mädchen, © 2001 by Verlag Kiepenheuer & Witsch GmbH & Co. KG, Köln
Storm, Theodor (1817–1888)
„… die heutige Novelle …“ 108
aus: Theodor Storm, „Eine zurückgezogene Vorrede aus dem Jahre 1881“, in Theodor Storm, Sämtliche Werke, hrsg. von Albert Köstner. Leipzig 1920, Band 8, S. 122–23
April 141
aus: Theodor Storm: Sämtliche Werke in vier Bänden. Bd. 1: Gedichte, Novellen. Deutsche Klassiker, Frankfurt/M. 1987
Strittmatter, Erwin (1912–1994)
Die Macht des Wortes 125
aus: Schulzenhofer Kramkalender. Berlin, Weimar: Aufbau Verlag, 1967, S. 46
Tieck, Ludwig (1773–1853)
„Diese Wendung der Geschichte …“ 108
aus: Ludwig Tieck, Schriften in zwölf Bänden, hrsg. von Uwe Schweikert, Bd. 11, Schriften: 1834–1836, Deutscher Klassiker Verlag, Frankfurt/M. 1988, S. 8
Uhland, Ludwig (1787–1862)
Frühlingsglaube 146
aus: Werke, Bd. 1, hrsg. von H. Fröschle u. W. Scheffler, Winkler Verlag, München 1980
Verne, Jules (1828–1905)
Reise zum Mittelpunkt der Erde 246
nach: Reise zum Mittelpunkt der Erde. Arena Verlag, Würzburg 1999
Reise um den Mond 248
nach: Reise um den Mond. Arena Verlag, Würzburg 1999
Weißenborn, Günther (1902–1969)
Zwei Männer 126
aus: Tausend Gramm. Hg. v. Wolfgang Weyrauch. Rowohlt Verlag, Reinbek bei Hamburg 1949

Unbekannte/ungenannte Autorinnen und Autoren
Auf dem Schiff: Dame mit Begleitung 263
Auszüge aus einem Newsticker zur Hochwasserkatastrophe, 9. Juli 2013 250
nach: http://www.ste rn.de/panorama/newsticker-zur-hochwasserkatastrophe-erstmals-sinkende-pegel-in-magdeburg-2022183.html (Download-Datum 31.01.2014)
Das Leben von Giovanni Boccaccio 107
Freizeitspaß im Freizeitpark 302
nach: Geolino Nr. 6/2013, S. 46–49
Geheimnisvolle singende Dünen 252
Geschichte der Gebrauchsanweisung 296
nach: http://archiv.rhein-zeitung.de/old/97/01/30/topnews/brauch (Download-Daum 31.01.14)
Gewalt in der Öffentlichkeit (Grafik) 25
aus: Gehirn und Geist. Fachzeitschrift für Psychologie und Hirnforschung. Nr. 9/2010, S. 50
Glück kann man trainieren 320
nach: http://www.fr-online.de/gesundheit/-psychologie-glueck-ist-auch-eine-sache-des-trainings,3242120,20621830 (Download-Datum 31.01.14)
„Glücksskala“ und *„Bedeutung von Glück“* (Grafiken) 313
aus: http://www.bertelsmann-stiftung.de/bst/de/media/xcms_ bst_dms_23599_23600_2.pdf (Download-Datum 31.01.14)
Hagelkorn in den USA bricht gleich zwei Rekorde 254
nach: http://www.wetter.info/wetter-aktuell/usa-hagelkorn-in-den-usa-bricht-gleich-zwei-rekorde/23336402 (Download-Datum 31.01.14)
Im Auto: Navis als echte Autoritäten 264
Im Flugzeug: Pilot und Panik 262
Im Westen nichts Neues 233
nach: Erich Maria Remarques Roman „Im Westen nichts Neues“ © Universal Pictures 1930
Patientenaufkommen im Wochenverlauf (Grafik) 190
aus: http://arbeitswelt.de/pdf/ZNA_Infobroschuere_A4.pdf (Download-Datum 31.01.14)
Rasante Racing-Saison auf dem Hockenheimring 303
nach: Verena Linde: Ein rasantes Rennen. In: Geolino Nr. 4/2013, S. 30–36
Vom guten Willen zur guten Tat: Hürden der Vorsicht, Verwechslung! 267
nach: Stephan Orth/Antje Blinda: Sorry, Ihr Hotel ist abgebrannt. Ullstein Verlag, Berlin 2011
Zivilcourage (gekürzt) 26
aus: Gehirn und Geist (Fachzeitschrift für Psychologie und Hirnforschung) Nr. 9/2010, S. 48–52

Bildquellenverzeichnis

Illustrationen

Uta Bettzieche, Leipzig: S. 186, 196, 201, 202, 230, 235, 262–264, 266, 268, 270, 272, 273, 275
Klaus Ensikat, Berlin: S. 159, 160, 162, 163, 165, 167, 169, 171, 172, 174, 176, 179, 180
Nils Fliegner, Hamburg: S. 243, 244, 246, 247, 248, 259
Constanze Guhr, Berlin: S. 140, 142, 144, 146–148, 150, 152, 154, 156, 157
Peter Menne, Potsdam: S. 40–42, 44–48, 54, 55, 59, 208, 211, 212, 214, 217, 227, 228, 278–280, 284, 289, 290, 292–294, 296, 297, 301, 302, 306
Christoph Mett, Münster: S. 18, 19, 21, 23, 26, 27, 30, 32, 33, 36, 67, 68, 73, 74, 76, 78, 79, 113–120, 122, 125–127, 130, 132, 134, 136
Dorina Teßmann, Berlin: S. 96, 97, 99, 101–108, 112
Sulu Trüstedt, Berlin: S. 82, 87, 89, 91, 308, 310, 314, 316, 317, 320, 321, 322

Weitere Bildquellen

U1, 139: akg-images; U4: shutterstock; 15: picture alliance / Newscom; 16 oben, 195, 229, 256, 258: picture alliance / dpa; 20: picture alliance / Everett Collection; 29 links: picture-alliance / dpa-Grafik; 35: Gedenkstätte Deutscher Widerstand; 39: Getty Images – Alberto Pomares; 43: © ldprod – Fotolia.com; 51 oben: Spiegel Verlag, Hamburg; 51 unten: Spiegel Verlag, Hamburg; 52: © Syda Productions – Fotolia.com; 61 links: Jahreszeiten Verlag / Jan Brettschneider; 61 rechts: Getty Images / Rosanne Olson; 62 links: picture alliance / Photoshot; 62 rechts: picture alliance / empics; 64: © Filmpark Babelsberg GmbH, Potsdam; 66: © Marcito – Fotolia.com; 69: Getty Images / David Scheffer; 70, 75, 204: Thomas Schulz, Teupitz; 71: © Kzenon – Fotolia.com; 77: © Peter Atkins – Fotolia.com; 81: Getty Images – Wayne Eastep; 84: © BA-Geduldig – Your photo today. A1 pix – superbild; 85: © Taffi – Fotolia.com; 86: © Ingo Bartussek – Fotolia.com; 93: action press; 95: Brigdeman.com; 183: adventtr – istock.com; 184 links: BILD, Titelseite vom 24.7.2013, © Axel Springer AG, Hamburg; 184 Mitte: taz, Titelseite vom 24.7.2013, © taz Verlags u. Vertriebs GmbH, Berlin; 184 rechts: LVZ, Titelseite vom 23.7.21013 © Leipziger Volkszeitung; 187: Laif; 189: © spotmatikphoto – Fotolia.com; 193: ADAC e.V., München; 197: © Süddeutsche Zeitung Digitale Medien GmbH / Süddeutsche Zeitung GmbH; 199: © MDR; 205: © DeFodi – action press; 207: Cover „Tschick" von Wolfgang Herrndorf, © Rowohlt Verlag Berlin, 2010; 207 Hintergrund: Szenenfoto aus „vincent will meer", Constantin Film Verleih GmbH; 220–224: Szenenfotos aus „vincent will meer", Constantin Film Verleih GmbH; 231: picture-alliance / Sven Simon; 233: picture alliance / United Archives; 236: picture alliance / Michael Runkel / Robert Harding; 241: werkstatt für gebrauchsgrafik, Berlin; 250: © Kai Horstmann – action press; 252: © Carl & Ann Purcell / CORBIS – Corbis GmbH; 254: © istock.com – argalis; 255: picture-alliance / dpa-Grafik; 257: © jancsi hadik – Fotolia.com; 277: picture alliance / ZB; 282: picture alliance / Jochen Helle / Bildarchiv Monheim; 286: © Christian Müller – Fotolia.com; 341: Daimler AG

Sachregister